全国工商联并购公会　天津股权投资基金协会　联袂推介

PRIVATE EQUITY

（第二版）

股权投资基金运作
——PE价值创造的流程

叶有明　著

复旦大学出版社

作者简介

叶有明先生现任乔丹公司（中国）总裁。乔丹公司是一家美国股权投资基金（Private Equity Fund，简称PE）管理机构，1982年在美国纽约成立，是活跃在华尔街上历史最长的大型专业PE投资基金之一。自成立以来，成功完成了超过300家公司的兼并/收购/投资业务。

自1995年初加入乔丹公司美国总部，他先后任国际部主任、集团副总裁，并于2003年兼任乔丹公司（中国）总裁，负责集团在亚太地区，特别是在中国的投资业务。他是带领美国PE在中国从事投资/收购最早的专业人士之一。自1995年以来，在他主导下，先后在中国成功完成20余个投资项目，投资形式包括民营企业收购、国有企业改制中的股权竞购和绿地投资等。

除了担任十几家中国境内及香港公司的董事长、执行董事等要职，他还经常应邀作为演讲嘉宾出席在中国内地、香港及美国举行的各种有关中国的投资会议，例如第五/第六届亚洲股权及风险投资论坛、历届中国天津国际股权融洽会论坛、GE中国股权投资论坛等专业会议。他完整的财务背景、丰富的公司运营经验、睿智的投资分析能力得到了国际投资专业人士的好评。

他曾于20世纪80年代初期服务于中国国际信托投资公司北京总部，是中国最早一批从事专业投资的资深人士之一。80年代后期，他在美国芝加哥商业交易所从事金融期权的交易，是该交易所自创立以来第一位出生在中国大陆的场内交易员。

他拥有著名的美国国际管理研究院（雷鸟）MBA学位，主攻国际金融，同时拥有美国亚利桑那州立大学MBA学位，主攻营销管理。

他是美国芝加哥高级经理人协会国际委员会成员，同时也是美中商会芝加哥总会的理事成员。他在国内担任美国企业成长协会（ACG）中国总部主席、全国工商联并购公会常务理事、上海并购俱乐部副秘书长。

致　　谢

（第二版）

自三年前将书稿付梓至今，陆续收到来自各界读者的评价和意见，尤其值得一提的是，通过新浪微博，我与许多资深投资家、学者和对PE感兴趣的读者能够及时交流投资经验和对一些技术问题的看法，深受启发、获益良多。衷心感谢读者朋友们花费了宝贵的时间阅读本书以及对本书的肯定和推介，更感谢各位通过研读思考而提出的意见和批评。正是你们中肯的意见和批评敦促我深入思考和广泛调研，并三年不辍地对新素材和新资料进行搜集整理。点滴之功汇成涓流，在龙年新春到来之际，我终于完成了对第一版书稿的修订和补充，将新版（第二版）呈现在读者面前。

感谢复旦大学出版社的王联合先生。复旦大学出版社和王先生以令人赞叹的能力将本书成功地推介给广大读者，使本书得以在三年内7次印刷且长期占居国内基金类图书销量首位。王先生还热情地转达读者们对本书的肯定和好评，并鼓励我完成再版。同时感谢为本书的校订、排版和出版发行而辛勤工作的其他编辑。

感谢全国工商联并购公会会长王巍博士和香港交易及结算所集团行政总裁李小加博士对本书的慷慨褒奖与热情推介。

刘敬斌先生、黄志凡女士、王钊先生、沈晓夏女士、周晨夏女士、张瑞静女士、邓韵女士、曹梦远女士和杨蔚女士为本书第一版和第二版的资料搜集与整理、图表及文字处理等做了大量的工作。本书在写作和修订过程中参考、引用了国内外专家、学者和研究机构的一些研究成果、文献与言论，在此诚致谢意。

感谢我的太太和子女，你们是我的骄傲和幸福之源。感谢你们的理解和支持，使我得以专心于事业，并在工作之余完成本书的创作和修订。

叶有明

2012年1月29日

前　言

（第二版）

　　对于许多国内读者来说，股权投资基金已经不再是一个陌生的事物。人们对股权投资基金的认识，从一无所知，到视之为洪水猛兽甚至将其"妖魔化"，再到群起效仿、趋之若鹜，可谓经历了戏剧性的转变。越来越多的人认识到，股权投资基金不是妖魔，她以追求财富增长而不是财富毁灭为己任；股权投资基金不是魔术师，她通过创造财富而不是魔术般地"变"出金钱来增进财富；股权投资基金不是野蛮人，她通过自发自愿而不是威逼强迫来完成交易。

　　中国股权投资基金行业在过去的数年中经历了快速的发展，但较快的发展速度可能会埋下隐患。特别是那些以投资Pre–IPO（上市前融资）项目为主的股权投资基金，热衷于追逐"赚快钱"，其投资回报率将过度依赖于股票市场（主要是二级市场）。当股票市场长期低迷时，这些基金的投资将难以获得理想的回报。投资Pre–IPO项目在特定的历史时期的确可以为基金"赚快钱"，但却难以持久，原因在于偏离了价值创造的投资理念。

　　中国股权投资基金行业需要向价值创造的理念回归，如此才能基业常青。在投资之后，股权投资基金要将注意力放在资源整合与改善管理方面，要努力提高企业创造利润的能力和效率。

　　已欲立而立人，已欲达而达人。昔日曾令上市公司经理人寝食难安的"公司袭击者"（Company Raider）已经渐行渐远，取而代之的是与管理层合作、通过创造价值实现共赢的现代股权投资基金。

　　中国的人均资本存量较低，大概只有美国的七分之一，这是影响中国人均收入较低的主要原因之一。可以预见的是，中国股权投资基金行业的发展，将有效地促进社会资本形成和资本积累，从而成为推动中国经济发展、增加国民财富的重要手段。

叶有明
2012年1月29日

致 谢

（第一版）

近年来，我一直打算写一本介绍PE运作实务的书。一方面，将自己多年来从事股权投资的经验与心得做一次全面的梳理总结并将之与同行的朋友们交流。另一方面，将发达国家PE的成熟理念与经验介绍给国内同行及相关人士，以期对他们的工作有所助益。此外，也希望能够帮助那些计划寻求股权投资基金帮助的中国企业家们了解PE的运作模式，从而为未来的融资做好充分的前期准备工作。

很荣幸复旦大学出版社给了我实现想法的机会，也感谢编辑部主任王联合先生的邀请，以及为本书的校订、排版和出版发行而辛勤工作的其他编辑。感谢太平洋保险公司的王小卫先生，是他在参加了我的股权投资培训课程后，引荐我和王联合先生取得联系。

全国工商联并购公会会长王巍博士和摩根大通中国区主席兼行政总裁李小加博士应邀为本书作序。他们慷慨的褒奖与推介令我十分感激。

刘敬斌先生、沈晓夏女士、张瑞静女士、周晨夏女士、邓韵女士为本书的资料搜集与整理、图表及文字处理等做了大量的工作。干春晖教授欣然同意本书中引用他选编的一个案例。我对他们的支持与帮助表示衷心的感谢。本书在写作过程中参考、引用了国内外专家、学者和研究机构的一些研究成果、文献与言论，在此对他们表示感谢。

还要感谢我的太太和子女，是她们的理解与支持使我得以全身心地投入工作并完成本书的创作。

由于笔者经验与学识的局限，书中的某些观点未免偏颇，加之成书仓促，疏忽与错误亦难以避免，笔者对由此给读者造成的不便深表歉意，并敬请同行朋友与读者指正。

叶有明
2008年12月28日

序 一

我们需要叶有明这批人的执著与务实!

"忽如一夜春风来,千树万树梨花开"!短短两年的光景,PE(Private Equity)便窜红中国大江南北,股权投资基金成为金融界、企业界和政策制定圈里的时尚词汇。如同资本运营、投资银行家和并购一样,股权投资基金从一开始就成为大众事件,与专业人士关系不大。我身边到处都是搞PE的,其中一位半年前还是另一位金融家的司机。

在经济崛起的大环境中,重要的是你在唱什么,而不是你懂什么。我们不就是这样从不懂市场经济起步,一路跌跌撞撞地喊着唱着,用了三十年光景就干出一个具有中国特色的市场经济了么?好像是巴菲特讲过,在涨潮中游泳,穿不穿泳衣并不重要。但是,当潮退了呢?我们还懂PE么,我们还懂市场经济么?

终于,美国次贷危机和其引发的全球性金融海啸一路奔腾而来,转眼间就波及中国本土。到了2008年的圣诞节,搞PE的人突然间就偃旗息鼓、物是人非了。PE界开始消化这两年收入囊中的高价资产,开始应对股东们的质疑,更重要的,开始检讨职业价值、信念和尊严。尽管风水轮流转,但这么短的周期的确让人有冰火两重天的切肤之痛。

接到本书的书稿,颇感意外,居然出版社仍有兴趣推销这样的"明日黄花"。看到本书的作者,或有不解,如此老到的投资专家竟不谙大势孜孜于此。待到检点本书的文字,不禁肃然起敬,继而欣然命笔,愿推荐行家里手,更愿告之大众。

我与叶有明相识有十年之久,他曾将他任职的基金公司董事会全体成员带到中国考察,在笔者刚刚创立的并购顾问公司里热烈讨论中国的市场和结构,特别强调以私募股权的方式投资,以并购整合的方式成长。与当时许多任职在著名华尔街投资银行、在中央和地方政界长袖善舞的"投资银行家"们(事实上是公关专家)不同,叶有明谦和低调,体察细节,其务实态度给我印象深刻。今天想来,他是第一批进入中国市场的股权投资者。

多年以来，我们一起推动美国中小股权投资基金群体进入中国市场。在美国和中国的各种研讨会上，叶有明频频登台为中国的股权投资基金市场摇旗呐喊、现身说法，很有感召力。特别是他亲手操作的几个案例，令长期沉浸在勾兑政府关系的许多美国主流股权投资基金也不得不刮目相看。大家都了解的凯雷基金收购徐工集团的案例，真是沸反盈天，结果不了了之。但是，同期，叶有明的几个规模上不相上下的投资案子确是不动声色地功德圆满了。

这本专业书不是市场观念的呐喊，也不是高堂庙宇的阔论，更不是少数精英的呢喃自语，而是循循善诱的叮咛，左膀右臂的扶持，一本很厚道很中肯的工具书。在PE大潮退下后，真正的游泳者便要开始从容不迫地展现本事了。叶有明的这本书便是一本可以留在书架上的参考工具。

无论我们是否喜欢，全球商业周期还是不可避免地传递到中国本土。人们曾寄予厚望的宏观调控政策到底难改大势，不免"失灵"起来。股权投资基金也会有所变异，有所退却。但是，真正懂得操作的人却可以大有作为了。因此，我们需要一批叶有明这样的专业人士出场。

我们也感谢复旦大学出版社能有这样的眼光和从容心胸，继续为中国本土的股权投资基金产业注入激情和养分。多少有些惶恐不安的PE分子们还要振作起来，在振臂高呼享受荣耀之后，还需要坚韧态度和脚踏实地的工作。中国的股权投资基金市场正在初期，还需长期努力，"切莫怨东风，东风正怨侬"！

全国工商联并购公会会长
中国股权投资基金协会秘书长
天津股权投资基金协会监事长
王巍博士
2008年12月25日

向价值创造的理念回归

（代序二）

由"凯雷收购徐工案"引发的民族主义情绪及蒙牛香港上市案引发的"贱卖"争论，将一向低调行事的PE(即股权投资基金)推向了公众的视野。一时间，曾被虐称为"门口的野蛮人"的PE受到了来自官方与民间的广泛关注，人们不禁要问：他们是谁？为什么他们的行为有那么大的影响？他们是怎样赚钱的？

如果说投资银行是过去十年间有志金融才子最为向往的行业的话，在过去的二三年里PE才是统领风骚的众望所归之地。在许多人看来，从事PE不仅能享受投资银行家般的无限风光与高额薪酬，更能获取巨额的资本升值。过去十年中，全球性的资产价格泡沫与泛滥的流动性，特别是廉价的债券供应市场，更为以LBO(即杠杆收购)为主要代表的PE行业带来了空前的繁荣。

与此同时，刚刚在中国大地开始活跃的PE行业又被卷入了来自中国本土的资产泡沫大膨胀之中。2005年末至2007年上半年中国股票市场演绎了长达两年之久的"大牛市"。A股市场的火爆重启了沉寂已久的IPO大门，并催生了大量的热衷于Pre–IPO项目(即上市前融资)投资的各类股权投资基金。来自外资的与内资的各路基金大军都以高昂的激情热烈追逐着所有可能上市的项目，并充满信心地等待分享这一千载难逢的资本盛宴。随着A股平均市盈率超过了60倍，Pre-IPO项目的估价也被热捧到10余倍乃至20余倍的净收益——不是去年实际的净收益，而是预计的1年或2年以后的净收益。很少有人去想，或者说很少有人能够静下心来想一想，这样的投资模式是否正确以及它能否持续。

由"次贷"风暴引发的全球金融海啸终结了这场"投资狂欢的盛宴"。大潮退去，很多投资项目的风险日渐浮出水面。被投资企业上市的希望越发渺茫，且因全球经济衰退而引发的中国经济大幅减速使许多企业无法实现预计的增长目标。陷入流动性困境的被投资企业无力兑现"回购协议"，昔日的合作伙伴们也难免生出许多相互间的抱怨。曾经信心百倍的PE经理们开始品尝到了狂热所带来的苦果,而消化这些苦果可能还需要若干年。

当盛宴不再、喧嚣落定,冷静下来的投资者们已经开始思考这样一个基本的命题:PE行业存在的核心价值是什么？或者换一个角度说,PE应秉持怎样的投资理念？当依赖廉价的贷款来赚取快钱的时代结束之时、当资本市场高涨大潮中鱼目混珠的机会消失之后,靠智慧、靠眼光、靠技术、靠辛勤的传统投资时代又一次回归了。

呈现在读者们面前的这本《股权投资基金运作——PE价值创造的流程》以其精致而细腻的笔触向人们详细介绍了具有代表性的PE的投资理念——价值创造,以及在执行层面PE是如何践行这一投资理念的。本书的作者叶有明先生是我的大学同窗挚友,他已在一家声誉卓著的美国PE工作了近14年,现任该PE的中国区总裁。有明的睿智、才华、热情与通达帮助他在20多年的投资生涯中赢得了诸多的成就及业绩。更令我欣慰的是,有明在过去如此喧嚣浮躁的几年里居然能静下心来,在完成诸多颇具规模、较为成功的投资同时,挤出时间,孜孜不倦、点点滴滴地记下自己长期实践中积聚的精华与心得,完成这本著作,使得我们有机会分享国际成熟PE的投资理念以及有明本人的思考、智慧与长期的经验。

"从实践中来"令本书独具特色,这使得它可以成为一本很有价值的PE知识普及教材,也是一部踏踏实实、着眼于操作层面的工具书。无论是国内初涉PE的同行、计划融资或准备转让股权的企业家,还是有志于从事PE职业的青年俊杰、金融领域的研究专家,以及相关领域的政策制定者与监管者,都可以从本书中汲取有益的启示。

（前）摩根大通中国区主席
（现）香港交易及结算所集团行政总裁
香港联合交易所有限公司主席
李小加博士
2009年1月6日

股权投资是价值创造的过程

（代前言，第一版）

"Private Equity Fund"（简称"PE"）中文译成"股权投资基金"。海外股权投资基金进入中国已有十余年历史，已经并正在帮助很多内地的企业家们实现他们的事业理想。

近年来，国内曾就是否成立股权投资基金开展过热烈的讨论，并已有各种背景的股权投资基金发起成立。随着"股权投资基金"概念及其成功案例更频繁地进入公众的视野，越来越多的人开始将关注的目光从"价值实现"转向"价值创造"，即人们不仅关注 PE"赚了多少钱"的问题，同时更关注 PE"怎样赚钱"的问题。

（预期）盈利是任何投资行为发动的直接目的，也是投资行为得以存续的理性前提。不论采用何种运作模式，也不论对哪类项目具有特殊的偏好，股权投资基金的盈利能力均来自于其与合作伙伴的密切协作以及在合作基础上的价值创造过程。

股权投资基金通常以控股或非控股的方式投资于非上市公司（即"目标公司"或"合作伙伴"）。一般而言，对于一个已经存在的企业，引入股权投资的目的是帮助企业抓住有利的市场机遇，以超出历史平均的速度实现企业价值的加速增长。企业价值的加速增长过程就是股权投资的价值创造过程。

在选择目标公司方面，股权投资基金有一套严格完整的程序。在做出一项投资决策之前，股权投资基金通常需要明确："除资金之外，我们还能为目标公司提供什么？"一份精心准备的商业计划书（Business Plan）可以帮助股权投资基金完整地了解目标公司的过去和现在，并准确地理解目标公司的未来发展规划。股权投资基金通常会仔细考量其在目标公司的未来发展规划中可以承担哪些积极的角色，以及其在未来的积极行动将会对目标公司、相关行业乃至经济社会带来怎样有价值的贡献。

正是基于"价值创造"的核心理念,全球股权投资基金行业才能在过去的数十年中从无到有、从小到大,迅速发展成为与传统商业银行、证券市场可以"比肩齐坐"的重要金融力量。

一、价值创造的核心投资理念是由PE自身的特性决定的

(一)股权投资基金与传统商业银行及证券市场基金的区别

股权投资基金投资于目标公司的股权而不是债权,这是其与商业银行的本质区别。股权投资基金既与合作伙伴一起分享企业经营成功的硕果,同时也承担企业经营失败的风险。在控股(Controlling Interest)的情况下,PE会通过参与目标公司董事会决议过程及选派高层管理人员与原企业管理团队合作,持续改善企业的生产、经营、研发、营销、公共关系等各方面活动,持续提高企业的市场竞争力和盈利能力。PE通常会对潜在合作伙伴提出这样的问题:"你的未来发展计划是什么"、"你需要我们为你做什么"。

股权投资基金关注企业在持续经营中的潜在成长性并努力使其成为现实,这是其与证券市场基金(例如,股票投资基金)的根本区别。PE关注"价值创造",证券市场基金关注"价值发现"。PE是"用手投票",采取"集中策略",着力于持续改善被投资公司的经营管理;证券市场基金是"用脚投票",采取"分散策略",着力于筛选出价值被低估的公司。

股权投资是长期投资,投资期通常超过三年,甚至长达十余年,因而必须关注目标公司在中长期的成长性。股权投资的长期性是由于下列因素决定的:

- 股权投资难以随时变现,原因在于资产的流动性差,这不同于证券市场上股票债券的买卖;
- 股权投资交易费用高,其项目筛选、尽职调查、合同谈判等都需要花费大量的人力与费用,律师、会计师等专业人员费用也十分昂贵;
- 股权投资交易期限长,从前期调研到商务谈判,从做出决策到执行交割,通常需要半年以上时间,某些案例的交易时间甚至超过两年以上。

基于以上事实,在短期内股权投资通常无法实现预期回报。因而,PE行业的一个流行观点是:收购的成功只是价值增加过程的开始,而不是结束。

(二)股权投资基金追求"共赢"

盈利性是一切经济活动得以存续和发展的基本条件。股权投资基金必须为

其投资者赢得满意的回报。谁是股权投资基金的投资者呢？以美国为例。美国的股权投资基金的最大的投资者是养老基金，其他还包括保险公司、大学捐赠基金以及富有的个人投资者。这些投资者们将他们的资金委托给经验丰富的专业基金管理公司，不仅使他们得以将精力专注于自身擅长的领域，通常其也可以通过股权投资基金的投资活动而获得丰厚的收益。这些收益通过养老基金等的分配最终为广大的社会公众所分享。

可以说，股权投资基金的出现是社会经济活动市场化高度发展的产物，是社会分工精细化发展的宝贵成果。股权投资基金在为投资者赢得回报的同时，客观上促进了被投资企业与所在行业的健康发展。PE的任何以"损人"达到"利己"目的的投资行为，都无法持续也难以被包括养老基金在内的机构投资者们所接受。因而，"共赢"是PE的唯一理性选择，而实现"共赢"的唯一方式就是"价值创造"。

二、PE与中国合作伙伴共成长

有学者认为，海外股权投资基金投资中国是中国引进外商直接投资（即"FDI"）的第三个阶段。继1978年港台企业到珠江三角洲投资设厂进行"三来一补"、1992年后跨国公司在中国的大规模战略投资之后，2000年以来以PE为主的海外金融资本开始尝试大规模进入中国内地。

海外股权投资基金在中国的潜在的内资合作伙伴基本上有三类：计划改制或改制中的国有企业，由国有企业改制后组建的民营企业和民营企业。这些具有不同股东背景的内地企业在投资决策、经营管理方面存在着很多具有共性的特征。典型地，在长期的粗放式增长方式驱动下，并受特定的商业历史文化氛围影响，相当多内地企业都倾向于采用"加法"式的扩张方式，力图在残酷的竞争中胜出。

这种"加法"式的扩张方式在行业高速成长阶段或许是适用的，但当行业发展进入成熟阶段后，总体市场容量增长缓慢，企业扩张速度迅速下降，在高速扩张中被掩盖的内部经营管理问题将逐渐暴露。例如，产品质量控制问题、供应链管理问题、应收账款问题、客户管理问题、人力资源配置问题，等等。PE在中国所接触到的企业中绝大多数都存在这样或那样的"成长中或成长后的烦恼"。

经过十余年的实践，PE已获得了一些如何帮助内地被收购企业发展的重要经验。例如，通过与原企业管理团队的密切合作，加强公司制度治理、帮助企业明确其市场定位与战略方向、严格内部控制、实施流程再造、改善供应链管理、改进产品质量、改善营销与销售、增加研发投入,等等。

宏观上看,海外PE的进入对完善中国的金融市场体系、支持创业投资、支持过度竞争行业的整合等都将起到积极的作用。

可以推断,股权投资基金业务在中国仍处于起步阶段,其"价值创造"的核心投资理念、专业的投资经验将为中国的养老基金、商业保险机构、社会福利与慈善基金、政府某些部门或所属投资公司等机构追求必须的盈利水平提供有益的备选方案。在此基础上,PE将会在中国获得较好的发展机遇。

叶有明

2008 年 10 月 28 日

目 录

致谢(第二版) ·· 叶有明
前言(第二版) ·· 叶有明
致谢(第一版) ·· 叶有明
序一 ·· 王巍
向价值创造的理念回归(代序二) ································ 李小加
股权投资是价值创造的过程(代前言,第一版) ···················· 叶有明

1 PE 介绍 ·· 1
　1.1 PE 的概念 ··· 1
　1.2 PE 的类型 ··· 2
　　1.2.1 PE 的基本类型 ····································· 2
　　1.2.2 PE 的其他类型 ····································· 3
　1.3 PE 的组织形式:GP 与 LP 的关系 ······················· 3
　　1.3.1 有限合伙企业 ····································· 3
　　1.3.2 PE 的发起与资金来源 ······························ 8
　　1.3.3 为什么 PE 选择有限合伙制 ························· 9
　　1.3.4 PE 的投资组合管理 ································ 10
　　1.3.5 PE 的解散 ·· 10
　1.4 PE 从业人员的要求 ···································· 11
　　1.4.1 丰富的企业运营经验 ······························ 11
　　1.4.2 能承受压力的良好身心素质 ························ 12
　　1.4.3 出色的沟通能力 ·································· 12
　　1.4.4 高超的谈判技巧 ·································· 13
　1.5 PE 的投资策略 ·· 14

  1.5.1 平台投资与后续投资 ………………………………………… 14
  1.5.2 杠杆收购(Leverage Buyout, LBO) ……………………………… 17
 1.6 PE是积极的资金提供者 ……………………………………………… 18
  1.6.1 PE与其他资金提供者的比较 …………………………………… 19
  1.6.2 PE与产业资本的比较 …………………………………………… 20
  1.6.3 哪些企业可以寻求PE的帮助？ ………………………………… 21
 1.7 PE的贡献 ……………………………………………………………… 22
  1.7.1 对科技进步的贡献 ……………………………………………… 22
  1.7.2 对资源配置的贡献 ……………………………………………… 22
  1.7.3 对财富管理的贡献 ……………………………………………… 23
  1.7.4 对改善就业的贡献 ……………………………………………… 24
 1.8 为什么中国需要PE …………………………………………………… 24
  1.8.1 解决金融瓶颈问题 ……………………………………………… 24
  1.8.2 解决竞争过度问题 ……………………………………………… 25
  1.8.3 促进治理结构完善 ……………………………………………… 26
  1.8.4 促进职业化进程 ………………………………………………… 26
  1.8.5 帮助企业自主创新 ……………………………………………… 27
 附录1.1 主权财富基金 ……………………………………………………… 28
 附录1.2 "门口的野蛮人"一说的由来 …………………………………… 33

2 PE简史 ……………………………………………………………………… 41
 2.1 PE史前阶段 …………………………………………………………… 42
 2.2 第一次PE浪潮 ………………………………………………………… 42
  2.2.1 现代PE的起源 …………………………………………………… 42
  2.2.2 早期创投资本的繁荣和硅谷的成长(1959~1982) …………… 44
  2.2.3 早期收购基金(1955~1981) …………………………………… 45
 2.3 第二次PE浪潮 ………………………………………………………… 47
  2.3.1 法规变化和税收变化对杠杆收购兴起的影响 ………………… 47
  2.3.2 第二个PE繁荣期(1982~1990) ………………………………… 48
  2.3.3 杠杆收购低谷期(1990~1992) ………………………………… 52

- 2.4 第三次PE浪潮 ··· 56
  - 2.4.1 杠杆收购行业的复兴 ····································· 56
  - 2.4.2 创投资本的巨大繁荣与互联网泡沫(1995~2000) ······· 58
  - 2.4.3 互联网泡沫破裂和VC行业崩溃(2000~2003) ··········· 59
  - 2.4.4 杠杆收购行业停滞 ······································· 60
- 2.5 第四次PE浪潮 ··· 62
  - 2.5.1 大型收购的复活(2003~2005) ·························· 63
  - 2.5.2 超大型收购岁月(2006~2007) ·························· 63
  - 2.5.3 PE上市潮 ·· 64
  - 2.5.4 二级市场 ·· 66
  - 2.5.5 信贷紧缩与后危机时代(2007年至今) ················· 67
- 2.6 PE里程碑事件 ··· 68
- 附录2.1 北美管理收购基金规模最大的机构(2010年) ············ 71
- 附录2.2 北美史上规模最大的10宗杠杆收购交易(至2010年) ··· 72

3 PE投资流程 ··· 73
- 3.1 PE投资流程概况 ·· 73
  - 3.1.1 PE投资流程图 ··· 73
  - 3.1.2 PE投资的实施进度 ······································ 76
- 3.2 项目初选 ·· 76
  - 3.2.1 项目来源 ·· 79
  - 3.2.2 市场调研 ·· 80
  - 3.2.3 公司调研 ·· 81
  - 3.2.4 投资备忘录 ··· 82
  - 3.2.5 条款清单 ·· 83
- 3.3 尽职调查 ·· 84
  - 3.3.1 尽职调查的内容 ·· 84
  - 3.3.2 尽职调查的时间 ·· 85
  - 3.3.3 尽职调查的费用 ·· 85
  - 3.3.4 尽职调查的组织 ·· 85

3.3.5 尽职调查的作用 ················· 86
3.3.6 尽职调查后的评估 ··············· 88
3.4 收购过程 ························· 88
　3.4.1 谈判签约 ····················· 89
　3.4.2 过渡阶段 ····················· 91
　3.4.3 交易结束 ····················· 92
3.5 收购之后 ························· 93
附录　保密协议样本 ···················· 95

4 项目来源 ···························· 97
4.1 项目来源渠道 ····················· 97
4.2 项目中介的贡献与报酬 ············· 98
4.3 执行概要 ························· 99
4.4 商业计划书 ······················ 100
4.5 案例分析 ························ 100
　4.5.1 "一石数鸟"型 ················ 100
　4.5.2 "沙里淘金"型 ················ 101
　4.5.3 "无的放矢"型 ················ 103
　4.5.4 "想之当然"型 ················ 104
附录4.1　执行概要样本 ················ 113
附录4.2　商业计划书指南 ·············· 116

5 前期调研 ·························· 189
5.1 项目信息研读 ···················· 189
　5.1.1 企业经营的历史与现状 ········ 189
　5.1.2 企业未来的发展计划 ·········· 191
　5.1.3 融资额与股权比例 ············ 191
5.2 行业调研 ························ 194
　5.2.1 交易背景 ···················· 194
　5.2.2 市场概览 ···················· 196

5.2.3　竞争分析 …… 200
　　5.2.4　投资亮点 …… 202
　　5.2.5　投资风险 …… 202
　　5.2.6　建议 …… 203
5.3　企业调研 …… 203
　　5.3.1　与管理层会谈 …… 204
　　5.3.2　经营现场考察 …… 205
　　5.3.3　客户调查 …… 205
　　5.3.4　内部尽职调查 …… 205
5.4　前期评价 …… 206
5.5　案例研究：节电设备系统项目的调研与决策过程 …… 206
　　5.5.1　项目背景 …… 207
　　5.5.2　PE的市场调研 …… 213
　　5.5.3　PE的公司调研 …… 216
　　5.5.4　PE的投资决策 …… 223
附录5.1　内部尽职调查清单样本 …… 227
附录5.2　投资意向书样本 …… 233

6　尽职调查 …… 236

6.1　尽职调查概述 …… 236
6.2　财务与税务尽职调查 …… 238
　　6.2.1　财务尽职调查 …… 239
　　6.2.2　税务尽职调查 …… 240
　　6.2.3　财务和税务尽职调查常见问题 …… 241
6.3　法律尽职调查 …… 243
　　6.3.1　法律尽职调查的基本内容 …… 244
　　6.3.2　法律尽职调查重点问题 …… 245
6.4　商业尽职调查 …… 245
6.5　环境尽职调查 …… 246
6.6　其他调查 …… 247

6.6.1　运营尽职调查 ·················· 247
　　6.6.2　管理层尽职调查 ················ 247
　　6.6.3　技术尽职调查 ·················· 248
附录6.1　财务与税务尽职调查文件清单样本 ············ 249
附录6.2　法律尽职调查文件与资料清单样本 ············ 255

7　估值 ································ 266
7.1　估值概述 ··························· 266
7.1.1　估值与交易价格 ·················· 266
7.1.2　估值的信息基础 ·················· 269
7.1.3　估值方法综述 ··················· 270
7.2　基于资产的估值方法 ···················· 271
7.2.1　账面价值法（历史成本法） ············· 271
7.2.2　重置成本法 ···················· 272
7.3　基于市场的估值方法 ···················· 272
7.4　基于收益的估值方法 ···················· 273
7.4.1　DCF法 ······················ 273
7.4.2　DCF法在中国应用的局限 ············· 275
7.5　EBITDA倍数法 ······················· 275
7.5.1　EBITDA倍数法公式 ················ 275
7.5.2　PE基金对EBITDA回报率的要求 ········· 276
7.5.3　资本性支出与流动资金 ··············· 276
7.5.4　净利润：衡量公司业绩的陷阱 ············ 276
7.6　案例分析 ·························· 277
7.6.1　案例1：或有负债对估价的影响——担保的案例 ···· 277
7.6.2　案例2：应收账款对估价的影响 ··········· 278
7.6.3　案例3：重置成本法对房屋建筑物价值的评估 ····· 278
7.6.4　案例4：收益法对建筑物价值的评估 ········· 281
附录　PE投资的"奶牛理论" ···················· 283

8 交易结构 ... 284

8.1 交易结构概述 ... 284
8.2 资产交易与股权交易 ... 287
8.2.1 资产交易 ... 287
8.2.2 股权交易 ... 288
8.2.3 组合方式 ... 289
8.2.4 特殊的投资安排 ... 289
8.3 支付方式 ... 291
8.3.1 现金支付 ... 291
8.3.2 股权支付 ... 291
8.3.3 付息本票 ... 292
8.3.4 聘用协议或咨询协议 ... 292
8.4 交易组织方式 ... 293
8.4.1 离岸控股公司 ... 293
8.4.2 多层次的控股结构 ... 294
8.4.3 典型的交易组织方式 ... 294
8.5 法律结构——收购所需的法律文件 ... 303
8.5.1 条款清单 ... 304
8.5.2 增资协议 ... 307
8.5.3 股东协议 ... 308
8.5.4 注册权协议 ... 308
8.5.5 其他法律文件 ... 309
8.6 融资结构 ... 309
8.6.1 杠杆收购 ... 310
8.6.2 影响财务杠杆应用的因素 ... 312
8.7 其他影响交易结构的问题 ... 314
8.7.1 账务处理问题 ... 314
8.7.2 行业准入问题 ... 314
8.7.3 优先股的问题 ... 316
8.7.4 红筹上市的问题 ... 316

8.7.5 财务杠杆的问题 ········· 317
附录 8.1 控股公司与所得税抵免的例子 ········· 318
附录 8.2 尚德控股公司的交易结构 ········· 320
附录 8.3 VIE 结构 ········· 325
附录 8.4 "10 号文"解读 ········· 330

9 PE 的投资项目管理与价值创造 ········· 333
9.1 综述 ········· 333
9.2 财务控制 ········· 334
    9.2.1 为什么需要财务控制 ········· 334
    9.2.2 财务控制的战略层面与组织层面 ········· 335
    9.2.3 财务控制的执行层面 ········· 336
9.3 整合人力资源 ········· 340
    9.3.1 初期整合,平稳过渡 ········· 340
    9.3.2 持续改进,全面提升 ········· 342
    9.3.3 人力资源整合所面临的主要挑战 ········· 342
9.4 运营支持 ········· 347
    9.4.1 调整发展战略 ········· 347
    9.4.2 调整组织结构 ········· 348
    9.4.3 调整激励机制 ········· 348
    9.4.4 业务层面支持 ········· 349
9.5 流程再造 ········· 352
9.6 完善质量体系 ········· 357
9.7 改善供应链管理 ········· 361

10 退出 ········· 366
10.1 退出是 PE 收购交易的最后环节 ········· 366
10.2 退出的前期安排 ········· 368
    10.2.1 交易结构中的退出安排 ········· 368
    10.2.2 法律文件中的退出安排 ········· 369

10.2.3　关于退出战略的前期思考 …………………………………… 370
10.3　首次公开发行 ………………………………………………………… 371
　　10.3.1　IPO方式对被收购公司的利与弊 …………………………… 371
　　10.3.2　PE在中国投资项目的IPO方式 …………………………… 373
10.4　出售 …………………………………………………………………… 377
　　10.4.1　出售方式对被收购公司的利与弊 …………………………… 377
　　10.4.2　出售前的准备 ………………………………………………… 378
　　10.4.3　PE在中国投资项目的出售方式 …………………………… 379
10.5　第二次收购 …………………………………………………………… 380

1 PE 介绍

1.1 PE 的概念

股权投资基金(Private Equity Fund, PE Fund)是指以非公众公司的股权为主要投资对象的基金。业内习惯上以 PE(或 PE 基金)来指代股权投资基金。

与 Private Equity 对应的是 Public Equity,后者是指公众公司股权。公众公司(Public Company)是指向不特定对象公开发行股票,或向特定对象发行股票使股东人数超过法定数额的股份有限公司。公众公司可以向证券交易所(Stock Exchanges, SEs)申请其股票在该交易所挂牌交易,获得批准后则成为上市公司;或通过场外交易(Over-the-counter, OTC)市场进行其股票交易。

在某些情况下,PE 也会投资于公众公司(典型地,上市公司),但不是以持有流动性较高的股票为目的,而是以企业重组或行业整合为目的。

国内对 PE 的另一种译法是"私募基金",并从字面理解将 PE 解释为"以非公开方式向特定的投资者募集资金"。这种解释容易带来的混淆是,无法将 PE 与活跃的证券市场基金(如股票投资基金)严格区分开来。证券市场基金是以流动性较高的金融工具(股票、债券等)与衍生金融工具(金融期货、期权等)为买卖对象的基金。典型的如股票投资基金,也可以"以非公开方式向特定的投资者募集资金,但主要投资于上市公司股票,即 Public Equity"。

PE 向被投资的企业提供资本金,是一种直接投资,其投资活动直接改变被投资企业的资产负债表、影响或决定被投资企业的生产经营活动。PE 提供的资本金支持被投资企业开发新产品与新技术、增加流动资金、进行行业内的并购重组,以及降低过高的负债率。这与证券市场基金(如股票投资基金)以在二级市场买卖股票为主的投资活动是明显不同的。

PE 主要通过出售(Trade Sale)的方式退出(Exit)所投资的企业。如果资本市场能够提供较为便利的条件,则 PE 也可能选择 IPO(Initial Public Offer,首次公开发行上市)方式来获得退出通道。

1.2 PE 的类型

1.2.1 PE 的基本类型

根据拟投资的企业所处的发展阶段的不同,PE 可分为如下五种类型。

1. 创投资本或风险资本(Venture Capital,VC)

创投资本是投资于创意阶段、研发阶段(天使投资)、原型阶段和/或产业化早期阶段的企业的基金。例如,软银中国创业投资有限公司。

2. 增长资本(Growth Capital)

增长资本投资于产业化成功后的企业扩张阶段,通过采购设备、培训员工帮助企业迅速扩张。例如,英联投资、TPG 等。

3. 收购基金(Buy-out Fund)

收购基金以控股(Majority)方式投资处于稳定成长期的企业,这些企业通常可以提供连续 3 年以上的、反映盈利能力或潜力的财务报表。收购基金通过企业内部重组和行业整合来帮助被收购企业确立市场地位。例如,KKR、The Jordan Company 等。

4. 夹层资本(Mezzanine Capital)

夹层资本通常以债权形式投资处于稳定成长期而上市之前的企业。例如,Midwest Mezzanine Funds。

5. 其他类型

例如,专注于为陷入财务危机的企业提供财务拯救的基金(Turnaround Fund,重振资本),如 Sun Capital。

PE 的主要类型如图 1.1 所示。

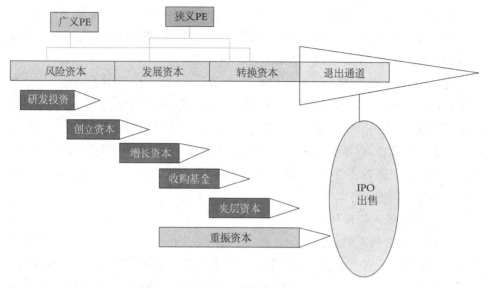

图 1.1　PE 的主要类型

收购基金在国际 PE 行业中占据着主要地位。每年流入 PE 的资金总额中超过半数是为收购基金募集的。因此,业内通常以 PE 专指收购基金(有时也包括增长资本),而以 VC 专指创投资本。为表述方便起见,在本书中,如无特别说明,PE 仅指收购基金。

1.2.2　PE 的其他类型

根据 PE 设立时确定的拟投资的行业的不同,PE 还分为综合性投资基金和行业专业基金。前者并无投资行业的限制,后者通常限定特定的投资领域,如房地产基金、环保基金、能源基金,等等。

1.3　PE 的组织形式:GP 与 LP 的关系

1.3.1　有限合伙企业

有限合伙企业(Limited Partnership)是绝大多数 PE 和 VC 采用的法律架构。有限合伙制的组织形式避免了重复纳税。在合伙制框架下,在企业层面无须交纳所得税,合伙企业的生产经营所得和其他所得,由合伙人分别缴纳所得税。这样就为投资者提供了"财务穿透"的管道,即基金投资的损益直接反映在投资者自身的财务报表上,不改变投资者原来的纳税待遇。

有限合伙 PE 基金的合伙人分为两类,即普通合伙人(General Partner, GP)和有限合伙人(Limited Partner, LP)。通常,基金管理机构是合伙企业的普通合伙人,而基金投资人是合伙企业的有限合伙人。有限合伙人以出资为限对合伙企业债务承担有限责任,而基金管理人以普通合伙人的身份对基金进行管理并对合伙企业债务承担无限责任。这样既能降低投资人的风险,又能促使基金管理人为基金的增值勤勉谨慎服务。

1. 普通合伙人的权利和义务

PE 的普通合伙人将认缴基金总股本的 1%~2%。PE 的所有投资决策均由普通合伙人作出。普通合伙人还同时监管着基金的所有投资项目,通常称为"投资组合公司"(Portfolio Companies)。普通合伙人根据《有限合伙协议》中载明的政策管理企业。

普通合伙人的收益主要来自两方面:基金管理费和"附带收益"。

基金管理费

- 管理费是 GP 向 LP 收取的费用,年费率一般为 LP 承诺资本的 1.5%~2.5%。管理费率的高低取决于 GP 的声望、市场资金富裕程度等因素。
- 在基金的整个存续期当中,GP 获得的管理费的数额可能会逐步减少。这样安排的一个理由是,在投资期(基金存续的前几年)GP 付出的努力要比后续的监管和回报期多。
- 管理费被用来支付顾问费用、基金管理机构的雇员工资与福利、办公场所租金、各项办公开支、项目前期工作的差旅等开支,以及垫支尽职调查等活动的费用。
- 比例管理费制的替代方案是预算收费制。GP 与 LP 共同制定出一年的预算,使得 LP 支付的管理费能够弥补 GP 的运营费用。预算约束可以促使 GP 更多地关注投资回报而不是管理费盈余。

附带收益

- 附带收益(Carried Interests)是 GP 获得的基于基金投资利润的提成,是对 GP 的激励措施。在一定条件下,GP 将收取基金利润的一定比例作为附带收益。附带收益比例的确定是 GP 与 LP 协商谈判的结果,一般在 20% ~ 25% 之间。
- GP 获得附带收益的条件由双方协商确定,常见的条件包括:
  —— 在每个投资项目退出之后,GP 可以获得附带收益;或者
  —— 其他 GP 与 LP 商定的条件满足后,GP 开始获得附带收益。

2. 有限合伙人的权利和义务

有限合伙人承担出资义务,不承担管理责任,并对基金的债务承担以其出资额为限的有限责任。有限合伙人可以获得基金的投资收益和避免重复纳税的好处。

<u>承诺制</u>

LP 并不会在签署有限合伙协议后的某个约定时间内将协议金额划入 GP 管理的某个账户中。基金采用的是承诺(Commitment)出资制,即每个 LP 都承诺其要投入一只基金的资金额度。资金承诺包括要支付给 GP 的管理费以及其他项目费用支出。LP 在做出承诺的时候,往往要求 GP 也要承诺投入资金(基金总额的 1% ~ 2%)。

<u>资金到位</u>

基金在选择项目和在与目标公司进行谈判的过程中,不需要大量的资金,而且基金也不大可能会在某一较短时期内将资金全部投资出去。如果基金在其管理的账户中存放了大量的现金,则会因资金闲置而降低了资金的使用效率并承担资金的机会成本。

PE 行业的惯例是,当 GP 确认某个合适的投资项目时,GP 会通知 LP,要求 LP 按照其在有限合伙协议中承诺的出资比例(与其在基金中的份额相同)将相应数额的资金转账给 GP,这一过程被称为"招款"(Capital Call)。

<u>盈利分配与"钩回"机制</u>

当一项投资获得退出时,不论是将股权出售、被收购还是公开上市,都会产生投资收益或亏损。有限合伙协议需要规定如何分配利益,包括利益支付的时间和形式(现金或者股权)。在这类规定中,通常会有"钩回"(Claw-back)机制的条款。所谓钩回,是指在一个投资项目发生重大亏损的情况下,LP 可以从 GP 在之前的盈利项目中所获得的回报分成中,要求拿回一部分用于补偿当前的亏损。

一般情况下,在有限合伙协议中规定 LP 承诺的出资额度是不能循环使用的。

当GP将其在某个项目上的投资收回后,扣除按照有限合伙协议的规定而计算出来的附带收益后,需要将该笔投资的本金与剩余利润返还给LP而不能用来投资。如此,GP累积使用的资本金额度将不能超过协议中所有合伙人承诺的总出资额度。

出资额度不能循环的规定是基金倾向于进行中长期投资的根源所在。基金管理机构收入的重要来源之一是附带收益,而附带收益的总量取决于四个因素:年均回报率、平均投资期限、总投资额和分成比例。在总投资额、分成比例一定的前提下,基金管理机构倾向于选择那些预期年均回报率高、投资期长的项目。

合伙终止与非过错散伙

在极端情况下,比如GP中的核心成员意外死亡或者离开基金,LP可以终止对一只基金的承诺。"关键人物"条款反映了LP对于GP团队的重视程度。通常,如果LP们对GP失去信心,他们可以通过开会并投票表决,来终止基金。LP终止基金的行为可能会导致诉讼。

个别情况下,LP可能因为缺少足够的资金来兑现自己的投资承诺或者其他原因而希望撤离基金。这时,GP会协助LP在PE二级市场(Secondary PE Market)上将其权益售出,一般会有价格折扣。如果无法出售这些资产,GP可能会要求严厉的违约赔偿,可能注销掉LP在已投资项目中所拥有的全部期望收益。

投资限制

有限合伙协议会规定一个投资期限(Investment Period),在此期限内要求所有的资金都要投出去。投资期限一般不超过5~7年。

LP无法在具体的投资决策上约束GP,但可以要求GP承诺只在特定的领域内进行投资。对于单一项目可以投入的资金额度,GP往往也受到限制,每笔交易的金额通常不超过基金总承诺资本金的10%。这种限制的目的是使投资组合多样化,分散风险。

基金通常不举债,但这并不影响基金所投资的企业向外举债,事实上,杠杆收购(Leverage Buy-out)是PE的主要投资方式。

对于管理着多个基金的GP来说,每只基金都是独立的主体,协议中一般禁止向GP管理的其他基金所投资的企业进行投资。此外,除非是投资于基金的"母基金",一般基金不允许投资于其他基金。

PE母基金(Fund of Funds,FOF),或称"基金的基金",和其他PE的区别在于它主要以股权投资基金作为投资对象。在 2001～2010 年间，美国 PE 融资总额（即获得的承诺出资总额）中近 10% 是为 PE 母基金募集的。表 1.1 所示的是美国 PE 母基金的融资情况。

表 1.1 美国 PE 母基金的融资情况（2001～2010）

年份	2001	2002	2003	2004	2005	2006	2007	2008	2009	2010
新承诺出资总额（亿美元）	70	90	40	130	210	150	360	220	150	30
新成立基金数量	19	18	17	45	46	30	58	28	21	9
新基金平均规模（亿美元）	3.7	5.0	2.4	2.9	4.6	5.0	6.2	7.9	7.1	3.3

资料来源：The Pichtbook, Private Equity Decade Reports（2001～2010）。

典型的基金会在其寿命期内（通常可以延至 10 年）完成 15～25 笔独立的交易。基金的内部报酬率（Internal Rate of Return，IRR）通常超过 25%，这主要归因于财务杠杆的作用以及承担了企业成长阶段的高风险。

尽管存在着对有限合伙人的权益进行交易的 PE 二级市场，LP 在基金中的权益通常不能自由买卖。

3. 案例：一个美国有限合伙 PE 基金的成立

汤姆和凯恩（或更多的自然人）计划以发起人的身份设立一支收购基金。考虑到规避投资风险和最大化收益的需要，他们通常会采用如下的法律架构：

第一步：汤姆和凯恩共同设立一个有限责任公司——石头公司。

第二步：石头公司作为 GP，汤姆和凯恩（或者还包括其他管理团队成员）作为 LPs，共同设立一家有限合伙制的收购基金管理机构——红宝石投资（LLP）。

第三步：红宝石投资作为 GP，汤姆和凯恩（或者还包括其他管理团队成员）以及其他投资人（不必是自然人）作为 LPs，设立有限合伙制的收购基金——大富豪基金。

第四步：根据《有限合伙协议》，由红宝石投资负责大富豪基金的投资管理。

以上架构广为美国 PE 基金所采用，其好处在于：

- 汤姆和凯恩作为自然人,不以 GP 的身份参与设立有限合伙制的红宝石投资和大富豪基金,从而避免承担 GP 的无限责任。在第一步中,石头公司的设立起到了风险隔离的作用。
- 汤姆和凯恩(或者还包括其他管理团队成员)还希望以 LP 的身份参与投资 PE。第一步的设计也避免了汤姆和凯恩等若同时成为 GP 与 LP 所面临的利益冲突。
- 大富豪基金、红宝石投资因为按照有限合伙制组建,其投资收益不需要缴纳企业所得税。汤姆和凯恩等人作为大富豪基金、红宝石投资的 LPs,仅须就个人获得的收入部分缴纳个人所得税。
- 石头公司是有限责任制,须就其从红宝石投资取得的收入缴纳公司所得税。石头公司的税后收入分配给汤姆和凯恩,汤姆和凯恩须再次就这部分收入缴纳个人所得税。为了减少双重纳税,可以尽量将石头公司从红宝石投资处取得的收入最小化。

除了上述有限合伙制企业(Limited Partnership)之外,在美国还存在着其他几类合法的合伙制组织形式,例如有限责任合伙企业(Limited Liability Partnership, LLP)以及有限责任企业(Limited Liability Company, LLC)等。

1.3.2 PE 的发起与资金来源

通常,PE 的发起人在其顾问的帮助下,通过路演(Road Show)或其他合法的方式向潜在的投资者展示其过去投资的优异业绩记录,并传达其成立基金的意愿。同时,PE 发起人向每个潜在的投资者送交私募的契约文件(其中,最重要的是"有限合伙协议"),并向他们提供咨询与面谈的机会。当足够多的投资者与 PE 的发起人签署有限合伙协议之后,PE 即告募集成功并进入运行阶段。普通合伙人将拥有资金的投资者与寻求增长资本的企业有效地联系起来。

有限合伙人是 PE 的主要投资者,提供 PE 投资所需的大部分资金。PE 只接收合格投资者(Qualified Investor)的投资,而合格投资者有时是由法律来定义的。

PE 的主要投资者是养老基金,其他还包括保险公司、大学的捐赠基金、主权财富基金(见附录 1.1)以及富有的个人投资者。在欧洲,PE 大部分资金来源于养老基金、保险公司、政府机构和银行等较为保守的投资机构,具体见表 1.2。

表 1.2　欧洲 PE 基金的资金来源

欧洲 PE 投资者	出资占比
银行	24%
保险公司	12%
养老基金	22%
基金之基金	9%
政府机构	6%
个人投资者	6%
基金自身盈利	5%
资本市场	1%
其他来源(如大学捐赠基金)	15%

资料来源:欧洲创业投资协会。

1.3.3　为什么 PE 选择有限合伙制

除有限合伙制外,也有极少数采用信托制或公司制的组织形式的 PE。近来,中国内地出现了关于 PE 组织形式的公司制与有限合伙制之争。为了帮助读者更好地理解为什么有限合伙制更适合 PE 行业从而为大多数 PE 所选择,本小节简单比较一下公司制与有限合伙制的差别。

- 公司制要求同股同权,相同的股份享有相同的表决权。PE 行业要求投资决策权与投资项目的运营管理权集中于普通合伙人——PE 的管理人(或机构)。有限合伙人虽然提供了基金98%的资本金,却不能直接干预 PE 的重大投资决策与投资项目的运营管理。
- 公司制要求同股同利,相同的股份享有相同的收益分配权。PE 行业为了激励基金管理人,根据行业惯例,通常会给予基金管理人20～25%的投资利润分成,而只要求管理人(或机构)投入1%～2%的基金份额。
- 公司制假设公司可以"永续经营",而 PE 行业的特点是每一只基金在发起时都设定了存续期(10年左右)。
- 在中国,公司制有注册资本和缴付期的规定,公司成立后一段时期内需缴足注册资本金。PE 行业采用"承诺出资"制,也即只有在确定投资某一个项目时,基金管理人会通知所有的有限合伙人按承诺认缴基金份额和项目总投资额计算并交付资金,由基金管理人集合资金后进行投资。每一个投资项目均如此操作,直到基金规模用尽为止或基金到期。在没有确定投资项目之前,PE 不保留资本金。任何资金都是有成本的(例如机会成本),PE 的"承诺出资制"最大限度地减少了资金成本。

- 在某些特定环境下,法律法规对企业的对外投资或转投资有严格的投资额、投资对象的限定。PE 行业的特征是利用自有资金(约占 1/3)和借贷资金(约占 2/3)组合投资,利用财务杠杆提高投资收益率。对于投资对象、投资额、投资政策的限定,PE 更希望通过协议或章程的形式确定下来,而不是通过法律来确定。
- 公司制 PE 的合伙人需要就公司收入和个人收入缴纳所得税,而合伙制避免了合伙人重复缴纳所得税。合伙制为 PE 的合伙人提供了"财务穿透"的管道。

1.3.4 PE 的投资组合管理

PE 管理机构的内部管理与普通公司的内部管理没有什么不同,PE 的投资组合管理与大型集团的资产组合管理也没有什么不同。持有哪些公司、持有多长时间、在什么时候以什么方式退出或剥离,取决于 PE 的投资策略、对趋势的判断和对时机的把握。

1.3.5 PE 的解散

通常,每一个 PE 在发起时都设定了存续期(10 年左右),因此,每一个 PE 都有一个协议的到期日。在到期日之前,PE 会选择有利的时机退出全部的投资项目。这也是为什么 PE 在投资之前需要考虑退出,以及 PE 通常不会接受那些对未来资产交易或股权交易进行限制的项目(例如,在中国收购国有企业股权时,常会面对交易后若干年内不得转让资产的问题)。在将 PE 的投资组合全部变现后,PE 的所有投资人将按照各自的出资份额分配基金资金。

1.4 PE 从业人员的要求

通常，PE 基金的投资领域比较广泛，并不局限于某个特定的行业（如能源、矿业等）。PE 基金的投资活动既包括收购目标公司的过程，也包括收购后的整合与持续改善企业经营管理的过程。PE 基金收购与整合目标企业的时间与地域跨度、改善与支持被收购企业运营的深度、投资行业领域的宽度、以及投资项目平均高达 25% 以上的内部报酬率，常常令人们惊异于其卓越的投资能力。

PE 的投资能力主要取决于其所能利用的外部资源、内部资源以及对内外部资源的协调组织。

典型的外部资源包括项目信息渠道、与合格的专业服务机构（如律师事务所、会计师事务所、市场调查机构、人力资源顾问公司等）的协作、与金融机构的密切关系（在美国，典型的 PE 基金的收购活动多数是杠杆收购）、专家与职业经理人市场、有实力的合格投资者、以及良好的法律制度环境，等等。在很多发展中国家，PE 基金与投资所在地政府保持良好关系也是十分重要的。

内部资源主要是服务于基金管理公司内部的专业人员与良好的分工组织体系。PE 基金管理机构对从业人员的素质要求较高，以下试列举一二。

1.4.1 丰富的企业运营经验

PE 基金通常以控股方式收购目标企业，因而其项目团队成员是否拥有丰富的企业运营经验对项目的前期判断、收购后的整合与改善运营都至关重要，基金管理机构十分青睐那些拥有坚实的财务背景及丰富的企业运营经验的人才。

通过参观工厂、与管理技术人员交流、阅读财务报表，经验丰富的 PE 基金专业人员就可以对企业的运营状况作出大致的判断。管理团队的能力与风格、生产流程、库存管理、生产安全、环境保护、厂房设备利用效率、质量控制、营销组织、技术保护、盈利能力、流动资金等等都是 PE 基金专业人员关注的重点。

企业在生产、管理及运营中存在的问题方面通常也是其可以改善从而提高效率的方面。PE 基金专业人员需要考虑哪些问题可能会对企业在未来的生产经营产生重大影响，以及是否存在解决问题的经济的手段。

收购后的整合是风险巨大的过程,也是对 PE 基金专业人员的经验、能力与意志品质的严峻考验。在整合阶段,经验丰富的 PE 专业人员不仅知道该做什么、能做什么、由谁来做、何时去做以及怎样去做,也更容易得到原企业管理团队成员的尊重、服从与配合,从而推进整合计划的实施。

1.4.2 能承受压力的良好身心素质

PE 专业人员所面临的压力是来自多方面的。在投资项目进展的不同阶段都会面对不同的问题,而留给解决问题的时间是有限的。对业绩的追求需要他们忘我地投入工作。

PE 专业人员需要经常面对新的行业与新的意向合作伙伴,他们需要在最短的时间内了解甚至熟悉他们是在与谁交谈、谈什么话题。

从接触项目信息到尽职调查,从谈判到签约,从整合、运营到退出,PE 的投资周期是漫长的,通常需要 3 年以上的时间。根据经验,不足百分之一的项目能够经历这一完整的流程。在项目进行中,PE 专业人员经常在希望与失望、兴奋与沮丧间徘徊。他们必须具备良好的身体条件与精神状态,以完成频繁的差旅、谈判、会议、报告等高强度的工作。

因为 PE 项目团队的精干,每一个成员都承担着独特的责任。责任带来压力。他们需要时刻保持足够的热情、清醒与自制力,保证不因自身原因而影响到项目的进展。在目标与现实、责任与能力之间,他们需要保持良好的心理平衡。

1.4.3 出色的沟通能力

PE 是连接资金需求者与资金提供者的桥梁。为实现投资,PE 团队成员需要与以各种身份出现的人们打交道,包括项目中介、目标公司企业主与管理层、律师、会计师、政府官员、行业专家,以及团队内部成员、投资委员会和基金投资者,等等。为获取信息、传递信息和有效沟通,PE 团队成员需要具备出色的沟通能力,既包括书面的信函与报告,也包括口头的演讲与谈判。

特别是对于在中国开展投资业务的欧美背景的 PE,因为投资的东道国(中国)与母国(PE 总部所在国)之间在经济发展阶段、法律环境、公共政策、文化习俗、行业惯例等方面存在巨大的差异,PE 驻中国分支机构的高层人员需要帮助目标公司企业主/管理层与 PE 最高投资决策层之间进行沟通。因商业环境之间的差异而导致的分歧对项目进程的不利影响要远远大于因语言之间的差异而产生的影响。

PE 团队成员至少需要具备以投资东道国与母国两种语言进行交流的能力。一方面,他们需要以投资东道国母语与当地的目标公司企业主和管理层进行商务接洽、谈判和沟通;另一方面,他们需要以投资母国语言向 PE 高层管理人员及投资委员会汇报、解释和请示。

培训与实践是获得出色的沟通能力的外在因素,读者可以通过专业的培训机构与书籍了解这方面内容。

1.4.4 高超的谈判技巧

谈判是在 PE 项目小组与目标公司企业主与管理层之间进行的。通常在这一过程中双方都需要法律专家的帮助。

谈判的基础是共赢。尽管如此,因为买(即 PE)卖(即企业主)双方对企业经营的外部环境、财务数据和企业发展前景的理解不完全相同,对交易所确定的标准、原则与底线的不同,双方对交易细节安排会存在意见分歧,很多时候这些意见分歧可能大到使交易无法进行。

谈判的过程是消弭分歧、平衡利益的过程。双方都需要在谈判之前明确自己的底线,即哪些条件是绝对不能让步的、哪些条件是可以变通的、是有弹性的。双方都在不断地试探对方的底线,而大多数谈判时间都消耗在并不十分重要的细节上面。用非关键问题来消耗对方的精力与耐心,从而确保在关键问题上保证己方利益,是多数谈判高手常用的技巧。耐心、冷静、灵活、反应敏捷、善于表达是 PE 谈判成员必备的素质。

谈判的目的是促成交易,实现共赢。PE 的谈判人员要把握节奏,既要坚持底线,又要争取利益,还要促使交易成功。在谈判陷入僵局的时候,PE 需要发动项目中介及社会关系从中斡旋,使谈判对手重新坐在谈判桌前。

PE 的谈判人员需要时刻谨记:今日的谈判对手,将是未来的合作伙伴。因而,PE 的谈判人员需要保持冷静和克制,既要以适当的方式指出对方存在的问题,又要向对方表达足够的尊重和理解,任何意气用事和过激言行都会伤害谈判双方的感情而有悖于谈判的初衷。

除上述四点外，PE 从业人员还需要：

- 掌握财务工具，能熟练地阅读与分析财务报表、制作财务模型进行分析和预测；
- 熟悉商务礼仪，在各种商务场合衣着得体、言谈举止大方有风度；
- 尽可能多地了解东西方文化，尊重各方意识形态和文化的差异，避免不经意间的冒犯；
- 职业操守，当然，这是从事任何行业的人员都需要具备的品质。

1.5 PE 的投资策略

1.5.1 平台投资与后续投资

根据 PE 投资的初始目的不同，PE 的投资项目可以分为两类：平台投资(Platform Investment or Stand-alone Investment)和后续投资(Add-on Investment)。

1. 平台投资

平台投资是指 PE 在收购目标公司后将该公司作为行业整合的平台，而在该项投资之前，PE 没有在相关的行业进行过投资。

平台投资需要特殊的机遇与条件，包括：

- 目标公司所在行业存在整合空间。例如，市场集中度(Market Concentration Rate)较低、存在后续收购目标、产品存在升级空间(从中低端到中高端)、存在经济规模(Scale of Economy)时可以考虑行业的横向整合；与上游或下游产业关联度较高、与上下游谈判能力较强、存在后续收购目标、存在协同效应(Synergy)时可以考虑行业的纵向整合。
- 目标公司在行业中处于"领导者"地位，有较大的行业影响力。
- 目标公司管理层制订了明确的发展战略，其高层管理人员的愿景、能力、经验、职业操守、远见、社会关系、业内威望与号召力令 PE 相信其可以承担行业整合策动者的角色，或者，PE 找到了可以承担这一角色的业内专家。

2. 后续投资

后续投资是指 PE 在平台投资之后在行业整合过程中进行的一系列收购活

动。后续投资是目的性十分明确的投资活动。通常,由业内专家负责寻找和接洽合适的后续收购目标,再由 PE 负责谈判和完成收购,最后由 PE 与业内专家一起完成收购后的整合工作,并带领整合后的企业集团走向新的辉煌。

表 1.3 显示了美国 PE 的平台投资和后续投资在 2000~2011 年的交易量。

表 1.3 美国 PE 的平台投资和后续投资(2000~2011)①

年份	2000	2001	2002	2003	2004	2005	2006	2007	2008	2009	2010	2011
平台投资交易数量	426	322	417	625	860	983	1 189	1 363	942	519	712	660
占总投资数量比例	60%	62%	67%	65%	65%	61%	59%	56%	56%	54%	53%	50%
后续投资交易数量	284	198	209	333	468	638	820	1 061	745	450	624	656
占总投资数量比例	40%	38%	33%	35%	35%	39%	41%	44%	44%	46%	47%	50%

资料来源:Pitchbook, Annual Private Equity Breakdown 2012。

在中国,PE 获得的项目信息大体上可以分为两类:一类是纯粹的出让股权(甚至 100% 转让),例如某些国有企业的改制方式之一就是在产权交易中心挂牌转让,这类项目通常不会涉及融资的要求和总股本的变化;另一类更有代表性,即拟融资企业通过出让部分股权、定向增发等方式私募资金,用以支持企业的快速扩张计划,代价是总股本数发生变化、原股东的股权被稀释。由于后一类项目更具有代表性,**如无特别说明,在本书后面章节中所提及的项目均指有融资要求的项目**。

寻找平台投资机会是 PE 团队的重要工作。由行业内整合而带来的规模效应和协同效应将提高企业集团的竞争力和盈利能力。下面三个案例可以帮助读者进一步理解 PE 的投资策略。

3. 案例一:K 公司收购案例

目前,K 公司(美国)是全球电动机与控制系统的先进制造商。首先,PE 收购

---

① Pitchbook 是一家致力于研究美国中型市场(Middle Market)PE 的机构,其研究报告涵盖了中型市场收购基金、成长资本和夹层资本等数据,读者参考 Pitchbook 的数据时应予以注意。

了 K 公司的控股股权,并将该项收购视为平台投资。在接下来的 15 年时间里,PE 帮助 K 公司收购了 13 家目标公司。

第一笔交易是收购 IE 电气公司(美国)。接下来的五次收购旨在帮助 IE 电气公司加强核心业务,同时也实现了降低成本和市场开拓的目标。这些收购帮助 K 公司在意大利和德国建立了运营部门,打开了美国产品的欧洲市场,也为欧洲技术在北美的应用开辟了通道。

PE 基金还帮助 K 公司发现新的采购渠道。PE 基金调整了 K 公司在墨西哥的新制造基地的采购计划,并在远东开辟了采购零部件与产品的渠道。PE 基金为 K 公司提供资金,帮助它在中国内地建立电动机制造基地。

今天,K 集团"枝繁叶茂",旗下优秀公司云集。其业务覆盖诸多电机制造领域,包括用于自动售货机的电动机、升降机与自动扶梯的动力和控制系统,等等。K 公司在 PE 的帮助下正在不断超越竞争对手。K 公司的成功反映了 PE 在全球范围内整合资源的巨大优势。

4. 案例二:W 集团收购案例

10 余年前,科恩先生一直在寻求能够为其提供帮助的合作伙伴,他希望将其多元化的油田服务集团公司(即 W 集团)的销售收入与盈利能力提高到一个新的水平。1997 年,PE 开始介入 W 集团的整合事宜,调整了它的资本结构,允许一些机构投资者退出,但挽留了包括科恩先生在内的所有持股管理人员。

PE 同意科恩先生的判断,在经营高度分散的石油与天然气行业中遍布着收购机会。他们开始寻找盈利能力强、客户关系稳定以及管理团队卓越的潜在收购对象。

在 PE 的帮助下,W 集团收购了一家得克萨斯州的测量与钻探公司。在 1 年多的时间内,W 集团先后将三个公司纳入旗下,并组建了一家钻探用化学品制造集团公司。

1999 年,W 集团完成了其最大的也是最重要的一笔战略投资——收购 PF 公司,一家私人拥有的油田服务公司,提供随钻测井(LWD)和随钻测量(MWD)等服务。此后,W 集团成为该领域全球仅有的四个服务商之一。

通过在 5 年内的 10 次收购,W 集团的业务收入从最初的 5 千万美元增长到 3 亿多美元,盈利能力也大大提升。

5. 案例三:I 集团收购案例

PE 通过 I 集团收购了 H 集团下属两家煤矿井下采掘设备制造企业,并将该项收购视为平台投资。PE认识到,中国电力供应约70%来自火力发电厂,而火电需要煤炭。对提高煤炭开采效率和提高煤矿井下安全生产水平的需求,转化为对煤矿井下综采设备的强劲需求,这一需求还由于政府高度关注煤矿安全问题而强化。

PE与H集团及地方政府一道,帮助两家负债累累的国有企业进行主辅业分离、结清了欠缴养老金及完成了国有企业职工身份置换,帮助企业实现了银行债务重组和税务重组。此后,PE完成了对两家企业的股权收购。

在接下来的5年时间里,PE帮助I集团收购了1家煤矿井下输送设备制造企业、1家控制系统制造企业,并利用全球资源帮助I集团引进钻探设备先进制造技术,从而成为中国第一家能够提供井下综采设备完整解决方案的供应商。PE还帮助I集团在目标市场与5家终端客户建立了设备维修合资企业,以实现快捷售后服务。

目前,I集团是中国领先的煤矿井下综采设备制造商。

1.5.2 杠杆收购(Leverage Buyout, LBO)

PE基金收购目标公司所用的资金只有部分来自于基金投资者(或称自有资金),其他部分通过举债筹措。债务组合通常包括并购贷款、商业本票以及高收益债券等。表1.4显示过去10年间美国PE收购所需的资金中债务所占比例的情况。

表1.4 美国PE收购资金中平均债务占比(2002~2011)

年份	2002	2003	2004	2005	2006	2007	2008	2009	2010	2011
交易规模低于10亿美元	52%	49%	56%	56%	57%	57%	52%	51%	57%	46%
交易规模超过10亿美元	63%	71%	55%	67%	67%	56%	61%	62%	59%	61%

资料来源:Pitchbook, Annual Private Equity Breakdown 2012。

财务杠杆(=债务总额÷自有资金)的运用将放大企业经营业绩的影响。财务杠杆是一把"双刃剑"。只有当投资的年回报率高于借贷资金的年资金成本时,财务杠杆的运用才会为PE带来企业正常盈利水平之外的"超额"利润。

财务杠杆的运用比例受国际资金借贷市场环境的影响。当放款人对宏观经济发展前景的信心不足、市场资金供应偏紧而资金成本（例如，利息）较高时，PE运用财务杠杆的比例就会降低。当放款人比较乐观、市场资金供应充足而资金成本较低时，PE运用财务杠杆的比例就会提高。

1.6　PE是积极的资金提供者

PE这一名词在50多年前还不存在，如今则已成为一个管理资金超过12,000亿美元的庞大行业。创立之初，PE类似于小作坊，如今很多已发展成全球规模的投资巨擘。表1.5显示过去11年间美国PE每年融资情况，其中2006~2008年是行业发展高峰期间。

表1.5　美国PE每年融资情况（2001~2011）

年份	2001	2002	2003	2004	2005	2006	2007	2008	2009	2010	2011
新承诺出资总额（亿美元）	560	790	440	900	1 420	2 240	3 130	3 120	1 520	890	930
新成立基金数量	147	142	117	161	252	261	314	273	136	138	142
新基金平均规模（亿美元）	3.8	5.6	3.8	5.6	5.6	8.6	10.0	11.4	11.2	6.4	6.5

资料来源：Pitchbook, Annual Private Equity Breakdown 2012。

一些早期PE的收购行动被视为敌意收购（Hostile Takeover），这也使得这个新兴的产业背负了"门口的野蛮人"等误解。所谓敌意收购，通常是指在没有获得目标公司董事会和/或管理层的认可，无论他们是否反对或是否知情，而强制实施的收购目标公司股权的行为。敌意收购的对象通常是公众公司，也发生过通过购买债务并逼债来收购私人公司的案例。

今天，由公司管理层主导的收购则成为主流。PE通常与公司管理层合作，既可以提高收购的成功率，又可以通过管理层持股而充分激励管理层的积极性，确保公司运营的连续性。

作为股权投资者，PE 的投资是中长期投资。只有被投资企业在若干年内获得了良好的成长性和盈利能力，PE 才能在退出时获得投资收益。而 PE 团队成员的利益则依赖于 PE 的投资收益。这是一种正向的激励。PE 会尽自己最大努力帮助被投资企业发展，包括聘请最优秀的管理人员和业内专家、深入企业内部参与流程再造等整合活动、通过并购提升企业在行业中的地位，等等。

1.6.1 PE 与其他资金提供者的比较

以下是 PE 投资与传统的商业银行信贷和股票市场 IPO 的一个简单比较，读者不难发现 PE 投资的鲜明特点。

1. 商业银行的债务融资

方式：抵押贷款或信用贷款。

银行会问企业："你能向我提供哪些还款的保证？"

优点：标准化业务流程明晰；不需要成本高昂的尽职调查；可频繁使用。

缺点：

- 通常只提供流动资金贷款，期限短，企业不能将之用于长期资本投资；
- 通常需要为每笔贷款提供抵押物或担保；
- 缺乏信用记录的企业难以获得所需要的贷款数额；
- 增加企业付息压力；
- 银行的贷款是"晴天的雨伞"，陷入财务困境的企业更难以获得贷款。

其他债务融资方式，如发行债券或商业票据，这些方式只适用于那些声誉卓著、资信等级很高的大企业。

2. 资本市场的股权融资

方式：IPO 或增发。

资本市场会问企业："你能给投资者带来什么？"

优点：为企业提供长期资本；公众公司受到外部监管。

缺点：

- 股权稀释；
- 资本成本通常高于债务成本；
- 需付给承销商（投资银行）可观的费用；

- 须履行信息披露义务;
- 须满足法律和资本市场对IPO或增发条件的各项要求;
- 融资能否成功须视资本市场行情和企业自身的状况;
- 不能频繁灵活使用。

3. PE的股权融资

方式:以股权换资金。

PE对企业的问题是:"你的未来计划是什么"?"你希望我们为你做什么?"

优点:

- 提供长期资本;
- "量身订制",满足处于不同行业、不同发展阶段、不同财务境况的企业的独特要求;
- 帮助解决因股东意见分歧给企业发展带来的不利影响;
- 帮助解决所有者与管理者之间的代理人问题;
- 帮助企业完善并实施其战略;
- 为企业提供财务控制、法律框架、流程再造等支持;
- 为企业提供全球运营支持;
- 为企业的并购或扩张提供进一步的资金、技术、信息、操作等支持。

缺点:收购基金通常会要求获得企业的控股权,这对于某些控制欲强的企业家的战略眼光具有较大的挑战性。

1.6.2 PE与产业资本的比较

在国际收购舞台上,产业资本和PE是最为活跃的力量。它们的区别在于:

1. 资源禀赋不同

- 产业资本具有自身的产业特点,处于产业链的某个部位,拥有业内专家和自己的管理团队,熟知产业的过去、现在乃至将来;
- PE没有产业特点,必须依赖于合作伙伴的专家队伍和管理团队才能进入一个新的产业。

2. 投资目的不同

- 产业资本通常通过并购达到延伸产业链、进入新市场、扩大市场占有率、获取新技术、消灭竞争对手或潜在竞争对手等目的,产业资本投资的目的是获得它所没有的;
- PE 投资于合作伙伴在未来的长远发展潜力,帮助合作伙伴完善战略目标及获得发展所必需的全部条件,期待与合作伙伴共享企业价值增长的最大收益,PE 投资的目的是赋予合作伙伴所没有的。

3. 方法手段不同

- 产业资本为达到自身战略意图会采用各种合法的手段,产业资本的收购是强悍的;
- PE 只有在与潜在合作伙伴及与其有利益关系者们达成全面共识后才会投资,PE 的收购是和谐的。

4. 后期作为不同

- 产业资本为了自身整体的战略意图,有时不得不牺牲局部的利益;
- PE 的投资价值完全在于合作伙伴在未来的成长,PE 会为合作伙伴在内部管理、品牌、技术和渠道等方面的建设与完善倾尽自己的全部智慧和资源。

5. 投资结果不同

- 产业资本收购的成功标志是被收购的企业完全融入母公司,包括产品、品牌、战略乃至文化;
- PE 收购的成功标志是合作伙伴在未来实现其商业计划书中制定的战略目标,企业价值获得满意的增长,PE 与合作伙伴共享成功的硕果。

1.6.3 哪些企业可以寻求 PE 的帮助?

只要符合 PE 的投资标准,下列企业都有可能获得 PE 的帮助:

- 企业计划扩张,包括收购目标公司、扩展现有业务和新增业务;
- 企业计划策动行业内整合;
- 企业发展遇到瓶颈;

- 企业计划实施管理层收购；
- 企业集团需要分拆以剥离非核心业务；
- 企业陷入财务困境急需拯救；
- 家族企业面临重组及继承人问题；
- 破产企业的接管；
- 股东意见分歧，部分股东的退出计划；
- 公众企业的私有化计划；等等。

1.7 PE的贡献

1.7.1 对科技进步的贡献

在过去的60余年中，创投资本推动了包括信息技术在内的科技进步和科技成果商业化，大大扩展了人类对宇宙、自然和自身的认知空间和行动空间，极大地丰富了人们的生活内容，极大地便利了人们的沟通交往。特别是以计算机、互联网、软件行业和现代通讯为代表的信息技术革命，极大地提高了人类知识的创造、积累和传播速度，从而极大地增进了人类社会创造财富的能力。

1.7.2 对资源配置的贡献

在过去的50余年中，收购基金参与并推动了全球第三次（20世纪60年代末）、第四次（20世纪70年代末）和第五次（20世纪90年代末）并购浪潮，促进了经济资源的整合重组，改善了人们利用资源创造财富的能力。

收购基金通过行业内的纵向和/或横向整合、剥离非主营业务等技术手段帮助企业家们建立起自身的核心竞争优势；通过提供成长资本、扩展营销网络等方式帮助幼小企业迅速成长；通过敌意收购、"对赌条款"等方式向管理层施加压力，有助于改善日益严重的股东-管理层之间的委托-代理问题；通过杠杆收购，最大限度地节约自有资金和金融资源。

一项对1970~2007年间全球范围内的21 397个PE交易的研究发现：

- 6%的收购交易以破产或财务重组而告终。这相当于一个年平均1.2%的破产率或者严重财务困境。这一数据甚至低于美国的公司债拖欠率,后者是年平均1.6%。
- 这些企业被收购后的财务业绩显著优于同行业企业。那些20世纪80年代发生在美国的收购案,投资后3年比之收购前一年,其营业利润率每年以20%的速度增长,净现金流量年增长率达到40%。尽管这些数据在1990~2006年间有所下降,但年销售收入增长、净现金流量增长仍达到14%以上。

1.7.3 对财富管理的贡献

在过去的30余年中,PE通过集合资源、专家管理的模式,已成为人类社会积极有效的财富管理方式之一,为推动退休保障等公众事业的发展做出了巨大的贡献。从表1.5可见,美国PE在大多数时候获得了超过投资股票市场的回报率。

表1.6 美国PE年化收益率历史表现(截至2005年底,%)

基金类型	1年平均	3年平均	5年平均	10年平均	20年平均
VC(1)	15.6	7.5	-6.8	23.7	16.5
初创型	8.3	3.1	-10.9	41.5	20.4
平衡型	24.3	11.7	-3.5	18.9	14.6
成熟型	6.9	8.6	-4.1	11.3	13.5
收购基金(2)	31.3	16.3	5.2	9.2	13.3
小型	11.5	7.8	2.1	7.9	25.4
中型	33.8	10	2.9	10.9	16.5
大型	18.2	16	4	10.2	12.7
超大型	35.7	17.8	6	8.8	11.4
夹层资本(3)	12.2	4.8	2.2	6.4	8.9
PE(包括1、2、3)	22.6	13.1	1.5	12.3	14.2
纳斯达克指数	5.2	14.2	-2.2	7.7	12.4
标准普尔500指数	6.3	10.1	-1.1	7.3	11

资料来源:Thomson Financial/美国创业投资协会。

1.7.4 对改善就业的贡献

美国国家创投资本协会的一份研究成果发现,1970~2005年期间,创投资本培育的企业创造了1 000万个工作岗位,其产值在国民生产总值中约占17%。

美国人口调查局(U.S Bureau of the Census)追踪几乎所有PE所投企业,以及其投资前后的劳动力状况。分析5 000家有PE投资的美国公司和其30万个商业化机构以及600万个同类机构之后发现:PE投资的机构相比于独立机构,能创造超过6%的新增就业岗位,也就是说在原所在地之外创造的新的工作机会。

1.8 为什么中国需要PE

1.8.1 解决金融瓶颈问题

中国作为发展中国家,存在着金融发展滞后。现代经济是货币信用经济,"物随钱走",金融资源的配置最终决定了经济资源的配置。由于历史和现实的因素,中国的金融资源更多地向国有经济部门配置。金融压抑限制了非国有经济部门的发展,而这些企业绝大多数是中小企业。资源占有率与社会贡献率的不对称,构成当今中国经济社会发展的重要问题之一。

根据2003年统计,贡献了GDP的56%、社会销售额的59%、税收的46%、出口额的62%和就业的75%的民营中小企业,其中仅有10%左右获得了银行信贷支持。民营企业基本不能获得长期信贷资金(除房地产开发贷款之外),而获得短期贷款的条件是企业向银行提供了合格的抵押品或担保。2003年,民营企业获得的短期贷款占银行全部短期贷款的比重仅为14.4%。

传统的商业银行基于自身的经济利益通常只将目光对准那些足够规模、业绩良好的优质客户。因为信用体系的缺失和执行效率的低下,对合格借款人资质审查而导致的交易费用极其高昂,只有较大规模的贷款的收益才能承担交易费用。银行总部集权的经营模式也使得"一刀切"式的贷款政策更容易被执行,大型国有企业成为各商业银行竞相追逐的客户。

在中国现有的金融环境下,民营中小企业的发展受到金融瓶颈的约束:银行短期贷款需要抵押品且不提供中长期贷款,资本市场只接受符合一定标准的企业发行股票或债券,民间融资有"非法集资"之嫌,企业间的借贷形成复杂脆弱的债务链条。

如何解决民营中小企业融资难的问题考验着中国现有的金融法律框架。适时鼓励PE、VC发展将有助于部分解决金融瓶颈问题。

PE在欧美已有30多年的发展历史,其存在与发展并没有给所在国带来所谓的"金融风险"。PE的进取心和专业精神使得它们勇于承担商业银行所无法承担的商业风险。PE通过尽职调查了解潜在合作伙伴的投资价值,并通过与管理层的紧密合作推动企业提高竞争力、开拓海外市场。PE努力寻找充满活力与坚定信念的企业家,并愿意与这样的合作伙伴共创辉煌。PE不仅是资金的提供者,更是具有职业精神的忠诚的合作伙伴。

蒙牛案例可以为PE在中国的作用提供一个注脚。2001年初,蒙牛希望抓住中国乳制品行业快速发展的时机,在全国各地迅速建立生产和销售网络。那时的蒙牛是一个名不见经传的企业(据蒙牛网站介绍,其1999年创立时在全国乳制品行业排名第1 116位),加之其"重品牌轻资产"的商业模式,蒙牛无法从银行获得贷款以支持其快速扩张。摩根士丹利、鼎晖、英联三家PE的联合投资使蒙牛抓住了成长机遇。当然,PE提供给蒙牛的不只是资金,还包括蒙牛内部的整合、主导蒙牛上市进程以及摩根士丹利的品牌效应,等等。

1.8.2 解决竞争过度问题

产能过剩、竞争过度是因为生产资本的专用性导致的生产性要素不能自由流动或退出的成本过高,从而导致在某个行业内存在过度投资的市场失灵现象。

在中国,因为曾经的地方保护主义,大量存在着重复投资、重复建设现象,产能过大、竞争过度成为相当多传统行业生存的桎梏。因为行业内过度拥挤,竞争者们通常希望通过低价策略消灭竞争对手。而过低的利润率进一步限制了企业核心竞争力的形成和行业的发展,"价格战"成为普遍现象,行业内整合成为行业生存的基本前提。

PE通过帮助合作伙伴进行行业整合和提升核心竞争力来确立企业在市场中的竞争地位。这一过程有效地提高了行业进入的技术和资源壁垒,实现了部分资本的有效退出,但又不破坏公平竞争的市场环境,不增加新的生产能力,是解决竞争过度问题的有效市场机制之一。

1.8.3 促进治理结构完善

在目前阶段,中国企业的治理结构尚不完备。一项比较中美两国上市公司经营业绩的研究表明:中国上市公司的 ROE(资本回报率)大约为 2%~3%,而在美国上市公司的 ROE 平均为 20.5%;中国上市公司的 ROA(资产回报率)大约为 1%~2%,而美国上市公司的 ROA 平均为 7%。中国上市公司的经营业绩较差,根源在于缺乏激励管理层的环境,既包括正向激励也包括负面激励。

在美国,某些上市公司的管理层也会有"偷懒"现象。敏锐的 PE 会时刻关注着哪些公司的管理层掌握着大量的资金却大肆挥霍、不为股东实现利益最大化,并随时准备收购其股权进入董事会,更换管理层。这就迫使美国上市公司几乎绝大多数的管理层为了自身利益而尽善其责。PE 这种"狩猎者"的衍生角色,事实上为市场经济提供了最为经济的"免费监管人"功能。

由安永会计师事务所(Ernst & Young)在 2006 年进行的一项调查表明,PE 具有强大的能力帮助被投资企业增强竞争能力和获得高于行业平均水平的增长率。根据其对调查对象(即 PE)的统计:美国 PE 在平均三年的投资期内使得被投资企业的平均价值从 12 亿美元增长到 22 亿美元(增长 83%),被投资公司价值年均增长率约 33%,远高于同期美国上市公司的 11% 的年均公司价值增长率;欧洲 PE 在平均三年半的投资期内使得被投资企业的平均价值从 8 亿美元增长到 15 亿美元(增长 81%),被投资公司价值年均增长率 23%,高于同期欧洲上市公司的 15% 的年均公司价值增长率。

1.8.4 促进职业化进程

中国经济发展面临着职业化人才的短缺。PE 在中国的发展,将催生大量具有专业素养和职业精神的企业家、职业经理人、职业会计师、职业律师等阶层的形成和成熟。高素质人才队伍及市场的壮大将对中国未来经济的发展注入持久的强劲动力。

1.8.5 帮助企业自主创新

中国政府大力倡导发展创新型企业、提倡开发自主知识产权。开发自主知识产权不能仅仅停留在口号上,如果没有持续性的技术支持和资金投入、没有对行业发展趋势的正确把握、没有对企业发展的长远规划和准确定位、没有掌握用最经济的方法将科研成果商品化/产业化的能力,则作为技术开发主体的企业就无法成为可持续的创新型企业。在这方面(指企业自主创新),PE可以提供很多帮助。

一般来说,研发资金的投入难以在短时间内取得回报。商业银行由于自身经营范围与业务性质的限制,通常只能向企业提供短期流动资金贷款,这无法满足企业研发、创新对中长期资金的需求。技改贷款(针对国企)从发放范围、数量与目的性看,也无法满足企业的要求。

PE利用其全球资源和产品开发经验,从战略定位、技术引进、人才战略、资金支持、市场开拓等方面全方位培育其下属企业的技术创新能力和产品研发能力,最终提升核心竞争力,走可持续发展的道路。同时,PE的法律经验与法律支援可以帮助国内企业在引进与开发技术时避免陷入知识产权的国际纠纷。

附录1.1 主权财富基金

主权财富基金(Sovereign Wealth Funds, SWFs),简称主权基金,是指由一些主权国家政府所建立并拥有,用于长期投资的基金,其资金的主要来源是国家财政盈余、外汇储备盈余、自然资源出口盈余等,一般由专门的政府投资机构管理。不同于传统的政府养老基金与那些简单持有储备资产以维护本币稳定的政府机构,主权财富基金是一种全新的专业化、市场化的积极投资机构。

最早的SWFs出现在1956年。当时,位于密克罗尼西亚吉尔伯特群岛的英国当局,对出口的富含磷酸盐的鸟粪征收一种税。现在,鸟粪早已采掘枯竭,但一笔预留资金成为"基里巴斯收益平衡储备基金"(Kiribati Revenue Equalisation Reserve Fund)。

近年来,全球SWFs管理的资产规模急剧膨胀,到2011年累计已达到近5万亿美元,见表1.7。同时,SWFs的资产分布不再集中于八国集团(G8)的定息债券类工具,而是包括股票、外国房地产、PE基金、商品期货、对冲基金等非传统投资类别。主权财富基金已成为国际金融市场一个日益活跃的重要参与者。

目前,阿联酋、中国、挪威、沙特阿拉伯、科威特、俄罗斯和新加坡等都是世界上主权财富基金规模较大的几个国家。

表1.7 全球主权财富基金(2011年)

排名	基金名称	基金简称	资产总值(亿美元)	成立年份	国家或地区	资金来源
1	阿布扎比投资局(Abu Dhabi Investment Authority)	ADIA	6 270	1976	阿联酋	石油
2	中国华安投资有限公司(SAFE Investment Company)	SAFE	5 679	1997	中国	非商品
3	挪威政府养老基金(Government Pension Fund-Global)	GPF	5 600	1990	挪威	石油
4	SAMA外汇控股(SAMA Foreign Holdings)	SAMA	4 725	N/A	沙特阿拉伯	石油
5	中国投资有限责任公司(China Investment Corporation)	CIC	4 096	2007	中国	非商品

续表

排名	基金名称	基金简称	资产总值（亿美元）	成立年份	国家或地区	资金来源
6	科威特投资局（Kuwait Investment Authority）	KIA	2 960	1953	科威特	石油
7	香港金融管理局投资组合（Hong Kong Monetary Authority Investment Portfolio）	HKMA	2 933	1993	中国香港	非商品
8	新加坡政府投资公司（Government of Singapore Investment Corporation）	GIC	2 475	1981	新加坡	非商品
9	淡马锡控股（Temasek Holdings）	TH	1 572	1974	新加坡	非商品
10	魁北克储蓄投资集团（Caisse de dépôt et placement du Québec）	CDPQ	1 517	1965	加拿大	非商品
11	全国社会保障基金（National Social Security Fund）	NSSF	1 345	2000	中国	非商品
12	国家财富基金（National Welfare Fund）	RNWF	1 139	2008	俄罗斯	石油
13	卡塔尔投资局（Qatar Investment Authority）	QIA	850	2003	卡塔尔	石油
14	未来基金（Future Fund）	AFF	730	2004	澳大利亚	非商品
15	迪拜投资公司（Investment Corporation of Dubai）	ICD	700	2006	阿联酋	石油
16	利比亚投资局（Libyan Investment Authority）	LIA	650	2006	利比亚	石油
17	国际石油投资公司（International Petroleum Investment Company）	IPIC	580	1984	阿联酋	石油
18	收入调节基金（Revenue Regulation Fund）	RRF	567	2000	阿尔及利亚	石油
19	阿拉斯加永久基金（Alaska Permanent Fund）	APF	403	1976	美国	石油
20	哈萨克斯坦国家基金（Kazakhstan National Fund）	KNF	386	2000	哈萨克斯坦	石油

续表

排名	基金名称	基金简称	资产总值（亿美元）	成立年份	国家或地区	资金来源
21	韩国投资公司（Korea Investment Corporation）	KIC	370	2005	韩国	非商品
22	国库有限公司（Khazanah Nasional）	KN	368	1993	马来西亚	非商品
23	阿塞拜疆国家石油基金会（State Oil Fund of the Republic of Azerbaijan）	SOFAZ	302	1999	阿塞拜疆	石油
24	国家养老储备基金（National Pensions Reserve Fund）	NPRF	300	2001	爱尔兰	非商品
25	文莱投资局（Brunei Investment Agency）	BIA	300	1983	文莱	石油
26	战略投资基金（Strategic Investment Fund）	SIF	280	2008	法国	非商品
27	穆巴达拉发展公司（Mubadala Development Company）	MDC	271	2002	阿联酋	石油
28	得克萨斯常驻学校基金会（Texas Permanent School Fund）	TPSF	244	1854	美国	石油、其他
29	伊朗石油稳定基金（Oil Stabilization Fund）	OSF	230	1999	伊朗	石油
30	社会和经济稳定基金（Social and Economic Stabilization Fund）	SESF	218	1985	智利	铜
31	阿尔伯塔传统储蓄信托基金（Alberta Heritage Fund）	AHF	151	1976	加拿大	石油
32	"国安"基金（National Stabilisation Fund）	NSF	150	2000	台湾（地区）	非商品
33	新墨西哥州投资信托基金（New Mexico State Investment Office Trust）	NMSIOT	143	1958	美国	非商品
34	新西兰养老基金（New Zealand Superannuation Fund）	NZSF	135	2003	新西兰	非商品

续表

排名	基金名称	基金简称	资产总值（亿美元）	成立年份	国家或地区	资金来源
35	巴西主权基金（Sovereign Fund of Brazil）	SFB	113	2009	巴西	非商品
36	玛姆塔拉卡特控股公司（Mumtalakat Holding Company）	MHC	91	2006	巴林	石油
37	阿曼国家储备基金（State General Reserve Fund）	SGRF	82	1980	阿曼	石油、天然气
38	博茨瓦纳普拉（Pula Fund）	PF	69	1996	博茨瓦纳	钻石、矿产
39	东帝汶石油基金（Timor-Leste Petroleum Fund）	TLPF	63	2005	东帝汶	石油、天然气
40	公共投资基金（Public Investment Fund）	PIF	53	2008	沙特阿拉伯	石油
41	中非发展基金（China-Africa Development Fund）	CADF	50	2007	中国	非商品
42	怀俄明州矿产常驻信托基金（Permanent Wyoming Mineral Trust Fund）	PWMTF	47	1974	美国	矿石
43	传统及稳定基金（Heritage and Stabilization Fund）	HSF	29	2000	特立尼达和多巴哥	石油
44	阿拉巴马信托基金（Alabama Trust Fund）	ATF	250	1985	美国	石油、天然气
45	意大利战略基金（Italian Strategic Fund）	ISF	140	2011	意大利	非商品
46	拉斯阿尔卡麦投资管理局（RAK Investment Authority）	RIA	12	2005	阿联酋	石油
47	尼日利亚国家投资局（Nigerian Sovereign Investment Authority）	NSIA	10	2011	尼日利亚	石油
48	FEM	FEM	8	1998	委内瑞拉	石油

续表

排名	基金名称	基金简称	资产总值（亿美元）	成立年份	国家或地区	资金来源
49	国家资本投资公司（State Capital Investment Corporation）	SCIC	5	2006	越南	非商品
50	收益平衡储备基金（Revenue Equalization Reserve Fund）	RERF	4	1956	基里巴斯	磷酸盐
51	加蓬主权财富基金（Gabon Sovereign Wealth Fund）	GSWF	4	1998	加蓬	石油
52	政府投资单位（Government Investment Unit）/Pusat Investasi Pemerintah（PIP）	GIU	3	2006	印度尼西亚	非商品
53	国家碳氢化合物储备基金（National Fund for Hydrocarbon Reserves）	NFHR	3	2006	毛里塔尼亚	石油、天然气
54	北达科他州传统基金（North Dakota Legacy Fund）	NDLF	1	2011	美国	石油、天然气
55	未来基金（Fund for Future Generations）	FFG	0.8	N/A	赤道几内亚	石油
56	巴布亚新几内亚主权财富基金（Papua New Guinea Sovereign Wealth Fund）	PNGF	N/A	2011	巴布亚新几内亚	天然气
57	首长国投资局（Emirates Investment Authority）	EIA	N/A	2007	阿联酋	石油
58	阿布扎比投资委员会（Abu Dhabi Investment Council）	ADIC	N/A	2007	阿联酋	石油
59	阿曼投资基金（Oman Investment Fund）	OIF	N/A	2006	阿曼	石油

资料来源：http://www.swfinstitute.org/fund-rankings/；http://zh.wikipedia.org/wiki/主权财富基金。

附录1.2 "门口的野蛮人"一说的由来

"门口的野蛮人"一说的由来
——KKR杠杆收购RJR纳贝斯克公司[①]

"门口的野蛮人"这一颇具讽刺意味的提法最早见于两位《华尔街日报》的记者布莱恩·巴勒(Bryan Burrough)和约翰·海勒(John Helyar)合作出版的《门口的野蛮人：RJR纳贝斯克的陨落(Barbarians at the Gate: The Fall of RJR Nabisco)》一书。该书出版后引起了巨大的社会反响，迅速畅销，荣登《纽约时报》前10名畅销书以及《福布斯》评选的20本最具影响力的商业书籍榜列，甚至在后来被改编成同名电影。

《门口的野蛮人》讲述了发生在20世纪80年代末的一个被称为"世纪大收购"的杠杆收购案例——美国RJR纳贝斯克(RJR Nabisco)公司收购案。这场收购战役主要在RJR纳贝斯克公司的高级管理层和著名的收购公司KKR(Kohlberg Kravis Roberts & Co.)公司之间展开。

1988年10月19日，由"香烟大王"RJR与"食品大王"Nabisco公司合并而成的RJR纳贝斯克公司的董事长约翰逊在PE基金的支持下，欲以每股75美元的价格收购自己管理的公司，而当日公司股价是53美元。约翰逊的出价看似溢价，一些股东对此却并不满意。不久，华尔街的"收购之王"KKR公司加入RJR纳贝斯克公司的争斗战。经过6个星期的激战，最后KKR一方获胜，收购价是每股109美元，总金额250亿美元，创下了当时的世界纪录。约翰逊也没吃大亏，他的退休金是5 300万美元。

这次收购的签约日是1989年2月9日。超过200名律师和银行家与会，大通和花旗等银团提供了145亿美元的杠杆收购贷款。当时美联储银行收支系统最高交割额不能超过10亿美元，因此这笔交易要分多次汇款，足见其交易规模之巨。

---

① 本节根据干春晖主编《大并购：30个世界著名企业并购经典案例》(上海人民出版社,2006年第1版)中"KKR恶意收购雷诺兹公司"(第180~193页)编写。

虽然收购价格是 250 亿美元,但整笔交易的收购价格加上费用却达到约 311 亿美元[①]。其中,"高收益债券大王"迈克尔·米尔肯(Michael Milken)的德崇公司收费 2 亿多美元,美林公司 1 亿多美元,银团的融资费 3 亿多美元,而 KKR 本身的各项交易收费约为 10 亿美元。

除了银团贷款的 145 亿美元外,德崇和美林还提供了 50 亿美元的过桥贷款(Bridge Loan),等待发行债券来偿还。KKR 本身提供了 20 亿美元(其中 15 亿美元是股本),另外提供 41 亿美元作优先股、18 亿美元作可转债券以及承担 RJR 所欠的 48 亿美元债务。

KKR 公司因该项"恶意收购"而名声大噪,并因《华尔街日报》两名记者著作的畅销而被很多上市公司的管理层视为最令人敬畏的"门口的野蛮人"。

1 收购各方概况

1.1 KKR 公司

1976 年克拉维斯(Henry Kravis)和他的表兄罗伯茨(George Roberts)以及他们的导师科尔博格(Jerome Kohlberg)共同创建了 KKR 公司,公司名称源于这三人姓氏的首字母。

KKR 公司是现代管理层收购(Management Buy-out,MBO)和杠杆收购的先驱者。当时,杠杆收购所需要的资金中,约有 60% 来自商业银行的收购贷款,仅有 10% 左右来自收购人,而余下的 30% 最初大多来自于保险公司。但保险公司的资金到位往往需要等待几个月时间,后来出现的高收益债券取而代之,加快了杠杆收购的速度,推动了杠杆收购更大的浪潮。

1985 年,KKR 收购了 Storer Communications 有线电视公司,交易价值为 24 亿美元。在自身出资额仅为 250 万美元的情况下,KKR 公司获得了 2300 万美元管理费。这一收益模式以及行业竞争,导致 KKR 此后专注于大型收购(交易金额在 50 亿美元以上)。

在 KKR 的收购名单中,以收购烟草巨头 RJR 纳贝斯克最为著名。

1.2 RJR 纳贝斯克公司

成立于 1875 年的雷诺兹公司(RJR)凭借"骆驼"牌香烟的畅销而成为 19 世纪末期美国第一大卷烟企业。其灵魂人物雷诺兹死后,公司开始衰落,不得不于

---

① 由于资料来源不同,也有数据显示此项交易规模为 313 亿美元或 320 亿美元。

1985年寻求与美国食品业的托拉斯——纳贝斯克公司合并。两家巨头公司联姻后,表面强大,但在经营策略、管理体制和企业文化等方面存在极大弊病,为以后的收购埋下了伏笔。

RJR纳贝斯克公司的前身为RJR、纳贝斯克和Standard Brands三家公司。

Standard Brands公司是美国老牌食品生产商。1981年新任CEO罗斯·约翰逊(Ross Johnson)上任,成功地使Standard Brands公司摆脱了陈旧的形象,但公司的利润却没有相应的提升。

与Standard Brands公司一样,纳贝斯克公司是美国另一家历史悠久的食品制造商,主要生产饼干和调料等,成立于1898年。Nabisco公司在80年代初的发展情况与Standard Brands公司非常类似。发展缓慢而且缺乏前瞻眼光,还有一套长年因袭而成的官僚作风。

1981年3月Standard Brands公司和Nabisco公司两家决定合并,新的公司名称改为Nabisco Brands公司。其后新公司成功进军了美国饼干市场。1984年罗斯·约翰逊成为Nabisco Brands公司的CEO。

1985年RJR公司开拓食品市场业务而且和Nabisco Brand公司合并。于是美国最大的食品和烟草生产商RJR纳贝斯克公司就此诞生。罗斯·约翰逊成为公司新的CEO,原来RJR公司的董事会主席查利·休克(Charlie Hugel)在新公司占据了与原来相同的位置。

到1987年,RJR纳贝斯克公司的食品业务在两次合并后得到迅猛扩张,除了饼干和调料外,还有糖果、零食、燕麦片、冷藏食品等,但烟草业务的利润丰厚,仍占主营业务的58%左右。当时公司在纽约证券交易所的股价徘徊在56美元上下。

2 收购动因

兼并战最初是RJR纳贝斯克公司CEO罗斯·约翰逊发动的。管理层认为公司当时的股价被严重低估了。自从1987年股票市场大跌后,公司股价一直在40美元徘徊,远低于高峰时期的70美元。管理层曾经努力抬高股价,包括1988年回购公司210万股流通股,然而这些都未能成功刺激公司股价上扬。因为烟草是公司的主导产品,而过去已有多家烟草公司被吸烟者起诉要求给予损害赔偿,这使得股票投资者对该公司未来业务发展缺乏信心。在这种情况下,1988年10月以罗斯·约翰逊为代表的RJR贝斯克公司管理层向查利·休格为核心的董事会提出管理层收购公司股权的建议。

约翰逊向董事会宣布,他和其他经理们愿意用借债兼并的方式把这家公司买下来。新闻媒介立即报道说约翰逊和另外7位经理仅用2 000万美元就可以获得新公司8.5%的股份,而当他们完成这一交易时约翰逊等人的权益价值将上升到2亿美元。报道还指出约翰逊的策略是在买进该公司后,卖掉一批食品厂和商标,把其余部门私有化。在此情况下,如果经营得法,5年内他们的股份将上升到18.5%,权益价值将达到26亿美元。

这一来自公司内部经理阶层为少数人谋利益的"突然袭击"惹恼了该公司的董事会。董事们议决采取招标的办法挫败约翰逊的企图。于是引起了为占有RJR纳贝斯克公司而进行的激烈的角逐。

当时直接参加这场"战役"的有四方面力量(参见图1.2)。

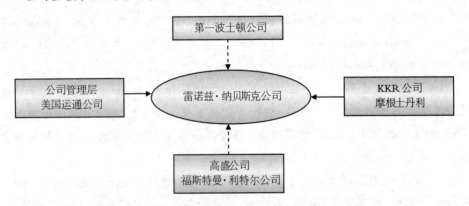

图1.2　参与RJR纳斯贝克股权争夺战的四方面力量

3　收购过程

3.1　董事会组建卖方队伍

RJR纳贝斯克公司以董事会主席查利·休格为首,又挑选个别董事,组成竞标特别委员会,并经董事会投票通过。此后,董事会特别委员会立即聘请了来自于著名律师行Skadden Arps等的专业律师作为此次收购的法律顾问,专门处理收购中的法律问题。委员会还聘请 Dillon Read & Co. Lazard Freres, Inc.作为此次收购的投资银行,由其负责评估、分析各竞争者的出价和公司的价值并为董事会提供咨询建议。

3.2 管理层竞投方案

公司总裁及 CEO 罗斯·约翰逊、董事会副主席及负责烟草业务的分公司 CEO 爱德华.霍瑞根(Edward A. Horrigan)作为管理层代表提出收购。管理层聘请了希尔森·雷曼·赫顿公司(Shearson Lehman Hutton)作为此次行动的投资银行,并聘请专业律师担任法律顾问。

管理层对收购 RJR 纳贝斯克公司股权后的公司发展作了 10 年规划。管理层计划在收购完成后出售 RJR 纳贝斯克公司的食品业务,而只保留它的烟草业务。因混业经营而导致市场对其烟草业巨大现金流的低估以及对其食品业务的价值的不完全认同。卖掉食品资产,只保留烟草业务将消除市场低估的不利因素,并可获得巨大的收益。

约翰逊的行为使董事会措手不及。然而董事会没有接受他的报价,而是指定了一个不参加管理的董事所组成的特别委员会负责讨论它的方案,并向社会公布了全部细节。公司从此陷入了斗争的漩涡。

3.3 新的竞投对手的出现

KKR 等华尔街上的投资者认识到 RJR 纳贝斯克公司的价值被严重低估了。过高的福利水平、经理人阶层无节制的挥霍等现象的存在,意味着该公司隐藏着更多的现金流。此次竞投,KKR 公司很快就参与进来。几天之内 KKR 就提出了一个更优惠的条件,决定以每股 90 美元的价格收购 RJR 纳贝斯克公司 87% 的股份。KKR 公司邀请了摩根士丹利、美林等在内的投资银行加入其竞投队伍。

与管理层罗斯·约翰逊等人要卖掉公司所有食品资产的计划不同,KKR 公司给董事会特别委员会的信中说:"我们不打算肢解公司的业务……我们目前的计划是保留所有的烟草生意。我们同样希望能保留大部分的食品业务,此外,我们的财务计划不允许,我们也不打算变卖公司的任一部分。"与罗斯·约翰逊一样,KKR 公司也提出了对收购后公司的发展规划。

此外,从事收购的福斯特曼·利特尔公司(Frostmann, Little & Co.)也要求参加竞投。Frostmann 在华尔街以其商业道德和坚持非恶意收购著名,但早期就推出竞投,因为涉嫌在尽职调查过程中泄漏机密商业资料予卖方的商业竞争对手。

华尔街著名投资银行第一波士顿(First Boston)作为独立竞投者,也在第二轮竞投中退出。因为投标时间较短、准备仓促,而且其在收购建议中要求立即开始分期变卖公司的食品业务,致使收购总价难以确定。

3.4 竞投过程

RJR 纳贝斯克公司董事会和特别委员会制定了竞投规则：

- 提案不能附带变卖任何公司资产的附加条件；
- 提案必须付给公司股东"可观的股票相关利益"；
- 提案必须列出融资的细节，包括承诺协议和出价中非现金部分的具体组成细节；
- 提案必须获得公司董事会的通过。

而且公司董事会保留修改和终止规则、停止与任何一方谈判、反对任何提案的权利。公司流通股本最终确定为 2.29 亿股。

1988 年 11 月 30 日，最后一轮投标结束。KKR 每股 109 美元的标价表面上低于希尔森（Shearson）每股 112 美元的价格。但财务咨询专家和董事会认为，KKR 所建议的融资方案（包括 60 亿美元的高收益债券）比 Shearson 的方案更能使投资者受益：

- 董事会主席曾向各方提出员工的遣散费，只有 KKR 同意了；
- 管理层的投行 Shearson 建议把整个食品公司卖出，而 KKR 只会卖一部分；
- Shearson 不肯保证所有有价证券的流通条款，而 KKR 保证债券会按原定计划交易流通。这一点对董事会尤其重要，因为管理层的投资银行无法将管理层的出价确定为 112 美元；
- KKR 最后的报价还有一些"无形的因素"，公司董事会认为这些因素有利于股东和雇员。这些"无形的因素"与罗斯·约翰逊过去不重视股东利益不无关系。

对比起来 KKR 出台的方案可靠、安全，董事们开始偏向 KKR。最终，董事会成员决定了 RJR 纳贝斯克公司的命运，把公司出售给 KKR，而后者将以每股 109 元的价格收购，总价 250 亿美元。该笔交易金额占当年全美 LBO 交易金额的 1/3，是华尔街有史以来最大的杠杆收购交易之一。此项交易金额记录在 18 年后才由 KKR 的另外一个交易打破（参见附录 2.2）。

3.5 KKR 的融资和收购操作

(1) 第一阶段

KKR 支付了 189 亿美元的现金部分：KKR 基金提供 15 亿美元股权投资、50

亿美元的递增利率票据、新发行的 5 亿美元债券,其余部分 119 亿美元为各种金融机构(主要是商业银行)提供的过桥贷款。最终,在 1989 年 2 月,KKR 公司获得了 RJR 纳贝斯克公司约 48.9% 的普通股股权(流通股)。

(2) 第二阶段

KKR 在 1989 年 4 月份完成后续融资,用以归还过桥贷款。首先是收购"壳公司"——RJR Acquisition Corporation,并与 RJR 纳贝斯克公司合并,利用后者的真实融资能力以现金和证券的方式融资 250 亿美元。然后陆续通过出售部分资产、债券重组等偿还过桥贷款和降低融资成本。

事后,某些分析人士认为 KKR 用的杠杆收购手法不仅不需要现金,也不需要看见现金,甚至也没有人知道钱从哪里来,整个过程根本就是个圈套。而 KKR 高层,以及交易过程中某些华尔街人士,被认为"表现出了前所未有的贪婪和狡猾的技巧",因此被冠以"野蛮人"的称号。

4 收购结果

4.1 RJR 纳贝斯克公司

1989 年,RJR 纳贝斯克的现金流量达到去年的 3.5 倍;1990 年上半年,RJR 烟草公司的利润增加了 46%。但是,RJR 纳贝斯克公司在 1989 年偿付了 33.4 亿美元的债务之后,净损失 11.5 亿美元;1990 年上半年亏损 3.3 亿美元。

当 RJR 纳贝斯克公司用烟草带来的现金清偿高收益债券时,RJR 的竞争对手菲利普·莫里斯("万宝路牌")却在增加销售实力,降低烟草价格。据分析,RJR 的烟草市场在 1989 年萎缩了 7%~8%。

KKR 在为 RJR 纳贝斯克公司引进领导人方面的失败,导致公司的业绩持续下滑。1995 年初,RJR 烟草控股公司与纳贝斯克公司各自独立。2003 年上半年,RJR 公司的销售额比 2002 年下降了 18%,仅为 26 亿美元,而净营业利润下降了 59%,为 2.75 亿美元。

4.2 受益者

- 原 RJR 纳贝斯克公司的股票持有者:其股票价格从每股 56 美元升至每股 94~118 美元,2.25 亿股共可获利 80 亿美元到 140 亿美元。
- 投资银行:帮助投标者报价并给他们筹集资金,其中,以承销高收益债券支持杠杆收购出了名的德崇公司收费 2 亿多美元,美林公司收费 1 亿多美元,合计 3 亿到 3.5 亿美元。

- 商业银行:提供高收益债券之外的资金,银团的融资收费3亿多美元。
- 律师:提供尽职调查、拟订合同条款、审查交易合规性等服务,收入1亿—2亿美元。
- 高收益债券投资者:每年14.5%的利息收入,这在低利息时代是很高的。
- KKR:估计各项收费约为10亿美元[①]。

4.3　动了谁的奶酪?

(1) 被兼并公司原发行债券的持有人。RJR原来发行的50亿美元高信用等级债券在兼并消息传开后,价格下跌20%。

(2) 政府。一般认为,由于新公司为偿还债务所付的利息可以享受税前扣除,估计政府税收减少总计20亿~25亿美元。但是,持中性观点的人士认为,从参与交易各方纳税的总量来看,政府的长期税收未必减少。获得利息收入的银行与债券持有人需要交纳利息税和所得税、RJR股票持有人出售股票所得需缴纳资本利得税。交易本身也会带来大量的税收,如印花税、佣金的所得税、契税等。此外,从长期来看,PE进入企业后会加强财务控制从而降低管理费用率、提高利润率,进而增加所得税。

(3) 原RJR纳贝斯克公司的CEO等经理人阶层没有实现计划中的收购公司的目的,也不再享受高福利及在职消费等利益。

KKR成功的历史背景是美国式经理资本主义已经走到了它的反面,出现了强烈的反效率色彩,委托-代理冲突日趋激烈。企业经理层为自己牟利而不是为其委托人牟利的所谓经理机会主义甚嚣尘上,职业经理们正在将企业变成自己的独立王国。他们更热衷于自己的薪酬和福利,而不是股东们的利益最大化。在这样一种逻辑支配下,错配自由现金流成为大型公司普遍存在的问题。这就为杠杆收购的成功提供了财务上的可行性。更为重要的是,这种将本来属于股东们的现金分配给股东们的收购策略,符合股东们的利益,因而受到股东们的热烈喝彩。

[①] 有资料显示,多年后KKR完全退出此项投资时,实际损失7亿美元。也由于在此交易上的损失,KKR于1987发起的基金仅获得了9%的收益率。

2 PE 简 史*

收购基金和创投资本是广义的 PE 行业中最具代表性的两个子行业。自 20 世纪中叶现代 PE 在北美大陆产生以来,美国收购基金和创投资本的发展,经历了四个"繁荣-萧条"的周期,并可以据此将其划分为四个发展阶段或四次浪潮。

- 第一次 PE 浪潮:即 PE 行业的早期发展阶段(1946—1981 年),经历了 PE 行业的第一个"繁荣-萧条"周期,此阶段以相对较小规模的私募股权投资额、早期的组织形式和对 PE 行业逐渐认知为特征。
- 第二次 PE 浪潮:即 PE 行业的第二个"繁荣-萧条"周期(1982—1993 年),以高收益债券为融资手段的杠杆收购风起云涌。在此期间最具有代表性的交易,是在 20 世纪 80 年代末和 90 年代初杠杆收购行业濒临崩溃之前,由 KKR 撬动 311 亿美元巨资发动的 RJR 纳贝斯克公司收购战。
- 第三次 PE 浪潮:即 PE 行业的第三个"繁荣-萧条"周期(1992—2002 年),发轫于由"储蓄和贷款"危机、内幕交易丑闻、房地产市场崩溃和 1990 年代初的经济衰退等堆砌的财富废墟之上。在此期间,PE 的组织形式更加机构化,而 1999 年和 2000 年愈演愈烈的巨大的互联网泡沫将 VC 行业推

---

* 本章所称 PE 均指广义的 PE,包括收购基金和创投资本。

  本小节内容根据 http://en.wikipedia.org/wiki/History_of_private_equity_and_venture_capital 资料编译整理。除特别注明出处外,文中数据同源。

  本小节部分内容参与了 *King of Capital*: *The Remarkable Rise*, *Fall and Rise Again of Steve Schwarzman and Blackstone*, David Carey and John E. Morris, published in the United States by Crown Business in 2010。

  本小节数据可能与在本书中其他章节中出现的数据不一致,概因不同的数据源有不同的定义方式和不同的统计范围,为了保证数据的可追溯性,文中数据未经改动,请读者予以谅解并在参考时予以注意。

向巅峰。
- 第四次 PE 浪潮：即 PE 行业的第四个"繁荣-萧条"周期(2003 年至今)，踏着互联网泡沫破灭的残骸，杠杆收购基金独领风骚，而以 2007 年黑石集团的首次公开发行(IPO)为标志的 PE 基金管理组织机构化趋势也达到了一个新的阶段。

2.1 PE 史前阶段

自工业革命以来，投资者一直从事着收购活动和对私人公司进行少数股权投资。在伦敦和巴黎的商人银行(Merchant Bank)在 19 世纪 50 年代即开始为工业活动提供融资便利，最著名的是由雅各布(Jacob)和伊萨克·佩雷(Isaac Pereire)在 1854 年共同创立的动产信贷公司(Credit Mobilier)，联合纽约的杰伊·库克公司(Jay Cooke)，投资于美国横贯大陆的铁路建设工程。

安德鲁·卡内基(Andrew Carnegie)在 1901 年以 4.8 亿美元的价格将其钢铁公司出售给 J.P.摩根公司(J.P. Morgan)，该项交易被视为第一笔真正意义上的现代收购。此后，J.P.摩根公司还投资了在美国境内的铁路建设和其他工业项目。

在 20 世纪上半叶，股权投资主要是富裕个人和富裕家族涉足的行业。例如，1938 年劳伦斯.S.洛克菲勒(Laurance. S. Rockefeller)出资帮助创立了东方航空公司(Eastern Air Lines)和道格拉斯飞行器公司(Douglas Aircraft)。同年，埃瑞克.M.沃伯格(Eric M. Warburg)创立 E.M.华宝公司(E. M. Warburg & Co.)，并逐渐演变成华平集团(Warburg Pincus)，后者在收购基金和创投资本行业均颇有建树。

2.2 第一次 PE 浪潮

2.2.1 现代 PE 的起源

按照今天的标准，直到第二次世界大战结束后，才出现真正意义上的 PE 基金,其标志是在1946年成立的最早的两家创投资本管理机构——美国研究与发展公司(American Research and Development Corporation, ARDC)和J. H. 惠特尼公司(J. H. Whitney & Company)。

ARDC由乔治·多里奥(Georges Doriot)、拉尔夫·佛兰德(Ralph Flanders)和卡尔·康普顿(Karl Compton,美国麻省理工学院前院长)共同创立,以鼓励私营部门投资于由从二战战场上返乡的士兵们所运行的企业。乔治·多里奥被业内尊为"创投资本之父",曾系欧洲工商管理学院(INSEAD)的创始人和哈佛商学院前院长。

ARDC在PE史中的重要地位在于它是第一个PE管理机构,其资金来源于机构投资者而不仅仅是富裕家族。与ARDC一同被载入史册的,还有它完成的史上第一个大获成功的创业投资案例:ARDC在1957年向数字设备公司(Digital Equipment Corporation, DEC)投资7万美元,而DEC在1968年IPO后的市值为3.55亿美元,据此计算,ARDC的该笔投资获得了超过5 000倍初始投资额的回报(或101%的年化收益率)。

ARDC的前雇员又创立了几家著名的创投公司,包括Greylock Partners(1965年由查理·怀特和比尔·埃尔弗斯创立)、摩根-荷兰创投——旗舰创投(Flagship Ventures,1982年由詹姆斯·摩根创立)的前身。在1972年与德事隆集团(Textron)合并之前,ARDC已经投资了超过150家企业。

J. H. 惠特尼公司(J. H. Whitney & Company)是由约翰.H. 惠特尼和他的搭档本诺·施密特共同创立的。惠特尼最著名的投资案例是美国佛罗里达州食品公司(Florida Foods Corporation)。该公司曾创造性地开发出一种为美国士兵提供营养的方法,即后来的美汁源(Minute Maid)橙汁,并于1960年被可口可乐公司收购。J. H. 惠特尼公司在2005年向机构投资者募集了7.5亿美元成立了第六期基金。

第二次世界大战前,创投资本,早期曾被视为"发展资金",主要是富有个人和富有家族涉足的领域。1958年通过的美国《中小企业投资法案》(Small Business Investment Act of 1958),推动了创投资本行业由家族治理向专家管理的风格转变。1958年法令正式允许美国中小企业管理局(U. S. Small Business Administration, SBA)授权中小企业投资公司(Small Business Investment Companies, SBICs)为美国中小企业提供筹资和管理服务。该法案的通过,源于联邦储备委员会向国会提交的一份报告。在该报告中,联储委员会得出的一个结论是,在为成长型中小企业提供长期资本金方面,资本市场存在巨大的不足。此外,报告还认为,促进创业公司成长将刺激技术进步,从而提高对苏联的竞争力。通过促进经济体内的资本流动,引导资金流向创新型中小企业,以刺激美国经济成长,过去是、现在仍是SBICs计划的主要目的。

2.2.2 早期创投资本的繁荣和硅谷的成长(1959~1982)

在20世纪60年代和70年代,创投资本的投资活动主要集中在企业创业和早期成长阶段。由于很多被投资公司正在应用那些刚刚在电子、医疗或数据处理技术等领域取得的技术突破,因此,早期创投资本几乎就是"技术基金"的代名词。

第一家由创投资本支持创立的企业是1959年成立的仙童半导体公司(Fairchild Semiconductor),她生产出了第一个商用集成电路。该创投资本是Venrock Associates的前身,而Venrock于1969年由洛克菲勒家族创立。

20世纪60年代还出现了沿用至今的PE基金的组织形式——有限合伙制。有限合伙人是"消极的"投资人,为PE基金提供主要的资本金,而投资专家则以普通合伙人的角色出现并承担一定比例的出资额。同时还出现了沿用至今的激励机制,即有限合伙人向普通合伙人每年按承诺出资额的2%~3%支付管理费,并支付附带收益(典型地为合伙企业利润的20%~25%)。

硅谷(Silicon Valley)的沙山路(Sand Hill Road)是创投资本的大本营。沙山路上独立的创投公司的出现,以及在1972年成立的KPCB(Kleiner, Perkins, Caufield &Byers)和红杉资本(Sequoia Capital),推动了创投资本行业的发展。KPCB、红杉资本以及后来的其他创投资本管理机构积极投资于该地区蓬勃兴起的新兴技术产业。到20世纪70年代初,在圣克拉拉山谷出现了大批半导体公司,以及应用半导体设备的早期电脑公司、编程和服务类公司。

1973年,随着新的创投资本管理机构的数量不断增加,一些在业界很有影响力的创投资本投资人发起成立了全美创投资本协会(National Venture Capital Association, NVCA)。

在1974年美国股市崩盘后,投资者很自然地对创投资本这种新型的投资基金保持谨慎的态度,此后创投资本行业经历了一段短暂的低迷期。直到1978年,创投资本行业迎来了其发展史上的第一次融资高潮,这一年全行业共计融资约7.5亿美元。在此期间,创投资本管理机构的数量也有所增加。

一些早期成立的创投公司至今仍然活跃在业界,除了 KPCB 和红杉资本外,还包括 AEA Investors(1968)、TA Associates(1968)、梅菲尔德基金(Mayfield Fund,1969)、安佰深(Apax Partners)、恩颐投资(New Enterprise Associates,NEA)、橡树投资(Oak Investment Partners)和 Sevin Rosen Funds(1981)。时至今日,她们中的一些已经改变了投资风格,不再限于创投资本行业。

在 20 世纪 80 年代一些主要的科技公司的创立过程中,创投资本都发挥了积极的作用。一些引入了创投资本的著名公司包括:天腾电脑公司(Tandem Computers)、基因技术公司(Genentech)、苹果公司(Apple Inc.)、艺电公司(Electronic Arts,EA)、康柏公司(Compaq)、联邦快递(Federal Express)和 LSI 公司。

例如,Trip Hawkins 在 20 万美元创投资本投资的帮助下,于 1982 年上半年创立以计算机和视频游戏发行为主业的艺电公司(EA)。同年 12 月,Hawkins 从红杉资本、Sevin Rosen 等基金那里获得了 200 万美元。

2.2.3 早期收购基金(1955~1981)

1. 麦克林工业集团与公众持股公司

史上第一次杠杆收购的案例,大概可以追溯到麦克林工业公司(McLean Industries,Inc)于 1955 年 1 月收购了泛大西洋汽船公司(Pan-Atlantic Steamship Company),并于同年 5 月收购了水手汽船公司(Waterman Steamship Corporation)。根据交易条款,麦克林集团借了 4 200 万美元并通过发行优先股募集了 700 万美元。当交易结束时,水手公司账面上的 2 000 万美元现金和资产被用于部分偿还麦克林集团因交易产生的债务。新选举的水手公司董事会随即表决分红 2 500 万美元给麦克林集团。

麦克林公司的操作手法渐趋成熟。以控股的上市公司作为投资平台,来收购资产组合,在 20 世纪 60 年代成了新趋势。今天一些人们耳熟能详的投资界巨擘都是运作这一手法的高手,如沃伦·巴菲特(Warren Buffett,控股 Berkshire Hathaway 公司)和维克托·波斯纳(Victor Posner,控股 DWG 公司)以及他们的后生晚辈尼尔森·佩尔茨(Nelson Peltz,控股 Triarc 公司)、索尔·斯坦伯格(Saul Steinberg,控股 Reliance 保险公司)和葛利·施瓦茨(Gerry Schwartz,控股 Onex 公司)。实际上,业内通常认为是维克托·波斯纳最早使用了"杠杆收购"一词。

维克托·波斯纳发迹于 20 世纪 30 年代和 40 年代的房地产投资。在 1966

年,他取得了 DWG 集团的控股权。此后,他以 DWG 作为投资平台,由后者收购其他公司。波斯纳和 DWG 于 1969 年发动的沙龙钢铁集团(Sharon Steel Corporation)的敌意收购(Hostile Takeover)战令其声名鹊起。此案例是北美最早的敌意收购案之一。波斯纳被沙龙钢铁集团的估值、资产负债表和现金流所吸引。然而,因债台高筑,波斯纳掌控下的 DWG 的收入波动很大,最后陷入财务困境。1987 年,沙龙钢铁集团寻求破产保护。

沃伦·巴菲特是享有盛誉的股票投资大师,其"价值投资"理念在全球有无数的拥趸,但很少有人将他视为 PE 投资家。事实上,巴菲特在创建其伯克希尔·哈撒韦(Berkshire Hathaway)帝国时运用了与波斯纳控股 DWG 相似的技巧。1965 年,在公司董事会的支持下,巴菲特获得了对伯克希尔·哈撒韦公司的控制权。在巴菲特投资之时,伯克希尔·哈撒韦是一家纺织企业,然而,巴菲特却以她的名义收购或参股了数十家保险和再保险公司(GEICO 公司)以及其他公司,包括:运通公司(American Express)、布法罗新闻(The Buffalo News)、可口可乐公司(the Coca-Cola Company)、Fruit of the Loom(内衣品牌)、内布拉斯加家具店(Nebraska Furniture Mart)与思丝糖果(See's Candies)。巴菲特的价值投资法和重视收入与现金流的投资理念,也被后来的股权投资基金奉为圭臬。巴菲特不愿意使用杠杆收购和敌意收购技术,从而使自己有别于传统的杠杆收购投资家。

2. KKR 与收购基金先驱

PE 行业的早期开拓者是那些公司金融家,最著名的如杰罗姆·柯尔伯格(Jerome Kohlberg)和他的门生亨利·克拉维斯(Henry Kravis)。在贝尔斯登(Bear Stearns)工作的时候,柯尔伯格、克拉维斯以及克拉维斯的堂弟乔治·罗伯茨(George Roberts)完成了一些被他们称为"靴带(Bootstrap)"交易[①]的项目。他们的目标是家族企业。一些在二战后成立的家族企业,在 20 世纪 60 年代和 70 年代相继面临着继承问题。这些家族企业因为规模太小而无法上市,并且创业者也不愿意把企业盘让给竞争对手,这些原因导致了家族企业创业者缺少有吸引力的退出方式。于是乎,把企业售让给财务投资者似乎成为创业企业家们不错的选择之

[①] 靴带(Bootstrap)交易是杠杆收购的另一种说法。靴带,是皮靴后部的一条小带子或一个小环,它可以帮助人们方便地把鞋子穿起来。人们通常用"靴带"来比喻那些帮助人们在付出较小的努力后能取得较大的成果的工具或机制,有以小博大、事半功倍的意思。在"杠杆收购"这一术语被广为接受之前,早期 PE 基金管理机构中的投资家们常用"靴带交易"来指代在交易中运用了债务工具的收购活动。

一。1964年对奥尔金除虫公司(Orkin Exterminating)的收购是当时最著名的杠杆收购案例。在接下来的几年里,这三个出自贝尔斯登的金融家完成了一系列收购交易,包括斯特恩金属(Stern Metals, 1965)、印康(Incom, Rockwood International的一个分支, 1971)、鞋匠工业(Cobblers Industries, 1971)、博伦粘土(Boren Clay, 1973),以及通过斯特恩金属公司完成的对汤普森电报(Thompson Wire)、鹰牌汽车(Eagle Motors)和巴罗斯(Barrows)的投资。

到1976年,贝尔斯登和柯尔伯格、克拉维斯及罗伯茨三人的关系日渐紧张,这最终导致了他们三人的出走并于同年成立了KKR公司(Kohlberg Kravis Roberts)。KKR早期的投资者当中包括希尔曼家族(Hillman Family)。1978年,随着《雇员退休收入保障法》的修改,新生的KKR公司成功地募集到了其第一笔约3 000万美元的机构承诺出资额。同年,KKR收购了工业管道制造商上市公司Houdaille Industries,交易金额为3.8亿美元,这一交易开创了上市公司私有化(Public to Private)的先河,并且至今仍是交易规模最大的私有化交易之一。

同一时期,在1974年,托马斯·H.李(Thomas H. Lee)创立了一个新的投资机构,她是最早的独立的PE基金管理机构之一,擅长于杠杆收购交易,专注于较成熟公司的杠杆收购而不是成长型公司的风险投资。李的公司,即托马斯·H.李合伙人(Thomas H. Lee Partners),虽然在创立时不像在20世纪80年代出现的其他投资公司那样大张旗鼓,但还是在20世纪90年代跻身全球最大的PE基金管理机构之列。

管理层收购(MBO)出现在20世纪70年代末和80年代初。最著名的早期管理层收购交易之一是哈雷·戴维森(Harley-Davidson)收购案。哈雷·戴维森是摩托车制造商,一群在戴维森工作的管理人员在1981年以杠杆收购方式从AMF集团手中收购了该公司。但在接下来的一年中他们损失巨大,并且不得不申请针对其日本竞争对手的保护。

2.3 第二次PE浪潮

2.3.1 法规变化和税收变化对杠杆收购兴起的影响

20世纪80年代杠杆收购的兴起与三大法规有关:

（1）1977年卡特税制计划的失败,减小了对资本利得的歧视政策。因为差异税率制度和资本利得税率的降低,PE投资者普遍应用财务杠杆以减少税负。

（2）1974年《雇员退休收入保障法》(Employee Retirement Income Security Act of 1974, ERISA)。1974年法案限制企业养老基金对私人公司的投资。1975年PE行业仅募得1 000万美元。而到了1978年,美国劳工部(US Labor Department)放松了1974年法案的管制,允许企业养老基金投资到创投资本和其他PE基金。PE行业募集的资金总额从1977年的3 900万美元猛增到1978年的5.7亿美元。企业养老基金投资者积极投资于高收益债券(High Yield Bond),这对完成杠杆收购交易是极为必要的。

（3）1981年《经济复兴税法》(Economic Recovery Tax Act of 1981, ERTA)。该法案将资本利得最高税率从28%降低到20%,使得高风险投资更具吸引力。

2.3.2 第二个PE繁荣期(1982～1990)

整个20世纪80年代都与杠杆收购紧密相关。公众开始意识到PE基金对主流公司的影响力以及所谓的"敌意收购"。这十年是PE行业的黄金十年,并在1989年KKR杠杆收购RJR纳贝斯克公司创下311亿美元天量交易规模时达到了顶峰。1980年,PE行业融得24亿美元的承诺出资额,而到了1989年,投资者承诺出资额达到219亿美元。

1. 杠杆收购开始繁荣

PE行业进入第二个繁荣期的标志是广为流传的1982年Gibson贺卡公司收购案的成功故事。此后,受益于股票牛市为PE投资者提供的盈利丰厚的退出途径,PE行业在1983～1984年一路高歌猛进。

1982年1月,美国前财长威廉姆·E.西蒙(William E. Simon)、雷·钱伯斯(Ray Chambers)和一群投资者(后来成为Wesray Capital Corporation)收购了Gibson贺卡公司。Gibson的收购价格是8 000万美元,而据传其中只有100万美元是收购者的股权投资。1983年中期,即在交易完成16个月后,Gibson完成IPO首发募集了2.9亿美元,而西蒙本人获得了大约6 600万美元。此后,西蒙与Wersay Capital以7 160万美元收购了Atlas Van Lines。Gibson贺卡公司收购案的成功,吸引了大量媒体对方兴未艾的杠杆收购的关注。

在1979～1989年间,个案金额超过2.5亿美元的杠杆收购案例超过2 000

宗,著名的案例包括:马隆·海德公司(Malone & Hyde, 1984)、Wometco Enterprises(1984)、比阿特丽斯公司(Beatrice Companies, 1985)、银饰珠宝商(Sterling Jewelers, 1985)、Revco 药店(Revco Drug Stores, 1986)、西夫韦超市连锁公司(Safeway, 1986)、南国公司(Southland Corporation, 1987)、吉姆沃尔特公司(Jim Walter Corp, 1987)、贝莱德公司(Black Rock, 1988)、联邦百货(Federated Department Stores, 1988)、惊奇娱乐公司(Marvel Entertainment, 1988)、尼罗亚尔·古德里奇轮胎公司(Uniroyal Goodrich Tire Company, 1988)及美国医院联合公司(Hospital Corporation of America, 1989)。

1984年,KKR 完成了第一宗 10 亿美元的杠杆收购,兼并了在电视、电影院和旅游景点领域拥有投资的休闲企业 Wometco 公司。该收购案以 8.42 亿美元获得了 100% 的流通股,以 1.7 亿美元偿还该公司的债务。

1985年,托马斯·H. 李完成了银饰珠宝商收购。李以不足 300 万美元的出价收购了 Sterling 珠宝公司价值 2 800 万的 Akron 公司,两年后以 2.1 亿美元卖出,获利 1.8 亿美元。该公司现已成为欧洲最大的珠宝零售连锁企业。

20 世纪 80 年代的许多交易采用了较高的杠杆比例,失败的交易司空见惯。然而,成功投资的高额回报率仍然吸引着越来越多的资金参与杠杆收购。在 20 世纪 80 年代初期和中期出现了许多后来闻名遐迩的 PE 业界"大佬",包括:贝恩资本(Bain Capital)、化工创投(Chemical Venture Partners)、赫尔曼与弗里德曼(Hellman & Friedman)、希克斯与哈斯(Hicks & Haas)、黑石集团(The Blackstone Group)、道蒂汉森(Doughty Hanson)、BC Partners 和凯雷集团(The Carlyle Group)。

此外,随着市场的发展,PE 行业内新的细分子行业开始出现。1982 年,美国创投资本基金(Venture Capital Fund of America, VCFA)成立,她是第一家定位在二级市场收购现存 PE 基金收益份额的基金。1984 年,第一储备集团(First Reserve Corporation)创立,她是第一家专注于能源领域投资的 PE。

2. 20 世纪 80 年代创投资本裹足不前

20 世纪 70 年代和 80 年代早期广为人知的创投资本的巨大成功(如数字设备公司、苹果公司和基因技术公司)使得 80 年代成为 VC 行业迅速发展的关键时期。从 80 年代早期的十数家,到 80 年代末期的 650 余家,每一家创投公司都在追求着"全垒打"的成功。尽管基金管理机构数量呈数十倍增长,但 VC 行业管理的资金规模仅增长了 11%,从 280 亿美元增长到 310 亿美元。

VC行业受阻,部分原因在于投资回报率的急剧下降,部分原因在于一些VC初次投资即受损失。除了同业竞争加剧的原因之外,还有其他一些影响VC投资回报率的因素,例如,在1987年股市转熊前IPO的冻结,以及外国公司特别是日韩公司为创业型企业提供了大量的发展资金。

鉴于VC行业的糟糕状况,那些本来在内部设立了VC部门的公司,例如通用电气(GE)和普惠公司(Paine Webber),要么出售要么关闭了VC部门。此外,诸如化学银行(Chemical Bank)和伊利诺斯州大陆国民银行(Continental Illinois National Bank)等机构纷纷将其VC部门的业务重心,从投资于创业阶段的企业转向更为成熟阶段的企业。甚至包括VC行业的奠基者之一的J. H. 惠特尼公司与华平投资集团也转向杠杆收购和成长资本(Growth Capital)。有些创投资本选择了在自己熟悉的技术领域投资于那些已达到一定发展阶段的企业。1989年,J. H. 惠特尼公司以13亿美元杠杆收购了Prime计算机公司(Prime Computer)。该交易最终被证实为一次灾难性的投资,当Prime被清算并偿还了债权人大量资金之后,J. H. 惠特尼在Prime的投资几乎损失殆尽。

3. 公司袭击者、敌意收购者和绿票讹诈

尽管不同的收购基金有不同的投资目的和操作方法,他们通常被公众视为"公司袭击者"(Company Raider)。所谓公司袭击者,是指不为被袭击的公司管理层所欢迎的发动敌意收购或接管行动的投资者。

事实并非如此。恰恰相反,收购基金通常会尽力与公司董事会及首席执行官达成一致意见。在20世纪80年代的许多案例中,收购基金与那些已经面对"公司袭击者"压力的公司管理层结成同盟、并肩作战。但是,与杠杆收购相伴生的,是收购基金对高收益债券融资的高度依赖,以及在越来越多的案例中,为偿还债务融资,收购者将被收购公司的主要资产出售、急剧削减成本以及裁减雇员。也因此,在公众的意识中,将收购基金与公司袭击者混为一谈。

上市公司的管理层通常会采用一些极端的防御手段来对抗潜在的敌意收购者或公司袭击者的威胁,包括毒丸计划(Poison Pills)、金降落伞(Golden Parachutes)和增加公司的债务水平。此外,公司袭击者的威胁也有可能诱发绿票讹诈(Greenmail),即公司袭击者或其他参与方可获得相当数量的公司股份并收到一笔价值不菲的由上市公司支付的款项(实际上是一种贿赂),以避免公司被敌意收购。绿票讹诈意味着,上市公司现有股东向第三方投资者的转移支付,对现有股东是价值损失,但对现任管理层有利。显然,PE 投资者不以"绿票讹诈"为目的,此类"贿赂"的发生也为股票市场参与者所不容。

20 世纪 80 年代最著名的公司袭击者包括:卡尔·伊坎(Carl Icahn)、维克托·波斯纳、尼尔森·佩尔茨(Nelson Peltz)、罗伯特·M.巴斯(Robert M. Bass)、T.布恩.皮肯斯(T. Boone Pickens)、哈罗德·克拉克·西蒙斯(Harold Clark Simmons)、吉姆斯·戈德史密斯爵士(Sir James Goldsmith)、索尔·斯坦伯格(Saul Steinberg)和艾舍·爱德曼(Asher Edelman),等等。

卡尔·伊坎在 1985 年敌意收购了环球航空公司(TWA)并由此赢得了"冷酷的公司袭击者"的称号。在收购之后,卡尔·伊坎系统地将 TWA 的资产分割出售,以偿还他为了完成杠杆收购所借的债务。这种手法被称为资产剥离。

1985 年,T.布恩·皮肯斯因其在优尼科公司(Unocal)、海湾石油公司(Gulf Oil)和城市服务公司(Cities Services)的收购行动中的作为,以"美国最著名的和最有争议的商人之一"的身份荣登《时代(Time)》杂志封面。

许多年后,这些公司袭击者又被称为"股东活跃分子",因为他们的行动在很大程度上逼迫上市公司的管理层提高经营效率,从而为股东创造最大价值。

许多公司袭击者都是麦克尔·米尔肯(Michael Milken)的客户。米尔肯服务的投资银行,即德崇证券(Drexel Burnham Lambert),可以帮助客户募集无特定策略基金(Blind Pool),公司袭击者们可以凭此资金实施合法的收购行动,同时德崇证券还可以为收购活动提供高收益债券融资服务。

1984 年,德崇证券帮助尼尔森·佩尔茨和他的控股公司三角工业(Triangle Industry)募集了 1 亿美元无特定策略基金,这是史上第一个为收购目的而成立的无特定策略基金。

1985 年,米尔肯为罗纳德·佩雷尔曼(Ronald Perelman)募集了 7.5 亿美元无特定策略基金,最终帮助佩雷尔曼实现了收购著名化妆品公司露华浓(The Revlon Corporation)的目标。

1980 年,来自费城富商家庭的佩雷尔曼收购了一家甘草提取物和巧克力经销商 MacAndrews & Forbes,有趣的是,佩雷尔曼的父亲也曾在 10 年前试图收购它但没有成功。佩雷尔曼剥离了公司的核心业务,并将其作为控股公司用来完成对其他公司的收购,包括特艺集团(Technicolor, Inc.)、Pantry Pride(超市)和露华浓公司。

1985年6月，佩雷尔曼通过Pantry Pride向露华浓公司提出了善意收购意向，但被对方断然拒绝。在屡次被对方董事会和管理层拒绝之后，佩雷尔曼发动了敌意收购。最终，佩雷尔曼控制的Pantry Pride以27亿美元的高昂代价收购了露华浓公司。因为债务沉重，该收购交易麻烦不小。在佩雷尔曼授意下，露华浓出售了四个部门：其中有两个部门共卖了10亿美元，视力保健部门卖了5.74亿美元，全国健康实验室（National Health Laboratories）于1988年完成上市。露华浓分别收购了蜜丝佛陀（Max Factor，1987）和Betrix（1989）并在1991年将它们出售给了宝洁公司（Procter & Gamble）。1996年，佩雷尔曼通过露华浓的IPO及上市后卖出股票退出了他持有的大部分股权。截至2007年12月31日，佩雷尔曼在露华浓仍保留少数股权。露华浓收购案，因为涉及著名品牌而被媒体广为炒作，并引起了公众对正在涌起的杠杆收购交易热潮的关注。

1989年，KKR完成了对RJR纳贝斯克的收购，总计交易金额为311亿美元。这一交易在随后的17年中蝉联交易额榜首，也标志着一个财富亢奋时代的巅峰。

2.3.3 杠杆收购低谷期（1990～1992）

在20世纪80年代末，随着一些交易规模较大的被收购公司破产倒闭，预示着收购基金行业开始"过剩"。这些交易包括：1988年联邦百货（Federal Department Stores）收购案；1986年Revco药店（Revco Drug Stores）、沃尔特工业（Walter Industries）、FEB货车运输公司（FEB Trucking）收购案；等等。此外，RJR纳贝克斯的交易已经显示出巨大的财务压力，导致了1990年的再投资，包括KKR提供的17亿美元新权益资本。为了对抗敌意收购，一些公司采用了一些防御技术，诸如毒丸计划——即如果公司被接管，则公司会自我毁灭。这种"玉石俱焚"的策略越来越令人生厌，因为公司管理层为了不失去自身的既得利益而不惜牺牲股东的利益来恫吓敌意收购者。

1. 德崇证券破产

德崇证券在20世纪80年代主导了高收益债券的发行，从而成为对该时期PE行业繁荣贡献最大的投资银行。

1986年，丹尼斯·莱文（Dennis Levine），德崇证券的一名管理总监兼投资银行家，被指控参与内幕交易，导致德崇证券第一次陷入丑闻。莱文被控四项罪名，迫于压力，莱文认罪并招认了他的合作伙伴人称"超级交易者"的伊万·博斯基

(Ivan Boesky)。主要是基于博斯基答应提供的有关他与米尔肯交易的信息，美国证券交易委员会(the Securities and Exchange Commission, SEC)于1986年11月17日开始对德崇证券进行调查。两天后，纽约南区的联邦检察官鲁迪·朱利安尼(Rudy Giuliani)也开始了调查。

随后的两年里，德崇证券坚决否认有任何不当行为，声称证券交易委员会的指控完全建立在一个已经认罪的雇员为减刑而作的供词之基础上。但是，这些辩辞并不能阻止证券交易委员会在1988年9月对德崇证券提起诉讼，指控的罪名包括内幕交易、操纵股价、欺骗客户和囤积股票非法盈利等。这些指控无一例外地指向米尔肯和他领导的部门。最引人注目的一项是博斯基在1986年因为同米尔肯的交易曾经向其支付了530万美元，尽管博斯基在早些时候说那是一笔给德崇证券的咨询费。同年，朱利安尼开始认真考虑是否根据《诈骗和腐败机构法案(Racketeer Influenced and Corrupt Organization Act, RICO)》对德崇证券提出起诉，而该法案的宗旨是公司要为其雇员的罪行负责。

遭受起诉的威胁让德崇证券的很多人感到不安。一旦被起诉，德崇证券将被要求支付高达10亿美元现金作为保证金或者面临其公司资产被冻结。之所以要加入这么一个条款，据称是要防范有组织的犯罪机构或公司为躲避债务而潜逃。不幸的是，德崇证券的资本同其他华尔街投行一样，大部分都是借来的钱，当时德崇证券的资产负债率为96%，是各行里最高的。如果要支付保证金的话，德崇证券必将破产。基于此种原因，没有人会把钱借给一家被此法案起诉的公司。

事已至此，德崇证券的高管们一致认为，必须同朱利安尼达成协议，以主动认罪而免遭起诉，否则公司难逃破产厄运。几年后，德崇证券的首席执行官佛雷德·约瑟夫(Fred Joseph)说，他当时被告知，如果德崇证券被依法起诉，公司最多能坚持一个月。然而，德崇证券试图同朱利安尼达成认罪协议的谈判在12月19日破裂，因为朱利安尼的要求在法律上讲过于严厉，以至于那些原本赞成主动认罪而免遭重罚的人都无法接受。朱利安尼的要求是德崇证券放弃律师代理特权，他有权任意决定德崇证券违反了认罪协议的哪一条款，并要求一旦米尔肯被起诉德崇证券必须立刻让其走人。德崇证券的董事会想都没想就拒绝了这些要求。

两天后，德崇证券的律师团发现了一个以前从不为人知的叫麦克菲尔森(MacPherson Partner)的合伙人公司，该公司曾为斯托尔广播公司(Storer Broadcasting)发行股票。一部分认股权被卖给了一个客户，然后又被转卖给米尔肯负责的部门,米尔肯接下来又把这些认股权卖给了麦克菲尔森公司,公司的几个合伙人中包括米尔肯的孩子和几个基金经理。这样一来,就变成了自我交易,甚至是贿赂基金经理。再退一步讲,这种行为也违反了德崇证券的内部规定。公司立即把这件事情报告给了朱利安尼,同时,事件的揭露严重损害了米尔肯的信用,因为在德崇证券内部,很多员工甚至是约瑟夫自己和大部分的董事们在此之前都相信米尔肯是无辜的。

就在大陪审团决定是否起诉德崇证券的前几分钟,德崇证券同政府达成了认罪协议,它无争议地承认了六项指控,其中三项为囤积股票非法营利,三项为操纵股票交易。德崇证券被罚款6.5亿美元,这是美国根据大萧条后制定的《证券法》第一个被处以最高罚款的公司。

此后,米尔肯在1989年3月被起诉并离开德崇证券。联邦大陪审团对米尔肯的起诉达98项内容,涉及敲诈和欺骗罪,不端行为,包括内部交易和隐瞒股票的真实拥有人,还包括逃税等罪名。

这是历史上第一次以《诈骗和腐败机构法案》(Racketeer Influenced and Corrupt Organization Act, RICO)为根据起诉个人。米尔肯原打算为自己开脱罪名,为此他聘请了里根总统前竞选助理琳达·鲁滨孙(Linda Robinson)为自己开庭之前做媒体公关。米尔肯和其他崇德证券高管还聘请了爱德华·威廉斯作为主要律师。威廉斯曾在"水门事件"和黑手党等大案中作为嫌疑人的代理,并因此名声大振。不幸的是威廉斯不久即因罹患癌症去世,此后米尔肯的案件变得困难重重。

政府为了迫使米尔肯认罪,同期起诉了他的兄弟罗威尔(Lowell),联邦调查人员还调查了米尔肯的亲属,包括他年迈的祖父,这些做法此后一直被法律界所诟病。

1990年4月24日,米尔肯被迫承认了6项证券和税法的违法行为,其中3项涉及和Boesky一起隐瞒股票的真实拥有者,另外两项涉及米尔肯为其客户David Solomon的股票交易逃税。按照法官和其他政府部门估计,米尔肯的这些行动或许造成31.8万至68.5万美元的伤害。

作为认罪协议的一部分,米尔肯同意支付2亿美元罚款,同时支付4亿美元给投资者,赔偿他们可能已发生的损失。他还同意接受终身禁止从事证券行业的禁令。在针对崇德证券的民事诉讼案中,他同意支付5亿美元,补偿崇德证券的投资人。米尔肯总共支付了11亿美元。

米尔肯被判刑10年,后减到2年,实际服刑22个月。

1989年4月,德崇证券同证券交易委员会达成协议,同意更加严厉的监督交易过程。4月底,公司关闭3个交易部门,裁员5 000人。

因为一些没有完成的交易和高收益债券市场的突然崩溃,1989年成为德崇证券在诉讼后最难过的一年,第四季度亏损达8 600万美元,其商业票据评级在11月份被降低,这意味着德崇证券在证券市场上将借不到钱了,同时还要偿还到期债务。有谣言说银行随时都可能收紧对德崇证券的贷款。不幸的是,德崇证券没有母公司为其注资。

德崇证券试着想要把它的一些分支的剩余的资金转移到德崇控股公司那里,以求在1990年还可以苟延残喘,但是被证券交易委员会在1990年2月叫停了,因为证监会怕此举会使得交易商出现资金周转问题。随后,美联储(the Federal Reserve System)、纽约股票交易所(New York Stock Exchange)也开始怀疑这项重组计划,约瑟夫估计到此后德崇证券将被收购从而丧失独立性。不幸的是,潜在投资者被德崇证券在民事赔偿诉讼中可能出现的债务吓退了。

1990年2月12日,德崇证券正走向破产,它的商业票据评级继续走低。约瑟夫的最后一招就是希望政府来解救。恰在此时,报应来了。加州联合石油公司的投资银行在当年被皮肯斯恶意兼并的时候是迪隆里德公司,它当时的主席是尼古拉斯·布拉迪(Nicholas Brady)。布拉迪时任美国财政部部长,他从来没有原谅德崇证券在那起收购案中充当的角色,所以根本就没想过签署什么解救方案。反之,他和证券交易委员会、纽约股票交易所以及美联储强烈建议约瑟夫进入破产保护。一天之后,德崇证券申请破产保护。

2. 高收益债券市场停摆

20世纪80年代股权投资交易(特别是杠杆收购)的繁荣,离不开融资渠道的畅通,特别是高收益债券的发行。1989~1990年,高收益债券市场崩溃,标志着杠杆收购交易繁荣期的终结。当时,许多市场观察家断言高收益债券市场将"寿终正寝"。高收益债券市场崩溃的主要原因有三点:

- 著名的高收益债券承销商德崇证券破产。
- 高收益债券发行公司违约率(拖欠率)急剧上升。1978~1988年间,全部发行的高收益债券的违约率是2.2%,到了1989年违约率剧增到4.3%(市场规模是1 900亿美元),1990年上半年违约率是2.6%。高违约率使得高收益债券与美国国库券的息差高出700个基点(7个百分点),发行高收益债券的成本大大高于前些年,高收益债券发行人急剧减少。

- 法律要求储蓄和贷款机构从高收益债券市场撤出。为应对80年代美国"储蓄和贷款"机构造成的危机,1989年8月,美国国会制定《1989年金融机构改革、复兴和执行法(the Financial Institutions Reform, Recovery and Enforcement Act of 1989)》,要求储蓄和贷款机构(S&Ls)不能投资于评级低于投资级的债券。另外,储蓄和贷款机构被要求在1993年底之前出售其持有的低等级债券,这造成了短期内大量低等级债券的供应,阻碍了新高收益债券的发行。

尽管行业状况糟糕,在此期间却成立了一些超大型的PE基金管理机构,包括阿波罗管理公司(Apollo Management)、麦迪逊·迪尔伯恩(Madison Dearborn)和德州太平洋资本(TPG Capital)。

2.4 第三次PE浪潮

自1992年开始(即KKR杠杆收购RJR纳贝斯克公司3年之后)直到20世纪末,股权投资基金行业再次经历了近10年的空前繁荣,创投资本和收购基金行业,都出现了管理数十亿美元基金的品牌管理机构。经历了1990年和1992年的衰退,PE行业的融资规模开始增长,1992年累计承诺出资总额为208亿美元,而到2000年时累计承诺出资总额则达到了3 057亿美元(包括2000年当年新募集的1 765亿美元),超过了几乎所有其他资产类别的增长。

2.4.1 杠杆收购行业的复兴

在20世纪80年代,人们谈到PE时几乎总是联想到公司袭击者、敌意收购、资产剥离、裁员、关闭工厂和投资者暴利等负面话题,而当90年代PE再次出现在人们面前时,变得较为理性和体面了。20世纪80年代发生的许多收购都是不请自来、不受欢迎的,而90年代的PE基金关注对管理层和股东都有好处的共赢的交易。根据《经济学人》(Economist)的说法,"大公司们过去对PE避之唯恐不及,而现在却很乐意跟他们做交易"。

PE 基金越来越重视被收购公司的长期发展,并倾向于使用较低的杠杆比率。与 20 世纪 80 年代的代表性的收购交易中债务比率达到 85% ~ 95% 相比,90 年代和 21 世纪头 10 年中的杠杆收购债务比率仅有 20% ~ 40%。例如,KKR 在 1986 年扮演白衣骑士(White Knight)[1]收购西夫韦连锁超市(Safeway)时,其资金的 97% 来自于债务,只有 3% 为 KKR 提供的资本金;但当 KKR 和 TPG 在 2007 年联合收购美国最大的电力企业之一的德州公用事业公司(TXU)时,在总计 450 亿美元的收购价款中,收购方股权投资达到 85 亿美元(占 19%)。此外,PE 更愿意支持资本性支出以扩大企业规模和改善生产经营条件,更愿意提供管理层激励计划,从而在长期内增加企业价值。

托马斯·H. 李管理的基金在 1992 年收购斯纳普饮料公司(Snapple Beverages)的案例,经常被视为杠杆收购经过数年的蛰伏重新复活的标志。收购仅 8 个月后,李将斯纳普饮料公司上市,并在 1994 年,李将公司以 17 亿美元的价格卖给了桂格公司(Quaker Oats)。据传李和其 LP 们从该交易中收获了 9 亿美元。普纳斯在新的管理团队运作下业绩欠佳,仅仅 3 年后,被桂格公司仅以 3 亿美元卖给尼尔森·佩尔茨控股的 Triarc 公司。自 1974 年就进入 PE 行业的托马斯·H. 李,终于在 20 世纪 90 年代初又天才地发现了 PE 行业的新领域,并带领托马斯·H. 李合伙人成长为全美最大的 PE 基金管理机构之一。

也正是在此期间,资本市场再次对股权投资交易开放。在 1990 ~ 1993 年期间,化学银行在创新型投资银行家詹姆斯·B. 李(James B. Lee)的带领下,确立了其 PE 基金管理机构主要贷款人的行业地位。到了 90 年代中期,化学银行成为当时杠杆收购融资的最大贷款人。詹姆斯·B. 李开创了杠杆融资银团业务和相关咨询服务业务,包括第一个致力于针对 PE 基金管理机构的融资承销组织。

1993 年,大卫·邦德曼(David Bonderman)和詹姆斯·科尔特(James Coulter)通过其新创立的德州太平洋集团(TPG)收购了大陆航空公司(Continental Airlines)。在当时几乎只有 TPG 坚信在航空业存在着投资机会。TPG 的计划包括引

---

[1] 当一家公司成为恶意收购的目标时,目标公司的管理层为阻止恶意收购的发生,自己主动寻找一家"友好"的收购者参与收购竞争,则这个被管理层认可的"友好"的收购者被称为"白衣骑士"(White Knight)。面临恶意收购威胁的公司可以通过白衣骑士策略,引进收购竞争者,使收购成本增加。得到管理层支持的白衣骑士的收购成功可能性极大。

进一支新的管理团队、提高飞机利用率和以利润丰厚的航线为重点。到1998年，TPG该项投资的年内部回报率是55%。与卡尔·伊坎在1985年敌意收购环球航空公司（TWA）后受到公众舆论的广泛批评不同，邦德曼和TPG被颂扬为航空业的救世主，这标志着公众舆论对PE的态度由自80年代以来的指责批评转向积极肯定。大陆航空公司收购案是为数不多的PE投资航空业的成功案例之一。事实上，PE在该领域的投资遭受了很多严重的失败，包括2008年破产的ATA航空公司、Aloha航空公司和Eos航空公司。

20世纪90年代中后期较著名的收购案例包括：西利公司（Sealy Corporation，1997）、爱心关怀学习中心（Kinder Care Learning Centers，1997）、J. Crew（1997）、达美乐比萨（Domino's Pizza，1998）、富豪娱乐集团（Regal Entertainment，1998）和牛津健康计划公司（Oxford Health Plans，1998）等。

由于PE市场渐趋成熟，它的投资者基础也日渐牢固。20世纪90年代初，PE有限合伙投资者的非正式组织——"机构有限合伙人协会"（ILPA）成立了，这个保护PE基金有限合伙人的组织拥有分布在10个国家内的200个团体会员。2007年底，机构有限合伙人协会成员管理的总资产超过5万亿美元，其中承诺投入PE基金的资本超过8 500亿美元。

2.4.2 创投资本的巨大繁荣与互联网泡沫（1995~2000）

在20世纪80年代，联邦快递公司、苹果公司、思科（Cisco）、基因技术公司、微软公司（Microsoft）和Avis公司等的成长得益于PE或创投资本的支持。然而，到80年代末，创投资本的回报率相对较低，其部分原因在于创始阶段公司是"热门货"、IPO过多和许多创投资本基金管理人缺乏经验。与同期的收购基金不同，自1983年募集资金达到30亿美元之后，创投资本行业在整个80年代和90年代前期发展甚为缓慢，到1994年行业募资规模才勉强达到40亿美元。

经过一轮洗牌，更成功的创投资本管理机构生存了下来，他们越来越关注改善所投资公司的运营而不是继续进行新的投资。创投资本的业绩开始变得很有吸引力，并最终产生了90年代创投资本行业的高潮。

20世纪90年代末期是创投资本行业发展的高峰，那些硅谷沙山路上的创投资本们从新生的互联网和其他计算机技术中受益匪浅。大量的技术类和其他成长型公司的股票首次公开发行，创投资本获利巨大。其中最引人注目的引入创投资本的技术公司包括:亚马逊(Amazon.com)、美国在线(America Online)、E-bay、Intuit、Macromedia、网景公司(Netscape)、Sun Microsystems 和雅虎(Yahoo)。

2.4.3 互联网泡沫破裂和 VC 行业崩溃(2000～2003)

2000 年 3 月发生的纳斯达克市场崩盘和科技行业衰退,导致创始阶段的科技公司的估值体系崩溃,震撼了整个创投资本行业。在接下来的两年里,许多 VC 基金被迫冲销他们对外投资的很大一部分,还有很多 VC 基金出现了严重的账面亏损。VC 基金投资者们忙于寻求减少承诺出资额的方法,并且寻求在二级市场上转让其已经投入的那部分出资额,而此类交易的价格通常只有原投入资金的 1/10。2003 年年中,VC 行业规模萎缩到 2001 年的一半左右。不过,根据普华永道(PWC)的一项调查显示,此后 VC 行业投资额稳定在 2003 年的水平上,直至 2005 年第二季度。

图 2.1 纳斯达克综合指数显示:互联网泡沫在 2000 年达到顶峰

尽管在高峰之后的数年中,VC 行业的投资规模仅是其 2000 年鼎盛时期投资规模的一小部分,但比起 1980～1995 年间的行业总投资规模还是有所增长。从美国 VC 行业投资规模占其 GDP 的比例来看,1994 年为 0.058%,2000 年峰值为 1.087%(是 1994 年数值的 19 倍),而 2003 和 2004 年分别为 0.164% 和 0.182%。

2.4.4 杠杆收购行业停滞

伴随着 VC 行业的崩溃,杠杆收购交易活动也急剧减少。那些在 1996~2000 年间大量投资于电信行业并受益于繁荣时代的杠杆收购基金公司在 2001 年突然遭遇失败。2001 年至少有 27 家主要的电信公司(负债不低于 1 亿美元的)申请破产保护。电信公司作为高收益债券的主要发行者之一,将整个高收益债券市场拖入了深渊。高收益债券发行公司的违约率迅速上升,2000 年升至 6.3%,2001 年达到 8.9%,这在 20 世纪 90 年代是无法想象的。根据穆迪公司的报告,高收益债券违约率在 2002 年 1 月达到峰值 10.7%。结果,杠杆收购几乎销声匿迹。收购基金投资电信业失败的案例中包括那些曾深受华尔街宠爱但已经破产的前电信业骄子们,诸如 WorldCom、Adelphia Communications(曾是美国第五大有线电视运营商,2002 年 6 月份退市,见图 2.2)、Global Crossing(曾创下美国史上第四大破产纪录)和 Winstar Communications。

受互联网和电信泡沫破裂影响最大的机构是两家在 20 世纪 90 年代规模最大、投资最积极的 PE 基金管理机构:汤姆·希克斯(Tom Hicks)领导的希克斯·缪斯基金(Hicks Muse Tate & Furst)和泰德·福斯特曼(Ted Forstmann)领导的福特斯曼公司(Forstmann Little & Company)。他们曾大量地投资于科技类和电信类公司,也因此成了损失最大的 PE 基金。在 90 年代股市泡沫高峰时期希克斯·缪斯基金对 6 家电信公司和 13 家互联网公司的非控股投资给它带来了超过 10 亿美元的损失,也令希克斯·缪斯基金的声望和市场地位毁于一旦。汤姆·希克斯于 2004 年年末辞职。福特斯曼公司的情况也好不到哪里去,它因投资于 McLeodUSA 公司和 XO 电信公司而损失惨重,并从此再也无法募集到一支新基金。康涅狄格州财政局是福特斯曼公司旗下 PE 基金的投资者,她起诉福特斯曼公司违反有限合伙协议中对投资分散的要求[1],请求法庭支持后者偿还该州实际出资 9 600 万美元,并取消其 2 亿美元投资额的承诺。这些昔日风光无限的 PE 业界大佬们含羞蒙垢的凄楚境地几乎是其 90 年代的投资者们(即有限合伙人)始料未及的,这就

---

[1] 福特斯曼公司管理的一支基金将大部分资金仅投资给两家电信类公司。因为福特斯曼公司激烈反对 KKR 及其他同行在收购中使用高杠杆策略,导致她在每一个项目上都使用了较同行更高比例的自有资金,这是她投资集中度较高的原因之一。

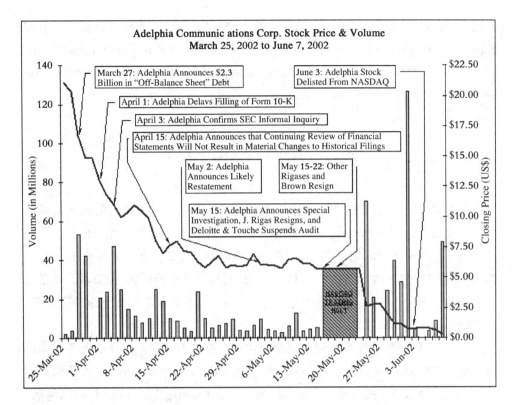

图2.2 Adelphia Communications 公司股价在 2002 年暴跌直至 6 月份退市

促使基金有限合伙人对基金管理人进行更为细致的尽职调查,并在合伙协议中对基金管理人的投资活动进行相对严格的控制。

在此期间完成的收购交易趋向于较小的交易规模并较少运用高收益债券方式融资。PE 基金不得不寻求银行贷款和夹层资本等融资方式,并以较高比例的自有资金投资。不过,PE 基金受益于较低的公司估值倍数。因此,尽管 PE 行业并不活跃,那些逆市投资的基金却为基金投资者带来了较好的回报。2001 年,在欧洲完成的收购交易总金额达到 440 亿美元,第一次超过了在美国完成的 107 亿美元交易额。2001 年全美共计完成 6 例超过 5 亿美元的杠杆收购交易,而 2000 年这一数字是 27 例。

为满足 PE 基金投资者们降低其在 PE 类资产中的投资承诺的需求,交易 PE 投资承诺份额的二级市场开始活跃。二级市场交易规模从历史平均的承诺出资总额的 2% ~3% 增至 2001 年的 5%。一些大型金融机构出售了其直接投资的资产组合。那些公开披露了二级市场交易的金融机构包括：大通资本（Chase Capital Partners，2000）、国民西敏寺银行（National Westminster Bank，2000）、瑞银集团（UBS AG，2003）、德意志银行（Deutsche Bank，2003）、阿比国民银行（Abbey National，2004）和第一银行（Bank One，2004）。

2.5 第四次PE浪潮

截至2002年末，PE行业在长达7年半时间内对电信和科技类公司的投资遭受了惨重损失，并因信贷市场紧缩而举步维艰。然而自2003年开始，PE行业开启了长达5年的行业复苏期（"黄金时代"）。在此期间，PE行业完成了史上交易规模最大的15个杠杆收购案例中的13个交易，投资活动空前活跃，投资者的承诺出资额达到了前所未有的规模（参见表1.5），而PE行业领导者们则迅速扩张规模、其投资风格也更为成熟。

利率降低、贷款条件放松和上市公司法规的变化共同造就了PE行业有史以来最为繁荣的时期。在安然（Enron）、世通（WorldCom）、泰科（Tyco）、阿德尔菲亚（Adelphia）、百富勤（Peregrine Systems）和Global Crossing等公司的丑闻暴露后，2002年通过了《萨班斯-奥克斯利法案》（Sarbanes Oxley Act），即《上市公司会计改革和投资者保护法》。此法规着手建立一个新的上市公司的规则制度体系，着力整顿当时注重短期收益而不注重长期价值创造的经营理念。《萨班斯-奥克斯利法案》令许多上市公司高管失去了大手大脚花钱的便利，也迫使他们多少收敛些官僚主义作风。许多大公司高管第一次注意到由PE基金持有公司股权比维持上市公司地位更具有吸引力。《萨班斯-奥克斯利法案》对VC行业的影响正好相反。遵守法规的成本增加使得创投资本难以带领年轻的公司上市，并急剧地减少了通过IPO退出的机会。VC被迫转向通过向战略买家出售公司股权的方式来实现退出。

自2002年以来利率持续走低，这降低了借款成本，并提高了PE基金为大规模杠杆收购交易融资的能力。低利率鼓励投资者重返相对低迷的高收益债券和杠杆信贷市场，使PE更容易获得杠杆收购的债务融资。

2001年和2002年早期还是完成了一些收购交易，特别是在融资条件较为宽松的欧洲地区。例如,在2001年,英国电信集团(BT Group)同意向安佰深公司和希克斯·缪斯基金出售其国际黄页目录业务(即耶尔集团,Yell Group),交易额为21.4亿英镑(当时折合为约35亿美元),该交易成为欧洲史上最大的一宗PE杠杆收购案例。耶尔集团后来以6亿美元收购了美国目录出版商McLeodUSA,并于2003年成为伦敦金融时报指数(FTSE)成分股。

2.5.1 大型收购的复活(2003~2005)

Dex媒体公司于2002年末和2003年分两阶段进行的收购交易,标志着美国数十亿美元的超大型收购交易可能再度获得大量的高收益债券融资,而规模更大的收购交易也可能完成。凯雷投资集团、威尔士(Welsh)、卡森(Carson)、安德森和斯托(Anderson & Stowe)以及其他私人投资者,领导了交易额达75亿美元的QwestDex收购案。该案例是1989年以来史上第三大公司收购案。QwestDex的收购交易分两个阶段进行:先是在2002年11月以27.5亿美元收购东Dex媒体(Dex Media East)的资产,后是在2003年以43亿美元收购西Dex媒体(Dex Media West)的资产。唐纳利公司(R. H. Donnelley Corporation)在2006年收购了Dex媒体公司。

还有一些大规模收购交易显示着PE行业正在复苏,其中包括:贝恩资本收购汉堡王(Burger King)、麦迪逊·迪尔伯恩收购杰弗逊·斯墨菲特公司(Jefferson Smurfit)、贝恩资本与黑石集团及托马斯·H.李合伙人联合收购霍顿·米夫林公司(Houghton Mifflin)、黑石集团收购天合汽车零件公司(TRW Automotive)。

在2004~2005年间,大型的杠杆收购交易再次成为人们街头巷尾的谈资,而市场观察家们也被杠杆收购中使用的杠杆比率和获得的融资条件而震惊得目瞪口呆。这一时期比较著名的收购交易包括:一元店(Dollarama,2004)、玩具反斗星(Toys "R" Us,2004)、赫兹公司(The Hertz Corporation,2005)、城域网米高梅(Metro-Goldwyn-Mayer,2005)和SunGard公司(2005)。

2.5.2 超大型收购岁月(2006~2007)

至2007年底记录在案的史上10个规模最大的收购交易(见附录2.2)中,有9个发生在自2006年年初至2007年年中这18个月内。此外,不只在美国出现了收购基金行业繁荣,在欧洲和亚太地区的工业化国家中同样创造了新的收购交易记录。

2006年,美国收购基金完成了总交易额3 750亿美元的654家公司收购案,这是2003年总交易额的18倍。此外,2006年美国收购基金管理机构总计为322支新基金募集了2 154亿美元(承诺出资额),比2000年行业高峰时募资总额高出22%。然而,美国创投基金(VC)行业在2006年只新募集了251亿美元,比2005年还要低2%,更是远逊于行业高峰期的2000年。2007年,尽管经历了夏季的信贷市场动荡,美国收购基金业仍然迎来了一个大丰收年,全年有415家收购基金管理机构共新募集了3 020亿美元(承诺出资额)。

在这一时期的最大的收购案包括:佐治亚太平洋公司(Georgia-Pacific Corp,2005)、艾伯森超市连锁集团(Albertson's,2006)、股权写字楼物业(Equity Office Properties,2006)、飞思卡尔半导体(Freescale Semiconductor,2006)、通用汽车金融服务公司(GMAC,2006)、美国医院管理公司(HCA,2006)、金德·摩根(Kinder Morgan,2006)、哈拉斯博彩娱乐公司(Harrah's Entertainment,2006)、丹麦电信运营服务商TDC A/S公司(2006)、萨柏瑞控股公司(Sabre Holdings,2006)、有方国际(Travelport,2006)、英国联合博姿公司(Alliance Boots,2007)、巴奥米特(Biomet,2007)、克莱斯勒(Chrysler,2007)、第一数据(First Data,2007)和TXU(2007)。

2.5.3 PE上市潮

尽管不乏上市公司作为收购平台做着类似收购基金一样的投资活动的案例,但当一些位居前列的大型PE基金管理机构自身寻求上市之时,还是相当引人注目的。将PE基金管理机构或PE基金上市的确不同寻常,因为PE经常会收购上市公司并将它们退市。作为非上市公司,PE基金管理机构可以不受上市公司季报的约束,并通过鼓吹私有化后的独立性来说服上市公司董事会与管理层接受PE收购退市方案。

2006年5月,由KKR成立的永续投资平台KPE公司(KKR Private Equity Investors)在阿姆斯特丹泛欧交易所(Euronext Exchange)IPO上市,其IPO融资额为50亿美元,是KKR计划融资额的3倍多。KPE的很多投资者是对冲基金,他们早就想成为PE的投资者但又苦于不能做出长期投资承诺。KPE上市首日表现沉闷,股价下跌1.7%,成交量低迷。

起初,类似黑石集团和一些对冲基金都计划步KKR后尘,但随着KPE股价的暴跌,其他基金管理机构的上市计划搁浅了。KPE股价从IPO时的每股25英镑,跌至2007年底时的18.16英镑,并在2008年第一季度创出每股11.45英镑低点。

2007年3月22日,经过了9个月的准备,施瓦茨曼领导的黑石集团提交美国证券交易委员会,计划以IPO方式融资40亿美元。6月21日,黑石集团向公众出售了其拥有的12.3%的管理公司股份,融资41.3亿美元,成为自2002年以来美国最大一宗IPO。2007年6月22日,黑石集团股票在纽约证券交易所(New York Stock Exchange)上市交易,股票代码为BX,定价为每股31美元。

在黑石集团上市后不到两个星期,其竞争对手KKR于2007年7月提交美国证券交易委员会,计划通过出售其管理公司的股权来融资12.5亿美元。此前,KKR已在2006年将其投资平台KPE公司上市。由于此后发生了信贷紧缩和IPO市场关闭,KKR无法获得吸引力的估价,因此上市计划被一再推迟。

与此同时,其他PE基金管理者也开始寻求将其权益部分变现的途径。2007年9月,凯雷集团以13.5亿美元的价格将其基金管理机构7.5%的股权出售给穆巴达拉发展公司(Mubadala Development Company),一家由阿布扎比投资局(ADIA)控股的投资公司。这一交易使凯雷集团的估价达到200亿美元。类似地,2008年1月,银湖集团(Silver Lake Partners)以2.75亿美元的价格将其基金管理机构9.9%的股权出售给加州公共雇员退休系统(CalPERS)。

阿波罗基金管理机构于2007年7月通过私募完成了自身的股权出售。通过私募而不是公募,阿波罗基金管理机构可以避免很多施加于黑石集团和KKR的公众监管。2008年4月,阿波罗管理机构向美国证券交易委员会提交书面文件,允许部分股票持有人可以在纽约证券交易所转让原本只能私下交易的股票。2004年4月,阿波罗基金管理机构为其旗下上市的业务开发公司,即阿波罗投资公司(Apollo Investment Corporation,NASDAQ:AINV),融资9.3亿美元,后者主要以夹层资本债权、抵押贷款和直接投资等方式投资于中型企业,还可以投资上市公司发行的证券。

纵观历史,在美国曾有很多上市的PE基金管理机构是根据1940年《投资公司法》(the Investment Company Act of 1940)注册的业务开发公司(Business Development Companies,BDCs)。至2007年底,市值较大的业务开发公司包括:阿波罗投资公司、美国资本战略(American Capital Strategies,NASDAQ:ACAS)、联合投资股份有限公司(Allied Capital Corp, NASDAQ:ALD)、阿瑞斯资本公司(Ares Capital Corporation, NASDAQ:ARCC)、格拉德斯通投资公司(Gladstone Investment Corp, NASDAQ:GAIN)和柯尔伯格资本公司(Kohlberg Capital Corp, NASDAQ:KCAP)。

2.5.4 二级市场

经历了2000年PE市场崩溃的洗礼,许多PE基金投资者变得愈发谨慎,他们需要在行情不利之时能够及早退出未兑现的出资承诺。二级市场过去只是PE行业的一个较小的细分市场,它的活跃有助于促进新的投资者加入以便于原有投资者退出,但这个市场始终以流动性差和大幅折价为特点。

自2004年开始至2007年,二级市场流动性和交易价格有所改善。二级市场的持续发展表明了PE基金行业的总体发展达到更加成熟的阶段,见表2.1。公开披露的二级市场交易中规模较大的包括(估计超过2/3的二级市场交易没有公开披露):加州公务员退休基金(2008)、俄亥俄州劳工薪酬局(Ohio Bureau of Workers' Compensation, 2007)、大都会人寿(MetLife, 2007)、美国银行(Bank of America, 2006/2007)、梅隆金融公司(Mellon Financial Corporation, 2006)、美国资本战略(American Capital Strategies, 2006)、摩根大通银行(JPMorgan Chase)、淡马锡控股公司(Temasek Holdings)、德累斯顿银行(Dresdner Bank)和代顿电力照明(Dayton Power & Light),等等。

表2.1 美国专注PE二级市场基金每年融资情况(2001~2010)

年份	2001	2002	2003	2004	2005	2006	2007	2008	2009	2010
新承诺出资总额(亿美元)	40	10	20	40	50	50	30	50	120	60
新成立基金数量	4	1	2	9	4	4	1	6	8	5
新基金平均规模(亿美元)	10.0	10.0	10.0	4.4	12.5	12.5	30.0	8.3	15.0	12.0

资料来源:The Pitchbook, Private Equity Decade Reports(2001~2010)。

2.5.5 信贷紧缩与后危机时代(2007年至今)

2007年7月,信贷风暴席卷房屋抵押贷款市场,也波及杠杆融资和高收益债券市场。2007年上半年PE市场还表现强劲,而到了7、8月份,高收益债券发行量和杠杆贷款规模明显减速。不确定的市场条件导致息差扩大,许多公司和投资银行在该年夏天搁置了债券发行计划。5月份的市场反弹并没有如期而至,市场信心不足导致无法为交易定价。9月底,信贷风暴的影响范围变得清晰起来,特别是在花旗集团(Citigroup)和瑞银国际等主要贷款机构宣布了其因信贷损失而导致的重大资产减记之后。杠杆融资市场几乎陷入了停滞。由于市场条件突然恶化,一些已签署收购合同的交易无法获得债权融资,收购方开始放弃交易或重新谈判合同条款[1],涉及的著名案例包括:哈曼国际(Harman International, 2007)、学生贷款营销协会(Sallie Mae, 2008)、清频通信(Clear Channel Communications, 2007)和BCE(2007)。

例如,在2007年清频通信公司收购案中,贝恩资本和托马斯·H.李合伙人经过与清频通信公司半年多的谈判之后,最后赢得了股东的支持,以267亿美元(含偿债)购买了该电台运营商。该收购得到创始人梅斯家族(Mays)的支持。后来遇到了信贷风暴,银行收回了对该收购的贷款承诺,收购者对银团——包括花旗集团、摩根斯坦利(Morgan Stanley)、德意志银行、瑞士信贷银行(Credit Suisse)、苏格兰皇家银行(Royal Bank of Scotland)和美联银行(Wachovia)——进行了起诉,迫使后者融资。最后,收购方和银团重新谈判,降低了贷款额度,增加贷款利息,完成收购。

信贷紧缩还促使收购基金寻求新的交易标的以使用其庞大的投资基金。这些交易包括PE投资于公众公司股权(PIPE)以及购买现有的杠杆收购交易中的债务,如2008年花旗集团贷款资产组合案(Citigroup Loan Portfolio)。在2008年第一季度次贷危机达到高峰后,阿波罗管理公司、TPG Capital和黑石集团完成了对花旗集团125亿银行贷款资产组合的购买,后者主要由在市场高峰期为杠杆收购交

---

[1] 通常,在收购合同中会列举若干生效条件,例如交易获得政府批准、获得债务融资等,当某个条件没有实现时,收购合同不生效,收购方可以据此为放弃收购而不被视为违反合同。生效条件列举的事项主要是收购方认为其无法控制的交易关键事项。

易融资的高级保障贷款组成。花旗集团在次贷危机前无法处理该项贷款,该贷款被认为以低于面值出售。2009年末,PE业内的共识是PE基金管理机构需要变得更像资产管理人,收购只是他们资产组合中的一部分,或者只专注于某一特定领域。PE行业需要更擅长于扭转被收购公司业绩以增加价值,而不再是纯粹的金融工程。

2.6 PE里程碑事件

- 1946年,"创投资本之父"乔治·多里奥等人成立美国研究与发展公司(ARDC),这是史上第一家PE基金管理机构,标志着现代PE的起源。ARDC创造了史上第一个成功的风险投资案例——投资DEC公司。
- 1955年1月,麦克林工业公司收购泛大西洋汽船公司,这是史上第一次杠杆收购,并开创了以上市公司作为投资平台来收购其他公司的操作模式的先河。
- 1958年,美国《中小企业投资法》通过,正式允许美国中小企业管理局(SBA)授权中小企业投资公司(SBICs)为美国中小企业提供筹资和管理服务,标志着PE行业开始由家族治理向专家管理的风格转变。
- 1959年,仙童半导体公司成立,这是北美第一家由VC支持创立的企业。从这家公司走出了一批日后硅谷风云人物:红杉资本创始人唐·瓦伦坦于20世纪60年代曾在仙童半导体公司担任销售经理,而经他招聘的人包括AMD创始人杰里·桑德斯、Maxim创始人杰克·吉佛德和苹果公司首任CEO迈克·马库拉。
- 20世纪60年代,出现了至今流行的PE基金的组织形式(有限合伙制)和激励机制(管理费和附带收益)。
- 1969年,维克托·波斯纳以DWG作为投资平台发动沙龙钢铁集团收购战,这是北美最早的敌意收购案例之一。
- 1973年,美国全国创投资本协会(NVCA)成立,这是北美第一家VC行业组织。
- 1978年,KKR收购工业管道制造商上市公司Houdaille Industries,交易金额为3.8亿美元,这一交易开创了上市公司私有化的先河,并且至今仍是交易规模最大的私有化交易之一。很多业内人士认为该交易是第一次现代意义上的杠杆收购。

- 1978年,美国劳工部放松了1974年雇员退休收入保障法的管制,允许企业养老金投资到创投资本和其他PE基金。允许企业养老金投资于高收益债券,这对完成杠杆收购交易是极为必要的,由此孕育了史上第二个PE繁荣期。
- 1981年,一群在哈雷·戴维森(摩托车制造商)工作的管理人员以杠杆收购的方式从AMF集团手中收购了哈雷·戴维森公司,这是北美最早的管理层收购(MBO)交易之一。
- 1982年,美国创投资本基金(VCFA)成立,这是第一家定位于PE二级市场投资的基金。
- 1984年,德崇证券帮助尼尔森·佩尔茨和他的控股公司三角工业募集了1亿美元无特定策略基金(Blind Pool),这是史上第一个为收购目的而成立的无特定策略基金。
- 1989年,KKR完成了对RJR纳贝斯克的收购,总计交易金额为311亿美元。这一交易在随后的17年内蝉联交易额榜首,标志着第二个PE繁荣期的巅峰。
- 1990年2月13日,德崇证券申请破产保护,标志着高收益债券市场的崩溃和第二次杠杆收购交易繁荣期的结束。
- 1992年,托马斯·H.李合伙人收购斯纳普饮料公司,标志着杠杆收购的复活和第三个PE繁荣期的到来。
- 1993年,大卫·邦德曼和詹姆斯·科尔特通过德州太平洋集团(TPG)收购了大陆航空公司。这一交易广受公众赞誉,邦德曼和TPC也被称颂为航空业的救世主。这标志着公众舆论对PE的态度由自80年代以来的指责批评转向积极肯定。
- 20世纪90年代初,史上第一个保护PE投资者的组织——"机构有限合伙人协会"(ILPA)成立。成立之初,该协会拥有分布在10个国家内的200个团体会员。2009年9月,该协会发布了投资PE基金的指引文件《股权投资基金投资原则》,旨在强调普通合伙人和有限合伙人之间利益一致的价值理念,涵盖了"利益一致"、"基金治理"及"透明度"等方面的一些最佳实践概述,并针对这三方面提供了详细的投资PE的推荐协议条款。

- 2001年,安佰深公司和希克斯·缪斯基金收购英国电信集团旗下国际黄页目录业务(即耶尔集团),交易额为21.4亿英镑(当时折合为约35亿美元),该交易成为欧洲史上最大的杠杆收购案例之一。
- 2006年5月,由KKR成立的永续投资平台KPE公司在阿姆斯特丹泛欧交易所IPO上市。这是第一个PE投资平台上市的案例。

附录2.1 北美管理收购基金规模最大的机构（2010年）

排名	PE基金管理机构名称	成立时间	管理收购基金规模
1	黑石集团（The Blackstone Group）	1985年	230亿美元
2	KKR（Kohlberg Kravis Roberts & Co.）	1976年	216亿美元
3	凯雷集团（The Carlyle Group）	1987年	183亿美元
4	德州太平洋投资有限公司（TPG Capital）	1992年	152亿美元
5	贝恩资本（Bain Capital）	1984年	130亿美元
6	PEP（Providence Equity Partners）	1990年	110亿美元
7	阿波罗顾问公司（Apollo Advisors）	1990年	101亿美元
8	华平投资集团（Warburg Pincus）	1996年	92亿美元
9	Cerberus	1992年	80亿美元
10	Thomas H. Lee Partners	1974年	70亿美元

Source：http://money.cnn.com/galleries/2007/fortune/0702/gallery.powerlist.fortune/index.html。

附录2.2 北美史上规模最大的10宗杠杆收购交易(至2010年)

收购目标	所在行业	收购者	交易规模	交易时间
TXU	公共事业、电力	KKR, TPG, 高盛集团	438亿美元	2007年2月
股权写字楼物业公司	商业地产	黑石集团	389亿美元	2006年11月
美国医院管理公司	医院	贝恩资本, KKR, Merrill Lynch	327亿美元	2006年7月
RJR纳贝斯克公司	烟草、食品	KKR	311亿美元	1988年10月
哈拉斯娱乐公司	游戏	Apollo Advisors, TPG	274亿美元	2006年10月
清频通信公司	广播运营商	贝恩资本, 托马斯·H.李合伙人	257亿美元	2006年11月
金德·摩根公司	管道运营商	高盛集团, A.I.G., 凯雷集团, Riverstone Holdings	216亿美元	2006年5月
飞思卡尔半导体	半导体	黑石集团, 凯雷集团, TPG, Permira	176亿美元	2006年9月
艾博森公司	零售、医药连锁	SuperValu, CVS, Cerberus Capital, Kimco Realty	174亿美元	2006年1月
赫兹公司	汽车租赁	凯雷集团, Clayton Dubilier & Rice, Merrill Lynch	150亿美元	2005年9月

3 PE投资流程

3.1 PE投资流程概况

3.1.1 PE投资流程图

就单个投资项目而言，典型的PE投资流程主要包括三个阶段，以下分别简要介绍。

1. 第一阶段：从获得项目信息到签署购买协议(Sale & Purchase Agreement)

- PE的项目团队在获得项目信息后，首先进行初期筛选。那些明显不符合PE的投资标准(Investment Criteria)的项目将被淘汰。
- 对看起来有吸引力的项目，PE的分析人员会开展市场调研与公司调研。如果目标公司所在行业的特征、公司的市场地位、估价与管理层愿景等关键条件符合PE的投资标准，则PE的分析人员会精心准备一份投资备忘录。
- 投资备忘录将提交投资委员会(Investment Committee)审查。如果投资委员会经过论证认为该项目有投资价值，则会批准PE成立项目小组并由项目小组组织尽职调查(Due Diligence)。
- PE的项目小组组织第三方实施尽职调查。尽职调查工作需要得到目标公司管理层的配合。调查结束后，第三方调查机构出具尽职调查报告。
- PE项目小组与第三方调查机构、目标公司管理层等就尽职调查报告所反映出来的重要问题进行讨论，澄清所有疑点。尽职调查报告提交投资委员会，PE项目小组与投资委员会讨论报告披露的重要问题，商讨最佳解决方案。如果投资委员会论证认为项目仍有投资价值，则会批准PE项目小组开始合同谈判。

- PE项目小组在律师等专家的帮助下设计交易结构(Deal Structure)，并与目标公司的企业主及管理层就关键问题进行沟通。
- PE项目小组在律师的帮助下，就条款清单(Term Sheet)的细节内容与目标公司业主谈判协商，直至达成一致。
- 在律师的帮助下准备与收购有关的各项法律文件，并签署相关法律文件。
- 在律师的帮助下完成收购所需的各项行政审批。

PE投资流程的第一阶段如图3.1所示。

2. 第二阶段：从签署购买协议到交易结束(Deal Closing)

根据收购方式的不同，第二阶段的交易流程会有些差别。

资产收购

- 在过渡阶段(从签约到交割的期间)，PE项目小组派代表进驻目标公司，监督目标公司日常运作，监督目标公司业主与管理层是否进行了重大资产处置或购置、对外担保、抵押等活动。
- 在律师的帮助下，PE完成离岸控股公司(Off-shore Holding Company)的设立等相关法律事宜。
- 在律师的帮助下，PE与新公司的其他股东(通常是原企业的业主与管理层)起草新公司章程等文件，指定新公司的董事会成员及法人代表的人选，完成投资东道国内的新公司的设立等相关法律事宜。
- PE项目小组组织、实施补充尽职调查，即在此前全面尽职调查的基础上，主要对过渡期内的企业财务状况进行调查，确认目标公司的资产负债状况未发生实质性变动。
- 支付收购价款，完成交割。

股权收购

- 在过渡阶段，PE项目小组派代表进驻目标公司，监督目标公司日常运作，监督目标公司业主与管理层是否进行了重大资产处置或购置、对外担保、抵押等活动。

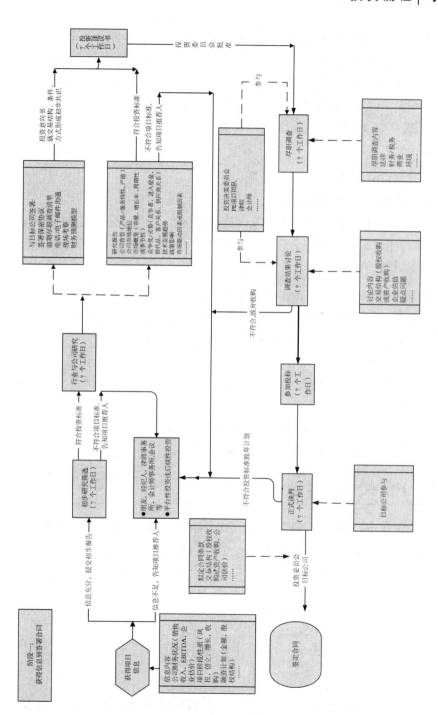

图3.1 PE投资流程：从获得项目信息到签署认购股权协议

- 在律师的帮助下,PE完成离岸控股公司的设立等相关法律事宜。
- 在律师的帮助下,PE与目标公司的其他股东(通常是原企业的业主与管理层)修订公司章程等文件,指定新一届董事会成员及法人代表的人选,完成投资东道国内的公司变更登记等相关法律事宜。
- PE项目小组组织、实施补充尽职调查。
- 支付收购价款,完成交割。

PE投资流程的第二阶段如图3.2所示。

3. 第三阶段:从交易结束到退出(Exit)

收购结束后,PE获得了企业的控股权及董事会中的主要席位。此后,PE将致力于通过多种手段提升被收购企业的核心竞争力和市场地位,以及考虑在适当的时候退出以实现投资回报。

- 建立项目协调小组,全面负责收购后整合工作的计划与实施。
- 聘请并任命优秀的CEO和CFO进驻被收购企业,与原企业的管理层一道,共同负责企业的日常管理事务,保障企业平稳运营。
- 帮助企业的新管理层完善与实施拟定的发展战略。
- 帮助企业在行业内整合资源,包括寻找可以产生协同效应的收购目标、引进人力资源、加强与主要供应商及客户的联系等。
- 帮助企业开辟海外渠道、进入海外市场。
- 根据市场状况,计划并实施退出方案。

3.1.2 PE投资的实施进度

PE的投资是中长期投资,通常,从收购交易结束到退出需要3年以上的时间。企业的成长需要时间,因此PE也需要充足的时间来帮助被收购企业提升核心竞争力和巩固、提高市场地位,从而在退出时获得满意的投资回报。图3.3反映了PE整个投资活动的进程。

3.2 项目初选

在某种意义上,PE是"机会主义者"。这并不是说PE是投机者,而是反映了

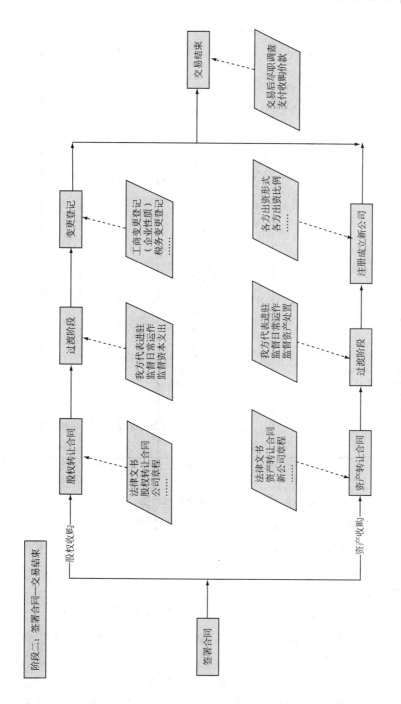

图3.2 PE投资流程：从签署认购股权协议到交易结束

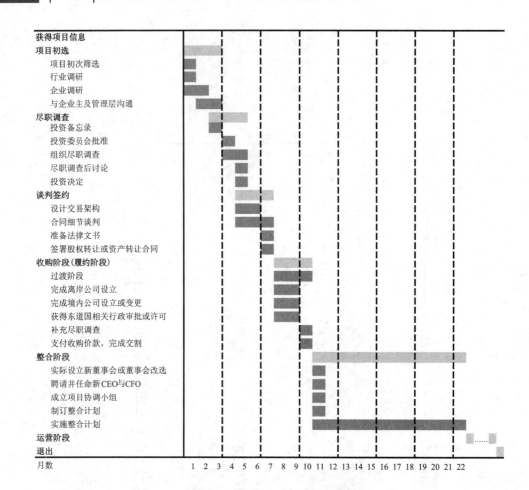

图3.3 PE投资实施进度的甘特图

这样一个事实:PE在何时、何地投资于哪个项目具有偶然性。

尽管成熟的PE都有其赖以成功的投资标准(Investment Criteria)、擅长的投资领域和一定的投资计划,但他们无法先知先觉,不可能预见到未来他们会在何时、何地、在哪类行业、对哪个企业进行投资并据此进行充分的准备。

PE不是投资机会的创造者。成熟的PE善于发现并实现投资机会。好的投资机会虽然谈不上是稍纵即逝,但的确是"千呼万唤始出来,犹抱琵琶半遮面"。

项目初选是PE发现投资机会的过程。这一过程包括两个方面:一是有足够多的项目可供筛选,二是用经济的方法筛选出符合投资标准的目标公司。

项目初选是"沙里淘金"的过程。事实上,PE团队的研究员每年要花费大量的时间,从数百个甚至上千个备选项目中筛选出那些感兴趣的项目。每年,只有数个项目会从投资机会变成投资现实。

看起来"低产出"的项目初选工作事实上具有十分重要的意义:

- 以最小的成本(时间和费用)排除那些明显缺乏发展前景的项目;
- 通过事先的学习和调研,深入了解具有发展潜力的目标公司及其所在行业的状况,为全面理解并帮助企业完善其发展计划、思考投资后续整合工作进行知识储备。

在中国,PE通常不能仅仅依赖那些计划融资或拟出让股权的公司制作的商业计划书作出初步判断。他们需要独立地对行业与目标公司进行研究。尽管独立研究所依赖的数据的充分性、准确性与时效性不尽如人意,但这类研究还是可以帮助PE避开那些明显缺乏前景的企业,诸如卷入自虐式的"价格战"、缺乏谈判能力的行业地位、高谈阔论却缺乏运营能力的管理团队,等等。

本小结对PE的项目初选工作做一个概括性的介绍,各部分具体内容读者可以在后面的章节中了解。

3.2.1 项目来源

获取投资机会(Deal Sourcing)是PE投资的起点,也是PE团队的重要工作内容。成熟的PE都拥有广泛的项目渠道从而及时获取大量的项目信息。

为PE提供项目信息的人或公司被称为项目中介(Deal Broker)。项目中介包括那些拥有大量客户关系的律师(事务所)、会计师(事务所)、咨询公司、投资银行、行业协会,也包括那些拥有广泛人际关系(Personal Network)的个人。在某些情况下,特别是在联合投资的情况下,同行也会成为项目来源。

PE会积极主动地扩展项目渠道,如参加各类展览会、各种形式的投融资专题洽谈会/论坛(例如,2007年开始在天津举办的"中国企业国际融资洽谈会"),以及主动联系各地方产权交易中心、招商引资办公室等机构。

PE也会积极主动地寻找潜在的合作伙伴(或目标公司),例如,帮助其在海外的投资组合中的公司寻找在中国的战略合作伙伴。

现代信息通讯技术的发展也为PE有效地获取项目信息提供了技术支持。电脑与互联网的普及、电子邮件/电话/传真的广泛应用使得大量项目信息的传递、储存、处理更迅捷、更准确且成本低廉。时至今日,多数项目信息是通过电子邮件传递给 PE 的。

通常,目标公司或项目中介会要求 PE 签署一份"保密协议"(Non-disclosure Agreement,NDA)(见附录 3.1),以约束后者不能随意地将其获得的目标公司的商业信息泄露给第三方。保密协议通常由有经验的律师起草,内容繁简应适当。

3.2.2 市场调研

在获得项目信息后,PE 团队中的分析员会着手进行调研。通常,项目(目标公司)会按照其所处的发展阶段划分为创立(Start Up)阶段、早期(Early Stage)阶段、成长阶段和成熟阶段。这种划分并不严密,但很有意义。

通常,PE 对处于成长阶段的企业更感兴趣。企业发展处在"学习曲线"的快速上升阶段,意味着其在未来具有良好的潜在成长机会。PE 对处于成熟阶段的企业也很感兴趣,特别是那些处于行业领先地位并具有整合行业的号召力与机遇的企业尤为 PE 所青睐。

PE 较少投资于创立阶段或早期阶段的企业。创立阶段的企业在相当长的时间内只有现金流出而较少有现金流入,企业营运资金压力较大。早期阶段的企业往往缺乏成熟的商业模式和富有经验的管理团队。因为没有经营历史记录或记录时间较短,创立阶段或早期阶段的企业无法向 PE 证明他们的商业模式是成功的、管理团队是有能力的。只有在个别情况下,如创业企业家本人已拥有丰富的行业经验和出色的管理能力、强大的行业影响力与号召力,PE 才会考虑投资于创立阶段或早期阶段的企业。

首先进行的是市场调研工作。PE 高度重视市场或行业研究(Market Research)。在现实意义上,对 PE 而言,选择一个好行业——具有成长性或具有整合机会——的重要性要超过选择一个好管理团队的重要性。在好的行业中,有如顺水行舟,普通的团队也可以创造出不俗的业绩;在不好的行业中,有如逆风扬帆,即使最优秀的团队奋力拼搏也难创佳绩,更何况"千金易得,一将难求"。因此,PE 业内有一句"口头禅":宁要一流市场、二流团队,也不要一流团队、二流市场。

行业研究的首要工作是精确地定义目标公司的主营业务。从大行业到细分行业,再到商业模式/盈利模式、乃至目标客户,定义得越精确,研究对象就越明确。笼而统之的定义方法容易产生误导。

通过对产业链、市场容量、行业周期、技术趋势、竞争格局和政策影响等方面的分析,PE获得了对目标公司所在行业的初步的、全景式的了解。

在中国这样一个地域辽阔的发展中大国,经济数据的统计工作难度较大。因而,行业研究所依赖的数据的准确性、充分性、及时性往往都难以满足。好在PE更为关注行业的发展趋势,行业调研帮助PE降低了其在投资决策前期所面对的信息不充分性和不对称性。

国家统计局、行业分管部门、专业电子数据库、行业协会以及业内专家等都是行业数据的来源,而互联网、书刊报纸、电话拜访、行业会议、展览会等则是获取信息的工具或渠道。

根据我们在中国的经验,超过60%的项目无法通过行业考察,(潜在的)市场容量过小、竞争过于激烈(如存在严重的产能过剩、"价格战"等现象)、(外资)准入限制等是主要原因。

3.2.3 公司调研

当PE的市场调研显示目标公司所在的行业具有良好的成长预期或整合机会时,PE团队会深入调查目标公司的经营状况。

公司调研的目的主要包括:

- 证实目标公司在商业计划书中所陈述的企业经营信息的真实性。
- 了解商业计划书没有描述或无法通过商业计划书表达的内容,如生产流程、员工精神面貌等。
- 发现目标公司在当前运营中存在的主要问题,而能否解决这些问题将成为PE前期投资决策的重要依据。这些问题既包括技术层面的,如设备落后、污染问题、流程不合理、供应链管理混乱、营销能力不足等,也包括税务、法律、产权关系等方面的。技术问题的解决将有助于企业提高效率,也是PE运用其经验提升企业价值的主要手段。
- 增进对行业的了解,对企业未来的发展战略、市场定位重新评价。
- 与目标公司管理层近距离接触,观察管理层的个性、价值观、经营理念、经验与能力,通过沟通建立相互之间的了解与信任,以及就投资额与股权比例等事宜交换意见。

公司调研通常需要数次实地考察企业(Site Visit)。在中国,由于多数企业不能提供令人满意的商业计划书,因此,在初次拜访之前,向企业提供一份问题清单(Question List)会有助于双方就关键问题进行有效沟通。问题清单的内容并不是一成不变的,要视具体情况而定。此外,在初次实地拜访之后,电话会议也会是一种有效的沟通方式。

客户调查是公司调研中重要的内容之一。PE团队会与目标公司管理层协商,从由后者提供的完整客户清单中随机地抽取一定数量的客户进行拜访。可以采用电话拜访的方式,但更为谨慎的方式是实地考察。通过客户拜访,PE可以直接了解客户对目标公司产品或服务的评价。

在每次实地考察或电话会议之后,PE团队都需要撰写或更新考察备忘录(Visit Memo)或会议纪要(Meeting Minutes)。最后,PE团队需要准备一份完整而简要的投资备忘录(Investment Memo)。

3.2.4 投资备忘录

投资备忘录综合了商业计划书、行业研究、公司调研的全部有效信息。在投资备忘录中,要列举下列信息:

- 目标公司:发展史、主要业务、管理层情况、融资结构、市场地位。
- 投资亮点。
- 行业概览:市场容量的历史数据及预测、周期性与季节性、产品或服务的价格走势、政策冲击、市场驱动因素(Market Drivers)与限制因素(Market Restrains)。
- 竞争格局:波特(Michael Porter)的"五力分析模型"、前10名竞争者。
- 财务信息要点(Financial Highlights)。
- 潜在风险(Potential Risks)。
- 建议(Recommendations):放弃项目或提请投资委员会(Investment Committee)开展尽职调查。

提请尽职调查的投资备忘录将被提交给PE的投资委员会。投资委员会是PE投资的最终决策机构。经过评审,如果投资委员会认为该交易是好的(Good Deal),将决定开展尽职调查。

根据我们的经验,只有1%左右的项目能够最终被提交投资委员会。估价过高、处于早期发展阶段、现金流状况较差是经过行业筛选后的项目被淘汰的主要原因。

3.2.5 条款清单

条款清单(Term Sheet)是投资条款清单(Term Sheet of Equity Investment)的简称。条款清单是PE与企业主就未来的投资交易所达成的原则性约定。条款清单中约定了PE对被投资企业的估值和计划投资金额,同时包括了被投资企业应负的主要义务和PE要求的主要权利,以及投资交易达成的前提条件等内容。

条款清单可以由企业主(股权出让方、卖方)在其律师与顾问的帮助下起草,并连同商业计划书一道提交给PE;也可以由PE的律师起草提交给企业主,此时该文件也可称之为投资意向书(Letter of Intent, LOI)。不论是哪种情况,条款清单的内容要由双方谈判协商确定。

条款清单的谈判是在PE与企业主就企业估值与投资方式达成基本共识的基础上进行的细节谈判。条款清单已包含了正式投资协议(Share Subscription Agreement)中的主要条款。PE与企业主签署了条款清单,就意味着双方就投资合同的主要条款已经达成一致意见。虽然这并不意味着双方最后一定能达成投资协议,但只有对条款清单中约定的条件达成一致意向,交易才能继续执行并最终完成。

理论上讲,条款清单不是最终生效的、具有约束力的法律文件,然而签字双方从信誉角度考虑都要遵守诺言。如果PE对随后进行的尽职调查的结果表示满意,同时被投资企业自签署条款清单之日起至投资交易正式执行的期间内未发生保证条款中规定的重大变化,PE将会与企业主签订正式的投资协议并安排资金投入。在投资协议中条款清单的内容会被进一步细化,但主要条款基本维持不变。据业内人士判断,约有30%签署了条款清单的项目最后成功达成投资协议。

对于不同的交易(资产或股权)、不同性质的目标公司、不同的交易对手,条款清单的内容也会有所不同。条款清单的内容将在本书第8章中介绍。

3.3 尽职调查

在投资委员会批准了尽职调查(Due Diligence)之后,PE 团队开始组织尽职调查工作。尽职调查是投资决策前最后一次"把关"。

尽职调查由 PE 委托独立的第三方专业机构(PE 团队和目标公司之外的第三方)负责执行。由第三方完成尽职调查的目的,一方面是使 PE 项目团队更清醒地了解该项潜在投资机会的盈利潜力与风险所在,尽量避免主观情感因素的影响;另一方面是约束 PE 团队的投资冲动(如为了获得超额利润提成而产生的投资冲动),避免潜在的法律纠纷(如基金投资者对投资失败的问责)。

尽职调查一词从英文 Due Diligence 翻译而来,有时也译为审慎调查。遗憾的是,"调查"的中文内涵有负面的意思,某公司或某人被"调查",往往就意味着"有问题"。实际上,PE 尽职调查的目的只是为投资决策提供依据,是投资业内的通常做法。这种调查和刑事案件或政府职能部门的审查有着本质的区别。

3.3.1 尽职调查的内容

一般情况下,财务和税务尽职调查(Financial and Tax Due Diligence)、法律尽职调查(Legal Due Diligence)和运营尽职调查(Operational Due Diligence)是必不可少的调查内容。财务和税务尽职调查服务由会计师事务所提供,法律尽职调查服务由律师事务所提供,运营尽职调查由 PE 的项目团队执行或聘请行业专家协助项目团队执行。

在某些情况下,视具体案例,PE 还会有选择地实施下列尽职调查,如商业尽职调查(Commercial Due Diligence)、环境尽职调查(Environmental Due Diligence)、管理层背景调查、技术尽职调查等。

尽职调查范围的确定是需要经验的。范围过大、内容过细会花费过多的时间以及费用。

3.3.2 尽职调查的时间

全部尽职调查工作通常在1~3个月的时间内完成，具体时间的长短由调查范围大小、管理层是否配合、历史资料是否完整及可便捷取用、项目本身对时间的要求等因素决定。

在各项尽职调查结束后，调查机构会用1~2周的时间整理资料、完成调查报告并将报告提交PE。

通常，财务与税务尽职调查、法律尽职调查先于其他调查内容开始进行。这样做的原因，一方面是因为财务、税务与法律方面的问题对投资决策影响最大、因而PE最为看重；另一方面也是因为当上述调查揭示了严重影响企业经营乃至生存的问题时，PE可以及时否决项目、不再实施其他调查从而减少不必要的调查费用。

3.3.3 尽职调查的费用

尽职调查由PE组织实施，其费用由PE承担。如果在尽职调查之后，PE的投资委员会决定不投资，那么尽职调查费用就成为PE的管理费用（PE每年收取其管理下基金的投资总额的2%作为管理费）。如果在尽职调查之后，PE的投资委员会决定投资，那么尽职调查费用通常被PE内部视为该项投资总投资额的一部分；但在PE与目标公司签订的投资协议中，尽职调查费用能否被视为总投资额中的一部分，则依据双方谈判商定。

通常，尽职调查费用主要由两部分构成：一是直接调查费用，即由调查范围大小和难易程度决定的总工作时间与单位时间费率来计算的费用。不同的调查机构有不同的服务质量，因而收费标准也是不同的。二是间接费用，如调查人员的交通费、差旅费、食宿费等。尽职调查费用的总金额与支付办法由PE与调查机构依据惯例协商确定。根据我们在中国的经验，对于年销售（或营业）收入在5亿~15亿元人民币之间的中型企业，尽职调查费用在数百万到数千万元人民币之间。

3.3.4 尽职调查的组织

当项目进入尽职调查阶段，PE通常会成立项目小组，专门负责各项事宜。尽职调查的实施过程如下：

- 在尽职调查之前，与目标公司的业主及管理层充分沟通，打消他们的误解和顾虑，使其了解尽职调查对 PE 及收购进程的必要性。
- 在尽职调查之前，拟订一份目标公司需提供的资料清单并将其提供给业主或管理层，事先了解目标公司的资料欠缺程度，并促使其管理层为提供资料进行积极准备。
- 选择合适的调查机构负责某项尽职调查，调查机构的选择不能同法律及惯例冲突。
- 拟订各项尽职调查的范围，与各调查机构就费用问题进行协商。
- 合理安排各项尽职调查的实施进度，尽可能减少不必要的环节和各方的工作量，并协助调查机构从目标公司管理层那里获得其要求的资讯。
- 与目标公司管理层、调查机构就调查报告初稿所反映的问题进行讨论，澄清全部问题。
- 将尽职调查报告终稿提交投资委员会，并回答投资委员会提出的所有问题。
- 安排尽职调查费用的支付。

在投资委员会做出投资决策之后，仍需要后续的尽职调查，主要是财务尽职调查。因为企业是持续经营的，而财务数据只能反映在某一时点或该时点之前一段期间内的企业财务状况。从尽职调查结束至签订收购协议，再经过共管阶段至交易结束（Deal Closed），这段期间内因企业经营带来的财务状况变化会影响到企业价值的变化，后续的财务尽职调查就是为了及时获得这段期间的财务信息。

有时，PE 团队会采用项目管理的方法来管理尽职调查工作，并辅之以甘特图（Gantt Chart）来计划和控制尽职调查的实施进度。

3.3.5 尽职调查的作用

中国内地很多企业家并不完全理解 PE 进行尽职调查工作的重要性。有些企业家甚至认为被调查就是不被信任，就是有经济问题。鉴于中国经济体制改革的特殊背景，很多企业在其成长过程中都或多或少地存在着不规范操作的方面，"原罪"问题使得企业家们心理负担较重，因而从感情上对尽职调查比较反感。此外，尽职调查是深入细致的调查，企业将自己的"秘密"全部展示给外人看，这对于那些比较保守的企业家是有一定思想负担的。

事实上，企业家们大可不必有过重的思想负担。尽职调查只是收购活动的一部分，是一种纯粹的商业活动。参与尽职调查的人员以及 PE 团队成员都会对获得的信息进行严格保密，这是职业道德的起码要求，也是法律的要求（因为事先签署了"保密协议"）。

寻求买方或投资者的企业（或目标公司）必须向潜在的投资者提供充分的信息以便后者进行决策。这就如同证券市场的"信息披露"制度一样，只不过上市公司是向公众披露信息，而计划私募的企业只向特定的潜在投资者披露信息。

尽职调查是以买方（即投资者）付费的形式解决"信息不对称"问题——卖方总是比买方更了解企业的价值和所面临的问题。PE 通过尽职调查将获得下列重要信息：

- 企业的价值。根据财务尽职调查报告，PE 会对目标公司进行估价，这是尽职调查工作最重要的任务。
- 企业的经营现状与发展潜力。
- 未来任何影响企业经营现金流、营运资金、资本支出、资产处置等的重大事项，例如，应收账款及其账龄结构、总债务与到期债务、对外担保、资产抵押、新增产能计划/需求、市场扩张计划/需求等。
- 未来任何影响企业存续、经营、发展的重大事项，包括但不限于：税务问题（如欠税漏税）、法律问题（如潜在的诉讼、合同的有效性、产权归属）、政策问题（如外资准入限制）、环境问题、经营问题（如管理层的能力与愿景）、市场环境等。

简言之，尽职调查的任务就是"发现价值、发现问题"。"发现价值"是指调查报告为买方（即 PE）的投资（即出价）决策提供可以信赖的数据。"发现问题"是指调查报告为 PE 揭示投资所面临的重大的、现实与潜在的问题。这些问题若不能得以解决，则投资将面临潜在的重大风险；这些问题若能得以解决，则解决问题的过程，往往就是企业价值增加的过程。在部分意义上，"发现价值"解决了"付多少钱"的问题，"发现问题"解决了"能不能买"的问题。

3.3.6 尽职调查后的评估

尽职调查报告完成后,PE 的项目小组会仔细研读调查报告内容。调查报告包括两部分内容:**陈述**和评价。

陈述的对象是调查所获得的信息,既包括原始的信息也包括修正或还原后的信息。例如,因为存在着中西方会计体系的差异、账务处理的某些不规范等因素,企业提供的财务数据需要调整以满足西方财务报表阅读者的要求。

评价是基于对调查所获信息的分析,并给出专业意见。例如,对应收账款账龄的分析及意见、对潜在税务问题的分析及意见、对劳动合同的分析及意见、对行业准入的分析及意见、对潜在诉讼的分析及意见,等等。

评价部分集中反映了目标公司正在及潜在面临的主要问题。PE 的项目小组需要对这些问题进行讨论并作出判断,以及必要时,与目标公司管理层进行沟通以更清楚地了解问题所在。

调查报告及 PE 项目小组的意见最终将提交投资委员会。投资委员会根据其分析和判断作出是否投资的最终决策。

3.4 收购过程

收购过程是交易从意向到实现的过程。在收购过程中,交易双方都需要投入大量的人力与财力,除了双方的内部高层管理人员外,还要聘请费用昂贵的律师或专业顾问。

收购过程是 PE 感觉时间最紧迫、工作量最大、压力也最大的时期,用"事无巨细,精益求精"来形容 PE 在这一阶段的工作并不为过。"失之毫厘,谬以千里",PE 在收购过程中任何细小的疏忽都可能在未来导致难以弥补的损失或难以挽回的不利局面。如果以"2/8 律"来表述的话,则 PE 收购前的所有工作是以 80% 的时间为收购成功提供 20% 的贡献,而收购过程是以 20% 的时间为收购成功提供 80% 的贡献。

收购过程可以分为三个阶段,即谈判签约、过渡阶段及交易结束。在特殊的情况下,如国有企业股权在产权交易中心挂牌转让,在谈判签约前还可能参加投标的过程;也有一些情况,PE通过参加拍卖会(如破产清算后企业的资产被债权人拍卖)来获得经营资产。

3.4.1 谈判签约

谈判签约是收购过程的主要活动。这一过程是交易双方在律师的帮助下完成的。

1. 剥离附属业务与高风险资产

谈判签约的一个核心问题是确定交易标的。交易标的并不总是目标公司的全部资产或全部业务部门。在很多情况下,出于收购后实施集中战略或规避风险的考虑,PE会在谈判过程中要求目标公司的企业主将某些与企业未来发展战略无关的业务部门或某些存在价值争议的资产等项目从总交易标的中剔除,而目标公司具体实施"剔除"的过程被称为剥离(Divestiture)。剥离是指公司将其子公司、业务部门或某些资产出售的活动。

在中国,特别是国有企业,由于历史原因(俗称"企业办社会"),企业往往建立了一些附属部门和附属业务,包括厂办的医院、幼儿园、学校以及第三产业等,以解决企业职工医疗、子女就学以及富余职工等社会问题。这些部门的业务基本与企业的主营业务无关,而且在管理方面并不适合由投资者(包括PE)来操作,尤其是医疗和教育都是被政府严格控制的领域。因此,在收购谈判中,PE通常会要求目标公司业主在收购交易前剥离其附属业务。剥离附属业务最大的困难是由谁来接管,像医院与学校是不能随便关停的,但这些单位基本都不是盈利组织,需要经费补贴才能维持运作。如果涉及裁减职工,则还会产生职工身份转换补偿金以及再就业等问题。因此,国有企业剥离附属业务通常需要地方政府的参与或主持。

产生剥离需要的另一个典型情况是以股权收购方式收购的多元化企业需要集中精力提高企业的核心竞争力。在经济史上,那些在并购浪潮中急速扩张、实施多元化战略的很多西方企业都迷失了发展方向,最终不得不通过剥离非主营业务来改善企业的现金流并集中精力于主营业务。在特定的历史阶段,中国很多企业都错误地理解了"做大做强"的适用条件,盲目的扩大产能和多元化的投资冲动严重恶化了企业的现金流状况、削弱了其可持续发展的能力。在PE考察过的很多国企股权转让项目中,有些企业集团的业务涵盖了数个低关联度的行业,有的集团竟然有40余家子公司且其业务涉及10多个行业。在收购前PE必须考量在股权收购后哪些业务部门应该保留、哪些业务部门应该剥离、以何种方式在何时剥离、剥离会涉及哪些问题,等等。特别是对于外资PE,目标公司中的某些业务是中国利用外资政策中限制或禁止外商投资的,这些业务最好在股权转让前剥离出去,以便外资PE的收购行动能够获得商务部的审查通过。

某些情况下,PE需要特别注意,股权收购后某些资产或部门的出售活动可能受到股权转让协议条款的制约。在一个案例中,目标公司是一家国有企业集团(A公司),在其股权转让的招标书中有这样的条款:"受让方保证受让后新体自本合同生效之日起3个月内与原A公司(含所属企业,详见资产评估报告)在册在岗职工重新签订不少于3年的劳动合同"。PE认为该项条款隐含着"3年内受让方不得出售A公司的非主营业务资产"的约束性条款。因为某项资产的转移必然伴随着相关人员的转移,从而导致该部分人员的隶属关系发生改变;而人员隶属关系的变更将造成与上项条款的法律冲突。(作者提示:股权转让招标书相当于条款清单,其中条款将成为正式股权转让/收购协议的条款。)

剥离存在价值争议的资产(即高风险资产)也是PE在收购中国企业时经常提出的要求,最为典型的是应收账款。按照中国目前的会计准则的规定,企业按应收账款总额的3‰计提坏账备抵。特别是在对国有企业的资产评估的实践中,企业账面上的应收账款全部计入资产,不论其账龄如何。在一个案例中,PE计划收购中国东部某省的一家国有机械制造企业。在谈判中,PE指出该企业账面价值数亿元的应收账款平均账龄超过了3年,按账面价值评估资产是不能接受的。为解决争议、促成交易,PE建议当地国资委(该国企的所有者)借鉴长城公司处理银行不良信贷资产的方法,将该企业的应收账款从交易标的中剥离出来并打包在产权交易中心挂牌交易。这样既解决了价值争议问题,又确保国有资产(指应收账款)按照市场竞争价格成交,从而避免了国有资产流失的质疑。PE同时承诺收购后的企业将义务帮助打包资产的所有者回收应收账款。这一创造性的方案得到了当地国资委的认可,为最终促成交易扫除了最大的障碍。

2. 交易价格与交易架构

谈判的另一个核心问题是收购价格与交易架构(Deal Structure)。收购价格的磋商早在PE与企业主接触时就开始了。如果双方已签署条款清单,则主合同条款已基本确定下来。

因为 PE 的投资对象主要是非公众公司,因而多数情况下并不存在市场化的交易价格(如上市公司的股票价格)。最终的收购价格是 PE 与企业主一对一协商谈判的结果,是交易双方都可以接受的价格。

交易架构的设计是 PE 的重要工作,包括对收购方式(股权收购或资产收购)、支付方式(现金或股权互换)、支付时间、股权结构(离岸或境内、股权比例)、融资结构、风险分配、违约责任等方面的安排。交易架构的设计需要全面考虑投资东道国、母国以及离岸金融中心各自的所得税法、行业准入、外汇管制等情况,也要考虑如何有效地隔离交易所带来的潜在风险,例如税务方面的或法律诉讼方面的。

当交易双方就全部细节达成共识后,会委托律师起草各项法律文件,最主要的是购买协议/收购协议(Acquisition Agreement)或增资协议(Subscription Agreement)、股东协议(Shareholders Agreement)与注册权协议(Registration Rights Agreement)。

交易双方签署了上述法律文件并不等于交易结束。收购协议往往附有成交条件(Completion Conditions)条款,即只有在所有成交条件被满足了之后收购协议才告生效,签约人才有履行协议的义务。成交条件的产生很大程度上源于收购的复杂性。例如,当收购活动涉及必须由国家相关部门批准的情况时,则需载明收购协议自获得政府批准之日起生效。

收购协议签署后,双方的律师将协助各自的委托人实现协议的成交条件,促使协议履行,主要工作包括但不限于:获得目标公司董事会关于收购的批准文件,获得目标公司其他股东放弃优先权声明,离岸与境内公司的设立或变更,获得相关政府部门的批准,等等。

3.4.2 过渡阶段

过渡阶段是指从签订收购协议至交割结束交易的时间阶段。通常,收购活动总会存在这样一个阶段,即签约双方需要一定时间来实现协议的成交条件并为交割最好准备。PE 需要时间来设立离岸控股公司与境内公司、准备法律文件及履行法律程序、获得相关政府部门的审查批准,也需要时间来通知并等待有限合伙人("LP")将相应资金转账到指定账户中。过渡阶段长短不一,一般需要 3 个月左右时间。

在过渡阶段,企业的实际所有者仍然是原企业主。但是,为了防止目标企业的企业主与管理层在过渡阶段进行重大资产处置、资产购买或对外担保等活动,从而引起现实的或潜在的企业资产与负债的重大变动,并最终因导致交易标的发生实质性改变而引致收购协议无效,PE通常会委派监察专员进驻企业。监察专员监督企业日常运营,及时掌握并向总部汇报任何可能引致企业财务状况、市场地位发生重大变化的交易或公司政策变动,善意地与目标公司企业主与管理层沟通相关情况及PE方面的意见。监察专员的另一项工作就是深入现场了解目标公司的运作、管理风格与企业文化,从而为日后整合计划的制定提供指导方向。

在交割(Closing)之前通常还需要简单的补充尽职调查。补充尽职调查只针对过渡期内的财务状况变动以及新订立的重要合同等事项。根据补充尽职调查的结果会相应调整PE为此项收购实际最终支付的金额。

PE在过渡阶段另一个工作就是为收购后的公司日常管理与运作物色合适的CEO与CFO人选。物色高层管理人员的工作可能在收购的更早阶段就已经开始了。

通常,PE会在收购协议签署后采用项目管理的方法来指导和执行过渡阶段的任务,时间表、关键路径、里程碑事件与负责人等要素都会被详细地计划。"行百里路半九十",为避免前功尽弃,PE的项目小组会集中精力来保证收购交易的实现。

3.4.3 交易结束

交易结束(Deal Closing)可以被表述为收购交易双方完成了交割。交割是指卖方(即企业主)向买方(即PE)实质转让了交易标的,买方向卖方支付了价款(现金、股票或其他)。

现实中PE对交易结束的认定会有所不同,这在某些特殊的市场环境下会带来困惑。某些按照常规逻辑已认定是必然的结果,在收购的现实世界中却可能是无功而返。

在有些收购交易中,PE的收购价款可能被安排成分期支付。每笔支付都是在目标公司完成一定的前提条件(例如达到某个收入指标或EBITDA指标)之后进行的。此时交易结束的认定通常以最后一笔支付为标志。需要提醒读者注意的是,根据《关于外国投资者并购境内企业的规定(2006)》(即"10号文")的要求,离岸控股公司应于并购后的外商投资企业[①]营业执照颁发之日起的3个月内向转让方支付全部对价完毕("一次性支付")。对特殊情况需要延长者,经审批机关批准后,应自外商投资企业营业执照颁发之日起6个月内向转让方支付全部对价的60%以上,1年内付清全部对价("展期支付")。

收购交易的特殊之处在于交易标的是一个企业(或企业集团)——一个有机的组织。控制一个组织远比占有一件商品复杂得多。在法律意义上收购交易的成功与在实践中成功地控制一个企业相去甚远。能否与原企业管理团队密切协作、有力地控制企业灵活地应对变幻莫测的市场环境并坚定地执行既定的发展战略,是PE在交易结束后必须面对的挑战。

3.5 收购之后

交易完成只是"故事"的开始,而不是结束!

收购的成功并不等同于成功的收购。交易结束、双方完成交割即意味着PE收购目标公司的成功。成功的收购是指PE以"满意"的价格退出被收购公司。要获得满意的退出价格,PE必须在收购目标公司后实现企业价值的增加。这一过程就是PE的价值创造过程。

收购后PE首先面对的问题是收购后的整合。整合的直接目的是使企业在思想、组织与操作层面保证投入企业的生产要素被以更有效率的方式组织起来。整合不可能一蹴而就,它注定是一个循序渐进的过程。PE对被收购企业的实际控制力并不是由PE在董事会中的多数投票权决定的,而是由企业的发展道路在多大程度上遵从了PE参与制定的发展战略来表现的。

根据经验,收购后的整合必须在2年时间内完成。这是因为被收购企业的管理层与其他员工对整合已有预期,对PE主张的任何调整——包括利益关系变化——会有很强的心理适应能力。PE应充分利用这一宝贵的时间来完成对被收购企业的重组改造,因为此时革新的阻力较小。"他山之石可以攻玉",这也是很多企业希望通过借助外部力量来实现企业再造的原因所在。如果超过两年还没

[①] 收购后的外商投资企业包括两种基本情况:一是在资产收购方式下,为收购而新设立的外商投资企业;二是在股权收购方式下,原企业经变更登记后的外商投资企业。

有完成整合,则该项收购多半会以失败告终。

整合的成功意味着良好的开端。此后,PE 有两个基本的创造价值的选择方向:向内和向外。

向内,PE 在收购企业后将改选董事会并选派董事、选派首席执行官(CEO)和首席财务官(CFO),完善企业的决策程序,强化管理层的执行能力,对企业提供运营支持,包括财务控制、质量控制、流程再造、供应链管理、激励方案、人力资源等全方位支持。

向外,PE 可以以目标公司为平台,通过纵向或横向的行业整合产生规模经济效应和协同效应,增加企业市场份额和增强企业市场地位;利用 PE 的全球渠道帮助企业开辟海外市场,增加产品销路;利用 PE 的全球资源帮助企业引进先进技术、引进人才,避免国际间知识产权纠纷,推动企业乃至整个行业的技术升级,等等。

在整合期间及其后数年,PE 会继续追加投资用于更新设备、改进工艺、员工培训、改善生产环境、减少排放、扩大销售渠道,致力于提高企业经营业绩。

从最初接触项目伊始,PE 就在考虑退出的方式。通过发行上市(IPO)或出售(Trade Sale)是比较理想的方式。当然,如果整合失败、亏损严重,就需要考虑管理层回购或破产清算。收购是高风险的商业活动。表3.1 是关于英国 PE 的一项研究(2000~2003 年)。表中显示,PE 参与的管理层收购(Management Buy-out,MBO)案例中,有超过41%的交易以破产清算结束。无怪乎很多投资人士相信:收购是一门艺术而不是纯粹的技术。

表3.1　英国 PE 参与 MBO 后的退出方式

退出方式	2000	2001	2002	2003(前9个月)
IPO 上市	16	7	11	5
出售	137	95	79	50
第二次收购	28	35	65	48
破产清算	103	113	121	82
总计	284	250	276	185

资料来源:CMBO/Barclays Private Equity/ Deloitte & Touche.

附录　保密协议样本

保密协议

针对＿＿＿＿＿＿＿＿＿＿公司(即 PE,以下简称"PE")与＿＿＿＿＿＿＿＿＿＿＿＿＿＿＿公司或其某一个部门或子公司(即目标公司,以下合称"公司")就 PE 对公司的潜在收购而可能进行的任何磋商,本信函协议确认双方的相互谅解如下：

1. 为本信函协议之目的,PE 仅指＿＿＿＿＿＿＿＿＿＿公司,而非其任何普通或有限合伙人或该等合伙人各自的任何子公司或分支机构,除非且直至 PE 向这些当事方提供保密信息。

2. 自上述注明的日期起二(2)年,未经公司同意,或除非法律要求,PE 不得向第三方披露公司向 PE 披露的任何保密信息。但是,PE 有权向其有必要知道该信息从而协助 PE 评估对公司的潜在收购的相关员工、董事和顾问披露保密信息。PE 每一位接触到保密信息的员工、董事或顾问亦将受本信函协议的约束。

3. 对如下任何信息,PE 将不负责保密：(1)为公众所知的信息；(2)由第三方披露给 PE 的信息,且尽 PE 所知,该等第三方不承担任何保密义务；或(3)由 PE 在不违反本信函协议的情况下独立开发出来的信息。

4. PE 理解,公司未就其提供的信息的真实性和完整性作出任何陈述或保证。在任何潜在的收购完成之前,PE 应负责对公司进行充分的尽职调查。

5. 公司视为保密的信息应在披露时予以明示。

本协议未默示任何其他权利或义务。

此致

_____公司(即 PE)

签字：_____

姓名：_____

职务：_____

日期：_____

4 项目来源

4.1 项目来源渠道

拥有成熟而广泛的项目来源渠道是 PE 投资/收购活动得以顺利进行的基础。PE 接触到的项目越多,则其实现投资/收购的机会才可能越多。

PE 基金管理公司的专业人员的数量是有限的,通常 20~40 个有经验的专业人员即可以良好地管理一个 10 亿~20 亿美元规模的基金。与投资银行不同,PE 没有足够的人力去自己开发项目。PE 的项目信息大多数来自于外部渠道。

项目信息的质量对 PE 的初选工作量有重要影响。一份精心制作的商业计划书完全能够反映出企业主或管理团队对行业及企业发展前景的认知,并帮助 PE 理解其发展计划。在中国,PE 每年要花费大量的时间同企业主或管理层沟通,以完整理解其企业现状和发展前景,因为他们不能提供合乎规范的商业计划书。

从不同的渠道获得的项目信息的质量是不同的。PE 项目信息的主要外部渠道包括项目中介、各类专业会议和行业组织以及行业专家。

通常,项目中介提供的项目信息质量较高。投资银行、咨询公司、财务顾问、律师及会计师是主要的项目中介。项目中介既可以代表卖方,也可以代表买方,并从其代表的一方那里获取相应的报酬。代表卖方的项目中介会帮助卖方制作商业计划书以及在买卖双方的沟通谈判中起到桥梁作用。根据我们在中国的经验,约 50% 的项目信息来自中介。

PE 会有选择地参加行业会议和行业组织。前者如融资会、展览会等,后者如并购公会等。通过参加融资会等会议/论坛,PE 可以在短时间内迅速获得大量项目信息,但项目质量往往良莠不齐。参加行业组织会帮助 PE 扩展关系网络,增加与其他PE联合投资的机会以及与中介接触的机会。有时,PE为扩大其在业内的影响力,会会主动在专业出版物上刊登公司介绍,或赞助某类公益组织或社团活动。

如果PE已在某个行业投资/收购,并计划进一步在行业上下游投资或横向整合时,行业专家将发挥不可替代的作用。行业专家有时是被收购企业的管理层,有时是通过"猎头"公司(Head-hunter)寻找到的。行业专家既会指导PE规划行业整合战略及已收购公司的发展战略,也会帮助PE寻找并接洽业内其他企业作为整合收购目标。

除上述项目来源渠道外,PE的业务开发主管、合伙人、旗下控股公司的管理层等也会主动开发或提供项目信息。在中国,与各地政府的招商部门、开发办公室、金融规划部门或产权交易机构保持积极的联系,有时也会获得有吸引力的项目。

为保证项目信息渠道的顺畅,在硬件上,PE需要选择在交通便利、信息量大的商务中心设立办公室,置备高效率的信息化办公设备(电脑、互联网、传真机、电话、复印/打字机、黑莓手机);在软件上,PE需要随时更新与维护中介关系,包括制作中介名录、商务信函往来、不定期拜访、电话会议、参加行业内会议等等。

4.2 项目中介的贡献与报酬

代表买方(即PE)的项目中介在交易成功后将获得PE支付的中介费,中介的这一利益可以在交易前通过中介协议的方式确认。中介费金额根据华尔街上普遍采用的雷曼公式(Lehman Formula)计算,即

> 中介费总额
> =0~100万美元的5%
> 100万~200万美元的4%
> 200万~300万美元的3%
> 300万~400万美元的2%
> 超过400万美元以上的投资额的1%

例如,总投资额(或收购金额)①2.5亿美元的交易,项目中介可以获得总计260万(=5万+4万+3万+2万+246万)美元的报酬(中介费或称成功费),按投资总额计算的平均费率是1.04%(=260万/2.5亿)。

在某些情况下,例如,当交易金额巨大时(如数十亿美元的交易),PE会在事先设置一个中介费的上限。

项目中介只有在投资/收购交易结束之后才能取得中介费。不论何种原因导致交易失败,项目中介都不能获得PE支付的中介费。为获得报酬,项目中介必须尽力促成双方交易,并帮助PE获得尽可能低的收购价格。

项目中介需要指导卖方制作商业计划书、安排意向双方的初期参观会谈、协调意向双方达成初步共识形成条款清单、敦促卖方保证买方尽职调查的顺利实施、化解交易双方谈判过程中的矛盾和对立情绪,以及必要时协助交易双方处理公共关系、获得政府批准文书,等等。

代表卖方的项目中介可以从卖方那里获得中介费。通常,由于利益冲突的原因,中介费只能单边收取。

4.3 执行概要

执行概要(Executive Summary)是一份简要的问题清单,集中反映了PE在项目初选阶段需要由融资企业(或目标公司、卖方)提供的关键信息。

根据我们在中国的经验,多数企业提供的融资计划书都不能完整提供我们需要了解的信息。附录4.1是一份执行概要样本。有股权融资计划的企业以及正在帮助企业寻找投资者的项目中介都可以参考这份样本以了解PE关注的要点。

财务信息要点是PE最为关注的信息之一。融资企业需要提供至少过去3年的财务数据,并对异常变动进行说明。财务预测要有所依据并符合常识,对任何超常规的增长或变动要进行说明。

---

① PE的投资大多利用财务杠杆,即总投资额的1/3左右为PE提供的资本金,其余总投资额的2/3左右由债务融资来提供。项目中介费是以总投资额而不是PE投入的资本金金额为基数计算的。

4.4 商业计划书

对于计划融资的企业来说,商业计划书几乎是不可或缺的。一份精心制作的商业计划书不仅能向 PE 或潜在的投资者传递必要的信息,诸如企业"过去做什么、现在做什么、计划做什么、为什么会有这样的计划"等,也能帮助企业家或管理层更准确、更全面地理解和梳理他们的发展计划。

鉴于相当数量的中国企业家急于融资、实施发展蓝图又缺乏制作商业计划书的经验,本章附录 4.2 将为他们提供一份"商业计划书指南",期望能有所帮助。

4.5 案例分析

通过研读企业的融资项目信息,PE 希望能获得下列三组问题的基本答案(参见本书第 5 章中"项目信息研读"小节),即:

- 企业过去曾经做过什么?
- 企业未来打算做什么?
- 希望 PE 帮助企业做什么?

本节将向读者提供数个融资项目信息的案例分析,读者可以对照上述基本要求来进一步了解为什么这些融资计划不能获到 PE 的认同。本节中的案例均取材自我们在中国的投资实践中获得的真实项目信息。出于保密的要求和方便读者阅读,案例分析中将隐去拟融资企业的名称并稍加修改。

4.5.1 "一石数鸟"型

曾有一位项目中介,他对帮助 PE 寻找投资项目很有热情,也与很多民营企业家有着良好的私人关系。但在他刚进入行业时,因为对 PE 业内的规则不是很清楚,急于求成,在未经充分的调查与准备的情况下向 PE 提供了很多信息量太少的项目信息。有一次,竟然在一页纸中向 PE 推荐了八个项目,并希望 PE 立即答复是否对某个项目感兴趣。

[案例1]　在一页纸中推荐八个项目

以下项目,你们是否感兴趣,盼速答复:

1) 原料药制造商,10亿元人民币销售,计划2008年底上市,2007年下半年做私募,已经做好境外结构,新的项目是为国外大药厂做研发外包。

2) 物流公司,今年利润1 100万美元,正在做私募,已经做好境外结构,计划2008年底上市,向供应链管理方向发展。

3) 家具大卖场,1亿元人民币利润,正在做私募,融资后继续扩张。

4) 连锁眼科医院,考虑私募,但对外资投资国内医院是否可以得到批准有怀疑。

5) 色浆生产和技术服务,国内唯一,销售1亿元人民币,利润2 500万元人民币。

6) 珍珠加工企业,4亿元人民币销售,4 000万元人民币利润,希望引进国外首饰品牌商,做大批发和零售业务。

7) 国内最大的金银首饰加工和批发,销售22亿元人民币,利润1亿多元人民币。

8) 消防器材和压力容器生产商,今年销售12亿~15亿元人民币,准备上市,预计3年后销售50亿元人民币。

有志于从事项目中介行业的人士应该了解:一般而言,PE投资的领域较为广泛(除行业专业基金之外),而且PE的团队成员结构十分精简。尽管PE的团队成员大多都有丰富的投资经验,但他们不可能谙熟每一个行业的现状与远景,更不可能仅仅凭借一两句的介绍材料就判断出企业/项目的好坏。不要浪费你的热情和时间,做好充分的准备工作才是最重要。协助企业家制作完整的商业计划书,不要辜负他们对你的信任。

4.5.2 "沙里淘金"型

与案例1中的情形相反,中国很多企业家或项目中介向PE提供的项目计划书洋洋洒洒数十页,但却云山雾罩,令人疑窦丛生。有些明显自相矛盾的信息被罗列在一起,内容排列杂乱无章。没有哪家PE希望看到这样的融资计划书,因为要从中找到有价值的信息实在比沙里淘金还要困难。

[案例2] GZ公司项目说明书

一、资产情况说明

2006年公司总资产8亿元,其中流动资产6亿元,固定资产原值2亿元,固定资产净值1.3亿元,无形资产6 000万元。流动资产中存货为2.3亿元,无形资产中土地使用权6 000万元是1994年按土地评估值的50%入账。

2006年公司总负债7.8亿元,其中流动负债7.7亿元,长期负债1.1亿元。流动负债中短期借款9 000万元,应付账款9 800万元,预收账款3.7亿元,其他应付款1.7亿元。短期借款主要是银行借款。长期负债中,长期借款为1 300万元,主要为财政贷款和环保借款。

2006年公司所有者权益为2 500万元,其中,实收资本7 500万元,资本公积1.1亿元。

二、主要设备及性能情况

公司用于生产发电设备产品的主要生产设备共有60余台,用于生产磨机类、窑类等设备产品的主要生产设备10余台,设备性能良好,能满足生产工艺要求。

三、经营情况

2006年公司产值3亿元,主营业务收入3.8亿元,利润总额250万元,上交税金总额1 900万元。

四、公司的发展规划及资金预算

通过5年的努力,把公司发展成为具有核心竞争力,生产经营规模、经营效益在行业中名列前茅的集团公司。到2010年,整个集团公司的年工业总产值约达30亿元以上,年产品销售收入约达30亿元。公司在"十一五"期间将实施以下三个新项目建设,以加快技术改造项目,形成生产能力。

1) 20万KW灯泡贯流机组生产基地技术改造项目,项目总投资为1.5亿元。

2) 提高重型装备核心加工能力技术改造项目,项目总投资1.3亿元。

3) 铸锻中心技术改造项目,项目总投资5.3亿元。

三个项目投资共8.1亿元。

计划融资的企业家们应该了解:PE的团队成员平常工作量很大,而且他们的时间成本很高。请相信他们没有足够的时间与耐心读完类似案例2中的项目说明书。说明书中资产部分的介绍简直就是画蛇添足(PE关心的是企业未来的盈利能力而不是占有资产的多少),更为严重的是居然错误百出。在你准备向PE提交商业计划书或类似的资料之前,请先自我审查一下是否已作好了充分的准备工作。要珍惜自己的劳动和他人的时间,认真仔细地制作商业计划书。一份错误太多(包括文字错误与标点符号错误)的计划书只会令人怀疑你的能力和态度,你的粗心大意将令潜在的投资者望而却步。只需要给 PE 看"金子"(项目亮点),"淘沙"这类苦差事留给你自己。

4.5.3 "无的放矢"型

有些热情的中介在项目尚未成熟时就急于向 PE 推荐。有时,项目中介发现一些公司业绩较好、市场地位较高,就迫不及待地找到企业的业主并声称要帮助他上市或扩大产能。企业的业主或管理层本来并没有融资或上市的计划,但在某些中介的游说下有些头脑发热,未加仔细考虑就提出融资计划。市场前景怎样、现有产能是否可以满足客户需求、融资条件是什么、融资结果如何——这些问题都没有考虑清楚。在案例 3 中,项目中介与企业家找到 PE 后竟然不知道自己要做什么,真令人哭笑不得。

[案例 3] SZ 技术集成公司项目书

公司介绍

一家以经营高新技术产品成套应用技术为主并提供高品质配套服务的专业技术集成商,在北京、上海、深圳等重要城市及亚洲、北美、欧洲等地区设有近 56 个办事处分公司。公司员工有近 1 000 人。

技术

该公司有很深的技术积累,技术创新能力在行业内处于领先地位,是国家级工程技术中心的依托单位;是国家相关部委所确定的"国家重要技术标准企业专项试点 22 家单位之一";是企业博士后工作站设站单位,是国家重要的技术标准示范基地。

股权结构

目前 H 先生夫妇拥有公司 100% 的股权。

财务信息

该公司 2003 年销售 5 亿元人民币,2004 年 7 亿元人民币,2005 年 10 亿元人民币,2006 年超过 10 亿元,毛利超过 30%,纯利 15%,过去几年平均增长率超过 30%,每年的研发费用占销售收入的 8% 左右。

融资需求

1) 公司的现金流非常好,资金并不是公司融资的主要问题,公司关心的是基金可以提供什么服务,让公司在未来几年可以做得比现在更好,这些是公司股东关心的关键问题。

2) 目前该公司有上市需求,但是何时启动,如何启动,哪些公司准备上市尚没有想清楚。

3) 股东希望投资者:帮助企业发展速度更快;帮助更好地进入国际市场;未来有可能将进行一些重大投资,进入涂料行业装备领域和下游产业。

4) 其他经理人团队希望引进投资者:改善企业的治理结构,投资人有足够的能力和权利来影响创业股东;通过期权制度分享企业未来收益。

企业家或项目中介在向 PE 介绍企业之前应该了解:PE 是投资者,不是咨询公司,也不是财务顾问。你要自己想清楚自己要做什么,并希望 PE 帮助你做什么。

4.5.4 "想之当然"型

很多商业计划书或项目说明书的创作者们不进行市场调查,不研究产品是否满足了客户的独特需求,不研究其与供应商、与客户以及与竞争者之间的关系,不关心未来市场的变化趋势。在他们看来,产品市场与要素市场总是充分竞争的,无论生产多少产品总能以当前的价格卖出,也总能以当前的价格采购到充足的原材料。企业是没有特质的,只是连接投入与产出的纽带(或生产函数),创办一家企业就是"筹钱、圈地、盖房、买设备、招工人"这么简单。有时他们的确发现了某些潜在的需求或可能的商业机会,但机会并不等同于现实,也不等同于他们有能力把握住机会创造财富。

这类项目说明书的突出特点是:知道要做什么,但不完全知道为什么做、怎样去做和结果如何。它们总是在一个或若干个关键方面(如市场容量、竞争、技术、财务信息等)缺乏翔实的信息和充分的论证,让投资者感觉到这类项目不是经验丰富的业内人士的深思熟虑的计划,而只是那些富有激情的创业者或企业家的"想当然"的美好意愿。

[案例4] 新农村建设系列项目
集中式沼气工程
一、产品方案

以行政村为单位,集中建设一个大型或中型沼气装置。以200户/村为例,户均人口4人,人均耕地1亩,年养猪量1 000头以上(存栏数)或牛100头,按年亩产秸秆500kg(干基)、人粪便0.5kg/日人(含水80%)、猪粪3kg/日头(含水80%),则年产有机废弃物(以干基计)为648.62吨,或17.8吨/日。

设计发酵罐体积630m^3,日产沼肥17吨(沼液沼渣混合物)。按200户日用沼气233m^3计,用于发电300m^3沼气,日发电600kWh。

1. 产品品种、产量及规格

1) 沼气:19.5万m^3/年(533m^3/日),甲烷(CH_4)占总体积的50%~70%,二氧化碳(CO_2 25%~45%)

2) 电:三相380kV,22万kWh/年

3) 沼肥:沼液、沼渣混合物,3 300吨/年

2. 产品价格

1) 沼气:沼气价格以3.5元/m^3为计算依据(与等热值的液化气或柴油比较而得)

2) 沼电:按照沼电售价0.6元/kWh

3) 沼渣、沼液:其综合经济价值以50元/吨计

二、建设条件与工程选址

为节约投资,工程尽量处于行政村的物理中心。工程占地3 000~4 000平方米,包括原料预处理区、厌氧反应罐区、太阳能集热区、沼气预处理装置及沼肥存放区、综合楼、绿化用地等。

三、效益评价

1. 投资估算:198万元

2. 年利润:57万元

3. 年收益:67万元

4. 投资回收期:3年

5. 环境和社会效益

1) 改善了农村的居住环境,防止粪便带来的疾病传播和对水体造成的污染;

2）沼肥可改良土壤，提高粮食及经济作物的产量和品质，减少了化肥用量，节约了开支；

3）消除了因焚烧秸秆造成的火灾、交通受阻、空气污染等问题；

4）解决了农民用电、燃气等能源问题；

5）集中式管理，提高了沼气的产率和供应的稳定性，杜绝了安全隐患。

年产5万吨酒精厂废水沼气发电工程

一、产品方案

以木薯原料生产食用酒精为例，产量5万吨/年。采用厌氧发酵制沼气及发电工艺，最终产品为电力。

1. 产品品种、产量及规格

1）沼气：1 200 万 m^3/年

2）电：三相380kV，2160 万 kWh/年

2. 产品价格

1）沼电：0.56 元/kWh

二、建设条件与工程选址

工程占地面积1 600 平方米，包括污水处理和发电两部分。

三、效益评价

1. 总投资：2 880 万元。其中，设备费1 150 万元（使用年限按10年计），土建1 730 万元（使用年限按20年计）

2. 运营成本：641 万元。其中，污水处理部分年运行成本约252 万元，沼电运行成本0.18 元/kWh（含人员年工资、设备的折旧费和维护费、贷款利息等），年运行成本约389 万元

3. 年纯收入：1 210 万元（沼电以0.56 元/kWh）

4. 年利润：569 万元

5. 投资回收期为5年（不含建设期）

养殖场粪便制沼气及发电项目

一、产品方案

以存栏1.5 万头生猪为例，日产猪粪45 吨（含水82%），采用厌氧发酵处理，最终产品为沼电和沼肥。

1. 产品品种、产量及规格

1）沼气:87.5万 m³/年

2）电:三相380kV,175万 kWh/年

3）沼肥:沼液、沼渣混合物8 200吨/年

2. 产品价格

1）沼电:0.6元/kWh

2）沼肥(沼渣、沼液混合物):50元/吨计

二、建设条件与工程选址

工程占地面积1 000m²,包括厌氧发酵和发电两部分

三、效益评价

1. 工程总投资:480万元(包括发电设备等)

2. 运营成本:46万元

3. 年纯收入:146万元

4. 年利润:100万元

5. 投资回收期为5年

水泥余热发电项目

一、产品方案

以某水泥公司(2 500吨/日和5 000吨/日水泥生产线各一条)余热发电项目为例:2 500吨/日水泥生产线配置3 000kW汽轮发电机组一台,5 000吨/日水泥生产线配置6 000kW汽轮发电机组一台。

1. 产品品种、产量及规格

1）电:三相380kV,6 300万 kWh/年

2）工业水:1元/吨

2. 产品价格

1）沼电:0.55元/kWh

2）工业水:1元/吨

二、建设条件与工程选址

工程与水泥生产线紧密结合,余热回收及发电占地3 000m²

三、收益评价

1. 工程总投资:6 000万元

2. 运营成本:630万元

3. 年收入:3 505 万元
4. 年利润:2 275 万元
5. 投资回收期为2.6年(不含建设期)

读者可以对照本章附录4.1"执行概要"来评价"案例4"中的项目书的缺陷:

- 公司背景:未介绍;
- 市场机遇:未介绍;
- 技术:只简略提及了生产技术种类,而对技术的来源、特殊性与研发能力等没有介绍;
- 产品与服务:只提及了产品种类与价格,但定价依据、替代产品、与竞争者的性能比较、当前产品状况等方面都没有介绍;
- 竞争:未介绍;
- 营销和销售战略:未介绍;
- 管理团队:未介绍;
- 融资需求:只提及了项目的总投资额,但发起人出资多少、投资者(如PE)出资多少、其余资金的来源、股权比例等都没有介绍;
- 财务信息要点:只有运营成本、收入与利润的简单数字,没有说明这些数据的来源,没有历史数据与预测。

[案例5] 某市YM电源设备有限公司城市路灯节能项目合作建议书

YM电源设备有限公司是一家多年从事城市路灯节电控制系统和各类企业节电设备的研发、生产、销售为一体的民营高新技术企业,其核心产品数控式路灯节能控制系统是当前我国最先进的路灯节电控制设备,能彻底解决中国目前路灯照明系统能耗高、供电系统电压不稳、三相电压不平衡等诸多问题,产品填补了国内高端路灯节能设备市场的空白,深受广大客户的青睐。

在人们的生活水平越来越高的今天,城市的光亮工程已经成为美化城市和美化生活的一个重要组成部分,并将进一步大行其道。繁华的路灯日益消耗着大量的电力,而我国的能源供应却是日益紧张,因此大力发展路灯节电已是摆在各级政府面前的一件非常迫切的事情。建设部统计数字显示,目前城市照明(仅计算景观照明和路灯等功能照明)的年用电量约占全国总发电量的4%~5%,相当于在建三峡水力发电工程投产后的年发电能力(840亿度)据《发展中的中国城市照明》2007年数据,全国路灯总数为1 111余万盏,道路照明年总经费为62.93亿元!

因此,路灯节电,意义重大。

以我国沿海某中等规模的城市(以下简称"A市")为例,目前全市已建成路灯5.2万盏,景观灯2.17万盏,其中,近8成的路灯都集中在城区,宽敞的道路,彻夜长明的灯光,成为A市亮丽迷人的风景线,为A市荣获"最佳居住环境"打下了坚实的基础。但是我们也知道,城市道路照明电费、灯杆灯具工程维护费、灯具的老化更新费用,都将成为地方政府沉重的财政开支。

根据《2007年路灯单位名录、设施统计资料汇编》统计,2007年A市共有路灯5.25万盏,路灯电费2500万元,以平均每100盏路灯安装一台30kW节电设备,若以YM公司的数控式路灯节能控制系统进行节能改造,总投资约为1716万元,以平均30%节电率计算,每年电费约可节约2500万×30%=750万元,投资回收期为1716万元÷750万元≈2.3年,三年不到即可回收投资成本。如果再算上节能改造后带来的维修及延长灯具使用寿命获益,则每年可为A市政府节约费用约1000多万元,YM公司的数控式路灯节能控制系统设计寿命在10年以上。10年下来可为A市政府节约1亿元的费用开支,与此同时,也大量的降低了城市电耗,形成了很好的社会效益和环境效益。

从2004年立足路灯节能行业以来,YM公司先后已成功地为多家路灯管理单位实施了节能改造,成为业内公认的路灯节能行业领先品牌。

随着市场的不断扩大,尤其是合同能源管理模式被市场的逐渐认可并成为一种趋势,资金的瓶颈越来越凸显,使得我们急需融资方的帮助。合同能源管理模式是一种新型的市场化节能模式,其实质是一种以实施节能项目取得的节能收益来支付节能项目全部费用的筹资方式。这种节能筹资方式允许用户使用未来的节能收益实施节能技术改造,降低目前的运行成本,提高能源利用效率,并通过共同分享项目实施后产生的节能效益达到双赢。YM公司利用自有资金使用合同能源管理模式已先后完成了数项路灯节能改造,均在三年内回收了项目的总投资,并产生了可观的利润空间。在此,我们诚邀贵融资单位,能够与我们携手并进,在这节能减排的康庄大道上共同发展。

我们并没有止步,YM还在不断的开拓创新,大功率LED路灯、高压变频器都已经成功问世。选择YM,让我们共铸节能减排事业的辉煌明天!

YM电源设备有限公司的项目合作建议书是一个很典型的案例。从这份没有经过内容编排的建议书中读者还是可以看出,YM公司是一家路灯节能控制系统与合同能源管理服务的提供商,并有多年经营历史与很多成功案例。企业核心竞争力来自其拥有的国内先进的数控式路灯节能控制系统集成技术。但对照附录4.1 的"执行概要",可以发现"案例5"中的合作建议书的缺陷:

- 公司背景:未介绍;
- 市场机遇:介绍了目标市场和潜在市场容量,未介绍市场驱动因素、历史市场容量数据、市场趋势;
- 技术:只抽象地介绍了其路灯节能控制系统在技术上是国内最先进的,但如何证明技术的先进性、技术的来源、研发能力、竞争者的反应等没有介绍;
- 产品与服务:没有详细地介绍产品、替代品、其产品与竞争者的比较;
- 竞争:未介绍;
- 营销和销售战略:未介绍;
- 管理团队:未介绍;
- 融资需求:未介绍细节;
- 财务信息要点:未介绍。

特别是合作建议书中对市场容量的介绍很有"想当然"的意味。切记:PE更关注历史数据。根据逻辑推算出来的潜在市场容量只能作为市场前景判断的参考信息,而不能作为投资决策的依据。"潜在的"转化成"现实的"是需要条件的。没有前景的市场固然不值得去做,而有前景的市场也未必适合现在去做并由你去做。

[案例6] BK酿造食品有限公司年产30万吨调味品项目介绍

一、建设规模与内容

1. 建设规模:年生产能力30万吨调味品
2. 建设内容:酱油生产线、醋生产线、酱生产线、腐乳生产线

二、建设地点:某市高新技术产业开发区

三、建设期限:2008年8月至2009年8月

四、产品方案

1. 年产酱油15万吨,其中:高盐稀态工艺10万吨、原池浇淋工艺5万吨。
2. 年产食醋10万吨,其中深层发酵工艺6万吨、固体发酵工艺4万吨。
3. 年产酱3.5万吨,其中:大豆酱2.5万吨、脱脂大豆酱1万吨。

4. 腐乳1.5万吨。

五、投资规模及融资方案

1. 投资规模：计划总投资为42 000万元。

固定资产投资37 000万元，其中：建设投资27 500万元、设备投资5 000万元、其他工程费5 500万元。

流动资金5 000万元。

六、主要经济指标

1. 达产后可以实现销售收入30亿元，实现利润3.8亿元。

2. 投资回收期5年。

3. 解决就业人数：1 500人。

七、项目优势

1. 技术优势：采用国际先进生产技术；拥有5菌种原池回浇高盐固稀发酵、五菌种分酿高盐固稀发酵专利技术；采用天然发酵工艺。

2. 规模优势：年生产规模30万吨，占地80 000平方米，国内调味品生产企业前三名；引进国际先进检测设备、灌装设备，灌装区洁净区程度达到10万级标准，设备先进程度国内领先。

3. 品牌优势：BK品牌具有近百年发展历史，是在某省时常占有绝对优势的地方性品牌；卫生部确定的全国11家铁强化酱油生产企业之一，中国调味品著名品牌企业50强；BK牌酱油、醋被评为国家免检产品，腐乳被评为全国腐乳十强。

4. 原料优势：所在地区是主原料的主要产区，产量大、质量高。

八、发展规划

1. 由地方性品牌向全国性品牌发展。

2. 未来5年成为国内调味品著名企业前三强，中国名牌产品，实现销售30亿元。

九、融资合作方式

寻求风险投资伙伴。

对照附录4.1的"执行概要"，可以发现"案例6"中的项目书的缺陷：

- 公司背景：未介绍成立时间/地点、近期财务信息、市场份额、股权结构等方面；
- 市场机遇：未介绍；

- 技术:未介绍技术的先进性、研发能力、竞争者的情况等方面;
- 产品与服务:没有详细地介绍产品、替代品、其产品与竞争者的比较;
- 竞争:未介绍;
- 营销和销售战略:未介绍;
- 管理团队:未介绍;
- 融资需求:未介绍细节和依据;
- 财务信息要点:未介绍历史数据,收入与利润的预测没有依据。

BK 公司的项目书也很有"想当然"的意味:产能扩张计划有依据吗?市场容量怎样?主要产品是哪个(些)?准备先进入哪些区域市场/后进入哪些区域市场?市场渗透策略是什么?销售渠道是什么?竞争者将如何反应?显然,项目书的编写者并没有关注这些关键问题。

附录4.1 执行概要样本

执行概要:ABC公司

公司概览/公司背景

1. 贵公司在何时、何地成立?从事何种业务?
2. 近期财务信息,如销售额、利息税收折旧摊销前收益,等等。
3. 贵公司的市场地位或市场份额如何?谁是最主要的竞争者?
4. 有多少雇员?
5. 贵公司当前的股权结构是怎样的?
6. 贵公司目前已有的客户是谁?贵公司为客户提供了哪些服务?
7. 贵公司的生产场地在何处?是租赁的还是自有的?场地面积是多少?

市场机遇

8. 贵公司的目标市场是什么?
9. 市场驱动因素有哪些?(需求方面?供给方面?监管方面?)
10. 贵公司的价值主张[①]是什么?
11. 贵公司产品的市场容量有多大?市场趋势是怎样的?是增长、下降还是稳定?如果市场是增长的,则市场增长率估计是多少?作出判断的根据是什么?

技术

12. 贵公司在制造产品时应用何种技术?该技术是贵公司内部开发的吗?如果是内部开发的,贵公司是否拥有某种/某些知识产权?
13. 该项技术在哪些方面具有特殊性?它是否为客户解决了某个特殊问题,或它满足了客户的某种未被满足的需要?竞争者在做什么?
14. 贵公司的研发能力如何?研发团队有多少成员?在开发/改进这项技术时,这些成员拥有怎样的学历和背景/经验?
15. 在制造过程或产品设计方面,该项技术是独一无二的吗?

产品和服务

16. 根据价值主张,贵公司的产品和/或服务能够为客户做些什么?在市场中

[①] 价值主张可以理解为从客户价值观的角度看待企业的关键产品优势和能给客户带来的关键好处。

是否存在着可获得的替代产品?

17. 贵公司的产品与竞争者的产品的性能比较。
18. 除产品本身之外,贵公司还为客户提供了哪些服务?是什么因素决定了客户继续购买贵公司的产品?
19. 描述产品的当前状况,是在研发阶段、试生产阶段还是大规模生产阶段?

竞争

20. 谁是主要的竞争者?他们的市场份额是多大?
21. 与竞争者比较,贵公司的优势何在、劣势何在?
22. 如果存在的话,市场进入壁垒有哪些?

营销和销售战略

23. 贵公司将运用哪些营销渠道,是自身销售力量、代理商或其他?
24. 贵公司将采用哪些市场渗透战略,是价格战略、产品定位抑或其他?

管理团队成员及背景

25. 关键的雇员是谁?描述他们的教育/工作背景/经验,并请附履历表。
26. 如有,请附组织结构图。

融资需求

27. 资金需求是多少?
28. 资金的使用计划是什么?
29. 融资后的股权结构如何?

财务信息要点

单位:1 000元人民币	第前4年	第前3年	第前2年	第前1年	当前财年	第后1年	第后2年	第后3年	第后4年
净销售额									
销售成本									
销售税金及附加									
毛利润									
一般和管理费用									
销售费用									
其他营业收入									
其他营业支出									

续表

单位:1 000元人民币	第前4年	第前3年	第前2年	第前1年	当前财年	第后1年	第后2年	第后3年	第后4年
息税前收益(EBIT)									
加:折旧/摊销									
息税折旧摊销前收益(EBITDA)									
财务费用									
所得税									
净利润									
减:资本性支出									
加(减)流动资金变动									
自由现金流									

附录4.2 商业计划书指南

1 序言

"永远不要告诉人们该如何做事。只需告诉他们该干什么,他们的聪明才智必将令你惊喜。"

——乔治·S.巴顿将军

这句名言非常符合当今的企业家精神,也与本指南的构想不谋而合。中国正经历一个已持续20余年的经济发展的奇迹,千百万创业者和企业家们正是创造这一发展奇迹的"引擎"。在过去的20余年中,中国涌现出无数的创业者和企业家,他们建设新工厂、开发新产品、创办新业务、创造新的就业机会。然而,不幸的是,他们中的许多人和他们创办的新业务(包括新企业)最终都失败了,因为他们不知道在开始一项新业务之前需要做哪些准备工作。因这类知识欠缺的存在,所谓的"企业顾问"或"创业专家"便应运而生。几乎有多少新办业务,就有多少"专业顾问"。每个新办业务的情况各不相同,许多顾问的忠告或建议也都混淆不清,甚至互相冲突。

本《商业计划书指南》(以下简称"指南")由一系列"实战练习"构成。它告诉你(在本指南中代指计划融资的企业家或创业者,下文同)该做什么(或该想什么)而不是怎样去做。开办一项业务需要坚持不懈的努力。你必须积极主动并充分利用任何可资利用的资源。撰写一份商业计划书(Business Plan)是一项花费时间且单调乏味的工作,但也能为你提供很多启发与帮助。无论你创办一项业务的目的是什么,一份经过深思熟虑的商业计划书都可以帮助你把握更好的机会并从业务发展中获取收益。

编写这本指南旨在帮助你辨识基本要点,专注于细节进而撰写出一份全面的商业计划书。最重要的,我们认为有效的商业计划书必须是针对特定的情况而撰写的。在很多关于商业计划"怎样做"的促销书或研讨会里,并没有真正告诉人们这个简单的道理。这些书或研讨会也许很能鼓动人,但他们通常忽视了创业或企业发展过程中的细节及其独特性。每个企业都有自身的问题和发展机遇,商业计划书必须要体现出新业务的独特性。

1.1 你要做什么

遵照巴顿将军的忠告,在准备撰写商业计划书之前,你还有另外三件事情要做。

首先，在按照指南的指导撰写商业计划书之前，如果你做一次投资可行性分析，将可以节省大量的时间并写出更好的商业计划书。

其次，对大多数企业家来说，商业计划书中的财务信息部分是最困难也是最耗时的。你不应将这部分内容分派他人去做。你本人必须掌握所有的数据。

最后，最好用专业财务软件来反映历史财务状况和预测未来变化。运用财务软件能满足随着时间推移和企业发展而灵活修改或补充数据的需要。

1.2 你能跨越这道障碍吗？

你需要真正理解并从内心里接受为什么你必须进行撰写商业计划书的练习。如果你不能理解这样做的原因和它将带给你的益处，你将不可能尽力去做，因为还未开始你已失去了必须做好的决心。请相信，撰写商业计划书是你必须跨越的诸多障碍之一。行业内的厂商们（投资者、客户、供应商等）并不准备接纳你进入他们的商业圈，除非你真的很优秀。此外，如果你不能把你的计划写出来，只能说明你还没有真正清楚地考虑好你的计划。特别是当星移斗转、世事变迁而你的企业也随之发生变化的时候，你或许认为做计划是没有实际意义的——计划似乎总是没有变化快。恰恰相反，这正是你为什么要撰写商业计划书的理由。商业计划书必须反映你的最终目标。诚信体大。对于新业务，你会参与到哪种程度？你是否打算拥有和/或管理新业务？如果是，你就要做好准备并展示为什么你有能力实现目标以及你如何弥补专业知识与技能的欠缺。或许你真正的目的是出售你的主意或者特许一家已存在的公司生产你开发的产品以换取特许权费。商业计划书必须依据你真实的目的并针对特定用途来撰写。

1.3 商业计划书的作用

商业计划书可以在很多方面有助于你计划中的项目的成功。但一份商业计划书并不具有普遍的适用性。实际上，有经验的企业家在公司发展的每一个阶段都会撰写或修改商业计划书。最成功的企业家甚至会针对不同的目标读者分别撰写几份不同的商业计划书。

如此看来撰写商业计划书是件很麻烦的事。但实际上，一旦你做好了准备工作并决定开始起笔，撰写或修改商业计划书也不一定如想象般的劳心费神。所有商业计划书的格式都是一样的，关键是要写好你的目标读者（如投资者、管理团队、供应商、客户等）最感兴趣的部分。

2 介绍
2.1 创业的工具

如果你的商业计划书是写给合伙人(如有的话)和其他潜在投资者看的话,你需要重点关注整体计划和里程碑事件(见模块12)。此时商业计划书的作用相当于一份要事列表,为你设定任务完成期限并分派任务。计划的其他部分可以粗略带过,可以只写一些你对企业现状与未来的基本看法。这就如同先设计好蓝图,然后再补充细节证明你的想法"怎样"、"为什么"会成功。

2.2 管理与规划的指南

如果你有长期发展企业的打算,就需要撰写此类计划书。此类计划书被很多公司视为指导其管理实践的"圣经"。由于未来难以预测,你所能做的最好的工作就是监控和衡量企业运营的实际绩效并将之与预期绩效进行比较。如果企业的发展偏离了最初的计划,你可以迅速采取纠正的措施。

商业计划书可以帮助你辨别企业面临的发展机遇与潜在威胁、竞争优势与劣势。它可以帮助你与你的合作伙伴以一种系统的方法思考企业的目标、策略等等方面并达成共识。你需要重点写好几个部分,例如公司运作、经营管理、股权结构、组织架构和人力资源。(见模块9、10和11)

2.3 阐述使命

你必须让那些关键的人物知道你的整个计划。这种计划通常用于与供应商结成联盟、告知顾问或其他需告知的专业人士(律师、会计师等)以及准客户。你不可能总有机会在研讨会上向人们解释你的想法,因此你最好准备一份商业计划书——针对读者的兴趣或专业——以备他们随时查阅。

编写商业计划书各部分内容的摘要(或概览)或许是一种有效的方式,但你也许并不想将某些细节或保密信息透露给某些人。如果商业计划书的读者是供应商,你或许应就企业的产品、技术或生产等部分进行详细的介绍,但如果让他们对此了解得过多,也可能给你带来竞争的威胁。此时你需要运用判断力,针对不同的读者提供侧重点不同的商业计划书,在希望他们多了解的部分施以重墨,而其他章节则简要介绍。

2.4 融资文件

大多数商业计划书看上去简直就是一份纯粹的促销宣传材料。经验丰富的投资者马上就能识别出这种计划书并将其扔进垃圾筒。一份好的商业计划书是以融资为目的,且每一部分内容都经过认真的研究并精心撰写,其财务计划和假设也能够被证实的。

如果你希望筹集到企业发展所需的资金,你的企业必须有吸引投资者的亮点。问题是,能让一个人心潮澎湃的想法未必就能吸引另一个人。因此,再一次强调,你必须针对你正在寻找的(或你认为最有可能得到的)融资类型(例如,股权融资或债务融资)来撰写商业计划书。对某些企业家来说,撰写数份商业计划书并不稀奇——每份商业计划书将包含全部要点,并针对不同财团的不同兴趣和不同关注点而有所侧重。

例如,银行家通常比创业投资者(VC)和股权投资者(PE)更为保守。他们主要关注公司的固定资产(建筑物、设备等)和你能提供的抵押品。他们通常并不关心你的想法具有怎样的创新性、你所从事的是什么行业,或者你将如何大把大把地赚钱。他们只想知道他们的贷款是否能按照现行利率得以清偿。

创业投资者(和其他经验丰富的独立的投资机构,无论以何种方式命名)更倾向于为获得更高的投资回报率而冒险一搏。他们或许会对你公司的股权提出要求;他们喜欢成长性行业中的创新性产品或服务;他们要求至少 45% 的年复合投资回报率(投资回报率是人们喜欢在商业计划中看到并最容易记住的数字)。换言之,他们希望他们的投资在 3~5 年内有 6 倍的回报。为此,在商业计划书中那些需要重点描述的部分按其重要程度依次排列为:执行概要、财务数据和预测(特别是最近的资产负债表和交易条款)、管理团队、产品或服务。

股权投资者是多数初创企业最常见的资金提供者。他们往往是家人、朋友或其他愿提供帮助并真诚祝福你成功的人。当今许多最为成功的公司都是以这种方式从车库开始起家的。不要视他们的帮助为理所当然。他们应该看到你的商业计划书,特别是你希望他们重视你的想法。毕竟,生意归生意,交情归交情。

更多的股权投资者还可以通过有限合伙关系和其他形式组织起来。如果你的目标是找到本地投资者为你的创业提供资金,他们会关心你的团队中都有哪些人。他们希望看到那些令人尊敬的知名人士的名字在你的团队名单中。你需要对管理团队部分,特别是董事会,作重点描述。

简单来说,商业计划书要告诉读者你曾经从事过什么、你正在从事着什么、你计划将来从事什么。在撰写商业计划书阶段,你不必担心融资问题。融资的渠道足够多,具有可行性的良好的商业计划总能吸引到资金。你首要的目标就是针对特定用途撰写一份好的商业计划书。君须记：商业计划书不仅是写给（潜在）投资者看的，也是你行动的指南。

2.5 由谁执笔

撰写商业计划书的人应该是你。

你也许不是一个文学天才，不过没关系，撰写过程比写作技巧更重要。如果由别人来写，那么它是别人的计划而不是你的。那些对新建项目感兴趣的人们希望看到的是你清楚并理解一个公司的组织功能。他们想要确认你既有宏伟的蓝图也能注重细节。如果由于时间和环境所限你不能亲自撰写，你也应该尽可能地控制与指导商业计划书的撰写过程。

切记，"计划只有当人们将之付诸实施之时才起作用。投资者更看重管理团队而不是产品。这就是为什么越来越多的资金追逐成熟的想法，而不是想法追逐资金"。

投资者们都明白，如果你没有正确的商业计划，那么你也许永远也无法实现计划的目标。本指南将告诉你如何向潜在的投资者证明你的商业计划是可信的和可行的。实现商业计划的信心和承诺只能来自你自己。在此意义上讲，本指南的作用相当于建筑师和工程师：它为你提供一个合适的框架以构建完善的商业计划。你才是建造者。所有由你添加进去的材料——构想、研究、事实和数据以及其他信息——则相当于砖块和灰泥。

2.6 真实性与风格

你也许已注意到本指南采用了一种非正式的、个性化的表达方式。它的与众不同之处在于它不像教科书般说教。它的目的在于与你沟通，而不是要用复杂的理论和公式去说服你。

用你自己的风格来写你的商业计划书。它应成为你个性化的表达，推荐你使用第一人称（我们，我，我们的）。初稿撰写时不要太在意文字、标点符号和语法，运用你的研究笔记和经验，调动你的想法并让其自然诉诸笔端。最后可以让文笔好的人来帮助你润色。

你也许希望你的力作被热情传阅，但要避免使用华丽夸张的词句，如"难以置信的销售量"、"巨额利润"等，这些语句会弱化真正重要信息的传递。某些词汇和语句（如投资回报率）才是投资者和其他专业人士希望看到的。这些词语可以用粗体字强调，并随附术语表以帮助读者理解那些行话术语。最重要的是要使用外行人能看明白的语言。切记，那些愿意看你的计划的人很可能对你的产品、所涉及的技术或生产过程，甚至是所在行业都一无所知。

2.7 有效的商业计划书

撰写商业计划书是一项艰巨的挑战。一份典型的商业计划书往往需要你在1到6个月内花费超过300个小时的时间来完成，具体时间长短将依赖你能投入多少时间来进行研究和撰写工作。商业计划书必须内容全面而语言简练。在正常情况下，商业计划书的文本最好控制在25页左右。过于粗糙的计划书反映出企业家本人没有做好"案头功课"从而导致融资计划被拒绝。但如果计划书过长乃至需要车载肩扛，将会因为没人能在有限的时间看完而被拒绝。你的商业计划书是写给（潜在）投资者看的，而且要让（潜在）投资者对你和你的想法有信心。

3 商业计划书的主要内容

3.1 执行概要

商业计划书中最重要的部分是执行概要（Executive Summary）。如果投资者看过计划书的前两页还提不起兴趣，那么他肯定不会看完所有的章节去寻找你的企业的独特性在哪里，为什么值得他投资。如果投资者在阅读的头5分钟内不能认可你的计划，那基本意味着你不能从他那里获得融资。执行概要应该强调商业计划最重要的观点，吸引读者看下去。你需要用至少六个段落去描写以下的内容：

- 企业的产品或服务，以及为什么它是独一无二的、有利可图的？
- 企业从事的是什么业务（定义）？企业发展处于什么阶段（描述里程碑事件及财务状况）？
- 企业产品的市场是什么？市场容量有多大？企业产品的市场份额有多少？
- 管理团队及他们的专长。
- 财务状况和盈利潜力。
- 企业可以凭借哪些独特的竞争优势和有利条件以获得经营成功？（被投资企业的经营成功就是投资者的投资成功。）

最好在完成商业计划书的其他部分后再撰写执行概要，因为这将有助于你挑选出重要的信息。

3.2 财务信息

商业计划书中另一个最重要的部分是财务计划——毕竟你是在为赚取利润而做生意。在财务部分中你应清晰地说明本次计划融资的金额以及这些资金的用途。(潜在的)投资者将会十分认真地审查这部分内容。如果你的公司已经开始运作,你还需要提供历史的(3~5年的)损益表和资产负债表。现有的或刚成立的公司需要提供3~5年的财务预测。这些预测的财务报表应该能预示公司的上升或下降趋势以及预期的财务结果。5年的财务预测不可能作得很精确,解决办法之一是作出三种假设下的预测:一般的情况(市场状况正常时),最差的情况(市场状况差时)和最好的情况(市场状况好时)。本指南建议你清楚地解释一些关键的假设,说明那些数据是怎么得到的,并做好证明那些数据合理性的准备。

3.3 管理团队

当潜在的投资者已经了解了这个独特的投资机会和财务计划的概况,最后的决定因素在于企业家能否胜任其工作。潜在的投资者会提出很多问题并通过多种手段来考查商业计划的可信度,如果计划书通过了审查,则最后的焦点将集中于企业家及其管理团队,以及他们能否实现公司的发展目标并创造利润。商业计划书的管理团队部分必须概述企业家的经验、专长和业已取得的成就。商业计划书的文字表述必须坦诚并令人信服。企业家必须坦率地承认自己的劣势和不足之处。投资者希望降低风险,而且他们想知道你是否也在这样做。

如果在阅读完管理团队这部分之后潜在的投资者仍然对你的计划感兴趣,他们将会以一种挑剔的眼光来读完整个商业计划书。投资者可能需要找到理由以说服他们自己为什么要支持你的商业计划。如果投资者对你的计划感兴趣,他们可能付出真金白银以证明自己的决定是正确的。用心把商业计划书中余下的章节写好,并为投资者提供投资于你的计划的合适的理由。

3.4 应避免什么

大多数的银行家、投资者、创业资本基金和各类顾问们都很繁忙,他们总有太多的事情要在太少的时间里去做,所以企业家需要避免谈论那些与商业计划无关的话题。我们已经谈过篇幅太长或篇幅太短的问题,写商业计划书最好是简洁明快。潜在的投资者希望看到的是专业的商业计划书文本,打印整洁且没有文字错误,而不是用奇异的封面引人注意或者包装过于精美的商业计划书。商业计划书的重点是内容,而不是形式或写作风格。其他投资者不喜欢看到的内容包括:无力的营销计划,对竞争对手情况缺乏深入细致的分析,对重要人员情况介绍寥寥,缺乏能力的管理团队,巨额的广告预算,高薪酬,以及不切实际的销售预测。

切记,你的计划书要让阅读者兴奋,而不是让其震惊。做好准备工作,以挑剔的眼光评价它并反复检查。不管阅读者是谁,你、你的合作伙伴、你的亲友、银行家或创业投资者,你都是为了一个好的目的去撰写商业计划书。

3.5 总结

撰写商业计划书对企业家而言是一项必做的功课,商业计划书是投资家、供应商和客户经常要求其提供的文件。最重要的,它也是企业家必须掌握的编制计划的工具。

- 商业计划书必须反映企业家为企业发展设定的终极目标;
- 商业计划书可用于下列几种用途:
  — 作为企业创始人的创业工具;
  — 作为经理和其他人作计划和评估的指南;
- 至少花 300 个小时来撰写商业计划书。商业计划是从战略上正确定位企业(或新业务)的重要步骤,是企业成功的导向图。

4 模块法

4.1 关于指南的体裁

本指南分成若干个模块,每个模块代表商业计划中的"一章"或"一节"。模块之间相互独立。采用这种方法是基于这样的假设:人们更习惯于以"有组织的块"而不是以"松散的堆砌"的形式来收集、组织和吸收信息。在把握商业计划书整体结构的情况下,本指南力图将撰写商业计划书的过程分解成一系列的"迷你"模块。每次只做一个模块。没必要让自己一头埋进过多的资料和信息堆里而不知如何下手。

有些模块或许并不适用于你。如果你从事的是服务业,则有关产品制造的模块对你的帮助就不大。挑选你需要的模块。多数模块可以成为结构合理的商业计划书的组成部分。根据企业的经营范围,有时可以将几个模块结合并压缩成一节。

在本指南中,一份商业计划书的基本内容被分解成若干个模块,这些模块将按逻辑顺序排列。每个模块将告诉你以下内容。

1. 推荐的篇幅

根据你的需要选择合适的篇幅,但要力求简明扼要。少于10页的商业计划书能够筹到资金的情况极少见。其次,篇幅的长短很大程度上由计划书的计划用途决定。不要把商业计划书写成"流水账",这么长的文件需要两个人才能抬得动。信息太多与信息太少一样无益于你的目的,只会混淆迷惑阅读者。总之,商业计划书不应超过50页(不包括附录)。

2. 模块的目标

介绍完整模块的作用。

3. 必须回答的问题

这部分内容构成本指南最重要的特色。这些提问将激发你的想法,但并不包罗万象。它们不能涵盖每一个你应该关注的问题,但至少包含了那些能引导你发现和阐述其他问题的基本问题。这些问题不仅能帮助你发现那些应该被写进商业计划书中的问题,还能帮助你在与意向投资者会谈时对他们可能提出的问题做好应答的准备。这些问题都会被问到——这点你完全可以相信!你当然不必知道所有问题的答案。但意向投资者希望你能回答大部分问题,他们还想知道你对处理这些问题有何想法。(某些同样的提问会出现在两个甚至更多的模块里,对此你可能感觉有些多余。但这样的安排是为了保证每个模块都可以被单独采用且不影响商业计划书内容的完整性。)

4. 子标题

子标题用于强调计划书中各个模块的最重要的方面。采用子标题是为了方便阅读。本指南推荐的子标题都是每个话题里的标准问题。这仅是建议,你可以根据自己的需要决定是否选用子标题以及选择哪个子标题。

5. 在子标题下对要点提示的描述

这部分将告诉你怎样表述每一个问题,并为你撰写每一个模块提供参考意见。当然,它不能包罗万象。你的感觉与独特风格是你撰写每一个模块的最好向导。

6. 应避免的常见错误列表

这份列表将帮助你确保商业计划书中各个模块间的前后一致性。多数商业计划的失败源于同样的缺陷和不足,这些缺陷和不足将被列示在这张表中。在撰写每个模块前你应该先浏览一下常见错误列表。写完之后,你还要仔细对照常见错误列表并认真检查你所写出的内容。一个聪明的办法是找一个没有偏见的朋友或顾问对照这份列表并通读审查你所撰写的计划书。他们会较为可观地指出你的错误。本指南提供的模块间的排列顺序已经过精心的安排。一项对投资者、银行家和专家们的调查显示，本指南所推荐的是首选的顺序。但这也不是一成不变的。商业计划书的内容如何排列完全取决于你。对某一模块特别感兴趣的阅读者可以在目录中找到其页码并直接阅读这部分内容。需要提醒，商业计划书中的模块排列顺序没必要与调查或撰写的顺序相同。例如，执行概要排在最前面，但往往是最后写好的模块。首先，你要做的事情是收集市场信息；其次，你要将你的想法变成能带来收益的行动计划。因此，市场调查和财务报表通常是商业计划书中最重要的内容，所有其他的模块都由这两个模块发展而来。

4.2 对执笔者的建议

1. 浏览整篇指南，熟悉每个模块。判断你是否需要将一个或多个模块应用到某节中。(参见模块2)

2. 决定你希望(或应该)从哪里开始。每次只完成一个模块。建议你从模块3或模块6开始。

3. 确保你理解每个模块的目标。在你撰写某个模块之前先要在脑海中牢记该模块的目标。

4. 仔细通读每个模块，注意那些你需要做额外的调查才能回答的问题。如果某些问题不适合你的具体情况，你应该将它们删掉。这有助于让你的工作看起来不那么令人厌烦，从而使你保持积极乐观的态度。

5. 拿起笔开始工作。你不要试图一下子就完成一个模块，但你可以在最有效率的时间内尽量多做一些。

6. 继续探求那些尚未回答的问题的答案，直到你写完这个模块。

7. 决定每个模块中的子标题。参考"要点提示的描述"这一节，根据你的研究与经验列出每个子标题。

8. 根据已列出的大纲，用你自己的风格撰写商业计划的每个模块。

9. 对照"常见错误列表"对你写好的每个模块进行校改。

10. 让精通文法的人对你的计划书进行校正；请你的会计师和其他专业顾问评论你的计划书；最后是漂亮的装订。(参见"最后润色"部分里的"包装你的商业计划书")

5 模块1:执行概要

建议篇幅:1~3页。

目标:让阅读者有兴趣看下去;着重强调每个模块里最重要的观点。

5.1 相关问题

1. 企业是哪种类型?(核对下列选项并描述)

- 制造/加工
- 分销
- 服务
- 其他

2. 企业提供哪些产品/服务?

- 产品/服务为什么是独特的?
- 产品/服务是否解决了某个重要问题?
- 产品/服务是否正面临很好的机会?

3. 企业现在状况如何?(核对下列选项并描述)

- 初创
- 接管
- 扩张
- 其他

4. 产品处于什么阶段?(核对下列选项并描述)

- 研发
- 原型
- 运营

5. 企业运营了多长时间?(或产品开发了多长时间?)

- 月
- 年

6. 企业的组织形式是怎样的?(核对下列选项并描述)

- 所有权

- 合伙(类型)
- 公司(类型)

7. 公司设在哪里?

    - 地理位置有什么优势?

8. 目标市场是谁/什么?
9. 企业能获得的有效市场份额是多少?

- 你进入市场的计划和策略是什么?

10. 竞争对手是谁?

- 竞争对手的优势和劣势是什么?
- 竞争对手的市场份额是多少?

11. 谁将成为企业的管理者?

- 管理企业需要哪些资质?
- 总经理(或首席执行官)的经验、教育和背景如何?

12. 实现里程碑和目标的期限是多长?
13. 企业需要多少资金?

- 改进产品需要多少资金?
- 营销需要多少资金?
- 运营需要多少资金?

14. 你计划采用哪种融资方式?(核对下列选项并描述)

- 债务融资
- 股权融资

15. 你承诺给投资者的回报是什么?(核对下列选项并描述)

- 股权(多少?)
- 利润分享(3~5年内的计划收入)?
- 其他

16. 投资回收期多长？
17. 迄今已投入多少资金？
18. 你的利益(财务的及其他形式的)与长期目标是什么？
19. 企业有哪些优势？（有哪些因素将促使企业成功？）（核对下列选项并描述）

- 管理
- 熟练的/有经验的人力资源
- 独一无二的产品/服务
- 稳定的原材料供应
- 低生产成本/管理费用,高利润率
- 良好的服务
- 重视质量

20. 企业发展受哪些因素的限制？（核对下列选项并描述）

- 资本
- 管理资源
- 人力资源
- 其他

21. 企业的长期成长性如何？扩张目标是什么？

5.2 子标题

执行概要是一个完整的模块。建议在执行概要之后附上一份现状概览表。

5.3 要点提示

整个执行概要应该清晰而切中要点。尽量使用简短而富有变化的句式。语言应力求简洁并将管理团队的目标说透彻。最重要的,执行概要应该让投资者看到机会！

5.4 介绍的顺序

1. 概念

开篇就应抓住阅读者的注意力。首先介绍产品或根据你最初的市场调查得出的客户需求。此后,描述公司的性质,例如企业类型、地理位置、业务模式、存续时间及运营现状。继之,描述企业目前已达到的里程碑及财务结果,例如实现了多少销售额、已完成的新产品的评估和测试、已做好的新产品原型等。最后,说明产品属于哪个行业或子行业。

2. 产品或服务

描述企业的产品,介绍产品的特殊性、重要性和独特性。介绍企业位于什么地方或想建在什么地方,说明在该地建厂的好处。如果产品是通过其他渠道进行销售或分销的,说明选择了哪些经销商或分销商、为什么选择他们以及他们的地址。介绍企业与供应商和/或分销商之间业已达成的预售或合同关系。

3. 市场

介绍企业产品的市场、当前的或计划中的市场份额,以及市场潜力。描述竞争对手并说明你较比他们的竞争优势是什么。阐述你引进产品的计划、获得市场接受与客户忠诚的策略。介绍你与目标客户达成的购销意向。

4. 制造或运营

介绍产品生产和投放市场的过程。着重介绍特别的地方以及在产品生产中你可能应用的领先技术。如果你计划转包或特许生产/经营,则介绍你的安排并说明这样做的好处。

5. 管理

介绍企业的管理人员以及他们的管理专长和经验。着重介绍他们与众不同的能力。介绍随着公司发展可能需要的人力资源支持。证明这些管理人员是合格的并忠诚的。

6. 资金需求和投资期限

说明迄今为止企业已获得的投资总额、需要追加投入的资金数额及其用途。说明作为对价你将向投资者提供什么(如企业的股权),包括投资回收期和潜在的回报率。说明今后3~5年的收入预测。说明投资将带来的税收优惠。

7. 里程碑事件和时间

介绍那些必须做的事情以及预期的完成时间。介绍企业发展将经历的每个阶段和具体时间。概述将为企业赢得成功的独特的竞争优势。

5.5 应避免的常见错误

- 太啰嗦,不够简明扼要。
- 太长,总想包罗万象。
- 不能证明这是一个难得的或独特的投资机会。

- 不能清楚地表述企业到底是做什么的。
- 不能说明管理层希望实现什么目标以及他们计划如何去实现。
- 交易条件不清楚。
- 不能确保已采取所有适当的法律步骤(参见现状概览表)。

在执行概要模块的结尾另启一页专门用于展示现状概览表。它将便利阅读者快速浏览企业重要信息。仔细填写下列现状概览表并把它打印在另一页纸上。

现状概览表

企业名称：

总部地址：(市、县、州、邮政编码、电话)

业务类型和所在行业：(例如,制造业、农业)

组织形式：(合伙制、公司制、其他)

产品线或服务线：(例如：电子、家用电器)

专利、商标或服务标志：(类型、编码、签发日期)

运营时间(或开发时间)：

创办者/合伙人/职员的人数：

当前和/或预期的市场份额：(例如：2006年占发电机市场的10%,2007年占20%)

迄今投资总额：

企业净值：

新增的融资需求：(估算融资总额)

最低投资额：

交易条件和投资回收期：(例如，股权份额、有限合伙人份额、3年回购，40%的投资回报率)

企业总价值：(重置后)

法律顾问：

财务顾问：

管理顾问：

企业与有关人员进行的交易、签定的合同、彼此的关系等的描述。

6 模块2：目录

建议篇幅：1~2页

目标：帮助阅读者快速找到特别感兴趣的部分

6.1 相关问题

1. 你应该在计划书中论述的相关部分（主题）是什么？

- 每个相关的子标题是什么？

2. 你要论述的内容按什么顺序排列？

3. 你将用哪些图片、图表、法律文件等作为支持材料？

4. 根据企业的性质和你正在撰写的商业计划书的目的，这份商业计划书将会有多长（页数）？

6.2 子标题

以下是你可能要谈及的主题或要点清单。根据每个要点对于新企业（或新业务）的重要程度，每一点都可以单独作为一部分或与其他要点结合来进行论述。列出每个主要的主题下面可能涉及的次标题。

1. 公司

- 背景
- 当前状况
- 未来计划

2. 行业

- 主要特征
- 参与者
- 趋势

3. 产品和相关服务

- 产品/服务的描述
- 设施、设备描述
- 专利特征
- 未来开发计划
- 产品责任

4. 技术：研究与开发
- 概念开发的研究、测试和评估
- 里程碑和重大突破
- 当前状况和持续研发

5. 市场分析
- 目标市场及其特征
- 市场份额、趋势、潜在增长
- 销售、分销以及产品/服务的利润

6. 竞争对手分析
- 竞争对手简介
- 产品/服务比较
- 利基市场（Niche Market）及其份额
- 优势和劣势比较

7. 营销策略
- 渗透目标
- 定价和包装
- 销售和分销
- 服务和保证政策
- 广告、公共关系和促销

8. 制造过程和运营
- 生产地点
- 设施和装备
- 制造过程和运营
- 劳动者保护
- 环境和经济影响

9. 管理团队和所有者关系
- 重要人员及其经历

- 董事会
- 所有权分配和激励机制
- 专业支持服务

10. 行政管理、组织架构和人力资源

- 行政管理的程序和控制
- 招聘与培训
- 组织结构图
- 管理控制体系

11. 里程碑、进度表和战略计划

- 重要里程碑事件(是什么/为什么)
- 进度表(什么时间完成/谁负责)
- 战略计划(如何实施/在哪里)

12. 风险和问题的提示与处理

- 已解决的主要问题概述
- 不可避免的风险和问题
- 潜在的风险和问题
- 最坏的情况

13. 财务数据和计划

- 资金需求/投资条件
- 当前财务报表
- 财务计划
- 假设

14. 附录

下面是采用上述所有模块的目录的缩略版本。

```
                          执行概要
1   公司概要
    1.1   公司和行业
    1.2   管理和所有制
    1.3   行政管理、组织架构和人事
     2   产品和服务
        2.1   技术:研发
        2.2   制造和运营
3   市场
    3.1   市场分析
    3.2   竞争分析
    3.3   营销策略
4   进度时间和风险
5   财务数据
6   附录
```

6.3 要点提示

根据出现在商业计划书中的顺序,所有重要章节都应该用粗体列出来。在页面的左侧用罗马数字给每个重要章节排号,在页面的右侧给所有重要章节和子标题标出相应的页码。例如:

```
1   公司 ................................................................  1
    1.1   背景 .........................................................  2
    1.2   现状 .........................................................  2
    1.3   未来计划 ..................................................  3
2   行业 ................................................................  4
    2.1   主要特征 ..................................................  5
    2.2   参与者 .....................................................  5
    2.3   分析概要 ..................................................  5
    2.4   发展趋势 ..................................................  6
    ......
```

6.4 应避免的常见错误

- 重要章节不突出、不容易辨别
- 每节的页码标示不清楚
- 主题介绍顺序不合逻辑,容易使人混淆
- 某些子标题与章节内容不相关

7 模块3:公司和行业

建议篇幅:1~3页

目标:描述公司的成立和背景、行业简介以及公司在行业中的地位

注意:此模块的第一部分主要针对那些有一段经营历史的企业。如果企业的发展史较长,你可以将这一部分单列为一章。

7.1 相关问题

1. 公司在何时、何地成立?

- 公司或合伙企业成立的日期与地点

2. 组织形式是怎样的?

- 组织形式会改变吗?何时可能发生改变?

3. 公司现有业务在哪里开展?

- 曾经或即将变更地址吗?为什么?

4. 你已从事当前业务多长时间?
5. 你是否获得以公司名义和/或标志注册的专利或商标?

- 是否有正在申请的专利或商标?

6. 当初你为何开展公司业务?
7. 公司业务是怎样发展起来的?

- 用了多长时间?
- 曾遇到什么困难?
- 困难是如何克服的?
- 过去主要的里程碑事件有哪些?
- 何时、怎样实现的这些里程碑事件?

8. 公司的创办者及其他关键人员都是谁?
- 这些人给公司业务带来了哪些影响?

9. 你如何确定目标市场?
- 在市场渗透中你取得了哪些成绩?

10. 你如何应对竞争?
11. 你有哪些优势和劣势?
12. 你已投资了多少钱?
- 你的资金来源有哪些?
- 那些资金是如何使用的?
- 投资有保障吗?如何保障?

13. 你未来的目标是什么?实现目标的策略是什么?
14. 主要的经济、社会、技术、环境或监管政策的发展趋势会怎样影响你的公司?
15. 公司的历史销售额和服务收入是多少?
16. 你在哪个行业?(行业定义)
17. 行业现状如何?
- 行业多大?(市场容量)
- 行业总销售额、平均利润率分别是多少?

18. 主要的行业参与者有哪些(竞争对手、供应商、主要客户、分销商等)?
- 他们的业绩如何?市场份额怎样?
- 与竞争对手相比,你有哪些竞争优势?
- 你如何在竞争中脱颖而出并占据市场?

19. 行业的主要特征是什么?
- 预测5年后行业的发展状况如何?10年后呢?
- 随着行业的发展变化,你的市场份额是会增加还是减少?
- 谁还有可能进入这个行业?

7.2 子标题

1. 公司

- 背景
- 现状
- 未来计划

2. 行业

- 主要特征
- 参与者
- 发展趋势

7.3 要点提示

让阅读者(即潜在投资者)成为你梦想中的一部分。描述你过去的工作和决策是如何领导公司取得今天的成就。证明过去的成绩将如何为未来的成功奠定基础。说明你将如何成为行业内的重要的新生力量,因为你了解这个行业以及它的发展趋势。

7.4 介绍顺序

7.4.1 公司

1. 背景

描述公司最初的成立及发展历史。说明公司是在何时何地组建的。说明公司业务的模式及其所在的地理位置。论述重要的里程碑事件,如获得了某项专利、制造出产品原型或签署了某份重要的合同。介绍参与里程碑事件的主要人员以及他们的贡献。说明以公司名义或标志注册的所有商标。

2. 现状

介绍公司的发展现状、已经建立起来的声誉、竞争的优势和目前发展的制约因素。描述公司产品的市场表现。说明迄今为止由谁投入了多少资金以及资金的用途。对历史销售额和服务收入作概要介绍。说明公司开始运营或改进运营所需的资金类型和融资金额。

3. 未来计划

介绍公司未来 3~5 年的目标。说明你计划怎样实现这些目标以及为了实现这些目标需要哪些资源,诸如需要改进与增加现有的生产线,以及你打算如何提高市场份额和销售额。

7.4.2 行业

1. 主要特征

描述公司所在行业。简单介绍行业状况，包括市场容量、地域分布、发展历史、现状以及最近3年每年的行业总销售额和总利润。

2. 参与者

介绍行业内的竞争者和其他参与者(供应商、批发商、分销商等)。按从强到弱的顺序介绍每个参与者的情况。简要介绍他们的产品线/服务及其在细分市场的地位。对与你有直接关联或竞争关系的参与者要详细地介绍他们的情况。

3. 业内分析摘要

引述一系列来自各类著名信息来源的、关于行业内的重大事件、各类数据和发展趋势的言论。确保你正确地引用了消息来源并提供其出版日期。引用不同来源的言论，例如：行业杂志和报刊文章。引用个人访谈的原话也有很强的说服力。这些言论应有助于说明行业的发展方向以及行业内的细分市场的状况。

4. 行业发展趋势

介绍行业发展方向。说明行业是正在衰退、上升或保持稳定以及可能存在的机会。介绍未来5~10年内行业可能的发展状况以及公司的行业地位。介绍行业未来的市场需求/市场容量和盈利潜力。说明行业内可能对公司造成积极或消极影响的重大事件或变化。

7.5 应避免的常见错误

- 描述公司的细节或个人看法太多，没有充分描述重要里程碑和发展潜力
- 没有全面介绍行业内主要参与者的情况以及他们对公司的潜在影响
- 令人难以置信的运营
- 缺少明确的方向
- 对行业知识和行业发展趋势了解不充分、不透彻

8 模块4：产品与相关服务

建议篇幅：1~3页

目标：描述产品与相关服务以及它们的特征、给客户带来的好处，未来开发计划

8.1 相关问题

1. 产品/服务的用途是什么?
- 它们是否解决了某个问题或把握了某个机会?
- 它们是奢侈品还是必需品?

2. 产品如何实现此种用途?
3. 产品的特点是什么?(成本、设计、质量、性能等)
4. 产品技术有怎样的寿命周期?
- 与当前技术发展水平相比较,产品技术是否先进?
- 在哪些方面该项技术可能即将落后?

5. 产品处于开发的哪个阶段?(核对下列选项并描述)
- 创意
- 模型
- 原型
- 少量生产
- 完全工业化生产(在什么水平?)
- 工程定型
- 产品定型

6. 采用哪种生产方式?
- 资金密集型
- 劳动密集型
- 原材料密集型

7. 是否可以将全部或部分制造过程转包?
8. 产品是终端产品还是其他产品的组件/部件?
- 公司的生存是否依赖于其他某个厂商?

9. 公司的产品能否受到专利、版权、商标或服务标志的保护?将对其提供哪些保护?

10. 生产过程是否需要使用重要的、非竞争性的设备,而设备制造商因为保证、责任或形象的考虑也许并不愿意支持你公司的生产?

11. 为满足不断变化的市场需求,你计划开发哪些新产品(副产品)? 是在行业内还是在其他行业?

12. 政府部门或其他的行业参与者对业内企业都有哪些政策要求或许可要求?

13. 产品是否会经历自然周期、行业周期或生命周期? 目前处于哪个阶段? (核对下列选项并描述)

- 导入期
- 成长期
- 成熟期

14. 产品可能承担的责任有哪些?

- 有哪些投保要求?

15. 产品已经历过哪些工程研究、测试和评估?

16. 如果涉及的产品不止一种,生产和/或推广一种产品会对其他产品有什么影响?

17. 公司产品与竞争对手的同类产品比较结果如何?

18. 在制造和技术方面有哪些特殊的考虑?

- 维护/更新要求有哪些?

19. 如果涉及设备,有哪些影响其可靠性的因素?

- 停工期是多长?

20. 你将提供哪些相关服务?

- 这些服务将如何加强和提高企业的盈利能力?

8.2 子标题

- 产品/服务描述
- 设施描述
- 知识产权
- 未来开发计划

- 产品责任

8.3 要点提示

用外行人能看懂的语言来解释你的产品和服务。这些产品和服务能做什么(即它们区别于其他产品/服务的特征或差异)？为谁服务？简要强调未来改进计划或开发新产品/服务的计划。

8.4 介绍顺序

1. 产品/服务描述

准确描述公司的产品/服务是什么以及它们被设计成什么。介绍它如何发挥功用及其特征、性能和所带来的利益(经济的、社会的、环境的等方面)。如果有不止一种服务或产品线，对每一种都要介绍并说明它们如何共同作用和/或互相影响。说明现有的产品/服务处于开发的哪个阶段。

2. 设施描述

如果设施是产品或服务的核心或部分(诸如旅馆的作用)，则在本节对它进行描述。如果设施只是附加条件，而不与产品或服务直接关联(例如某种机器的生产和组装车间)，则最好与模块9中的运营描述部分一起描述。

描述这些设施并解释为什么它们是独特的或更好的。例如，没有与之类似的其他设施、更有吸引力、更容易接近客户端、可以满足更多要求，等等。介绍设施的地理位置并说明它的优越性。说明设施的利用率，诸如用于创收服务、运营或仓储等等。

3. 知识产权

介绍所有的专利、版权、商标、服务标志或其他保护公司产品/服务的法律协议。说明是否正在申请某项/多项专利。全面介绍公司打算怎样保护其产品和服务的完整性、保密性和竞争性。简要介绍公司的产品或服务必须面对哪些管理规定或审批要求，例如某些药品的生产与销售所必需的资质审批。说明谁掌管批准权以及你将如何满足那些要求。

4. 未来开发计划

描述未来新产品开发计划。介绍它们是否是现有产品/服务线的改进、扩张计划，还是新产品/服务的开发计划。说明这些计划是否针对现有市场或其他市场。列出这些计划实施的时间。通过正在增加的或新产生的利润来证明这些计划的重要性。

5. 产品责任

介绍在生产中和/或产品营销中需要考虑的产品责任和保险问题。介绍你计划如何降低公司可能承担的责任。预计产品成本中的多少百分比将被用于解决产品责任问题。

8.5 应避免的常见错误

- 产品/服务的描述技术性太强、范围太广、或过于含糊不清
- 在这部分不能明确说明产品或服务的新的/独特的/更佳的性能/特点/好处
- 没有采取措施或没有说明如何保护产品/服务免受产品责任或竞争的损害
- 在这部分出现过多的来自管理机构的禁令和不确定性
- 面对市场需求和竞争,公司未来的产品/服务改进或扩张等开发计划显得过于薄弱
- 没有考虑设施的可靠性、维护和/或更新因素以便将停工期控制在最短期限内
- 没有介绍第三方对公司产品/服务的评价

9 模块5:技术:研究与开发

建议篇幅:1~2页

目标:提供你对产品所利用的独特技术的总的看法。列出研发的各个阶段以及取得的重大成就

注意:本模块主要针对那些经历了,或正继续经历广泛研发阶段的企业

9.1 相关问题

1. 你从什么时候开始研发该项产品?
2. 研发是在哪里以及在什么条件下进行?

- 研发处于哪些监管之下?

3. 研发用了多少工时?
4. 产品中使用了哪些仪器、化学制品、部件组件等等?
5. (迄今为止)开发产品的成本是多少?

- 你是如何获得资金以支付上述成本的?

6. 产品开发进展如何？（核对下列选项并描述）
- 电子
- 机械
- 外壳
- 包装/装帧
- 原型

7. 产品是否经过了压力测试、安全测试和其他可靠性能测试？
8. 你是否申请了或已经取得了专利保护？
9. 关于产品的制造、特许权或销售等方面有哪些政策规定？
10. 你计划由自己生产该产品还是特许某个制造商来生产该产品？
11. 与同类产品比较,该产品的制造技术如何？
- 是否是最新技术？
- 是否比竞争对手的更先进？

12. 研发何时可以完成？
- 产品何时可以进入大规模生产阶段？
- 产品何时可以进行销售和分销？
- 还需要做哪些研发？

13. 关于该项产品的研发,你已经做了哪些外部联系工作？结果如何？
- 潜在客户
- 政府机构
- 潜在的制造商与分销商
- 潜在的投资者

14. 谁拥有产品的概念、图纸、原材料以及营销权等产权？
- 列出每个拥有者的姓名及其所拥有的比例

15. 通过研发你学到什么？
- 技术在其他领域的应用
- 开发副产品

16. 产品是否已经过市场检验？（核对下列选项并描述）
- 使用方便、具有适应性
- 用户是否接受
- 需要使用指导或培训

17. 有哪些主要的成就和突破？
18. 有哪些主要的风险、问题和挫折？

9.2 子标题

- 产品概念的形成过程
- 研究、测试和评估
- 主要的里程碑事件和突破性成果
- 现状和后续研发

9.3 要点提示

介绍产品概念是怎么形成的。介绍你是如何实现产品开发从概念阶段到产业化运作的。强调你在研发过程中所学到的知识与技能，并说明要使产品为市场所接受还需要做哪些工作。

9.4 介绍顺序

1. 产品概念的形成

介绍产品概念是怎样产生的、用了多长时间开发以及相关的成本问题。介绍最初的创意以及在研发过程中怎样变化、改进，最后又发现了哪些新的用途或机会。说明拥有创意和/或产品的是谁、拥有哪些部分及百分比是多少。介绍研发中运用的技术。

2. 研究、测试和评估

介绍所有相关的研究、测试和评估活动以及任何已经公开的与这些活动相关的调查、文章或论文。把你的发现归纳成结论并把它整理成文件放在附录里作为支持性的论据。说明产品的可靠性。介绍关于产品需求、成本因素、时间要求、文件要求、保养维修以及更新要求的研究结果。介绍研究中运用了哪些仪器设备，是在什么环境条件和哪些监管下进行的。

9.5 主要里程碑事件和突破性成果

介绍研发过程中主要的里程碑事件和所取得的成果。说明在什么时候、在什么情形下取得了哪些突破,以及这些成果和突破对企业已经或将会造成哪些影响。介绍你的技术和研发过程与同类产品相比有哪些不同或优于它们之处。介绍为实现这些里程碑克服了哪些困难、避免了哪些风险。

9.6 开发现状与后续研发

介绍该项目已进行到哪一阶段、产品已开发了多少,为保护、制造、特许生产、销售和/或分销该产品还需要做哪些工作。在上述工作中你将参与多少或谁会接管这些工作。说明研发将在何时完成。介绍你就产品研发做了哪些外部联系及联系的结果如何。

9.7 应避免的常见错误

- 肤浅的调查或开发,忽视或没有认识到基本的问题/缺陷
- 不充分的测试,因为没有开发充分的测试程序和测试条件而导致不能全面地评估潜在的产品缺陷或失败
- 缺乏适用的合格测试,试图用不充分的数据和标准来证实测试结果的可信性
- 对安全因素考虑不周。例如,屏蔽性、绝缘性、接地材料等等
- 对可靠性因素关注不够,在定义、测试和评估可靠性等方面欠缺考虑
- 没有未来的开发和制造计划,对生产要求和所需材料考虑不足,没有图纸和说明书
- 设计过于复杂,忽视"简单至上"的原则
- 尽管在未来的一两年内你也许不会将产品投放市场,但也要将你涉及的技术与竞争对手现有的技术进行比较(因为到那时竞争技术及其优势将有所改变)

10 模块6:市场分析

建议篇幅:3~5页

目标:显示你了解企业所在的市场并可以渗透进这一市场,而且你掌控能帮助企业实现销售目标的关键成功要素。最重要的是证明市场对你的产品/服务有需求。

10.1 相关问题

1. 你的目标市场是谁/什么?(核对下列选项并描述)

- 个人
- 公司(小型、中型、大型)
- 政府机构
- 其他

2. 目标市场容量有多大?
3. 市场可以进行细分吗(按地域、行业等)?怎样细分?
4. 目标客户的介绍

- 年龄
- 性别
- 职业
- 收入(按地域划分)
- 其他人口统计学要素

5. 产品/服务的主要应用是什么?
6. 客户对每一种主要用途有哪些要求?

- 行政管理部门有什么要求?
- 满足这些要求的现行方法有哪些?
- 客户有哪些购买习惯?

7. 使用你的产品/服务对客户将有哪些影响(经济上或其他)?

- 他们会节省多少钱?
- 他们的投资回报(好处)是什么?
- 他们的做事方式会因此而改变吗?
- 为使用你的产品/服务,他们必须购买其他的产品和服务吗?
- 他们是否需要改变他们的工作习惯?
- 你将如何更好地满足他们的需求或需要?

8. 你想获得多少市场份额?
9. 市场的增长率(历史的和潜在的)是多少?

- 市场趋势是怎样的?
- 市场有周期性吗?

- 有哪些因素会影响到市场增长率(经济、政府的管理等)?

10. 就整个有效市场而言,你的市场份额的目标是什么?

- 在有效服务市场,你的市场份额目标是什么?
- 在替代市场,你的市场份额目标是什么?

11. 就实现不同水平的市场渗透率而言,你有怎样的看法?各自需付出的成本如何?

12. 你将如何保持并提高你的市场份额?

- 你将如何满足现有客户的需求?
- 你将如何吸引新客户?
- 你将提供哪些新的、更好的或独特的产品/服务?

13. 在未来的3~5年中,市场细分和产品应用将发生怎样的变化?

14. 是否有其厂商向购买了你公司的产品/服务的客户提供服务?

- 他们所在的行业状况如何?他们在做什么业务?

15. 你打算如何分销产品?(核对下列选项并描述)

- 直销
- 经销商网络
- 批发
- 零售
- 代理商
- 其他
- 以你公司的名字还是以其他公司的名字进行分销?

16. 如果涉及运输,则出口、进口、税收、税则、关税、贸易壁垒、外汇及其他因素会有哪些影响?

17. 你从潜在客户那里收到什么反馈信息?

- 他们有哪些反馈?
- 他们测试过实际的产品原型吗?

18. 你的销售预期是否符合生产能力?

19. 你的定价、服务和保证政策在市场中是否有吸引力和竞争力？
20. 每种产品/服务的销售费用是多少？
- 每种产品/服务的生产成本是多少？
21. 通过销售产品/提供服务已/能获得多少利润？
22. 目前的产品/服务的销售目标是多少？
- 按数量计,销售量是多少？
- 按金额计,销售额是多少？

10.2 子标题

- 目标市场及其特征
- 市场份额、发展趋势和潜在增长
- 产品/服务的销售、分销和利润
- 服务和保证政策

10.3 要点提示

引用你的研究报告和亲身经历的事实说明你的公司为什么会成功、怎样实现成功。最重要的是证明你的产品/服务有市场,你预期的市场份额和其所带来的利润是符合实际的。

10.4 介绍顺序

1. 目标市场及其特征

简要描述你的目标市场是谁或是什么。说明你的产品/服务将怎样满足这个市场的需求/需要。介绍你的客户的购买记录和习惯。介绍客户的相关基本情况,如规模、年龄、工作场所/地区、职业、收入以及其他相关的人口统计的资料信息。顺便介绍内部的或外部专业机构进行的调查、研究或勘测结论,并在附录中用清单的形式加以列示。

2. 引述言论

引述一系列摘自各种著名的消息来源的关于市场(和市场潜力)的重大事件、各种数据和发展趋势的言论。确保你正确地引用了消息来源并提供其出版日期。引述的目的在于阐明行业中存在的具体的市场机会,以及你的产品/服务如何将这些机会资本化。引述的言论应有助于说明市场存在的问题和需求,应该让阅读者明显感到你的产品/服务能够比现有的产品/服务更好地解决这些问题,或更好地满足这些需求。

3. 市场份额、发展趋势和潜在增长

说明你现在获得的或希望的市场渗透率。介绍市场发展趋势、行业的地域分布。说明市场是否有周期性、周期的长短以及在市场淡季时你将如何调整策略补偿损失。介绍未来 3~5 年内市场将如何变化、整体市场的增长潜力和你可能增加的市场份额。说明你是根据什么假设(例如:技术开发、客户需求变化、成本等)作出这些增长预测的。解释你可能获得更高的市场渗透率的原因、成本及风险。

4. 产品/服务的销售、分销与利润

介绍产品/服务的销售计划。说明每种产品/服务的生产成本、分销和销售成本。介绍你的产品/服务如何分销和销售。介绍销售和分销网络的特点。说明运输、关税、外汇以及其他政府的管理可能带来的影响。

10.5 应避免的常见错误

- 相信市场容量或对客户的销售额是平均分布的(例如,你的整个市场可能是华东和华北地区,但你的大部分销售却可能来自江苏和安徽两省)
- 没有证明目标市场代表了对产品/服务的大部分需求("二八法则"——20%的客户可能代表80%的需求)
- 不切实际的市场份额预测(认为你能获得100%的市场份额)
- 对待售的产品/服务及其目标市场没有清楚的认识
- 不能准确估计每种产品/服务的盈利能力
- 销售预测建立在你所能证明的实际最高产量之上
- 定价不符合目标市场的需求、愿望或支付能力
- 没有正确评估整个市场的潜力,或没有考虑由于经济、社会及其他趋势可能导致的市场变化
- 技术进步、政府管制、人口迁移和经济因素(石油价格、利息等)不能支持你的目标市场假设
- 对市场的介绍过于笼统,没有将市场细分成不同的组成部分并加以介绍;市场定义过于宽泛
- 所提供的事实看起来是让市场遵从企业的需要而不是企业要遵从市场的需要

11　模块7：竞争分析

建议篇幅：2~3页

目标：表明你完全清楚市场中竞争对手的力量。解释你超越对手的竞争优势，以及你将如何化解对手的竞争优势并克服或弥补自身的劣势

11.1　相关问题

1. 谁是你最近的且最大的主要竞争对手？
2. 他们的业务是稳定、正在增长还是正在下降？

- 为什么？

3. 你的业务与竞争对手的业务比较有哪些优势与劣势？

- 比较从事该项业务的时间长短
- 比较销售规模（数量和金额）
- 比较企业规模以及雇员、供应商和外部支持性人力资源（如经销商）数量
- 比较客户数量、市场份额和产品地位

4. 你的业务和竞争对手的业务有哪些相同点与不同点？
5. 在下列选项中，你将基于哪些方面的优势以展开与对手的竞争？

- 产品优越性
- 价格/广告宣传
- 技术/创新
- 其他

6. 在下列选项中，在哪些方面你的业务表现得更好？（你有哪些独特的能力？）

- 生产
- 管理
- 产品
- 价格
- 服务
- 交货
- 其他

7. 你从竞争对手那里学到了什么?
8. 在每种产品/服务线上,你将会遇到哪些竞争?
9. 在客户眼中,你的产品/服务与竞争对手相比有何优势与劣势?
10. 你对那些与你一样尚未进入市场的潜在竞争对手了解多少?
11. 如果你还没有竞争对手,你在市场中的成功将可能吸引哪类厂商(谁)的加入?
12. 你是否威胁到竞争对手的主要战略目标或其自我定位?

- 你是否会严重影响到竞争对手的利润?(他们是否会不惜代价地打垮你?)

11.2 子标题

- 竞争对手简介
- 产品/服务比较
- 利基市场(Niche Market)及其份额
- 优势和劣势分析

11.3 要点提示

提供行业内其他参与者的简要介绍。强调你独特的竞争优势。

11.4 介绍顺序

1. 竞争对手概况

介绍竞争对手的规模、创办时间、场所、销售规模、管理、运营模式和其他特征。介绍可能进入市场的潜在竞争对手。

2. 产品/服务比较

介绍你的产品/服务与竞争对手的产品/服务比较有哪些异同。比较你的运营和管理模式与竞争对手的差异与优势、劣势。强调无论如何竞争只会使你的产品/服务和企业在市场上更有吸引力。

3. 利基市场及其份额

说明每个竞争对手占有的市场份额。介绍那些占有较大市场份额的竞争对手并解释他们获得竞争优势的原因。介绍那些已经(或正在)变得强大并正在(或准备)争取更多市场份额的竞争对手。介绍每个竞争对手所专注的特定的细分市场。介绍你所在的利基市场并说明它在整个市场容量中的比例。介绍市场发展方向以及在未来的3~5年内每个竞争对手的利基市场及其占有的市场份额可能发生哪些变化。

4. 优势和劣势的比较

介绍与主要竞争对手相比,你有哪些优势和劣势。建议你制作一张表格,在表的最左栏按自上而下的顺序列出序号,然后在右侧栏目中列出你与竞争对手的名称及各自的优势/劣势。读者可以浏览该表格并迅速地总结出每个市场参与者的特点和优势/劣势。你应该归纳的主要优势/劣势包括:产品优越、价格优势、市场优势(与客户或供应商签定了大订单、靠近较大的市场、靠近劳动力供应地、原材料、能源、运输、土地或其他资源)。最后,要比较你与竞争对手的管理团队的优势与劣势(经验及业绩记录、技巧等)。

11.5 应避免的常见错误

- 没有列出知名的主要竞争对手
- 低估竞争力和潜在竞争
- 没有展示自己的竞争优势——哪些因素使你的企业独一无二或更好
- 对现有的竞争者或正在出现的竞争者没有应对战略
- 假设没有竞争者
- 没有表明你了解竞争对手的市场计划和他们的商业周期

12 模块8:营销策略

建议篇幅:2~3页

目标:明确阐释你将如何进入市场、获得利基市场、保持一定的市场份额并实现预定的财务计划

12.1 相关问题

1. 你的产品/服务的吸引客户的卖点是什么?
   - 它有什么特殊或独特之处?

2. 你将如何吸引客户并保持市场份额?
   - 你将如何扩展市场?
   - 要经过多长时间?

3. 你的营销活动侧重于哪些细分市场和应用?(不论面临怎样的机会,你都

不可能满足所有的人的全部需求。)

4. 你如何识别潜在的客户？
5. 你将如何接触到(客户的)决策者？
6. 你将如何决定与谁联系？

- 按什么顺序？

7. 你将作怎样的销售努力？

- 为什么这是最好的方法？
- 有多少销售人员？有多少公司内部的销售人员？有多少代理商？
- 直邮了多少商务信函？分发了多少宣传册？
- 参加了多少次商业展览会？都是哪些展览会？

8. 你将使用哪些广告/促销媒体？（核对下列选项并描述）

- 收音机
- 报纸
- 商业刊物
- 杂志
- 电视

9. 你的营销手段的效率和转化率如何？

- 需要多少次拜访(包括电话拜访)才能获得向潜在客户进行使用/操作演示的机会？
- 需要做多少次使用/操作演示才能获得一份订单？
- 直邮了多少商务信函？预期回复率如何
- 做了多少其他媒体的广告？预期回复率如何？

10. 以上活动将花费多长时间？
11. 客户的平均订单规模是多大？
12. 每个销售员的销售定额与推销能力如何？

- 销售员的佣金构成是怎样的？
- 有怎样的销售周期？

- 在实现销售预期过程中有哪些里程碑?

13. 有哪些销售区域?
14. 你的定价策略是怎样的?

- 你的利润是低还是高?
- 你有哪些折扣政策?
- 经销商的利润如何?

15. 随着时间推移,定价可能发生怎样的变化?

- 扣除研发费用后,定价可能怎样变化?
- 当与竞争对手发生可能的价格战时,定价会怎样变化?
- 哪些是重要的供给因素与需求因素?

16. 你的包装和商标将如何提高品牌认知度并巩固品牌忠诚度?(一个潜在的客户为什么会仅在看后就要买你的产品?)
17. 你对客户的信用政策和收款政策是什么?
18. 你将提供哪类(以及哪种水平的)服务、保证和担保?

- 你将如何促销?
- 上述行动可能对利润产生哪些影响?

12.2 子标题

- 市场渗透目标
- 定价和包装
- 销售和分销
- 服务和保证政策
- 广告、公关和促销

12.3 要点提示

介绍你为赢得营销成功而采取的行动计划。说明你的内部政策和对媒体的运用将如何帮助你成功。如果你有一份独立的营销计划,则可以参考该份计划来撰写商业计划书中的相关内容。

12.4 介绍顺序

1. 市场渗透目标

介绍进入市场的计划。说明你的预期销售额和市场份额。介绍你的产品/服务在特定细分市场中的吸引力。说明你在每个细分市场中将如何识别潜在的客户、如何划分优先次序并接触他们。明确实现这些市场渗透目标的时间表,并说明竞争对手的反应可能对你的策略造成哪些影响。介绍那些重要的预定的客户,说明他们对你进一步提高市场渗透率会有哪些帮助。

2. 定价和包装

介绍你的定价政策及其制定过程。介绍将影响定价的因素,包括竞争、折扣、商品成本、市场力量和其他因素。证明你的定价是正确的,特别是当你的价格比市场上的同类产品/服务高出或低于很多时。最重要的是要证明你的定价决策是建立在公司的盈利能力基础之上的。

介绍你的包装和商标的设计方案。介绍品牌名称、颜色、标志和总体包装的吸引力将如何吸引客户购买你的产品/服务。介绍产品的说明书或使用方法,说明你做了哪些努力以使产品便于使用。

3. 销售和分销

介绍你和供应商及/或分销商的关系。介绍所有已有的或你正在寻求的分销商或特许经销商。介绍你的产品/服务将如何被分销到哪些地区。介绍销售、零售、直销和其他方法。介绍如何吸引经销商、如何对他们进行补贴以及如何控制他们。介绍销售协议中的现金销售、融资、租赁、信用和支付条款。如果你将要招聘销售人员,介绍对他们的销售定额和激励机制。简要介绍你的招聘、培训和促销计划。

4. 服务和保证政策

介绍你的服务安排、产品支持、保修条款等政策以及这些政策如何体现了客户导向。介绍这些政策对你的竞争力以及利润的影响。介绍执行这些政策的程序。说明管理层是怎样评论看待这些政策的,以及当你拥有了经验之后这些政策会怎样改变或改进。介绍你将如何处理客户投诉及其他与产品/服务有关的问题。

5. 广告、公关和促销

描述你的广告、公关和促销计划和活动。介绍你将使用的媒体和可能选择的专业广告公司。介绍你导入产品/服务并让它为市场所熟知和接受的方法与战略。介绍公司的名称或产品/服务的名称可能对获得市场认同的贡献。介绍你参加行业内会议和展销会的情况。

12.5 应避免的常见错误

- 没有区别"营销"和"销售"这两个专业术语的区别。("销售"是直接与客户进行交易;"营销"是吸引客户考虑你的产品。)
- 试图证明根据生产、营销和/或销售产品/服务的成本而制定的价格是正确的。(在客户角度销售价格只是价值的一种功能,价格太低与价格太高同样有害。)
- 设想企业内部的销售系统或直销网络可以在最短的时间内以最少的费用建立起来。(销售人员几乎要花一年时间去了解产品和熟悉销售地区)。新创办的企业应该考虑用已建好的代理商/代表处/分销商网络,这样就可以大大缩短建立网络和获得"学习曲线"的时间。
- 在利用独立的代理商或销售代表的情况下,假设这些分销网络会像你内部的销售系统一样给你的产品/服务分配同样的"销售"资源。
- 没有围绕你的产品优于竞争对手的差异性进行促销。
- 试图立刻填补几个有利可图、但却毫不相关的市场空隙。
- 战略太宽泛,缺乏理性或难以实现。
- 对包装和品牌名称的重要性估计过低。

13 模块9:生产/加工/运营

建议篇幅:3~5页

目标:解释你将如何以有成本效率的方式生产产品并为将产品导入市场做了哪些准备

13.1 相关问题

1. 你将如何生产出产品(或进行服务运营)?
2. 产品中的哪些部分将由你自己内部生产?

- 用什么方法?

3. 产品中的哪些部分将通过分包/转包来生产?

- 初始时?

- 两年或三年后?

4. 生产中需要使用哪些原材料和部件?

- 有哪些关键部件?

5. 这些部件的供应来源是谁/有哪些?

- 这些部件中有哪些只有唯一的供应来源?
- 当不能获得原材料或找不到计划中的供应商时,你是否有后备供应商或替代方案?
- 这些部件的交货期是多长?

6. 生产设施和设备是租赁的还是购买的?

- 这些设施和设备的目前情况怎样?
- 在财产和设备上是否设有留置权?

7. 计划的产能水平或运营能力是多少?

- 用金额表示
- 用数量单位表示
- 能否扩大? 怎样扩大?
- 生产周期如何?

8. 不同产量水平的标准生产成本是多少?(细分的固定成本和变化成本)

9. 为了将生产流程中的问题和瓶颈减到最少,你计划如何安置设备和进行设施布局?

10. 在规划设施和设备的布局时,你是否考虑到未来扩张的需要/计划?

- 关于产能:可否满足高峰期需求、或适应更低的需求水平以及更低的库存量吗?
- 是否考虑了休息室、办公室、储藏室、接待室、生产车间和其他功能的场地需求?

11. 是按流程布局(按照功能来排列机器)还是按产品布局(按照生产产品的需要来排列机器)来组建车间?

12. 是否确定了每个工作站的工作顺序?

- 最先到的订单最先生产
- 最紧急的订单最先生产
- 最后到的订单最先生产
- 其他

13. 你是否按原材料与劳动划分了产品的单位制造成本？

- 你是否计算出直接成本与间接成本，例如原材料、设施、管理人员工资、保险费、税收、折旧、利息等？
- 盈亏平衡点的销售收入是多少？

14. 还有哪些其他的生产控制程序？

- 有哪些安全记录及其程序？

15. 你的质量控制体系是什么状况？

16. 对库存控制有哪些考虑？

- 用于吸收需求随即变化的缓冲库存是多大？
- 你将执行哪种固定批量存货模式或周期批量存货模式？
- 产品的存放期限是多长？

17. 对劳动者有哪些考虑？

- 可能的罢工/工会活动会造成什么影响？
- 有哪些培训需要？

18. 你将如何最有效地使用人力资源？

- 你的职工可以操纵多台机器或承担多项职能吗？

19. 车间选址或生产过程会面临哪些潜在的环境问题？考虑限制、许可、分区、废弃物排放、污染和噪声控制及其他方面。

20. 现在的或计划中的选址有哪些有利和不利的因素？考虑接近客户、接近劳动力/供应商/资本、容易获得运输/能源/公共设施/其他资源、地方法令的特惠等方面。

21. 厂区的规模、结构、周边环境（该地区是稳定、变化、改进或恶化）有什么特点？

22. 对设施和厂区你有(需要)哪些短期或长期的计划?
- 对装修和成本你有(需要)哪些短期或长期的计划?
- 对添加或更新固定设备你有(需要)哪些短期或长期的计划?
- 对新的厂区你有(需要)哪些短期或长期的计划?

23. 厂区选址对经营成本有何影响?
24. 在工厂所在地区有什么其他企业/业务?
25. 如果要收购厂区周边企业,则收购的成本与时间是多少?
26. 总而言之,你有哪些生产或经营的优势?
27. 一般情况下,你的工厂位置和经营活动可能会对所在社区产生怎样的经济影响?(核对下列选项并描述)

- 创造就业机会
- 提高区域供应商的销售额
- 其他企业迁址该地区,或出现新公司
- 其他

13.2 子标题

- 厂址
- 设施和设备
- 生产和运营
- 劳动力的考虑
- 环境和经济影响

13.3 要点提示

显示你对公司的生产流程和操作的所有方面都了如指掌。本节内容是大多数商业计划书所欠缺的部分,而这正是造成许多企业失败的原因。在这个模块中可以发现一个公司的主要成本和那些令人头痛的麻烦事。你需要显示你已经认真考虑过这些问题。说明你将如何使成本最小化,如何尽量减少制造过程中的固有问题,以及如何通过有效运营实现利润最大化。

13.4 介绍顺序

1. 公司位置

介绍公司的位置或计划的位置。说明土地是购买的还是租用的。描述周围的环境和邻近的其他类型的公司。阐述该位置的有利和不利的因素，包括是否接近客户或市场、接近劳动力资源/供应商/资本，交通是否便捷，是否接近能源/公共设施/其他资源。介绍可能对公司经营有影响的地方法律。主要突出公司所在位置及附近的良好氛围。说明这个选址将怎样影响你的经营成本。最后，说明你的长期计划是否要求你继续留在这个厂址，还是搬迁去新的厂址。

2. 环境和经济影响

描述你的公司及其生产操作将对环境和社区造成什么影响。说明你将如何处理废弃物、申请相应的许可证、是否受其他限制的影响，例如污染和噪声控制。突出公司的经营将给所在社区带来的经济利益。阐述公司的经营活动将带来其他企业发展、就业机会增加等"涓流效应"。

3. 设施和设备

介绍设施的尺寸、构造和现状等特征。介绍制造过程中使用的设备种类及其现状。说明这些设施和设备是自购的还是租借的。介绍与这些设施和设备配套使用的特殊部件或特别的要求。说明设施和设备的维护和更新要求。突出这些设施和设备如何及为何给你的生产或运营带来超越同行的竞争优势。最后，说明你对设施和设备的长期需要与计划。

4. 生产和运营

介绍你将如何制造和生产产品，和/或如何提供服务。介绍所涉及的方法和过程。说明产品的哪部分是由企业内部生产，哪部分是外包的。介绍未来几年内部制造或外包关系会怎样变化。介绍生产产品所使用的原材料和/或零部件、它们的供应来源，以及当主要的供应商停止供货时你的后备供应体系。

分别用货币金额和数量单位来说明现在或最初设计的产能或运营能力。介绍用其他方法怎样扩大产能或运营能力。详细介绍在不同产量水平下的固定的和可变的生产成本和运营成本。说明单位产品生产的原材料成本和劳动力成本。说明间接成本（公共设施、税收、保险等）和盈亏平衡点。

介绍生产/运营的布局（在本指南的附录中有一个样本）。介绍工作流程和生产控制程序。介绍安全计划、质量控制和库存控制体系，说明它们对一个积极的、高效的工作环境是有益的并可以节约成本。

5. 劳动力的考虑

介绍你对劳动力有什么要求、你将怎样聘用并培训他们。说明你会如何把劳动力流失率降到最低,并将单位赔偿和员工福利控制在合理水平。说明你将如何处理纪律问题,以及对违纪问题如何执行公司政策。

13.5 应避免的常见错误

- 没有按照成本(税收、运费和安装维护等)、生产能力、适用性、交付时间和其他方面来正确评估生产过程、运营和替代方法
- 没有充分认识到或提供辅助设备和附属要求,例如特殊的排水要求、通风系统、夹具等
- 不能正确设计有效的车间布局、物料堆放、操作空间、通道和其他方面
- 缺乏对用工数、雇用与解聘、加班、连班、外包和存货等方面的合理安排
- 没有最优化地组合各种可获得的资源以满足客户需求并降低成本
- 没有合理的库存控制计划。不能平衡满足客户需求和最小化相关成本之间的关系,包括订单生产、操作和存储、资金分配、短缺等
- 没有保持适当的库存水平,库存控制体系不完善,采购监控不充分
- 没有确定并说明所有的产品成本(固定的、可变的、间接的)
- 缺乏合理的人力资源管理和招聘工作组织。没有关注流程选择、培训、报酬与福利以及对公司政策的解释
- 对环境(特别是属于法令法规范畴的)和经济方面的影响估计过低
- 缺少对公司位置、设施和设备将来长期的变化和需要的计划

14 模块10:管理团队和所有者关系

建议篇幅:2~3页

目标:说明管理团队和领导层是有能力的、获得了公平的报酬并有足够的激励去获得成功。说明所有权如何分配、所有者是谁以及拥有多少

14.1 相关问题

1. 哪些人是公司的主要管理人员?
2. 每个负责人(Principal)的个人履历如何?

- 年龄
- 教育背景(正式和非正式的)
- 才干、技能、能力
- 健康状况

- 业余爱好

3. 每个负责人能为公司带来什么?

- 在行业内工作的年限
- 业绩记录
- 参与本项目的时间
- 业务/管理背景

4. 每个负责人的职位和角色是什么?

- 职位名称
- 职责、义务和/或交叉的职能

5. 每个负责人的报酬待遇如何?

- 工资
- 利润分成
- 奖金和其他额外福利
- 聘用条件

6. 每个负责人有多少公司股权?

7. 谁是董事会成员?

- 公司内部成员
- 公司外部成员
- 年龄
- 与公司的关系
- 所有权份额
- 特殊贡献

8. 现在的企业主和管理成员的主要目标是什么?(核对下列选项并描述)

- 若干年后将公司出售
- 回购投资者在公司中的股份
- 获得特许经营权收益
- 连锁经营

- 其他

9. 随着公司发展,你打算怎样吸引新增的关键雇员并给他们怎样的报酬?
10. 你的雇员中是否有人仍受其与前雇主签订的"不竞争"协议的约束?

- 他们是否与你签订了"不竞争"协议?
- 对于上述协议的有效性和适用性你是否征询了法律意见?

11. 你是否已经从税务筹划角度、从知识/信息和学习曲线角度,以及从管理连续性角度考虑过失去团队中的一个主要成员的影响?
12. 有书面的继承权方案吗?
13. 以公司为受益人的、关键成员的寿险投保金额是多少?
14. 公司现在有多少股票被获准发行?
15. 现在哪些人是公司的股东?

- 每个股东拥有多少股票?
- 有哪些保证、权利、期权?

16. 你的情况如何?

- 你从事该项业务的理由是什么?
- 你的身体状况足以让你胜任工作吗?

17. 你的专业团队里有哪些人?(核对下列选项并描述)

- 律师
- 会计师
- 银行家
- 税务专家
- 贸易协会
- 专业顾问(营销、管理、系统等方面的顾问)

14.2 子标题

- 管理团队
- 董事会
- 所有权关系

- 专家支持资源

14.3 要点提示

显示公司良好的内部平衡。在作重要决策时,管理团队中有过多的营销和销售型人才与有过多的精于计算的人才(财务人员)同样糟糕。显示公司在营销、管理、财务、生产等各个领域内有足够的专家。表明在你个人能力不擅长的领域内你已经聘请了专业人才。最重要的,是要区分所有者和管理者的不同角色,即使是同一个人同时扮演了两种角色。

14.4 介绍顺序

1. 管理团队

介绍你的管理团队。简要介绍负责人(决策者)的背景。介绍每个负责人与众不同的能力和他们为公司所带来的一切利益。介绍他们的教育、经历、行业知识、特别的才干、培训、技能和能力。

介绍每个负责人的职位、义务和责任。说明他们参与项目的时间长短和在公司取得的重要业绩。介绍每个负责人的薪酬待遇,例如工资、利润分成、奖金和激励、额外福利和聘用条件。说明每个负责人进入公司的目的,例如他们希望从中获得什么、短期的还是长期的目的。介绍每个团队成员与公司签署生效的所有不竞争协议或其他法律合同。

如果某些管理职位有空缺,说明适合这些职位的人所要具备的资格。说明你希望如何和何时聘请新增的关键人员。介绍你打算如何吸引他们并付给他们什么样的薪酬待遇。此外,介绍随着公司的发展可能产生的新职位。

如果失去一位主要成员,介绍你可能采取的选择或替代方案。说明你对继任者有哪些计划。说明你将如何把失去或解聘主要管理人员的负面影响降到最低。

介绍每一个主要成员的简历以及客户、供应商、银行家、以前的雇主等对他们的个人经历的证明,并把这些简历和证明作为支持文件放在商业计划书的附录里。

2. 董事会

介绍董事会的所有成员并说明他们为什么对公司如此重要。说明他们的特长在什么领域以及他们与其他公司的关系。介绍他们已经作出的或将要作出的特别贡献。说明董事会成员为他们所花的时间和所提的建议将得到哪些报酬,他们在多长时间内会面一次,以及他们对公司有多大的控制和影响。

如果你还没有招募到董事会成员,简要介绍你希望招募的人选,以及你准备怎样、何时招募他们。

3. 所有者关系

制作一个包括各方所有者权益的细分目录,列明谁拥有哪类权益以及拥有多少权益。介绍所有者权益的形式,例如:股票、合伙企业份额、本票等。说明所有者权益的类型,如优先股票、普通股票、直接债务、担保债务和可转换债券等等。

介绍留存的(还没发行的)所有者权益的数额和种类。说明当再聘请新管理人员、并/或再接受其他投资者的投资时,所有者权益的细分目录将会发生怎样的变化。如果利润分配方案还没有确定下来,介绍所提议的分配方案。

介绍与公司有关的所有计划或协议,如公司的并购/解散、管理人员或所有者离开公司,以及其他可能的发展。介绍现在或未来的全部所有者的保证、特权、权利和选择权事宜。

如果你希望通过这个商业计划书寻找融资,要提供个人财务报表(见附录)。

4. 专家资源

介绍你的支持团队,说明每个团队成员将对公司发展和当前管理有哪些帮助。成员名单可能包括律师、会计师、银行家、税务专家、同业公会的下属组织、公共关系顾问、营销/广告顾问、技术/系统顾问等等。

如果你还没有获得专业顾问的帮助,告诉阅读者你已经意识到公司可能需要的支持服务。介绍你可能聘请的专业人士,说明他们何时开始提供服务。

14.5 应避免的常见错误

- 某些不具备专业资格的朋友、亲戚或其他人担任了重要的管理职务
- 希望阅读者假设一个来自其他行业的成功的管理人员也将在你公司所在的行业获得成功
- 由于没有让主要人员签署不竞争协议和/或雇用合同而无法保护产品的知识产权或运营的保密性
- 由于极度希望吸引和留住人才而为某些人提供过多的所有者权益或其他报酬(你应该将激励机制建立在某个要达到的里程碑的基础上,这相当于让关键人员自己为自己支付报酬)
- 没有确定并招募有声望的、积极的董事会成员
- 当公司发展超出你的愿景且不能仅靠一个维持现状型的管理者领导时,你

不愿意让贤
- 当发生失去关键成员的意外事件时,没有继承计划或危机管理计划
- 没有预留所有者权益以便在为吸引新的董事会成员或管理人员而进行第二轮融资时,尽量避免现有的所有者因股权稀释而引发激烈争论
- 受困于错误的所有者权益类型,没有考虑到税收优惠、红利支付、其他现在或未来的所有者的优先权
- 没有获得所需要的专业人士的建议、忠告及其他支持服务

15　模块11:行政管理、组织架构和职员

建议篇幅:1～2页

目标:显示标准行政功能的控制能力和效率。概述公司的组织架构、权限和责任。图示职位安排

15.1　相关问题

1. 公司的组织结构如何?(包括组织结构图)
- 每个人是否都知道谁向谁汇报/回复?
- 是否制定了清晰的权限和责任?

2. 是否建立了账簿体系?
3. 对票据、付款和应收款,有哪些管理政策、程序和控制手段?
- 对管理人员的汇报,有哪些管理政策、程序与控制手段?
- 对员工培训、试用期、晋升、激励、纪律等方面,有哪些管理政策、程序和控制手段?
- 对差旅、电话使用、车辆津贴和其他费用,有哪些管理政策、程序和控制手段?

4. 你的管理理念和风格是什么?
- 你将如何激励员工?
- 你将如何创造积极向上的工作氛围?
- 你将如何进行目标管理?
- 你将如何鼓励创造性和敬业精神?
- 你将如何培育员工的责任感和忠诚态度?

5. 你现在的(或最初计划的)人员补充计划是什么?
- 员工人数
- 技能
- 季节性招聘和解聘因素

6. 平均的或预期的员工流失率是多少?

7. 公司有怎样的人员需求?半年内?1年内?3年内?
- 需要的人员数
- 全职
- 兼职

8. 你需要的人员(知识水平、资格)在市场可以聘请到吗?或是你必须对他们进行培训?

9. 你将如何吸引员工并支付给他们报酬?
- 根据技能水平
- 根据工种
- 其他

10. 员工如何知道他们的工作内容?
- 他们应该做什么?(工作描述)
- 他们应该在何时做?
- 他们应该怎样做?
- 管理人员的期望和员工的职业发展前景是什么?

11. 是否进行定期的绩效评估?

12. 上述行政管理的成本是多少?

15.2 子标题

- 组织结构图
- 行政管理的程序和控制
- 人员和培训
- 管理和控制体系

15.3 要点提示

阅读者想要了解是谁以及他在如何管理着公司。表明你已经注意到而且理解所有的管理细节。解释你需要什么样的人员、你将如何聘请并培训他们。提供组织结构图,说明公司的结构、权限、责任和授权。最后,概述你的可以创造优秀企业的管理风格和体系。

15.4 介绍顺序

1. 组织结构图

根据组织结构图解释公司的权限、责任和授权等问题。清楚地表明由谁向谁汇报。避免令人感到公司内部组织过于僵化或孳生严重的独断专行。如果公司状况允许的话,应设计可变的与交叉的职责。阅读者应该可以通过浏览组织结构图清晰理解公司的管理团队和人员结构。

2. 行政管理程序和控制

介绍公司的行政管理体系、流程与控制,特别是你将如何运用会计和账簿的功能。说明你将如何监控和审计应付账款、公司的账单和应收账款。说明你将如何记录追踪和控制内部费用与经营成本。介绍其他构成组织必备功能的主要管理系统,例如订单管理、收款管理、接待管理、组织管理、文档管理、仓储管理、货物摆放和处理管理、服务和/或信息管理。

3. 人员和培训

介绍现有的或需要的员工及其职责。说明他们是怎样互相配合工作的。介绍聘用类型、聘用期限以及需要的员工培训成本。介绍现有的或将来准备执行的雇用合同。描述你是如何识别所要聘请的人员,怎样吸引、聘请他们,以及如何向他们支付报酬。说明现有的或计划聘用的员工人数以及员工储备人数。介绍不同职位的学习或适应曲线,以及新员工在多长时间之后才能独立工作并形成新的生产力。可以在附录里提供工作描述的样本。

4. 管理控制体系

概述你的管理理念和风格,并结合你将如何最有效地利用人力资源来介绍它们。介绍你将如何鼓舞员工并使之接受团队目标高于个人目标的理念。说明你将如何防止你的团队止步不前,或陷于繁琐的例行公事。一般而言,介绍你将如何保持开放的沟通渠道、鼓励创新、保持精练/灵活和行动导向。

15.5 应避免的常见错误

- 会计和其他业务档案记录体系不完善
- 没有思考过如何通过管理手段和鼓舞士气以实现最佳绩效
- 没有足够的人员去完成手头的任务
- 人员过多,太多的人在干太少的工作
- 权限或授权不清,管理控制体系不完善
- 没有未来的员工需求计划以满足发展或其他变化的需要
- 缺乏良好的人员培训和职业规划程序
- 提供的薪酬待遇和激励机制低于同行标准
- 高级管理人员过多(将多兵少)
- 没有说明公司的目标与管理团队的目标是一致的(没有体现对整体有利则对局部有利)

16 模块12:里程碑、时间表和战略规划

建议篇幅:1~2页

目标:列出主要的公司目标并说明如何、何时实现

16.1 相关问题

1. 启动项目需要做什么?

- 筹措资金需要做什么?
- 确定并渗透目标市场需要做什么?
- 确定、聘请、定岗以及培训管理人员和一般员工需要做什么?
- 选择公司位置、选择供应商需要做什么?
- 开始运作需要做什么?

2. 上述事情由谁负责完成?

- 计划何时完成?

3. 上述事情中,有哪些事情是重要的里程碑事件,即它的完成是其他事情开始的条件?

4. 是否有一份时间表,列明里程碑事件及其实现的具体日期(哪年哪月哪日)?

5. 是否已制定了公司/项目的战略性计划?

6. 为了保持计划进度以及帮助你实现目标,你聘请了(或将需要)什么专业人士和顾问?

7. 你的目标是否现实,还是只是充满希望的想法?

- 在你设定的时间内,你的目标真的能够实现吗?
- 你将如何确保在实现目标的过程中尽量减少失误?

8. 如果/当你不能达到关键的里程碑时,你会采取哪些行动?

9. 为实现这些目标,你能统一和协调各方面的努力吗?

16.2 子标题

- 主要里程碑
- 时间表
- 战略计划

16.3 要点提示

表明你知道哪些事情必须完成以及在合理的时间内完成这些事情的现实方法。重点集中在关键的或非常重要的里程碑事件上。概述不能达到这些里程碑的影响,以及可能的替代目标。在整个战略计划中,你的目标应该围绕市场定位和提高竞争力这两个核心目标。

16.4 介绍顺序

1. 主要里程碑

概述你和你的公司已经实现的重大目标。介绍你是如何实现这些目标的,以及在实现目标的过程中你学到了什么。介绍为保证公司成功需要做哪些事、完成哪些里程碑。说明谁负责监管里程碑的实现。提供一份时间表以帮助阅读者了解你打算在何时完成这些里程碑事件。解释这些目标和时间安排为什么是现实可行的。最后,举例说明实现上述目标所需的团队协作和统一行动。

2. 时间表

提供一个时间表说明重大里程碑的计划进度和完成的优先顺序。左起第一栏列出完成的时间(年月日)。左起第二栏列出待实现的里程碑或目标。左起第三栏列出谁负责监督或完成这些目标。最后一栏列出当目标不能实现时可能的选择或替代方案。有好几种方法在表内列出里程碑事件。你可以按优先顺序或重要顺序排列（这两种排列并不必然是一样的）。你也可以按完成的逻辑顺序排列。换句话说，一个事件的发生是另一个事件发生或实现的前提。时间表的样本提供在附录里。

3. 战略计划

制定战略计划通常是所有者或经理人要解决的一个棘手问题。制定战略计划需要高瞻远瞩并听取专家的意见，将理论方法和公司及行业的经验相结合。与商业计划书中提到的所有其他问题一样，不要试图欺骗阅读者或害怕承认你并没有所有的答案。你最好的办法是去咨询业内专家。如果缺乏获取专家帮助的渠道，你可以将合伙人、经理、员工、朋友以及其他参与者聚集一堂，用"头脑风暴"（Brainstorming）的方法获得解决问题的灵感。

"头脑风暴"中产生的想法和建议往往会大大超出你最初的设想。要鼓励创造性和开放性，而不要讽刺挖苦或论资排辈。让你的团队将他们对产品/服务以及运营等所有主要方面的看法提出来。直到没有新的想法再被提出之后，将已产生的想法和建议区分优先次序，并着手分派任务与指导实施。

你的战略计划应该考虑/符合下列实际情况/要求：

- 学习/经验曲线
- 行业参与者
- 领导/管理团队风格
- 可资利用的资源
- 信息安全
- 灵活、简单
- 新方法

要想清晰阐述有效的战略并避免项目固有的风险与失败，最重要的因素就是要对自己的优势和劣势进行实事求是的评估，并对自己提出正确的问题。在写商业计划书的这部分时，要让阅读者明白你的确提出了正确的问题。

16.5 应避免的常见错误

- 没有明确或按优先顺序排列出真正重要的或关键的里程碑
- 没有充分描述你将如何实现目标以及实现目标的重要性
- 根据可获得的资源和/或设定的目标完成时间判断，里程碑是不切实际的

- 如果/当主要的里程碑没有在设定的时间内实现时,不能提供另外的替代方案
- 对如何提高销售额与改善运营缺少前瞻性和计划性
- 盲目地相信一切事情都会按部就班

17 模块13:关键的风险和问题

建议篇幅:1~2页

目标:描述你对不可避免的或潜在的问题和风险的认识。表明你将积极而坦率地正视它们和处理它们

17.1 相关问题

1. 你的企业将(或可能)面临的内在的和潜在的问题、风险以及其他负面因素有哪些?
2. 公司或所有的负责人是否已被卷入某些有威胁的或未决的诉讼或违纪事件?
3. 公司是否正面临着某些严厉的政策要求?
4. 公司是否正面临着法律责任或其他保险问题?
5. 为避免上述问题造成不利影响,你能够采取哪些措施?
6. 上述问题可能在何时发生?
7. 当上述问题出现时,你将怎样处理?
8. 你怎样将上述问题的影响减到最小?
9. 从上述问题中你可以学到什么?
10. 如果可能,你如何将这些问题转化为机会?

17.2 子标题

- 概括介绍已解决的主要问题
- 不可避免的风险和问题
- 潜在的风险和问题
- 设想的最坏情形

17.3 要点提示

介绍已存在的或你认为可能会发生的不利于公司发展的情况。阅读者,特别是投资者,将会因你全面的介绍而非常欣赏你的坦诚态度。介绍你计划怎样避免

主要问题和风险的产生,如何将不利因素的影响最小化或如何将其转化为促进公司发展的机会。

17.4 介绍顺序

1. 概述已解决的主要问题

从概述你已经不得不进行处理的主要问题开始。举例说明你是怎样处理或解决这些问题的。特别突出你所使用的、具有创造性的解决创办公司问题的方法,强调在解决这些问题的过程中你学到了什么。

2. 不可避免的风险和问题

描述你的公司将面临的问题和风险的性质,估计这些问题和风险将在何时发生。介绍你可能采取哪些措施以避免这些问题和风险,或在不可避免时如何将它们的影响降到最低程度或如何处置。介绍公司或所有的负责人可能牵涉的具有威胁的或未决的诉讼或违纪事件。介绍任何其他法律责任或保险问题。

3. 潜在的风险和问题

用上述同样的方法描述并讨论可能产生的问题和风险。描述在什么环境或情形下会诱使这些问题和风险产生,以及当这些问题和风险一旦产生,你将如何处置。

4. 设想的最坏情形

设想一个最坏的情形以说明公司可能遭遇到的所有的内在的和潜在的风险。概括介绍最坏的结果,并说明如果这些风险最终导致物品的损失,是否可以通过抢救或修复来减少某些物品的损失。

17.5 应避免的常见错误

- 没有识别市场进入壁垒
- 没有识别不可控制的变数
- 没有能力保护商业机密(没有专利,没有"限制同业竞争协议"限制团队里的关键成员离开公司加入竞争对手的公司)
- 没有对最坏的结果进行实事求是的评估
- 没有关注未决的诉讼或其他法律责任问题

18 模块14:财务数据和预测

建议篇幅:根据需要而定

目标:图示当前的财务状况和财务预测。描述合意的融资类型、金额、偿还条

款和潜在的投资回报率

注意：在开始回答下列问题前，你应该先通读整个模块

18.1 相关问题

1. 你能提供过去3~5年（包括当前）的公司财务报表吗？

- 你能提供过去和/或当前的公司财务报表吗？

2. 如果财政年度已在3个月前结束，你能提供最近这段期间（从上一个财政年度结束日至今）的公司财务报表吗？

3. 你能提供最近3年的公司所得税纳税确认单的复印件吗？

4. 公司/本项目在开始的3~5年的财务预测如何？（应在商业计划书中图示）

- 第一年按月预测
- 第二、三年按季度预测
- 第三年后按年预测

5. 上述财务预测是建立在债务融资还是股权融资基础上？

6. 上述财务预测与行业一般状况相比如何？（成本、收入、利润等较比同类公司高还是低？）

7. 上述财务预测建立在哪些假设基础上？

- 对假设进行解释
- 最好、最坏的情形

8. 公司的开办费用和研发费用是多少？（提供详细项目费用列表）

9. 产品生产成本与营业费用是多少？

10. 公司最重要的成本有哪些？

- 这些成本的变化如何？
- 你计划如何将这些成本最小化？

11. 你制定了成本控制和现金流控制系统吗？（即监控和批准费用的程序）

12. 如果公司处于经营状态，应收账款有多少？

- 是否预留准备金以充抵坏账？

13. 对公司每一阶段的运营是否作了盈亏估算?(每个部门、每台设备、所有员工都应看作是一个利润中心)

14. 利润率是多少?(即预期销售额与产品生产成本的差额同预期销售额的比值)

- 预期的销售量能证明进入市场是正确的吗?

15. 对你的资本化决策作过分析吗?

- 租赁/购买
- 纳税结果
- 现金流结果

16. 对固定成本与可变成本进行过分析吗?

17. 进行过替代成本分析吗?外包可能性的存在使得内部费用与外部费用的比较成为可能。

18. 进行过盈亏平衡分析吗?

19. 是否做过产品库存量的预测?

20. 你需要多少资金?资金如何使用?资本性支出(产权、设备等)与流动资金(运营、存货等)各是多少?

21. 新资金的注入对公司业务将有什么影响?

22. 所需资金是否需要马上全部到位,还是在一定期限内陆续注入?

23. 资金将以债务方式、股权方式或两者兼有来筹措?

24. 公司提供哪些担保或抵押?

25. 这将是首轮外部融资吗?

- 如果不是,还有谁已经投资?

26. 曾/将向谁募集资金?

- 结果如何?
- 承诺投资额多少?

27. 你和其他负责人已经投资了多少?占有比例如何?

- 被提议的股权分配方案的原则是什么?

28. 根据你的资格状况,你有哪些融资途径?(核对下列选项并描述)
- 公司债券
- 银行贷款
- 其他

29. 投资条件如何?
- 每股价格或合伙单位价格
- 最低认购数量

30. 原始投资者的股权比例在投资后将被怎样稀释?
31. 制定了哪些投资者流动性条款?
32. 投资回收期是多长?
33. 投资者的潜在回报率是多少?
- 这个回报率与投资者从你的竞争对手那里获得的回报率以及与行业一般的回报率相比较如何?

34. 是否存在已获董事会批准但尚未发行的股份?
- 占总股份的比例是多少?
- 计划用途

35. 你是否计划最终将公司变为公众公司的?何时?
- 你是否计划最终将公司出售给大型公司?何时?

36. 融资的最后结果符合公司的既定目标吗?
- 融资是否带来了更好的控制力和灵活性?
- 融资是否提供了公司所需的资源?

37. 你的财务预测是否经财务人员审查过?
38. 公司现在已签有哪些租赁、贷款协议或合同?

18.2 子标题

- 资金需求/投资条款
- 当前的财务报表

- 财务预测
- 假设

18.3 要点提示

潜在投资者将仔细审查这部分内容。大多数经验丰富的投资者会对公司/项目进行独立的财务分析。财务分析要全面、令人信服,证明资金的需求。表明你将负责任地使用这些资金,以及这些资金将怎样保证你的成功。在准备财务报表时使用标准的格式。说明你的财务计划是切合实际的,是建立在由预期销售额与经营成本决定的利润率的基础之上的。用合理的假设支持这些财务预测。

18.4 介绍顺序

1. 资金需求

说明所寻求的资金金额和类型(债务或股权)。描述计划的资金用途。提供资金用途的细分目录,例如资本设备、土地产权、设施、存货和经营成本。说明资金对公司业务的增长和盈利能力有哪些影响。

说明在什么时候需要资金。提供图表说明需要的资金金额及其时间。介绍公司已有的投资规模,说明投资的资金是来自内部融资还是外部融资。介绍将来可认购的但当前尚未发行的股票数量或股权份额。介绍将来的融资预期并说明在哪一个阶段需要再次融资。介绍在将来的某一阶段如何运用尚未发行的股权份额,以及将来的融资计划将如何影响目前的募集方案。

介绍投资的条件。说明投资的最低金额。介绍本轮募集计划将会怎样稀释原始的和后来的投资者的股权比例。介绍投资回收期和潜在的投资回报率。说明投资项目为什么具有吸引力,以及它与行业内的其他投资项目相比较的结果。介绍与投资者退出相关的条款,以及投资者能够收回初始投资本金的最早日期。

声明将提供的担保或抵押。介绍你曾与谁就投资问题进行过联系,结果如何。介绍你还能找到哪些投资者或还有哪些资金来源的途径。说明如果业务开展不利,投资者面临的全部风险有哪些。当损失发生时,如果可以通过税收优惠、清算或其他方式对投资本金进行补偿,则补偿比例是多少。

最后,描述上述融资计划怎样符合公司/项目目标的需要,以及说明为什么所提议的股权结构对公司而言是最适宜的。

2. 当前的财务报表

如果公司正在运营,你需要提供以下三个基本的财务报表:

- 损益表
- 现金流量表
- 资产负债表

尽管在商业计划书中提供完整而详细的财务报表没有什么不妥,但阅读者更多关心的是基本的财务信息。因此,将上述三个报表压缩成一页报表就可以满足阅读者的要求。在本指南的附录中有一个压缩后的报表的样本。提供过去的纳税确认单有时也是必要的。

另一个有帮助的工具是预算偏差分析。它仅是说明预算费用与预期销售额同实际费用与实际销售额之间的偏差。它不仅是供管理层内部使用的极好工具,也向潜在投资者证明你在根据实际数据来评估预期数据。一定要解释那些异常的波动。在本指南的附录中提供了一个样本格式。

描述现在仍然生效的租赁、贷款协议或合同的条款。

3. 预测

财务预测应该建立在切合实际的预期基础上。要解释未来3~5年的损益情况。你需要提供下列预测:

- 预计的损益表
- 预计的现金流量表
- 预计的资产负债表

这些报表应能反映所建议的融资在第一年(按月)、第二、三年(按季度)和以后年份(按年)的财务结果。根据最好的、最坏的和正常预期的三种假设情况来编制上述报表会很有帮助。意向投资者还希望看到你对公司的长远考虑,这意味着你打算长期参与公司发展。在这部分,只对未来3~5年作预测就可以了。把所有其他的报表列在附录中。

提供一份盈亏平衡分析和对各个部门的费用估计与预算(如营销、生产、库存、管理费用等)对你的融资计划也是有益的。在本指南的附录中有一些这类报表的样本。

在潜在投资者阅读你的财务计划的同时,他们会评估项目的潜在盈利能力进而得出投资的正常回报率。但潜在投资者总是在想:投资的最坏结果将怎样? 你应该作好准备和他们探讨当不利情况出现时可以做哪些选择。

4. 假设

预测未来离不开假设,特别是对经济、市场和财务方面的预测。只有假设得当,在此基础上所作的预测才会有参考价值。奥妙在于假设是否合理取决于那些关注项目的人是否认为假设是有根据的。在商业计划书的这部分中提出你所作的假设,说明你为什么觉得这些假设合理;如果这些假设不能变成现实,你会采取什么替代措施。

下列内容是你在说明假设的根据时可能需要考虑的:

- 存货周转率
- 应收账款的回收期(以及坏账预测)
- 应付账款的付款期
- 批量采购
- 创始阶段和将来的资本性支出水平
- 资产的使用年限和相关的折旧时间表
- 债务的利率
- 适用的所得税率
- 车间与设备的预期产能和产能利用率
- 供应商和零部件的保障能力
- 停工期、假期、轮班数与每班职工数、加班等不同情况下的产量水平。(如何达到最高产量?)
- 基于市场特点、渗透策略、定价、竞争和行业发展趋势的销售额和市场份额
- 基于管理培训和学习曲线的成长和成功
  —— 有专业特长的人员增加
  —— 工资、佣金、利润分成的标准
- 市场总销售额、各细分产品的总销售额以及各自的利润率

5. 用计算机帮助预测

我们推荐你使用计算机进行财务预测。根据设计好的程序的要求,你只需要输入关于公司的某些假设的数值,就可以生成一整套财务预测表,包括销售额、损益表、资产负债表和现金流量表。

18.5 应避免的常见错误

- 没有提供现金流量分析和其他财务报表
- 销售额和利润的预测不切实际
- 没有作合理的假设(或证明你的假设建立在什么基础之上)
- 过低估计营业费用、所得税和其他"隐藏的"费用
- 交易条件不清楚,如最低投资额、投资回报率、投资回收期等
- 考虑潜在的投资回报率,该项目风险太高
- 薪酬、办公家具和其他津贴福利太高,超出新办企业的需要
- 没有标明公司创办者(和其他关键人员)对公司作了合理的出资承诺(把他们自己的钱投入公司)
- 股票数量或所提供的其他投资回报率与所建议的投资不协调(你提供的回报与你要求投资者的投资金额不成比例)
- 没有解释清楚为什么所提议的股权结构和交易条款对各方都是最有利的
- 所提议的投资回报与投资者从同类公司获得的回报不协调(回报太少)
- 没有制定相应的投资条款,以便当投资者想退出(或公司希望他们撤出)时,可以实现股权转让或退出
- 没有介绍投资在税务方面的优惠
- 没有对销售额达不到预期指标时的不利情形的预测
- 没有聘请声誉较好的会计师来制备和/或核查财务报表和财务预测(投资者一定会这样做)

19 最后润色

19.1 大检查

你的计划满足了以下要求吗?

1. 清楚说明你正在从事什么业务。
2. 证明你是在用一种独特、特殊的方法解决某个问题或满足某个客户的需要。
3. 清楚证明你的业务成功的决定性因素:

- 销售利润率
- 广告/促销

- 价格
- 成本控制/效率

4. 识别主要的竞争优势。

- 可获得融资便利
- 设备/车间
- 管理层/人力资源
- 现有合同
- 意向书
- 有限的竞争

5. 识别主要的竞争劣势。

- 地理位置
- 竞争
- 供应商
- 不熟练的劳动力
- 投资不足
- 缺乏市场认同

6. 证明公司已控制和平衡财务、生产/经营、营销、管理和其他专业部门之间的关系。

7. 证明时机正确。

- 经济动力
- 融资/利率
- 市场动力

8. 列出你的目标和时间表,说明你将如何实现目标。

9. 列出内在问题和潜在的风险。

10. 清楚说明投资资金的用途。

11. 介绍交易的条件、在给定时期内的潜在投资回报率是多少、财务预测中的合理假设。

12. 概述随着环境的变化和事情的发展,你将怎样更新、修改和细化你的商业计划。

19.2 投资者的问题

你已准备好回答潜在的投资者提出的关于新公司/新业务的 5 个常见问题了吗？

1. 如果这个想法这么好，为什么没有其他人做呢？

- 这个问题的确会令你难堪。投资者可能会怀疑：如果此前没有其他人尝试过做这件事或类似的业务，可能是因为此类业务并不赚钱。你的回答很可能是这样："当我们克服创业困难并开拓了一定的市场规模，竞争者自然会出现。"他们想要你做的是证明为什么这是一个可行的机会。

2. 你为什么要参与这个项目？

- 提出这个问题的目的是要发现你的动机。有些人想要独立，而其他人更多的是由纯粹的盈利驱动。有太多的理由令投资者放弃一项投资而不是承担项目风险。因此，投资者想要知道你认为你将会从项目中获得什么，并要知道有哪些因素使你相信你可以做到。为人们服务当然值得尊敬，但投资者更希望看到你有信心和强烈的渴望去追求成功。他们想要知道你经营公司的目的是为了获取利润。

3. 你向同行或类似行业的其他人谈论过该项目吗？

- 提出这个问题的目的是要知道你对行业了解多少。投资者想要看到你已经做好了准备工作，你已经较好地处理了经营中的大部分事宜（诸如供应商、运输、地点、劳动力、保险等），而且，你能向同行学习。

4. 你已经尝试把产品投放市场了吗？

- 提出这个问题的目的是要了解你是否有市场意识。投资者希望知道人们会购买你的产品，以及你能适应人们不断变化的需要。

5. 你的计划是否让会计师、律师、银行家、管理顾问和（或）其他专业人士阅评过？

- 提出这个问题的目的是要知道你是单打独斗还是率领团队来实现目标。投资者想要看到你有办法获得各类专家并能统率他们。他们希望看到所有的适当的规章制度都被有效地执行,这将最大限度降低他们的风险。

19.3 最后测试:你和你的计划有 M.O.R.E. 四要素吗?

- 动机(Motive)——你和你的团队有动机的吗?你有争取成功的动力和雄心吗?
- 机遇(Opportunity)——是否存在一个可识别的机遇?这个机遇是否足够大、足够有吸引力让人们去追求?
- 资源(Resource)——你获得了成功所需的资源吗?如果可以获得这些资源,你将如何利用?
- 经验(Experience)——你以前从事过这个行业吗?你是否完全了解这个行业?你是否已聘请了有经验的人来管理和经营重要的业务?

19.4 装订

商业计划书的标题和子标题应该清晰可辨,容易找到。使用标准的、没有修改痕迹的文本(除了强调重点)。让一个文笔好的人检查计划书中的单词拼写、标点符号和语法是否有错。

让你的律师、会计师和其他专业人士评阅你的计划。请他们在由他们准备的那部分的结尾签名(例如,你的会计师可以把他的姓名和事务所名称加在财务部分的结尾)。你应该给每份计划书编号,并留出位置给那些审阅者签名。如果合适,可以将免责声明作为计划书的首页。为计划书的每位审阅者准备一份个性化的前言,以强调那些他们各自感兴趣的内容,也不失为一个好主意。

最后,你一定希望你的计划书能给人留下良好的第一印象。封面应该在触感上和视觉上给人良好的感觉,但不能给人虚浮或奢华的印象。你一定不希望潜在投资者认为你铺张浪费。你的公司名称或项目名称应该打印在封面上。

20 附录1:支持性文件

建议篇幅:按需要而定

目标:提供更全面的文件支持商业计划书中各部分提到的资料和声明

20.1 相关问题

1. 你有产品、设施或设备的专业图片吗?
2. 你已签定了哪些合同?(核对下列选项并描述)

- 管理、雇用、不泄密/不竞争

- 供应商、租赁
- 客户、投资者
- 专业顾问
- 其他

3. 你是否拥有专利、商标、服务标志或版权保护文件?

4. 你是否已将与公司有关的、由自己完成的或由专业机构完成的调查、研究或观察报告整理成参考书目?

5. 你已将公司的销售额、利润率和盈亏平衡点按产品/服务,或按市场分别制成了图表吗?

6. 你是否制作了列明竞争对手的名称、他们的市场份额和过去 3~5 年间的年销售额的图表?

7. 你是否以表格的形式比较了竞争优势和竞争劣势?

8. 你是否有广告资料的样本?

9. 你是否拥有从客户、供应商、银行家以及前雇主那里取得的关于每个公司负责人的简历和个人信息?

10. 你有每个负责人的个人财务报表吗?

11. 你有主要职位和支持人员的工作描述吗?

12. 你有体现每个人的权限和责任的组织结构图吗?

13. 你是否已概述了你的管理控制系统?

14. 你有描述重要的里程碑和完成它们的优先顺序的时间表吗?

15. 你是否已将设备和其他资本性支出、关于它们的描述和价格列成清单?

16. 你是否已将计划投入的资金金额和时间制成图表?

17. 你是否已做了预算偏差分析?

18. 你是否拥有当前的和预测的下列报表:

- 损益表
- 现金流量表
- 资产负债表

19. 你是否已为每个部门或利润中心制订了预算方案?

20.2 子标题

下列清单概括了在附录中可能出现的资料:

1. 公司和产品/服务支持资料

- 产品、设备、设施的图片
- 专利、商标、服务标志或版权的文件
- 将所进行的研究、调查、测试整理成的参考文献

2. 法律支持材料

- 合伙协议或管理合同
- 代理商/代表处协议或雇用合同
- 不竞争协议/保密协议
- 设备、设施、租赁和供应商协议

3. 市场支持材料

- 杂志、报纸、行业杂志文章
- 营销宣传手册、广告图册、图纸、邮件和其他资料
- 3~5年的市场份额和销售额图表
- 竞争优势和劣势的比较
- 已联系的客户及现状(已签的订单)
- 意向书

4. 管理/所有者关系支持材料

- 主要人员的简历、证明人、推荐信
- 管理控制系统简图
- 重大的里程碑和时间表

5. 行政管理和人力资源支持材料

- 组织结构图
- 每个部门/运营单位的职员培训提纲
- 重要职位的工作描述
- 账簿、采购、库存和其他控制系统

6. 融资/投资支持材料(见附录2)

- 按产品、市场以及全部业务所作的盈亏平衡分析
- 公司和所有者的财务报表
- 设备和资金性支出列表
- 投资金额和投资时间图
- 关于上一年度运营的预算偏差分析
- 每个部门或利润中心的预算方案
- 损益表、现金流量表和资产负债表,说明在最好、最坏或正常预期情形下的财务预测

20.3 要点提示

表明你已经作了充分的思考,对公司的每一个方面都做了准备工作。你展示资料的目的是使人们对你的计划产生信任。更重要的是,它们能让阅读者想象你的成就和目标。确保展示的资料有吸引力、可读性强与容易理解。

20.4 介绍顺序和形式

应与上一节"子标题"相似。

20.5 应避免的常见错误

- 展示资料制作粗糙,难以阅读
- 技术性太强,或没有提供怎样理解以及怎样解读有关资料的说明(有些图表和曲线图需要解释)
- 没有列出资料来源或说明信息的依据
- 整篇商业计划书的资料编排差(大部分文件应该以展示资料的形式放在计划书后面作为参考资料)

21 附录2:文件样本

21.1 组织架构图样本

4 项目来源 | 187

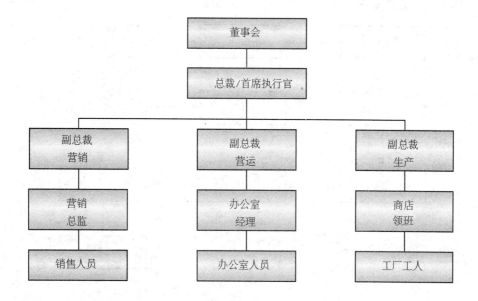

21.2 时间表样本

日期	里程碑	分配	选择的行动
2008.1.25	完成实物模型	汤普林	制图
2008.2.28	图表设计	汤普林	制作说明书
2008.3.1	工作原理	汤普林/琼斯	将合同分包给大学研究机构
2008.5.1	评估/测试原型 保证增加的项目资金	汤普林/琼斯 汉杰克	必要的修改 开始行动 废弃项目
2008.6.1	安装客户测试点 组装第二台	汤普森 琼斯	特许现有生产商制造该产品
2008.6.30	参加行业展销会 分发文献	马丁	直邮广告宣传册 广告活动
2008.7.30	展示原型 完成商业计划书和 营销计划书	汉杰克	在有限范围内分发执行概要
2008.9.1	确定公司目标	整个团队	寻求融资 满负荷生产 出售项目 特许制造

21.3 生产流程图样本

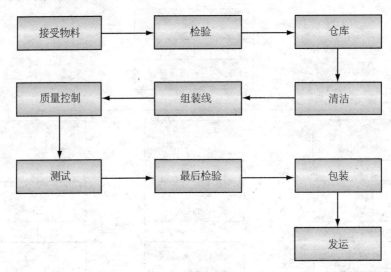

5 前期调研

5.1 项目信息研读

PE基金团队将通过前期调研解决两个问题:一是初步决定项目/交易是否符合其投资标准(Investment Criteria);二是如果项目/交易符合其投资标准,为投资/收购进程及其后的企业整合与制定发展战略进行必要的知识与信息储备。

前期调研是从研读项目信息开始的。理想的情况是拟融资企业(或卖方)已经制作了完整的商业计划书。也有很多拟融资的企业只提供简单的经营现状与扩张计划的介绍。通过研读企业商业计划书,PE希望能获得下列三组问题的答案,即:

- 企业过去曾经做过什么?(怎样做的?结果如何?)
- 企业未来打算做什么?(如何去做?期望如何?)
- 希望PE基金帮助企业做什么?(回报如何?)

至于PE基金"能不能帮助企业做"的问题,需要在前期调研或尽职调查之后才能决定;而PE基金"怎样去做"的问题将在本书的其他章节介绍。

5.1.1 企业经营的历史与现状

PE基金投资是基于对企业未来成长性和盈利能力的判断。尽管过去并不代表未来,但企业经营的历史记录仍然对PE基金的判断产生重要的影响。

在我们获得的项目信息中,有相当一部分是引资扩产计划,很多企业家都希望通过引入资金来增加产能进而扩大市场份额,并相当乐观地预测未来业绩的爆发式增长。某些企业家往往忽视其企业偏于一隅的现实,过高地估计企业发展的能力。对于这种现象,我们引用英国经济学家马歇尔的论断来表达我们的态度——"自然界没有飞跃"。不论是否存在,"飞跃"都不是常态,PE 基金不可能仅仅依赖企业对未来的美好描述而作出投资决策。

在企业经营历史纪录中,有两个信息至关重要:一是企业如何定义自己的业务,二是历史财务报表。

如何定义企业的业务并不是一件简单的事情。如果一个定义清晰地表述了企业所在的行业(及细分行业)、产业链位置、产品或服务(及与竞争者的差异性)、目标客户、市场地位、盈利模式、企业家愿景,等等,那将会给 PE 基金留下深刻的印象。

以迪斯尼乐园(Disney World)为例,读者可以比较一下不同定义间的差别:

- 迪斯尼乐园是一座公园。
- 迪斯尼乐园是一座儿童娱乐园。
- 迪斯尼乐园是一座主题公园。主题公园是指公园中的一切,从环境布置到娱乐设施,都集中表现一个或几个特定的主题的公园。
- 迪斯尼乐园是卡通动漫产业衍生的主题公园。
- 迪斯尼乐园是迪斯尼卡通影视产业下游的、以游乐/餐饮/住宿等服务及物业出租为主要收入来源的、全球领导性的品牌主题公园。

比较曾在中国各地大兴土木建设的很多"公园"、"乐园"和"主题公园",在不到 10 年时间内基本都销声匿迹了。最主要的原因就在于公司定位不清晰,没有可持续发展的核心竞争力。而迪斯尼乐园可以成为"百年老店"、"常青企业",最重要的是"软件"提供了长期发展的动力。

历史财务报表的重要性不言而喻。在前期调研阶段,PE 基金十分重视与交易估价有关的数据,如 EBITDA(利息、税、折旧、摊销前收益)或净利润。其他如应收账款、存货变动、债务等影响企业未来现金收支的项目也会关注。

中国很多企业提供的融资计划书中,都以很大的篇幅描述资产项目,例如,强调购置土地面积、办公楼厂房车间面积、净资产额等等。事实上,除特殊情况外,PE 基金在早期调研阶段并不十分关心这些数据。相反地,基金更欢迎以租赁的形式获得厂房车间,因为从投资回报率的角度看,在收益相同的情况下,投资越少则回报率越高,而且租金可以在所得税前列支,有"税盾"作用。

5.1.2 企业未来的发展计划

PE需要了解目标公司通过股权融资获得的资金的具体用途是什么。一般而言，下列项目PE的兴趣不大：

- 目标公司业主或管理层声称发现新机遇，欲跨行业投资；
- 目标公司新建生产基地，但现有产能闲置；
- 目标公司不能给出资金的具体使用计划，包括时间、地点、用途、金额；
- 目标公司计划进入利润率更低的上下游产业，而原来这部分是外包（Outsourcing）的。

PE需要了解目标公司的投资（或资金使用）计划是否合理。这需要目标公司在其商业计划书中展示：

- 投资符合行业发展趋势和企业的市场定位；
- 投资结果可以预见，企业竞争力和市场地位将会提高；
- 投资过程是可控的，投资风险是可控的；
- 资金使用计划是最优的，就目前所知没有更好的替代方案。

建立财务模型（Financial Model）进行财务预测是必要的。基金希望了解企业未来的价值。目标公司所作的财务预测要基于可以接受的假设基础之上。对于那些异常的假设，如超过50%或更高的年销售收入增长率，目标公司要给出合理的解释。

5.1.3 融资额与股权比例

目标公司需要明确地告知PE的投资额及投资后可获得的股权比例。PE也需要了解整体股权结构及其他股东的状况，因为其他股东可能反对控股股东单方面的引资计划或行使其优先认股权，也可能在未来列席新公司的董事会议并影响公司未来的决策。

投资额与获得的股权比例反映了目标公司对自身现有业务的估值。有些企业根据股票市场同行上市公司的股票价格来估价，即"公司价值 = 市盈率 × 净利润"。在股票二级市场处于牛市行情的时候，有些企业的估值达到了令人瞠目的程度,如20倍甚至更高的市盈率(P/E)。更有甚者,根据预测的企业未来的盈利进行估价,即"公司价值 = 市盈率 × 第 n 年后的净利润"。

过高的估值是PE无法接受的。一方面,股票发行与上市是PE退出的一种方式,如果以市盈率来估价,则除非未来企业股票上市流通并获得更高的市盈率,否则PE将没有投资收益(此处不考虑分红),这显然是任何理性的投资者都无法接受的。另一方面,姑且不论企业未来能否公开发行股票并上市,以及不考虑上市的成本和锁定期的限制,仅以企业未来的盈利估价本身就是PE无法接受的。未来的盈利只是一种可能性。投资的目的就是承担不确定性的风险追逐未来高收益的可能性。如果把盈利的可能性已表现在交易价格中,则留给PE(新投资者)的将只有风险了。

公司估价超过其净资产的部分可以被视为一种企业家才能。企业家才能实质上是组织的价值,即各种生产要素被有效地组织起来形成创造价值(即产出价值大于消耗价值)的能力时所产生的价值。PE认可合理的企业家才能,同时,企业家也需要考虑,PE承担的投资风险与投资机会成本需要补偿,以及PE对企业未来发展的贡献的报酬。

PE基金的估价方法是基于公司的重要财务指标——利息/所得税/折旧/摊销前收益(EBITDA)——计算的。详细内容介绍读者可参看本书第七章。

对处于发展早期阶段的企业,由于没有充足的历史业绩可供参考,创投资本通常采用以下公式估算企业的价值,即资金投入前价值(Pre-money Value)和资金投入后价值(Post-money Value)[①]。

资金投入前价值是指新增资本金投入前企业的价值,其计算公式为:

资金投入前价值 = 原有股份总数 × 新股价格　　　　　　　(5.1)

资金投入前价值 = 资金投入后价值 − 新增资本金　　　　　(5.2)

资金投入后价值是指包含了本轮融资增加的资本金金额的企业价值,其计算公式为:

资金投入后价值 = 新增投资额 / 获得的股份比例　　　　　(5.3)

资金投入后价值 = 总股份数(包括原有的和新增的) × 新股价格　(5.4)

其中,新股价格 = 新增投资额 / 新发行的股份数　　　　　(5.5)

---

① 不少创业型/高新技术企业在企业发展初期阶段,虽然有很好的市场前景,但企业经营还没有利润,甚至亏损。此时创投基金需要对企业进行价值评估,而传统的基于资产、现金流等方法无法满足这一需要。

[例] A公司是私人企业,数个创始人拥有企业100%股权:

所有者	证券种类	股份总数	投资额(美元)	每股价格(美元)
创始人	普通股	600 000	500 000	0.83

A公司计划引进资金(第一轮融资)扩展业务,其创始人考虑引进VC投资,计划如下:

投资者	证券种类	股份总数	投资额(美元)	每股价格(美元)
PE	优先股	1 000 000	2 000 000	2.00

就本轮融资而言,企业的资金投入前价值与资金投入后价值如何?

根据公式5.3:

资金投入后价值 = 新增投资额 / 获得的股份比例
$\quad\quad\quad\quad$ = 2 000 000 / [1 000 000 / (1 000 000 + 600 000)]
$\quad\quad\quad\quad$ = 3 200 000(美元)

或者,根据公式5.4:

资金投入后价值 = 总股份数(包括原有的和新增的) × 新股价格
$\quad\quad\quad\quad$ = (1 000 000 + 600 000) × (2 000 000 / 1 000 000)
$\quad\quad\quad\quad$ = 3 200 000(美元)

根据公式5.2:

资金投入前价值 = 资金投入后价值 − 新增资本金
$\quad\quad\quad\quad$ = 3 200 000 − 2 000 000
$\quad\quad\quad\quad$ = 1 200 000(美元)

或者,根据公式5.1:

资金投入前价值 = 原有股份总数 × 新股价格
$\quad\quad\quad\quad$ = 600 000 × (2 000 000 / 1 000 000)
$\quad\quad\quad\quad$ = 1 200 000(美元)

对A公司创始者而言,其初始投入的500 000美元在本轮融资中估价为1 200 000美元,其增值倍率为:

$\quad$ 增值倍率 = 新股价格 / 上一轮融资每股价格 $\quad\quad\quad\quad$ (5.6)

$$= (2\,000\,000 / 1\,000\,000) / (500\,000 / 600\,000)$$
$$= 2.4$$

或者,

增值倍率 = 本轮融资资金投入前价值 / 上一轮融资资金投入后价值　　(5.7)

$$= 1\,200\,000 / 500\,000$$
$$= 2.4$$

增值倍率反映了创始人对企业当前价值的认识。要获得较高的增值倍率,投资者及管理层必须努力创造价值。

5.2 行业调研

前期的行业调研是由 PE 基金独立进行的。尽管拟融资企业提供的商业计划书中包括了关于行业的介绍,PE 的分析人员仍然需要独立进行的调研验证。PE 的这种谨慎态度是有意义的,也是必须的。俗话说"王婆卖瓜,自卖自夸",计划融资的企业家或管理层会有意无意地夸大行业成长性的利好方面且忽略潜在的风险与制约因素。现实中,几乎每一项投资决策的作出都是基于良好的盈利预期,但投资失败的案例却俯拾皆是。PE 必须排除情感好恶因素的影响,并时刻保持冷静而独立的审视。

对每一个看上去感兴趣的项目,PE 的分析人员都会独立地撰写行业研究报告。下面将介绍行业研究报告的主要内容。

5.2.1 交易背景

这部分包括三个内容:项目来源、目标公司介绍、融资或股权出让计划。

"项目来源"部分陈述是谁提供了项目信息。在 PE 的实践中,部分项目信息是由中介提供的,部分是来自于 PE 内部,包括项目开发主管、投资组合公司的扩展计划等等。PE 需要及时将项目进展情况告知信息提供人,以及必要时需要他们提供帮助。

"目标公司介绍"是对目标公司发展史与经营现状的概括介绍。这部分信息的来源是商业计划书以及 PE 分析人员的独立调查。其主要内容包括目标公司的

下列信息:

- 成立时间与地点,包括其前身(公司)的成立时间与地点。经营时间的长短将有助于 PE 判断企业所处的发展阶段、管理层的经验和能力。经营地点反映企业所处的区域经济与人文特征,包括企业是靠近供应商还是靠近客户、政府的效率与影响力、当地的劳动力供应与素质状况,等等。
- 所有权性质,是私营还是国有。如果是国有企业,则 PE 需要考虑有关职工大会批准、资产评估、产权交易等的特殊规定,以及人员处置、附属产业剥离、债务与应收账款处置等典型问题。
- 当前的股权结构。PE 要了解将来的合作伙伴,这将影响企业未来的决策以及决策的执行。此外,PE 要特别关注某些特殊的股权结构,例如因国企改制带来的员工持股会代持股所带来的潜在法律问题、私人企业主要股东配偶持股的潜在法律影响[1],等等。
- 主营业务,包括主要产品或服务(尤其是差异性)、产能与实际产量、主要供应商和客户、主要竞争者和行业地位、近三年主要财务数据等内容。准确地定义企业主营业务是行业研究的前提。
- 管理团队,包括他们的教育背景、职业经历、目前职位。必要时,还包括组织结构图。
- 技术研发,包括现有技术来源、专利或专有技术情况、研发人员的教育背景与职业经历、历年研发投入占销售收入比例,等等。

"融资计划"是对企业未来发展规划的概括介绍。这部分信息的来源是商业计划书,其内容包括:

- 融资金额与股权比例,即企业主愿意出让多少股权以换取相应的投资额。
- 资金使用计划,包括用于扩建厂房购置设备的资本性支出、增加流动资金以及用于并购/投资其他企业。
- 对投资退出机制的安排,包括时间、方式(如 IPO 或回购)。

---

[1] 例如,土豆网、赶集网和真功夫等公司近年来都遭遇离婚分割股权的纠纷,致使上市计划受阻。

5.2.2 市场概览

1. 产业链

产业链是指从一种或几种资源通过若干生产流通环节抵达终端消费者的路径。根据融资企业的产品或服务的定义,可以确定该企业所处的产业及产业链的具体位置,进而可以确定上游生产什么(供应)、下游需要什么(需求)以及哪些产品是互补品与替代品。产业链分析对于后面的细分市场分析与竞争分析很有帮助。

2. 市场容量

企业未来的成长空间来自两个基本方面:一是企业市场份额不变,市场容量增长;二是市场容量不变,企业市场份额增加。市场容量限制了企业的成长边界,因此,对市场容量及其成长趋势的研究是"市场概览"的核心内容。毕竟,要让"大象跳舞",必须提供足够大的舞台。

市场容量是从需求方面对市场规模的描述,它包含了丰富的内容:

- 时效性:市场容量是某一特定时间段内的需求量,如某一年、某一个月。
- 地域性:可以是全球市场,也可以是国内市场。
- 可计量性:市场容量可以用数量表示,如 x 吨、y 辆、m 台、n 瓦时等;也可以用金额来表示,如 x 美元、y 元人民币等。用数量表示比较直观、便于产品细分类,但缺点是不同质、难于直接比较;用金额表示便于直接比较,但缺点是受产品价格内涵不同及其变动、货币购买力变动的影响。
- 可预测性:可以从历史记录的、连续的实际市场容量数据中,预测未来的变动趋势。
- 可加性:细分市场容量相加可以得到总市场容量,条件是细分市场的划分是完备的。

市场容量是消费量或消耗量,其与产量间的关系可以表述为:在某一时期内,国内市场容量(用数量衡量)

= 国内总消费量

= 国内总产量 − 出口量 + 进口量 − 国内库存增加量 (5.8)

= 新增需求量 + 更新需求量 (5.9)

国内市场容量(用金额表示)

$$= \sum (各类产品国内总消费量 \times 该类产品价格) \quad (5.10)$$

因为产品价格受条件影响较大,例如有出厂价、批发价、零售价、折扣价、FOB(离岸价)、CIF(到岸价)等,推算时需要指明是哪种价格。

利用上述公式可以推算出潜在的市场容量。此时,首先需要根据某种逻辑联系,推算出潜在的总消费量,并设定价格。

3. 行业平均利润率

当长期行业平均利润率超过资金成本时,投资才是理性的。如果行业平均利润率过低,往往意味着行业进入壁垒较低,从而竞争激烈。过低的利润率将严重削弱企业的发展能力。理性的投资者不会选择在利润率过低的行业投资。

行业平均利润率反映了行业整体的发展阶段。处于成长阶段的行业会有较高的平均利润率,并吸引新的投资者进入;而处于成熟阶段的行业通常会有社会平均利润率,此时较少有新投资者进入,行业内整合成为推动行业发展的一个重要因素。

细分行业的平均利润率也受到其所处的产业链或价值链的位置的影响。例如,就消费电子类产品而言,根据"微笑曲线"理论,产业链前端的设计研发阶段的平均利润率较高、产业链后端的品牌运营商及经销商的平均利润率较高,而制造商——例如 OEM(Original Equipment Manufacturer,原始设备制造商)厂商——的平均利润率则较低。

行业平均利润率为评价目标公司的盈利水平提供了参照标准。获得超过行业平均利润率的企业往往具有更高的管理效率、较强的市场地位或适度的经济规模等竞争优势。

PE 基金青睐平均利润率较高的行业,以及在未来的可预见时期内利润率高于行业平均水平的企业。对于利润率低于行业平均水平的企业,如果市场地位和行业影响力仍然存在,只是因为受到短期或偶然因素(如对外投资失败、偿债导致流动资金不足)的影响导致的利润率下降,PE 基金会考量是否可以帮助企业恢复正常运营并进一步提高竞争力。如果可行,则这类项目往往具有很好的投资回报率。

4. 周期性或季节性(Cyclicity or Seasonality)

产品或服务的消费量与价格的变动往往具有周期性或季节性的特征。

行业的周期性有时与宏观经济周期相关联,如钢铁行业或电力行业,有时却具有特殊性。PE 的投资不会选择行业周期性的高点而是会选择在早期上升阶段。而更理想的情况是 PE 投资的企业所在行业没有强烈的周期性,例如白酒业。

行业的季节性会带来经营指标的季节性波动,如库存、收入以及雇员数量的波动。季节性有时源于生产的季节性,如农业、水产养殖业等;有时源于消费的季节性,如电力行业、礼品业、啤酒饮料业、蚊香业等。较强的季节性带来流动资金管理的问题。企业产能的计划也需要在旺季的销售收入增加与淡季的开工不足隐性损失之间进行权衡。

5. 市场驱动因素(Market Drivers)

市场驱动因素是指那些在中长期内推动市场容量持续增长的因素,主要包括需求、供给或政策因素等。例如:

- 因为收入水平提高和人口老龄化趋势带来的医疗保健需求的增加,将驱动医疗保健市场的持续增长;
- 因为关键技术突破和材料革新,使变频器的安全性得以改善和生产成本大大降低,从而推动了变频器在电机调速和节能领域的大量应用,而订单数量的增加使制造商可以大规模生产,进一步降低了生产成本,推动变频器更广泛的应用;
- 因为政策取缔小煤矿的生产,从而大型煤矿得以发展,而政策对大型煤矿的安全与效率要求的提高,带动了煤矿机械化开采比例的提高,引致了对煤矿井下综采机械需求的持续增长。

6. 市场限制因素(Market Restrains)

市场限制因素是指那些在中长期内限制市场容量持续增长的因素,主要包括需求、供给或政策因素等。例如:

- 因为受消费习惯、消费偏好影响,某类产品的市场容量增长缓慢。例如,两厢轿车、奶酪制品、净水器等产品在中国的消费量增长缓慢。
- 因为生产成本较高,终端产品价格高,限制了需求增长。典型的如新能源行业。风能、太阳能、生物质能发电的成本要大大高于传统的火电或水电成本。如果没有政策鼓励,新能源装备制造行业很难获得发展。在很多行业发展的早期阶段都存在这样的问题。只有通过材料、工艺、技术等的进步,出现了"生产成本降低→需求增加→生产规模扩大→成本进一步降低→需求进一步增加→生产规模进一步扩大"的循环,行业才会获得发展。例如,"T"型车与流水线的发明促进了汽车业的飞速发展。

- 因为产业链不完整,导致消费不便利,限制行业的发展。典型的如电动汽车行业。电池一次充电的续航能力、电池的安全性、快速充电能力、充电站设施等的技术与市场问题都限制了电动汽车的消费(当然价格高也是一个原因)。
- 因为上游产业存在瓶颈,下游产业发展受到抑制。奢侈品行业具有这样的特征。在某一时期出现的原材料短缺也会限制下游加工业发展。
- 产业政策、环保政策等限制发展的行业。例如,高耗能行业、高污染行业在中国的发展将受到限制。

7. 政策影响

政府制定的产业、行业准入、税收、进出口、环保等政策及其执行力度都会对市场产生影响。政策变动往往带来短期内的冲击和中长期的结构性影响。

以中国公路运输行业为例。在2004年之前,超载现象严重,不仅带来安全问题也使得大量的路面因超载而损坏。2004年,中国政府开始严惩超载。这一政策推动了中国长途运输车辆的重型化。一个有意思的现象是,2004年前很多厂商生产的汽车所标注的载重吨位都大大低于实际载重能力,即载重能力20吨的卡车只标注载重5吨,而运输企业可以实际载重20吨(节约单位运输成本)又少缴养路费(按核定载重吨位计征)。2004年治理超载之后,这些标注载重量低的车辆都被迅速淘汰了,代之以核定吨位大的车辆。

中国脱硫行业的发展路径也是一个有趣的例子。2003年国家发展和改革委员会要求新建的燃煤含硫量0.7%以上的火电厂项目必须安装烟气脱硫装置,这导致80%以上的新建火电厂需要安装脱硫装置。2003年末以来的"电荒"也极大地拉动了对新建电厂投资。环保政策趋严与电力需求迅速增长推动了中国脱硫行业在2002~2006年间的"爆发式"发展:脱硫装置年新增装机容量(非严格精确数字)从2002年的600万千瓦、2003年的1400万千瓦、2004年的1600万千瓦,跃升到2005年的4000万千瓦及2006年的3500万千瓦。

这是一组看起来很令人振奋的数字。然而,脱硫装置市场容量的增长并没有给相关生产企业带来丰厚的利润。由于"重安装、轻监管"的政策环境,很多电厂为节省开支,在安装脱硫装置后并没有实际使用(仅就耗电而言,按目前技术,运行脱硫装置至少消耗火电厂总发电量的2%)。某些脱硫设备制造商为迎合电厂投资商降低初始投资的需要,在投标中压低价格,并在中标后以次充好、偷工减料。脱硫装置制造行业的秩序荡然无存,"价格战"愈演愈烈,脱硫装置价格从2002年的1 000～2 000元人民币/千瓦降低到了2005年的150～300元人民币/千瓦。低监管标准(环保政策执行力弱)等于降低了脱硫装置行业的进入壁垒,企业陷入"价格战"势所难免。

5.2.3 竞争分析

竞争分析主要是运用波特(Michael Porter)的"五力模型"(Five Forces Model)对目标公司在市场中所面临的竞争格局/态势进行分析。

1. 与上游供应商的谈判能力

在产业链上,上游企业与下游企业共同完成产品的生产、销售与服务,是分工与合作的关系,是共生关系。但另一方面,对于某一给定时期的产品的终端市场容量是一定的,以行业平均利润率计算的行业利润总额也是一定的。产业链上的所有企业共同分享这一利润总额,产业链上某一类企业所分得的利润份额将取决于它们的谈判能力。

对某一特定的企业而言,其供应商的供货条件,包括在某一时期内提供的产品的价格、质量、数量、供货期、付款条件等,对企业的生产规模、盈利能力与竞争力有重要影响。企业会尽力从供应商那里为自己争取更为有利的供货条件。

企业(买家)与供应商(卖家)的谈判能力取决于下列因素:

- 依赖程度。当卖家的销售额不依赖于少数客户时、当买家众多而卖家较少时,卖家的谈判能力相对较强。
- 上游产品的供求量对比。当上游产品供不应求时,供应商的谈判能力相对较强。
- 卖家的产品对于买家的重要性。当卖家提供的产品价值构成了买家产品总成本的较高比例、对买家产品而言是关键部件、或对买家产品的质量有重要影响时,卖家的谈判相对能力较强。
- 替代程度。当不同卖家的产品各具特色且买家难以转换或转换成本太高,或者很难找到可与卖家产品相竞争的替代品时,卖家的谈判能力相对较强。

2. 与下游客户的谈判能力

客户(买家)通过要求对其有利的供货条件,如压低价格与提高产品或服务的质量,来影响企业(卖家)的盈利能力。一般来说,满足如下条件的客户具备相对较强的讨价还价力量:

- 客户的总数较少,且每个客户占卖家销售量的较大比例。
- 卖家众多,且行业集中度较低。
- 客户所购买的是标准化产品,且他们同时向多个卖家购买产品在经济上可行。
- 客户有能力实现后向一体化,而卖家不可能前向一体化。

3. 现有竞争者的竞争能力

位居细分行业前列的竞争者的市场份额(集中度)、竞争优势/劣势、相互之间的冲突与对抗等反映了细分市场竞争格局。同行企业间的竞争体现在价格、广告、产品宣传、售后服务等方面,其竞争强度与许多因素有关。

一般而言,下列情况往往导致现有企业之间较激烈的竞争:

- 行业进入壁垒较低,竞争对手较多且实力相当,竞争参与者范围广泛。
- 市场趋于成熟,市场容量增长缓慢。
- 竞争者企图或已经采用降价等手段促销。
- 竞争者提供的产品或服务同质化,用户转换成本很低。
- 行业外部实力强大的公司在接收了行业中实力薄弱企业后,发起进攻性行动,结果使得刚被接收的企业成为市场的主要竞争者。
- 退出障碍较高,即退出竞争要比继续参与竞争代价更高。退出障碍主要包括:资产的专用性、退出的费用、战略上的相互牵制、情感上的难以接受、政府和社会的各种限制等。

4. 潜在竞争者的竞争能力

当行业平均利润率大大超出全社会平均利润率时,将吸引新的投资者进入。新厂商的进入将增加行业的生产能力,并可能导致与现有企业就上游产品与市场份额展开竞争。潜在竞争者的威胁程度取决于两方面的因素,一是行业进入壁垒,二是现有企业对于进入者的反应。

进入壁垒主要包括政策方面与经济济术方面。政策壁垒主要包括行业准入政策、经营资质的行政审批、对国有企业的各类优惠政策等。经济技术壁垒主要包括规模经济、产品差异、资本密集、转换成本、销售渠道、学习与经验曲线效应、技术诀窍、自然资源、地理环境等,其中某些壁垒难以被竞争者所复制或模仿。

现有企业对新进入者有可能采取报复行动,例如,通过降价从而减少新进入者的盈利水平预期。

5. 替代品的替代能力

处于不同行业或不同细分行业中的企业的产品可能互相替代。例如,在能源行业中的煤与油的替代,建筑业中的钢材与铝材等金属结构材料间的替代。替代品的存在会通过影响客户的消费选择而影响现有企业的竞争策略与竞争格局。例如,如果客户采用替代品的转换成本低于企业产品与替代品的销售差价,且替代品与企业产品性能接近时,则客户有可能转向购买替代产品。

PE 基金通过竞争分析,可以了解市场的竞争态势、目标公司的市场地位、竞争对手的优势/劣势,从而理解目标公司的未来竞争战略以及为寻找下一个行业内整合目标做好准备。

5.2.4 投资亮点

投资亮点主要关注下列关键内容:

- 目标公司所在行业在未来具有良好的成长预期,或者,在市场容量稳定的情况下具有整合机会;
- 目标公司的行业地位及财务状况较理想;
- 目标公司估值可以接受。

能够解释或证明上述关键内容的证据将被列为投资要点。简明扼要的投资亮点将帮助 PE 快速准确地把握对目标公司投资的潜在价值。

5.2.5 投资风险

投资风险揭示了 PE 基金投资目标公司所面临的现实的或潜在的主要风险,如政策变动风险、"价格战"风险、过分依赖少数客户的风险,等等。如果风险被定义为不确定性,则任何投资都是有风险的。承担风险是投资获得超额回报的经济学解释。

PE 基金需要衡量各种风险发生的可能性以及控制风险的能力。在多数情况下,PE 基金选择投资于成熟的行业和成熟的企业,其原因就在于避免承担过大的风险。在此意义上,PE 不是风险偏好者,这是其与 VC 的重要区别。

5.2.6 建议

在行业调研报告的最后部分,PE 的分析人员会提出建议。建议包括两个部分:一是建议继续追踪或者放弃项目,并列举关键原因;二是如果项目值得继续追踪,给出随后的操作步骤建议。

总体而言,行业调研是基于中观层面(或行业层面)的、对行业发展趋势的分析与判断。PE 的投资行为是"顺势而为",而不是"逆流而上"。那些展现了良好的成长前景或整合机遇的行业更容易获得 PE 的青睐。

5.3 企业调研

PE 的企业调研是微观层面的商务活动。PE 在撰写行业研究报告之后,如果决定继续追踪目标公司,一般会通过项目中介安排参观目标公司经营现场(如生产或研发基地),并与目标公司的企业主或高层管理人员会谈。此外,PE 也可能通过寻访行业内的专家、随机拜访目标公司的客户及供应商等方式进一步了解目标公司的市场地位与客户满意度。

此时,PE 的项目小组已对目标公司所在行业有了整体性的了解。PE 的项目小组会准备一份随时更新的问题清单(Question List),并希望通过参观目标公司、与管理层会谈等形式,得到问题的答案。

PE 会在每次拜访企业之后撰写"考察备忘录"(Visit Memo),及时整理收集的信息、迅速地作出判断并向目标公司管理层提出新的问题。

5.3.1 与管理层会谈

从获得项目信息到签订股权收购协议，PE 会在项目中介的协调下与目标公司的管理层（包括企业主）进行频繁的沟通。增进了解、增进信任、增进感情是双方接触洽谈的主要目的。

初次拜访通常仅限于 PE 与目标公司的管理层的相互了解。不仅 PE 在寻找投资机会，企业的管理层也在选择理想的合作伙伴。在理想的情况下，PE 在初次拜访时可以与企业主及主要部门的高层管理人员进行交流。

目标公司可以准备一份公司介绍文件，以便在会议时向 PE 的项目小组介绍公司的发展历程与当前的经营状况。PE 也会积极地向管理层提问：企业股权融资的目的与资金用途，企业经营资质的取得，主要财务数据，主要竞争对手的情况，营销渠道情况，竞争优势与劣势，行业发展趋势，技术力量，员工薪资福利，税收状况，主要经营风险，等等。尽管商业计划书中可能包括了上述主要问题的答案，但面对面地沟通常常会令 PE 留下更为深刻的印象。通过管理层的表达，PE 项目小组可以初步了解关键管理人员的风格、经验与能力，以及他们对行业发展趋势和对企业发展战略的理解。企业的经营决策如何作出、企业的关键技术是否只掌握在一两个人手中、关键人员的年龄与身体状况、企业的社会关系等等，会对 PE 的判断产生重要影响。

不必要也不可能通过一次会面了解企业的全面情况。初次面谈之后，如果双方均表示满意并有合作意向，则 PE 项目小组与目标公司管理层之间会有更多的会议与电话沟通。PE 通过不断地发现问题与提出问题，尽量了解有关行业趋势、企业经营现状与未来发展计划的重要细节，例如，企业的应收账款的构成、主要客户的付款条件、市场的组织与交易特点、产品零件部件的供应来源与保障、行业的潜规则、广告计划、交货周期、物流安排、周工作时数、能源供应、"三废"处理、营销渠道、决策机制，等等。PE 通过管理层的回答不仅增进了对行业与企业的了解，也增进了对管理层的了解。毕竟，只有卓越的管理团队才能造就伟大的企业，也只有真正对企业发展感兴趣的投资者才需要了解足够多的经营细节。

5.3.2 经营现场考察

仅仅与管理层沟通是远远不够的，PE项目小组需要用自己的眼睛观察、用自己的头脑判断。以生产基地考察为例。生产基地考察是需要经验的。从车间布局、技术工艺、生产流程、现场管理、生产安全、重要装备、仓库管理、物流组织、质量控制、检验监测，到员工精神面貌、环境卫生乃至企业文化，通过现场考察PE将会获得第一手的信息，并对管理层的能力作出判断。

实地考察的结论有时与管理层的描述存在矛盾。很多管理层声称其企业产能不足或车间面积不足，实际上却存在着生产流程布局不合理、前端工艺设备落后导致过多的后续加工量、车间内布局混乱且零部件/半成品平地乱堆乱放、熟练工人不足而导致次品率过高等情况。

通过实地考察，PE会尽可能发现企业在生产经营组织中存在的问题，并积极思考效率改善的空间与手段。

5.3.3 客户调查

通过对目标公司客户的随机调查，PE可以了解到用户对目标公司产品或服务的评价，验证目标公司与客户间交易的真实性。多数时候PE需要目标公司提供客户清单和帮助PE联系客户。某些时候这种方法并不完全可靠。如果目标公司与客户串通，则PE的调查就不能获得可靠的信息。个别拟融资企业甚至向PE提供虚假的客户清单和客户电话。当PE打电话过去，所有的"客户"都会向PE"证实"目标公司产品性能如何之好，而事实上这些所谓的"客户"都是目标公司事先安排好的"自己人"。这也表明，仅靠一种调查手段是不充分的，PE需要多样化的手段与现场/面对面的拜访才能最大限度地接近目标企业的"真相"。

5.3.4 内部尽职调查

在由独立的第三方实施尽职调查之前，PE有时会向目标公司提供一份较为详尽的内部尽职调查清单(Internal Due Diligence Checklist)，或直接派遣项目小组成员进入目标公司进行先期调查。这份"内部尽职调查清单"比起前期的"执行概要"内容要详尽得多，本章附录5.1将为读者提供一个样本。

拟融资企业应高度重视内部尽职调查清单的填制。企业收到这份清单，至少表明PE已对企业的主营业务感兴趣。尽管企业的各项业务主管们会花费很多时间来填写调查清单，相对于寻找资金的被动，他们将有更多的主动性向PE展示他们的行业见解、管理能力、耐心与注重细节。如果以敷衍的态度对待内部尽职调查清单，则很容易失去PE对企业管理团队的信任。

对PE而言，向企业提供内部尽职调查清单是一种经济的方法。如果PE从企业披露的信息中解读出过于严重的潜在投资风险，则PE可以终止对项目的继续跟踪，从而避免花费高昂的费用聘请第三方做尽职调查。

5.4 前期评价

一个成熟的PE通常有一套经过实践检验的投资标准（Investment Criteria），例如行业偏好、最低投资金额，以及对市场容量、企业市场地位、成长预期、估价的要求，等等。在行业研究和公司调研之后，PE的项目小组会对照其投资标准来决定项目的取舍。

对于决定继续跟进（Follow up）的项目，PE的分析人员会准备一份投资备忘录，这份备忘录将被提交投资委员会以决定是否执行尽职调查。

无论是否跟进项目，PE的项目小组都需要告知项目中介或企业主有关项目的最新进展。对于否决的项目，需要解释为什么该项投资不符合PE的投资标准。这既是必要的商务礼仪，也帮助项目中介了解PE的投资风格，从而为PE争取更多的合作伙伴。

5.5 案例研究：节电设备系统项目的调研与决策过程

2008年1月，某项目中介向某PE推荐一家中国节电设备系统供应商（以下简称"A公司"）的股权融资项目（以下简称"项目"）。在其商业计划书中，A公司向潜在的投资者展示了其领先的节电技术优势、巨大的潜在市场容量与激动人心的业绩增长预期。PE的项目团队随即着手实施市场与公司调研。本案例将向读者介绍 PE 的主要调研信息,以及如何在权衡目标公司的潜在收益与风险之后决定项目的取舍。

5.5.1 项目背景

> 项目周期:2008 年 1 月~2008 年 5 月
> 公司地址:总部设在北京市,生产基地设在中国中部某省份
> 主营产品:基于变频器的、应用于风机/水泵等电机系统的、智能化的节电设备系统
> 主营业务:组装、集成与销售节电设备系统
> 销售渠道:以代理商为主开发客户,A 公司销售部进行商务谈判并提供安装技术支持
> 销售模式:一般产品销售+节能合同服务(实质是融资租赁)
> 技术优势:拥有专利的"电机-风机/水泵-负载"的人工智能控制系统集成技术、低成本的滤波器

A 公司商业计划书(Business Plan)

1. 公司简介

- 1999 年,A 公司创始人开始节电技术研究,数年内投资 500 万元人民币。
- 2003 年,A 公司前身(北京)成立并建厂,当年生产出第一批节电产品。
- 2007 年,A 公司(北京)成立,采用股份有限公司的形式,并承继其前身的主要业务、专利技术等。
- 2007 年,A 公司在中国中部某省建立生产基地,已有两个车间、一个办公楼投入使用,另两个厂房在建。
- 股权结构:A 公司创始人与其夫人共同持有 A 公司 100% 股份。

2. 目标市场

- 动力节电市场概述
  ——在绝大多数动力系统中存在由于设计容量大于实际容量而引起的电力使用的浪费。

— 钢铁厂/铝厂/纺织厂/汽车制造厂/火电厂等大型制造工厂中，大量采用水泵/风机进行温度控制，"水泵/风机＋电机"的系统整体消耗了电力的绝大部分。
— 在电力系统中，一般都会使用极限情况来做配置，即往往以最高负载量加上富裕量来设计参数及选型。如需要100KW的动力提供风量，设计时一般配置为120KW的电动机以满足极限情况的需要。这样虽然提高了保障程度，但在实际使用中就会造电力浪费。这一现象普遍存在，俗称"大马拉小车"。

- 节能改造市场容量
  — 2005年中国电动机总装机容量达到5.8亿千瓦，复合年增长率约17.5%；电机耗电占全国总耗电量的60%~70%。
  — 保守估计，每年按现有电机容量的5%进行节能改造，则2008年节电设备年销售额就可以达到将近600亿元人民币，到2012年，年销售额将超过1000亿元人民币。
  — 节电改造市场潜在市场总容量超过1万亿元人民币。

- 新增市场容量
  — 中国电动机总装机容量复合年增长率约17.5%。
  — 新安装电动机每年的潜在节电市场容量约800亿到1000亿元人民币。

- 市场驱动因素
  — 节能是政府政策要求："十一五"规划纲要明确提出，到2010年单位国内生产总值能源消耗比2005年降低20%左右的目标。2007年11月23日，政府又出台系列政策，将各地区节能目标责任评价考核作为考核各地政府官员的重要指标，实行"问责制"和"一票否决"制。
  — 企业可从节能中获得经济效益：在安装后一年到两年内企业节约的电费相当于全部设备投资额，而10~15年的设备使用期将使企业从电费节约中持续获得经济利益。
  — 节电技术发展使得节电产品的应用在经济上和技术上成为可能：特别是变频器制造技术的成熟和量产，使得其性能与价格均可被客户接受。

3. 主要产品

- A公司节电系统原理

——通过在变频器基础上,对电机、变频器、负载三者进行优化,并综合运用多种节电技术(含谐波治理等)的节电方案。A 公司智能系统的节电效果可以达到系统的理论节电极限,一般在 40% 左右,最高可以达到 60% 以上。

——通过远程接收装置获得风机/水泵等系统的实时负载变化数据。

——通过具有专利的软件对负载变化情况进行实时分析,控制并利用变频器的调速功能,使"电机 - 风扇/水泵 - 风量/水量"之系统的效率达到最高,实际节电率 25% ~ 30%。

——通过专利的滤波器滤除 90% 的谐波,实际节电率提高 15%。

——A 公司节电系统实际节电率达到 45% 左右(45% = 变频器实际节电率 20% + 专利软件与人工智能系统提高节电率 10% + 谐波治理提高节电率 15%),接近理论最高值。

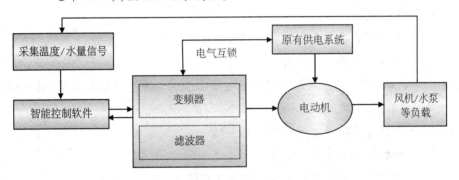

图 5.1　A 公司节电设备系统工作原理图

A 公司节电设备系统工作原理见图 5.1。

- A 公司生产的主要内容
  ——A 公司外购变频器(西门子或施耐德的产品)。
  ——A 公司外购电气元件、铁柜柜体,并组装成变频器控制柜,或称装有变频器的电机配电柜。
  ——A 公司提供智能控制软件及其载体"黑匣子"。
  ——A 公司负责系统总成、现场安装及参数调设。
- A 公司产品的性能优势
  ——A 公司低压产品比普通低压变频器的节电率提高 25%。

— A公司高压产品比普通高压变频器的节电率提高10%。
- A公司采用一般销售与合同服务(实质是融资租赁)的方式销售产品。
  — 一般销售是与客户(即设备买方)签订设备买卖合同,客户约期付款。
  — 合同服务是与客户(即服务买方)签订节电承诺合同,A公司向客户提供节电设备系统,在节电系统安装后数年内(通常4~5年),每年按客户节约电费的一定百分比(60%~80%)向客户收费,到期后节电设备归属买方。
  — 低压产品单台总价20余万元人民币,金额较低,多采用一般的销售模式;高压产品单套系统总价数百万元人民币,金额较高,对客户资金压力大,可以采用合同服务模式。

4. A公司竞争优势

- 技术优势
  — A公司产品节电率远高于国内行业平均节电率。
  — A公司产品安全性高。
  — 《风机、泵类负载变频调速节电传动系统及其应用技术条件》标准制定的参与者之一。
  — A公司产品寿命周期长达10~15年。
- 市场开发、售后服务的优势
  — 中国国内数十个大中城市建立营销网点。
  — 数百家经销商、代理商网络。
  — 交货期低于行业平均水平。

5. 管理团队

- 创始人暨董事长、总裁:营销专家。
- 副总裁:营销专家,加入A公司一年。
- 总工程师:原国有企业动力系统专家,退休后加入A公司。
- 技术总监:软件编程专家。

6. 财务信息(历史及预测)

A公司相关文档信息如表5.1所示。

表 5.1　A 公司相关财务信息数据

单位:千元人民币	2005 年	2006 年	2007 年	2008 年预测	2009 年预测	2010 年预测
净销售额	20 000	30 000	50 000	220 000	480 000	830 000
销售成本	11 000	16 000	23 000	82 000	120 000	160 000
毛利	9 000	14 000	27 000	138 000	360 000	670 000
一般和管理费用	2 500	3 500	8 000	10 500	19 500	24 800
销售费用	2 000	5 000	7 000	50 000	107 000	160 000
财务费用	—	—	—	—	—	—
营业利润	4 500	5 500	12 000	77 500	233 500	485 200
其他营业收入(支出)	—	—	—	—	—	—
税前利润	4 500	5 500	12 000	77 500	233 500	485 200
所得税	675	825	900	0	0	72 780
税后利润	3 825	4 675	11 100	77 500	233 500	412 420
息税前收益	4 500	5 500	12 000	77 500	233 500	485 200
加:折旧/摊销	53	62	69	1 350	3 400	4 400
息税折旧摊销前收益	4 553	5 562	12 069	78 850	236 900	489 600

注:1. A 公司是高新技术企业,根据政策,2008、2009 年免征所得税,2010 年按 15% 税率征收所得税;

2. A 公司 2007 年销售额 80% 来自一般销售,20% 来自合同服务;

3. A 公司预测的销售额中来自合同服务的比例将提高到 50%。

7. 融资计划

- 2008 年 6 月份前,投资者投资 2 000 万美元①获得 A 公司 20% 的股份。
- 资金用途
  —2 000 万元人民币:在原生产基地新建 2 个厂房,组装 2 条控制柜柜体生产线、1 条变频器组装线。
  —9 000 万元人民币:购买"合同服务"的设备。

---

① 参考汇率:1 美元 = 7 元人民币。

——3 000万元人民币:流动资金。
- 已有6家投资基金跟踪该项目,其中3家投资基金出具了投资意向书。

PE项目小组根据A公司商业计划书的判断与建议

1. 项目亮点

- 政策环境:鼓励节能行业发展,不限制或禁止外商投资。
- 潜在的市场容量巨大:目标市场总潜在容量超过1万亿元人民币。
- 潜在的高成长性
  ——技术领先的竞争优势。
  ——安装节电设备对用户而言经济可行,双赢的结果有利于A公司推广产品。
  ——财务信息显示较高的净利润率(历史的)和高成长性(预期的)。

2. 对进一步工作的建议

由PE的分析人员独立进行市场调查。

- 调查目的
  ——在宏观经济层面和行业层面,验证A公司商业计划书中对中国节电市场未来发展趋势的判断,对行业周期性的判断。
  ——从产业链/价值链角度,对A公司在细分市场中的地位与竞争态势的判断。
- 调查内容
  ——节电技术发展趋势。
  ——产业链/价值链分析。
  ——节电市场容量数据(历史的与未来的)。
  ——市场驱动/限制因素分析。
  ——市场竞争分析。
  ——A公司市场地位。
  ——政策环境影响分析。
  ——根据市场调查结论,作出是否需要进一步的目标公司调研的决定。

5.5.2 PE 的市场调研

市场调研内容

1. 节电技术/产品发展趋势

- 可控硅是第二代节电技术，对于匀速、负载变化的电动机，通过调整端电压的方式，可以达到节电效果。
- 变频器是第三代节电技术。变频器主要用于电动机调速。当负载变化时，变频器具有节电功能。
- 随着材料科学的发展，电子元器件性能得到很大提升，从而变频器生产技术趋于成熟、稳定性得到很大提高。变频器在较好工况下寿命周期可以达到 8 年 ~ 10 年。
- 随着稳定性的提高，变频器开始被普遍应用，由此带来生产的规模效应，使得变频器购置成本大幅度降低，并进一步推动其应用。
- 中国节电设备供应商/服务商普遍将人工智能系统与变频器结合，通过智能系统对负载变化的实时监测与计算，控制变频器工作，取得了较好的节电效果。

2. 节电市场容量

- 预测方法
  — 中国节电市场在 2002 年后开始发展，相关行业协会尚未建立，缺乏较准确的统计数据来源。
  — 因为目前主流节电产品都是基于变频器技术，因此一个间接估算潜在市场的方法是：根据变频器的市场容量推测 A 公司产品的潜在市场容量。该方法的前提是变频器的市场容量数据可得、且变频器与节电设备系统的价格关系已知，并需要假设所有变频器均以节电为安装目的、均采用类似 A 公司的节电系统。
  — 另一个估算方法是，推算每年的节电改造潜在市场容量和新增电机潜在市场容量。该方法的前提是电机总装机容量的数据可得，并需要假设现有电机节电改造率与每年的进度、每年新增电机安装节电系统比率、节电系统定价方式与单价(例如，3 000 元/千瓦)。这种估计方式的弹性较大,是 A 公司在商业计划书中采用的方法。
- 潜在市场容量预测

PE 调查得出的中国节电市场潜在容量如表 5.2 所示。

表 5.2 中国节电平均潜在容量(2003～2011)

单位:亿元人民币	2003	2004	2005	2006	2007E	2008E	2009E	2010E	2011E
低压变频器市场容量	49.0	58.0	61.0	67.0	75.0	84.0	94.0	106.0	118.0
增值比例	400%	400%	400%	400%	400%	400%	400%	400%	400%
低压节电产品市场容量	245.0	290.0	305.0	335.0	375.0	420.0	470.0	530.0	590.0
高压变频器市场容量	16.0	21.0	24.0	28.0	34.0	40.0	49.0	58.0	71.0
增值比例	45%	45%	45%	45%	45%	45%	45%	45%	45%
高压节电产品市场容量	23.2	30.5	34.8	40.6	49.3	58.0	71.1	84.1	103.0
节电产品市场容量总计	268.2	320.5	339.8	375.6	424.3	478.0	541.1	614.1	693.0

注:增值比例采用 A 公司当前的单位产品中变频器成本与产品销售单价的比例的倒数减 1。A 公司产品当前定价高于市场平均价,并假设该定价关系不会因竞争关系的改变而改变,因此本例采用的估计方法是较乐观的方法。

3. 节电市场竞争

- 与上游供应商的谈判能力
  - 变频器控制系统的电气元件采用国产品,供应商较多,A 公司有一定侃价能力。
  - 低压变频器国产技术成熟,供应商较多,竞争激烈,产品市场供应充足,A 公司有一定侃价能力。
  - 高压变频器国产化程度低,国产品性能较差,Siemens/罗宾康、ABB 和三菱是中国市场的三家主导厂商。高压变频器的关键气件 IGBT 全球只有德国的 Siemens 和日本的山川可以生产。A 公司与供应商间缺乏谈判能力,既包括价格谈判能力,也包括供货期与付款条件的谈判能力。
- 与下游客户的谈判能力
  - 节电设备对于潜在客户而言,并不是必须安装的。节电设备较昂贵,一次性购买会对潜在客户造成资金压力。
  - 节电设备的主要客户是国有企业。国企制度环境的典型特征是"人人管事、人人不负责",决策时间长。
- 节电设备对很多客户而言属于新生事物,其系统的稳定性尚有待考验,具有品牌美誉度的节电设备供应商更容易被客户接受。
- A 公司经营时间较短,品牌美誉度尚未建立,与客户的谈判能力较弱。
- 直接竞争者
  - 2007 年,中国有 300 余家节电设备或系统供应商。作为新兴行业,尚没有出现行业的领导者。
  - 采用变频器技术的节电系统一般的节电率在 20% 左右。
- 潜在进入者
  - 进入低压节电产品市场的技术壁垒较低、资金需求量较小。
  - 进入高压节电产品市场的技术壁垒较高、资金需求量较大。
  - 政策导向、新闻宣传的巨大的潜在市场容量有可能吸引更多的潜在竞争者进入节电市场。
- 替代产品
  - 就变频器适用对象而言,目前尚没有明显的替代节电技术或产品。
  - 就 A 公司的节电设备系统而言,目前尚未发现更好的节电系统技术路线。

4. 政策环境

- 《国民经济和社会发展第十一个五年规划纲要》提出实现单位 GDP 能耗降低 20% 左右的约束性目标,并据此制定出台《节能中长期专项规划》。
- 制定《"十一五"十大重点节能工程》,其中第五项为"电机系统节能工程"。
- 2007 年中央政府出台系列政策,将各地区节能目标责任评价考核作为考核各地政府官员的重要指标,实行"问责"制和"一票否决"制。
- 2007 年 10 月起,国家发改委根据节电额度对企业实施奖励。

PE 根据市场调研的判断与建议

1. 行业判断

- PE 对中国节电市场潜在市场容量的估计比 A 公司估计的数据小,但市场潜力巨大,值得关注。
- 中国节电市场仍处于早期发展阶段,缺乏行业领导者,但竞争尚不激烈、还没有陷入无序的"价格战"。
- 节电系统供应商在节电产业链的谈判地位不强。
- 潜在"价格战"的风险。

2. 企业判断

- A 公司宣称的节电率大大高于行业平均水平。
- A 公司的节电技术路线也为某些竞争者所采用。
- A 公司的发展阶段仍处于"学习曲线"的前端,即"S 曲线"前端平滑阶段。
- A 公司发展高压产品和服务合同模式符合市场发展趋势。

3. 进一步工作的建议

由 PE 的项目小组开展公司调查。

- 调查目的
  — 验证 A 公司宣称的技术优势是否真实、技术壁垒是否较高从而可以构成 A 公司发展的核心竞争力。
  — 考察 A 公司的生产、运营能力、盈利模式能否支持其高速扩张。
- 调查内容
  — 通过 PE 聘请的技术顾问对节电技术进行进一步了解,对 A 公司的节电技术进行初步评价。
  — 对 A 公司的生产基地进行考察,了解其生产组织、产能利用率、资产闲置等状况。
  — 对 A 公司客户进行调查,了解其产品实际节电效果、产品安装流程及对工况要求等。
  — 通过"执行概要/问题清单"对 A 公司的运营能力进行考查,了解其运营能力能否支持财务预测中的高成长。

5.5.3 PE 的公司调研

公司调研的内容

1. 技术调查

- PE 聘请电机行业顾问对节电技术进行评估

- 中国重点节电领域
  — 节电领域主要集中于通用电机,特别是高压的、驱动风机/水泵的电机。
  — 通用电机呈现高压化趋势,由6 000V向10 000V过渡。传统的1 000V~2 000V安装量也在增加。
  — 高压电机节能改造是未来市场角逐重点,市场空间大。
- 变频器节电技术
  — 针对负载是流体(空气、水等)、非高频变化的,如风机/水泵等冷却系统。应用变频器技术,成本较高,效果较好。
  — 节电率取决于浪费率。通常,节电率达到20%~30%已是实践中的理想状态。只有在电力浪费很严重的个别情况下节电率才可能达到40%~60%。例如,设计时电机功率存在20%的余量,而某些工厂为了未来扩张产能需要会在设计基础上进一步增加20%的电机功率余量。
- 谐波治理
  — 变频器应用时会产生谐波,谐波不规则发生,谐波会污染电网。电力系统会因为谐波污染而制止企业安装变频器。
  — 安装滤波器的主要作用在于使变频器的安转符合入网标准,延长变频器使用寿命,其节能效果微弱(2%~3%)。
- 对A公司技术路线的评价
  — A公司是节电系统集成商。
  — A公司的节电系统是智能化的闭环系统,理论上存在最优的参数区间使得电机系统效率最高、耗电量最小。
  — A公司的技术路线并没有特别的独到之处,其技术优势缺乏理论支持。

2. **A公司生产基地考察**

- PE的项目团队对A公司位于中部某省的生产基地进行考察。
- 生产基地布局
  — 地方政府无偿划拨土地100亩,另规划100亩土地以备其扩大生产规模。
  — 已建成框架式厂房两座,单个厂房建筑面积近2 000平方米。
  — 在装修办公楼近5 000平方米。
- 员工
  — 现有员工近50人,半数为生产工人,半数为行政、管理、财务、技术等人员。
- 生产设施/设备
  — 已建两座厂房中,一座闲置,一座作为装配车间投入使用。
  — 生产基地负责整机装配,所需部件/组件均需外购或来自北京总部。
  — 装配工序为手工操作,没有大型的生产设备。
  — 年装配能力1 000台。
- 物流
  — 组装后产品运输外包,2~5天可以到货。
- 研发
  — 生产基地无研发人员。
  — 新技术来自某合作院校。
- 发展规划
  — 新建两个厂房,用于建立控制柜体、低压变频器生产线。
- 之前有意向的6家投资基金尚没有一家考察过A公司的生产基地。

3. A公司客户调查

- PE项目小组与技术顾问考察了A公司的两个客户。
- 低压产品客户:华南某硫铁矿厂。
  — A公司低压产品安装工况。

安装工况

- 硫铁矿厂有3台循环冷却泵,2台在用,1台备用,用于对硫酸降温;
- 2台在用循环冷却泵的负载情况根据环境温度条件与产量变化,基本是24小时不间断运转;
- 冷却泵机房建于1950年代,不封闭,粉尘较大;
- 冷却泵等设备严重老化;
- A公司将2台75KW低压节能柜安装在循环冷却泵房,该厂原安装的2台变电柜作为备用。低压变频柜体积较小,故占地面积较小。

  — A公司第1台设备在2006年安装使用,经测试,在输出电压400V左右时,输出电流从120A降至60A~70A左右,实测节能率最高达60%以

上。硫铁矿厂设备部报告节能数据为40%左右。
— A公司第2台设备在2008年2月安装使用,硫铁矿厂认为不需要再作测试,直接安装并出具节能率数据40%左右。第2台设备加装了电抗(接入电源端)和滤波设备(与变频器在一个铁盒子内)。
— 现场实测:相同负载情况下,2台冷却泵机组输入功率从原7KW左右(未安装A公司产品)降至4KW左右(安装A公司设备),节能率42%。
— A公司低压产品由生产基地组装发货,A公司人员现场安装(直接接入电源)、调设参数。
— 因现场粉尘较大,需A公司派专人定期清理粉尘以保护变频器等电气设备。
— A公司技术人员认为A公司低压产品的滤波技术提高节电率在10%以上。

- 高压产品客户:华南某电厂
  — 2005年,面对电煤涨价带来的成本上升与利润下降,某电厂高层开始考虑节能问题(该电厂自耗电占总发电量的5%,其中2%用于脱硫设备),并由设备部规划改造方案。
  — 2006年8月,A公司华南地区销售人员了解到该电厂的改造事宜,并与设备部负责人接触。
  — 电厂对连续运行要求高,技术人员对安装变频器等节能方案的稳定性的信心不足,故首先选择冷凝器电机进行改造,因为在变频器之外有工频备用(原有配电设备),安全性高。
  — 2007年3月,由电厂设备部起草的"某电厂4#机组冷凝泵变频节电改造方案"被批准,A公司与该电厂签订节能改造合同。

> **合同内容**
> - A公司在电厂4#冷凝泵系统安装变频器功率为1000KW,承诺在电机"70%负载下节能率不低于40%";
> - 在节能设备安装后,如经双方测算达到A公司承诺的节能效果,则电厂买断全套设备;
> - 电厂指定选用西门子-罗宾康的高压变频器,由A公司负责变频器采办与系统集成。

——A公司执行合同,购买罗宾康的高压变频器,因罗宾康高压产品产量低(月200~300台),待时4个月才装运到场;A公司进一步提供控制柜、"黑匣子"(软件)等设备。

——2008年1月,设备安装,由电厂设备部负责。

安装条件
- 需要独立的、密封条件较好的机房,以避免变频器因吸入粉尘而导致故障。
- 罗宾康的高压变频器前端装有变压器,故尺寸较大,成套设备总长7米左右,需要面积较大的机房。
- 变频器内有大电流通过,会发热,因此需要安装工业空调确保房间温度维持在30摄氏度左右(工业空调可以保证冬季的降温,普通空调在冬季无法降温)。

——在前期准备工作与外围设备安装到位后,利用4#机组小修的间隙(18天左右),在3日内将变频器安装到位。

——经实测,在"70%负载下节电率42%",符合A公司在合同中的承诺。

——至今运行近四个月,"0故障率",在实际工况平均80%负载下节电率33%。

节能效果检测
- 4#机组冷凝泵自身已安装电表。
- 根据同一冷凝泵安装A公司高压产品前后在相同负载下的耗电量数据推算节能效果。
- 根据两台冷凝泵安装/不安装A公司高压产品在相同负载下的耗电量数据推算节能效果。
- 测量比较加装A公司高压产品后负载变化时的节能效果。
- 测量比较时间可以是1天、2天或更长时间。
- 电厂采用全部上述方法,对冷凝泵加装A公司产品前后进行测量比较结果如下:

——在满负载下，A 公司产品节能 28%；

——在平均 80% 负载下（实际工况），A 公司产品节能 33%；

——在平均 70% 负载下（合同基准），A 公司产品节能 42%。

- A 公司的"黑匣子"（内置功能软件，作用在于优化节能系统）加装后可提高节能率 2%~3% 左右。
- 加装 A 公司高压产品后，谐波的影响微弱，可以忽略。

4. A 公司运营调查

- 通过"执行概要/问题清单"、与高层管理人员/技术人员交谈进行运营调查。
- 在华北、东北地区，A 公司产品市场占有率第一。
- 在华南地区，A 公司设立两个区域销售/技术服务中心，销售中心的销售及技术人员总数在 20 人左右。
- 低压产品项目流程。

低压产品项目流程

通过代理商获得潜在客户订单承诺→技术人员现场测量评估→商务谈判/客户要求→总部技术人员提供技术解决方案→设备方案与采购→生产基地组装→第三方物流公司承运→现场接入电源（由买方提供）→现场调设技术参数→节能效果测评

- 高压产品客户开发周期长。
- 由销售人员负责货款的收取。
- A 公司基本依靠各地区代理商开发目标客户，以适应各地区不同的商业文化氛围：

    ——A 公司对代理商控制能力弱。

    ——A 公司缺乏对代理商、经销商的标准技术指导与培训。

    ——A 公司没有系统地组织代理商、经销商网络，没有召开过代理商、经销商招募会议。

- A 公司通过参加展览会、省地级的专业节能会议推广产品。

- A公司产品、品牌经常被仿冒,没有采取过任何防伪措施。
- A公司正尝试与某著名电气制造商合资生产高压变频器。
- A公司正在尝试进入照明节电领域。

PE根据公司调查的判断与建议
1. 对A公司产品、技术的评价

- 对20%以上的电机富余功率,A公司产品具有实际节电效果:
  — A公司产品节电效果主要源于变频器。
  — A公司的"黑匣子"(软件)可以提高节电率2%~3%左右。
  — A公司的滤波器在高压领域无效,在低压领域可能提高节电率10%左右。
- A公司产品的安装需要一定的环境、工况、场地、维护保证,特别是其高压产品。
- 在高压节电领域,A公司产品没有突出的技术优势。
- A公司基本不具备自主的后续研发能力。
- A公司品牌美誉度尚未建立。

2. 对A公司生产、运营的评价

- A公司的生产基地选址较偏僻,厂房闲置,手工操作,无法体现其是否具备先进的生产管理经验。
- 依赖代理商的关系网络开发客户,其业务开展缺乏可预期的连续性与稳定性。
- 需要大量的现金支持其开展合同服务销售模式。
- A公司尚没有有效的办法保证货款的收回。

3. 对A公司融资目的的评价

- A公司计划部分融资用于铁柜柜体生产线、变频器生产线。该等产品均是低附加值产品,而且可以外包,不必由A公司自己生产。
- A公司计划部分融资用于购买高压产品以开展合同服务业务,但其能否获得连续的订单却没有可靠的保证。

4. 对目标市场的评价

- 中国节电市场仍处于发展的早期阶段。
- 低压节电产品市场面临着"价格战"的风险。
- 高压节电产品市场的发展受制于上游供应商。

5. 进一步工作的建议

- 作出决定:是否继续跟进该项目还是放弃。

5.5.4　PE 的投资决策

1. 项目亮点

- 潜在市场容量巨大,新兴产业。
- 政策鼓励,外商投资不受限制。
- 潜在的高成长性。

2. 潜在问题

总体评价

- 潜在市场容量并不是实际市场容量
  — 中国节电市场尚处于发展早期阶段,A 公司显然对市场发展过于乐观,对影响市场发展的各种不利因素的认识不足,也没有针对性的对策。
- 潜在成长性并不是真实的成长性
  — A 公司尚处于其发展的早期阶段,即"S 曲线"的前端平滑阶段。能否在行业中脱颖而出,尚具有极大的不确定性。A 公司显然对自身在未来的成长性过于乐观,对影响其成长的各种不利因素的认识不足,也没有针对性的对策。

战略层面不清晰

- 主营业务定义不清晰
  — A 公司的融资用途反映出,其既要做高附加值的节电系统集成商、节电服务供应商,又要做低附加值的低压变频器制造商、铁柜柜体制造商。
- 市场定位不清晰
  — 既要做行业领导者、创品牌美誉度,又要服务低端客户、制造低端产品、准备打"价格战"。

在产业链上处于弱势

- 对上游供应商谈判能力弱
  — 供应商数量少。作为节电系统关键部件的高压变频器系统(占制造成本80%左右)严重依赖Siemens-罗宾康、ABB等少数供应商，国内供应商尚无法提供同等质量的替代产品。
  — 高压变频器核心电气元件GIBT全球只有德国的Siemens和日本的山川可以生产。

- 对下游客户谈判能力弱
  — A公司以国有企业为主要客户群。主要客户思想保守、体制僵化，缺乏接受和应用节电新技术的动力。
  — 对潜在客户而言，节电系统并非必须安装的设备，且对安装场地与环境工况要求高。
  — 客户对节电系统运行的安全性、稳定性要求较高。
  — A公司开展业务时间短，品牌美誉度尚未建立，客户开发难度较大、周期较长。例如，某电厂安装A公司的高压产品，从2006年8月开始，直至2008年1月才安装了第1台节电系统。

管理团队问题

- A公司尚处于企业发展的早期阶段，企业的主要使命是推销一个"明星产品"快速占领市场。因此，其管理团队成员以市场营销人员为主，尚无暇顾及组织、制度、管理、人力资源保障等方面的建设。
- A公司决策者仍陷于客户开发、产品推广等具体实施过程，尚无暇顾及对企业发展的战略和战术层面的完整谋划。

技术支持局限

- A公司缺乏自主的研发能力。其已应用的技术基本来自与某院校的合作，后续的新产品/新技术研发缺乏稳定可靠的保证。
- A公司产品的安装调试需要技术人员的支持。其现有技术人员数量少，无法支持市场扩张后的客户服务需要。
- A公司宣称的技术优势并不明显。例如，其开发的系统优化软件在高压变频器应用领域只增加2%的节电率。不能肯定A公司的技术优势是否足以帮助其赢得潜在客户的青睐,也并不能肯定是否足以形成有效的技术壁垒以阻止潜在竞争者的进入。

生产基地问题

- A公司生产基地位于中部某省,地处偏僻,选址的原因只是地方政府提供免费的土地,管理层没有从经营角度考虑(厂址所在或者靠近供应商或者靠近客户)。
- 根据A公司的融资计划,其要新增建2处厂房,而已建成的2间厂房中尚有1间闲置。

现金流压力

- A公司采购的供货周期长。以采购Siemens罗宾康的高压变频器为例,A公司在支付预付款后通常需要4个月以上时间才能从Siemens位于上海的工厂发货,占用流动资金。
- A公司的"节电服务"导致回款周期长(5年回款期),应收账款金额大,收款难度大。
- A公司2007年审计后的总营运资金占年销售收入的50%以上。A公司的快速扩张计划在很长时间内将需要大量流动资金支持,靠自身运营根本无法满足。

估价过高

- 按A公司2007年的经营业绩,其估值按P/EBITDA计算为EBITDA的57倍,按P/E(市盈率)计算为净利润的61.9倍,公司价值高估。

	2007年	2008年预测	投资者股份比例%
P/EBITDA	57.0x	8.3x	20%
P/E	61.9x	8.5x	20%

其他投资者

- 尚有另外6家投资基金跟踪该项目。有3家投资基金出具投资意向书(包含投资额与股权结构),但没有一家考察过A公司的生产基地。
- A公司对自身价值的高估在很大程度上受到上述投资基金追捧的影响。

3. 投资决策

读者可以自行判断PE的最终决策结果。

附录 5.1 内部尽职调查清单样本

内部尽职调查清单
ABC 公司

1 公司组织架构和人事管理系统

1.1 组织架构图

1.2 公司历史

1.3 董事会

  1.3.1 董事的姓名、职务及个人简历

  1.3.2 所有权结构

1.4 管理团队成员的姓名以及个人简历

1.5 员工

  1.5.1 编制内雇员

    1.5.1.1 各部门的名称和职能介绍

    1.5.1.2 每个部门的员工数量

  1.5.2 员工统计

    1.5.2.1 总数,包括以下信息,如合同工和临时工数量、年龄分布、教育水平、退休人员数量

1.6 薪资架构

  1.6.1 薪资系统

    1.6.1.1 管理层和其他员工的收入水平和结构

    1.6.1.2 业绩考核及提薪政策

  1.6.2 年终奖和其他奖励的情况

  1.6.3 每年福利的金额和种类

  1.6.4 报销制度

  1.6.5 有未付的工资、福利及奖金?

1.7 人事管理系统

  1.7.1 招聘的程序

            1.7.1.1 正式员工、合同工、临时工
            1.7.1.2 雇佣的合同条款
        1.7.2 中止雇佣合同的程序
        1.7.3 员工档案管理程序
        1.7.4 升职政策
        1.7.5 培训情况
2 产品
    2.1 主要产品描述
    2.2 产品性能
        2.2.1 与竞争者的性能比较
    2.3 各产品的销量
    2.4 产品寿命周期
3 技术管理
    3.1 核心技术
        3.1.1 来源和拥有权
        3.1.2 专利和技术诀窍的数量和描述
        3.1.3 专利和技术诀窍的技术状况
        3.1.4 研究和开发的能力
            3.1.4.1 研发队伍的规模及组成
            3.1.4.2 过去3年研发投入的资金数量
    3.2 技术保护（如何防止技术泄露）
4 生产管理
    4.1 设施
        4.1.1 土地和厂房
            4.1.1.1 地点、土地面积、建筑面积、生产面积
            4.1.1.2 拥有所有权或租用？
        4.1.2 设备的名称和数量、放置的地点、购置成本或每年租用费用、可使用年限、目前状况
        4.1.3 能源供应情况（有无缺电现象）
    4.2 生产程序

4.2.1 设计最大产量和目前产量
4.2.2 生产流程图
4.3 质量保证
4.3.1 拥有的证书
4.3.2 正在实施的质量保证体系
4.4 环境保护
4.4.1 现有治理"三废"的措施
4.4.2 目前和将来是否有环保的问题

5 财务资料

5.1 销售额
5.1.1 过去3~5年的年销售额
5.1.2 毛利率(与本工业内平均水平相比)
5.1.3 息税折旧摊销前收入(EBITDA)
5.1.4 产品单价 (竞争者单价)
5.2 固定资产
5.2.1 固定资产的分类
5.2.2 固定资产的原始价值和净账面价值
5.2.3 固定资产的使用和闲置情况
5.2.4 富余不用的固定资产
5.2.5 有银行抵押的固定资产
5.3 无形资产的描述和数量
5.4 短期投资的时间、价格、期限、收益
5.5 长期投资
5.5.1 已投资的公司的描述、总投资金额、投资的时间、在投资的公司中占的股份、回报率
5.6 关联交易
5.6.1 交易相关方描述、与公司的关系
5.6.2 交易的描述、交易数量
5.7 应收账款
5.7.1 账龄在3个月以内、6个月以内、9个月以内、12个月以内

5.7.2 主要欠款方的名称、金额

5.8 存货

5.8.1 存货的分类、生产或购买时间、目的、购买成本、目前价值

5.8.2 用来鉴别及评估过剩、滞销、陈旧存货的政策和程序

5.8.3 存货估值程序

5.9 税

5.9.1 应付税的种类及税率

5.9.2 税收优惠

5.10 公司的贷款情况

5.10.1 短期贷款（金额、利息）

5.10.2 长期贷款（金额、利息）

5.11 担保

5.11.1 3年内的担保情况

5.12 内部控制系统

5.12.1 现金管理、公章管理、应收应付管理、合同管理等

5.13 会计电算化系统

5.14 审计公司

6 销售和营销

6.1 销售渠道

6.1.1 销售团队的规模和组成人员

6.1.2 销售公司或办事处的分布和数量

6.1.3 分销商和代理商的数量

6.1.4 国内销售和国外销售的比例

6.1.5 年销售额和销售/营销费用

6.2 销售合同管理

6.2.1 报价程序

6.2.2 销售合同条款

6.2.3 销售折扣政策

6.2.4 合同审核及批准程序

6.3 市场情况

6.3.1 每种产品的市场份额
6.3.2 前十大客户
6.3.2.1 每个客户的销售额
6.3.2.2 每个客户占总销售额的百分比
6.3.2.3 客户地理分布
6.3.3 主要竞争对手的情况(销售额、市场分布、产品分布)
6.3.4 与竞争对手相比有什么优势(产品、价格、服务等)
6.3.5 开发新客户的程序
6.3.6 市场特性及趋势
6.3.6.1 有无季节性
6.3.6.2 今后发展的潜力
6.3.6.3 影响市场增长的因素

7 供应链管理

7.1 供应商网络
7.2 原材料
7.2.1 国产和进口的对比
7.2.2 最大的成本组成部分
7.2.3 如何避免原材料涨价的风险
7.3 十大主要供应商
7.4 选择供应商的过程
7.5 供应商开发程序
7.6 供应合同审核和批准程序
7.6.1 供应合同审核
7.6.2 订单批准程序
7.7 付款条款

8 法律事务

8.1 已结的法律案件
8.2 未结的法律案件
8.3 潜在的法律案件

9　预测
　　9.1　外部经营环境
　　　　9.1.1　竞争者的变化
　　　　9.1.2　政府政策
　　9.2　销售额、利润和现金流预测
　　　　9.2.1　今后3~5年收益的增长率
10　市场定位及优势和劣势、机会与挑战分析

附录5.2 投资意向书样本

投资意向书
（由PE发给AAA公司董事长）

尊敬的A先生：

根据我们最近的讨论，我们很高兴将该份意向书提交给你。在意向书的基础上，在双方谈判并就《明确收购协议》（"协议"）及其他事项达成一致的前提下，PE及其附属公司（统称"PE"）通过其将来设立的ABC公司（"控股公司"），将收购AAA公司（"贵公司"或"AAA"）绝大多数的股权。

我们很高兴有机会和你一起进一步发展该公司。以下是我们提议的主要内容。

1. 评估价值

基于对贵公司提供的实际及预测财务信息的评估，我们同意人民币五亿五千万元（RMB550 000 000）的股权估值，并承担2011年9月30日人民币四亿元（RMB400 000 000）左右的债务。另外，我们理解AAA公司在2011年年底以前还需要人民币二亿元（RMB200 000 000）的贷款用于一个新的项目，并且该项目在2012年才会给公司带来收入和利润。只要这些新的贷款得到PE事先批准，PE将承担该等贷款。

2. 股权收购价格

在符合以下条件的前提下，我们提议控股公司以人民币四亿四千万元收购AAA公司80%的股权。

a) 尽职调查确认AAA公司2010年销售额和EBITDA（利息、所得税、折旧及摊销前利润）分别为大约人民币六亿六千万元及人民币九千九百万元。尽职调查还要确认AAA仍将实现2011年预测的最少人民币七亿七千万元的销售收入以及最少人民币一亿一千五百万元的EBITDA。

b) 尽职调查确认AAA公司2011年9月30日的大约人民币一亿五千万元的债务是用来建新厂房及公司扩张，并且该等投资在2012年才会给AAA带来销售收入。任何贷款如果是用来增加2011年销售收入的，股权价格将相应被减少,减少金额为贷款的金额。

c) 尽职调查确认2011年第四季度金额不超过人民币一亿元新的贷款是直到2012年才能给AAA带来收入和利润。任何能够带来2011年销售的贷款,或者如果没有被PE公司批准的贷款,将减少股权的价格,减少金额为贷款的金额。

3. 尽职调查

该意向书通过后,PE公司将开始正式对贵公司的法务、财务及运营方面的相关事项进行尽职调查。调查包括但不仅限于环境保护、会计、税务、员工福利、知识产权及其他例行事项。

4. PE后续投资

我们很高兴看到AAA公司的发展潜力。我们也准备对AAA后续的收购兼并、资本支出及运营资本需求进行投资,以持续发展该公司。我们在以后可以讨论并决定后续投资的相关条款。但目前来看,我们没有预见到任何会造成后续投资达成一致的重大障碍。

5. 对外通告

在《明确收购协议》签订以前,任何一方不得对该收购对外进行通告。签订《明确收购协议》后,任何对外通告必须事先征得双方同意。

6. 保密

双方同意对于该交易相关的任何信息保密。双方同意,在没有征得对方书面同意前,除了会计师、律师、相关顾问外,任何一方不会将相关信息披露、泄漏给任何第三方,或者将相关信息让第三方获得(法律和法规要求的除外)。

7. 排他条款

从该意向书签订后的120天内,在尽职调查期间以及AAA公司与PE对《明确收购协议》进行谈判的过程中,AAA同意中止与任何其他潜在投资者的接触和讨论,也不会在此期间寻求新的投资者或者寻求与任何投资者进行讨论。

8. 费用

各方同意支付自己所发生的与谈判及签订《明确收购协议》相关的法律、会计及其他咨询费用。双方承认Consulting公司为AAA公司提供相关的咨询服务,AAA负责任何给Consulting公司的中介和顾问费。PE同意支付草拟《明确收购协议》相关的法律费用。

9. 无约束力

除了条款5、6、7和8中所指定的义务外,该意向书不会给任何一方造成任何其他义务,也不会给任何一方或者个人带来任何权利。

10. 意向书中止

如果在一百二十(120)天内,双方没有签订《明确收购协议》,该意向书将自动终止,并且双方将不再受条款5、6、7和8中所指定的义务的约束。

请审阅该意向书。如果你有任何问题或者意见,请和我联系。如果你同意该意向书,请签字并将签字后的意向书发给我。

我们就意向书达成一致并签字后,我们将开始尽职调查。

此致

敬礼

XYZ 先生:＿＿＿＿＿＿＿＿＿＿＿＿＿＿＿＿

（PE 董事总经理）

日期:＿＿＿＿＿＿＿＿＿＿＿＿＿＿＿＿

同意并接受:

A 先生:＿＿＿＿＿＿＿＿＿＿＿＿＿＿＿＿

（AAA 公司董事长）

日期:＿＿＿＿＿＿＿＿＿＿＿＿＿＿＿＿

6 尽职调查

6.1 尽职调查概述

尽职调查(Due Diligence)是投资者(如 PE)对目标公司的经营状况所进行的现场调查与资料分析,以帮助投资者进行投资分析与决策。

尽职调查涉及目标公司信息的披露以及相关费用的承担等问题,因而尽职调查的发生需要一定的条件:

- PE 项目团队对目标公司的业务感兴趣,希望全面、深入地了解企业经营状况;
- 目标公司期待与 PE 合作,在签署保密协议的前提下愿意向 PE 披露相关信息;
- PE 的投资委员会批准其团队组织与实施尽职调查。

尽职调查不同于资产评估、内部审计或由母公司实施的自上而下的各类审查。尽职调查的作用不是用于公司内部的监督和管理,而是首先用于为 PE 的投资决策提供依据。尽职调查将帮助 PE 了解目标公司的真实经营状况和盈利能力,既包括过去的、现在的和将来的,也包括现实的和潜在的。PE 将根据尽职调查结果作出是否投资、以何种形式投资的决定,内容包括:

- 判断投资目标公司是否符合 PE 的投资准则;
- 评估目标公司的价值;
- 评估潜在的交易风险;
- 预测企业发展前景;

- 探讨合适的交易结构；
- 考虑收购后的整合问题，等等。

通常，PE委托第三方专业机构（如会计师事务所、律师事务所等）进行尽职调查，并承担由此产生的一切费用。选择那些声誉卓著、经验丰富且实力雄厚的专业机构费用不菲，但也有明显的好处：

- 质量与效率较高。拥有熟练专家队伍的优秀专业机构可以帮助PE尽快获得高质量的调查报告。这对于那些PE必须在有限的时间内作出投资决策的项目尤为重要。对于欧美背景的PE而言，通常选择具有国际背景的专业机构进行尽职调查。这些专业机构拥有本地专家以便在尽职调查期间与相关人员进行有效的沟通并提供专家意见，也需要有国际背景的专家以便完成调查报告（报告将被提交给PE的投资委员会）。
- 降低与转移风险。按照英美等国家的并购法律实践，如果没有对企业状况的特别担保，卖方只有义务交付一个符合"所看到的"或者"所检查的"情形的企业，因而买方在购买企业之前必须采取相应的调查措施以避免受到损害。高质量的调查可以帮助PE降低因信息不对称而带来的交易风险。通常，专业机构需要对其出具的专家意见签字负责，典型的如律师对法律事务的意见。如此，PE就将部分交易风险（如法律风险）转移给专业机构。
- 取得投资委员会的信任。尽管PE的项目团队通常都高度自律以避免为自身利益所驱动而投资于那些风险过高或不符合投资标准的项目，但由声誉卓著的专业机构提供的调查报告可以帮助PE向投资委员会提供有说服力的证据以证明项目的投资价值。

在专业机构进场前，PE将向目标公司企业主或管理层递送一份财务与税务尽职调查文件清单（参见附录6.1）及法律尽职调查文件与资料清单（参见附录6.2），以便于后者据此准备相关资料并待查。

在中国，尽职调查并不是一件轻而易举的工作。多数时候，在专业机构出具的尽职调查报告中都附有一份清单，内中列出了那些没有获得的资料或未加验证的信息。实施尽职调查所面临挑战是来自多方面的。在某些案例中，目标公司企业主为了夸大经营业绩会授意管理人员向专业机构提供虚假的资料，或者为了隐瞒负面信息而拒不提供关键资料。我们经历的一个案例中，在财务尽职调查期间,财务主管避而不见,先是请病假,进而辞职,最后完全失去联系;最令人哭笑不得的是除该财务主管之外没有人知道那台保存公司财务资料的计算机的开机密码。在另一些案例中,尽管企业主同意向 PE 开放信息,但管理人员并不能提供有力的配合,资料保管混乱、资料不完整、资料提供不及时是常见的情况。有些管理人员以"应付差事"的心态对待尽职调查。例如,他们会提供那些过期未检的资质证书;也有些管理人员担心在企业被收购之后自己可能得不到满意的职位而产生排斥情绪,故意拖延提供资料的时间。每当遇到上述情况,PE 的项目协调人员就需要与企业主及管理层耐心沟通,以获得他们的理解与支持。

尽职调查是一个持续性的过程,专业机构的调查人员需要对不时出现的问题作出反应。一个问题的发现可能会引起一连串的新问题。例如,当调查发现目标公司在某一时期产品的产量超过其在该期的销售量和库存变动时,将意味着某些销售量没有被记录或者仓库管理出现问题,进一步的追究可能发现是目标公司为了延迟纳税而将销售收入推迟入账,或者干脆将部分收入存放于某个秘密账户(俗称"小金库")而隐瞒销售收入。随后,调查人员将根据目标公司既定的会计政策将这部分收入"还原",即恢复公司销售收入的历史真实,并调整财务报表和财务分析结论。调查人员还会不时地要求目标公司提供新的资料,这可能是从已提供的文件中可以推断出其他文件的存在。例如,当调查人员从目标公司提供的一系列贷款协议中发现了数笔已到期的银行贷款、且目标公司财务人员声称已偿还了到期贷款时,调查人员会进一步要求目标公司提供偿还贷款的证明材料。

在尽职调查之前,目标公司对于 PE 而言是一只"黑匣子",没有人能预知打开"黑匣子"会看到什么:有惊喜,但也有遗憾。对于 PE 而言,通过尽职调查发现潜在的、可能导致交易终止的事项和风险是相当重要的。

PE 可以通过交易结构设计、补救措施、合同条款或放弃交易来处理与收购目标公司相关的现实的和潜在的风险。

6.2 财务与税务尽职调查

根据我们以往的经验,一个令人遗憾的现象是:很多中国企业提供的财务报表一般不能为衡量企业运营业绩或者收购定价提供充分可信的信息。PE 有必要在收购决策前对目标公司执行财务和税务尽职调查,以发现目标公司的经营性资产或部门的运营状况及其对收入和利润的贡献、与收购相关的交易风险和商业风险等信息。

通常,PE会委托与其有过良好合作关系的独立的会计师事务所(例如PWC等)来执行财务尽职调查与税务尽职调查。会计师事务所会指定一个调查小组,并由调查组成员与PE沟通以了解项目的背景、目的、总体计划及PE的期望。在此基础上,双方将草拟调查范围,并据此预测调查时间与预算费用。随后,调查小组进场,并在PE的项目协调员与目标公司的协调员的帮助下进行资料与信息的搜集工作。

由调查小组向目标公司发出问题清单并由后者提供资料、面谈或目标公司的数据库是调查资料与信息的主要来源。资料搜集时间的长短取决于调查范围的大小、目标公司资料准备情况以及目标公司相关人员对尽职调查或调查小组的态度。经验丰富的调查人员善于处理与目标公司相关人员的关系,从而能较顺利地完成调查计划。

6.2.1 财务尽职调查

财务尽职调查的基本目的在于:

- 了解目标公司最近3~5年的真实财务状况,预测其未来3~5年的财务状况。财务数据是PE估值的依据,包括当前的企业价值与预计退出时的企业价值。
- 了解目标公司内部控制、经营管理的真实情况,为是否投资以及制定收购后整合方案提供依据。
- 预测目标公司未来现金流状况和是否需要追加投资/贷款及其金额。

在掌握较充分资料的基础上,调查小组开始组织分析与报告撰写工作。财务尽职调查报告的基本内容如下。

1. 目标公司概况

- 营业执照、验资报告、章程、组织架构图;
- 公司全称、成立时间、注册资本、股东、投入资本的形式、企业性质、主营业务,等;

- 公司历史沿革(大事记);
- 公司总部以及下属具控制权的公司,并对关联方作适当了解;
- 对目标公司的组织、分工及管理制度进行了解,对内部控制初步评价。

2. 目标公司的会计政策

- 公司现行会计政策,例如收入确认政策、截止性政策;
- 现行会计报表的合并原则及范围。

3. 损益表分析

- 产品结构;
- 销售收入及成本、毛利、净利的变化趋势;
- 公司的主要客户;
- 期间费用,如人工成本、折旧等及其变化;
- 非经常性损益,例如企业投资收益及投资项目情况;
- 对未来损益影响因素的判断。

4. 资产负债表分析

- 货币资金分析;
- 应收账款分析;
- 存货分析;
- 在建工程分析;
- 无形资产等其他项目的分析。

5. 现金流量表分析
6. 其他表外项目分析,如对外担保、资产抵押、诉讼等

6.2.2 税务尽职调查

税务尽职调查的基本目的在于:

- 了解目标企业的税收环境和税负水平;
- 揭示目标企业存在的税收风险和潜在问题;
- 考虑交易结构和收购后的税收结构重组。

税务尽职调查报告的基本内容包括：

1. 目标公司的税务概况

- 目标公司的集团结构、运作结构等；
- 目标公司的国家及地方税务证、税务账目的明细账、税务机关的税务审查报告、税收减免或优惠的相关证明等。

2. 各项税收的具体情况

- 企业所得税、营业税、增值税、个人所得税、关税、印花税、房地产税、契税、城建税、教育附加税等各项税收的申报及交纳情况。

3. 与关联企业业务往来的文件

- 与关联企业的业务往来情况、协议、所得税申报表、转让定价的方法与政策等。

6.2.3 财务和税务尽职调查常见问题

1. 会计准则的应用

中国会计准则与国际会计准则存在一定的差异，特别是在收入确认、坏账备抵以及会计报表合并等方面的差异。例如，中国企业会以购买方出具发票作为销售收入的确认标准，而欧美企业以成品运出工厂作为销售收入的确认标准；中国企业按应收账款总额的3‰计提坏账备抵，美国企业对3个月未收回的应收账款计提坏账备抵，1年以上应收账款100%计提坏账备抵；中国税法不允许企业在集团层面缴纳所得税（除非得到财政部特批），这意味着集团下的每个独立核算的企业自行缴纳所得税而不能进行不同单位间盈亏相抵的操作，而在美国则允许同一集团内的各企业间可以在盈亏相抵后在集团层面缴纳所得税。

一个令人欣喜的变化是，中国的会计准则在向国际会计准则逐步靠拢。中国于2007年1月1日起实施的新会计准则缩小了与国际会计准则的差异。上市公司被要求必须适用新会计准则，而其他企业则可选择适用。

2. 财务信息的质量

中国目标公司提供的财务信息经常缺乏完整性和可靠性。企业会计与税务账目经常出现记录错误或相互矛盾的情况，这部分是由于企业会计人员的业务水平不高或在会计政策变动后培训不及时,也有部分原因在于企业出于少缴税的目的而违反会计政策,例如夸大产品生产成本、管理费用和销售费用。此外,目标公司档案管理混乱,存档文件经常与管理类账目的内容不符。有些目标公司的财务预算形同虚设,既缺乏制定预算过程中的关键数字支持,又缺乏事后的验证与考核,企业内控能力较低。

3. 或有负债

尽职调查通常会发现目标公司承担的或有负债以及某些已实际发生但未记的负债。例如,为第三方或关联企业提供的担保与保证、排放污染导致的(或潜在的)处罚与赔偿问题、员工养老金等福利的欠缴、潜在的员工身份置换产生的补偿费用(如"买断工龄"的费用),等等。

4. 关联交易

尽职调查中可能发现目标公司与关联方交易的问题。例如,交易的条件可能没有遵循独立性原则,目标公司为子公司/关联公司的交易或者其他负债提供账外保证,为集团的利益而不是为商业目的而进行的交易、转让定价问题等。

值得一提的是转让定价问题。即通过关联交易,以低于市场价格把商品卖给享有免税优惠的海外公司,再通过高价销售给市场,或者把利润转移到享有税收减免或一直存在经营损失的公司,从而达到逃税的目的。例如,中国政府对白酒产品征收消费税,包括从量税与从价税。为方便纳税管理,白酒消费税的征收环节是在生产环节(即白酒生产商)而不是终端消费环节。白酒生产商可以进行如下的税务筹划:由白酒生产商组建一家独立核算的白酒销售公司,生产商以较低的价格(甚至接近成本价)将白酒卖给销售公司,再由销售公司以较高的价格卖给批发商。这种定价安排将降低由生产商支付的从价计征的白酒消费税,且在整体上降低了集团(包括生产商与销售公司)的消费税负担。此外,中国地方政府有时出于吸引投资的目的,会将企业所得税的地方分成部分按一定比例返还给企业。上述安排将利润从生产商转移到了销售公司,如果白酒生产商将销售公司设立在所得税返还比例较大的地区,还可以减少所得税缴纳。

5. 关税

目标公司通过低报进口器材的价格,或者按较低进口税率的产品类别申报,从而少缴纳进口关税和进口增值税。在收购之后,PE(或其旗下控股公司)进入目标公司后,仍承担关税补缴风险。

此外,因收购交易导致的资产所有权与空间转移也可能导致税负。例如,位于保税加工厂内的资产在收购后被转移至保税区外可能需要缴纳进口关税与增值税;在一定时期内必须保持目前状态不变(包括所有权不变)的进口资产可能需要缴纳关税。

6. 控制关系变化

目标公司签署的合同中所包括的控制关系变化条款,反映出需要重新商定重要供应商、顾客或者其他重要合同的风险。当资产收购时,某些批准证书、营业执照或经营资质可能并不能随着资产转让而转让。

7. 资产抵押或瑕疵

有些时候,目标公司的资产可能被用作其他负债的担保或被抵押,或其厂房或办公楼没有取得规划证或开工许可证,或其部分厂区在"红线"外——没有土地使用权,或不能为其在运营中使用的资产提供足够的所有权证明,进而可能对准确记录收入和费用产生影响。

8. 所得税缴纳

目标公司不能及时缴纳公司所得税和个人所得税(代扣代缴),甚至少报员工收入减少所得税缴纳额。

有时,目标公司与当地税务机关达成的特殊约定和非正式税收优惠,但并不完全与现行法规一致。例如,在一个案例中,地方政府承诺在收购后会为目标公司提供地税返还的优惠政策,但不能出具书面文件。在另一个案例中,在收购之前,地方政府同意将目标公司的应付税金转增资本公积,但目标公司并未就该项收入缴纳所得税(根据税法规定,财务资助或债务豁免的金额被视为应税收入,应缴所得税),地方政府虽然对此没有异议但不能出具书面的所得税豁免文件。

6.3 法律尽职调查

PE通常委托独立的律师事务所进行法律调查。法律调查的主要目的在于帮助交易双方了解收购活动本身的法律障碍和法律风险,以及帮助PE了解卖方未结的及潜在的诉讼等法律问题。

6.3.1 法律尽职调查的基本内容

- 对目标公司合法性进行调查,即对企业设立、存续的合法性做出判断。
- 对目标公司发展过程和历史沿革进行调查,包括对企业的背景和企业所处行业的背景的调查。
- 对目标公司主要财产和财产权利情况进行调查,包括对企业的财产及财产权利的合法性、有效性以及是否存在权利限制、法律纠纷或潜在纠纷做出判断,主要体现在以下方面:
  —— 目标公司拥有或租赁的土地使用权、房产的权属凭证、相关合同、支付凭证等资料;
  —— 目标公司的商标、专利、版权、特许经营权等无形资产的权属凭证、相关合同等资料;
  —— 目标公司主要生产经营设备等主要财产的权属凭证、相关合同等资料。
- 对目标公司是否承担或有负债进行调查,包括对目标公司未列示或列示不足的负债予以核实,并分析各种潜在的或有负债及其风险的规避方式。
- 对目标公司的规章制度进行调查,包括有关公司业务办理程序的信息、章程的修订程序、公司股东与董事的权力、公司重大事项的表决/通过程序等相关信息,以确信对本次收购交易而言,不存在程序上的障碍,或可通过一定的方式消除程序上的障碍,确保本次收购交易的合法、有效,避免今后争议的产生。
- 对目标公司人员状况的调查,包括目标公司与员工签订的劳动合同是否存在法律问题,及此次收购会对目标公司的劳资关系产生的影响。
- 调查目标公司重大合同履行情况及重大债权、债务情况,需要查阅目标公司将要履行、正在履行以及虽已履行完毕但可能存在潜在纠纷的重大合同,并对其合法性、有效性以及是否存在潜在风险做出判断;目标公司金额较大的其他应收款、其他应付款是否因正常的生产经营活动发生,是否合法。
- 对目标公司的诉讼、仲裁或行政处罚情况进行调查。同时,还应调查目标公司是否有因环境保护、知识产权、产品质量、劳动安全、人身权等原因产生的侵权之债。
- 对目标公司相关行业的外资准入政策进行调查,包括调查目标公司或其下属子公司所在行业是否鼓励/限制/禁止外商投资、外资收购是否需要政府部门的批准及是否需要满足特定的条件等。

6.3.2 法律尽职调查重点问题

- 目标公司签署的合同或相关文件的真实性;
- 目标公司拥有的权利/资质凭证是否完备、是否已经过期;
- 目标公司雇员的社保资金的缴付比例与实际缴付情况是否符合法规规定、是否签署非竞争条款;
- 目标公司可能存在的诉讼。

6.4 商业尽职调查

商业尽职调查(Commercial Due Diligence)通常由 PE 委托独立的商业尽职调查机构执行。商业尽职调查并不是必须的,只有在 PE 需要验证此前对目标公司所在行业及其市场地位的判断时才需要商业尽职调查。一般而言,PE 在进行平台性投资之前通常会实施商业尽职调查;而对于后续性投资,因为已在行业内投资并有业内专家的帮助,通常不需要进一步的商业调查。

商业尽职调查机构接受 PE 的委托,首先需要了解交易的性质和 PE 在收购后的战略计划,此后通过向目标公司产品的客户或消费者发放问卷、拜访业内专家和供应商、利用专业的数据库等途径获得信息并进行分析,最终向 PE 提供一份调查报告。商业尽职调查的主要内容包括:

- 市场环境分析,包括市场定义、市场需求总量、宏观经济的影响、市场发展前景、增长驱动因素等方面。
- 竞争环境分析,包括供应商与顾客的议价能力、替代品的威胁、行业进入壁垒、主要竞争者情况等方面。
- 目标公司分析,包括目标公司的盈利模式、经营绩效、产品的市场定位和生命周期、产品定价、营销策略、销售与分销渠道、客户关系、供应商关系、企业核心竞争优势和市场地位等方面。
- 商业计划分析,包括评估目标公司制定的商业计划、执行能力、机会与风险等方面。

6.5 环境尽职调查

在中国,环境保护立法日臻完善,环境保护执法日趋严格,那种"先污染、后治理"的环境掠夺式的经济发展模式正受到越来越多的批评,取而代之的是"环境友好型"发展路径。

外资 PE 高度重视中国目标公司的环境保护事宜。有些时候,外资 PE 按照欧美国家的环保标准来衡量目标公司的环保执行情况,其严格程度超过了中国环保法规的规定。作为中长期投资者,PE 对目标公司的环保问题采取"未雨绸缪"的谨慎态度是必要的。其中一个重要的原因在于,中国的环保标准在持续提高,一个典型的例子就是汽车尾气排放标准的不断提高。一些项目尽管在目前符合环保要求,但某些看似微不足道的化学品渗漏或潜在的污染问题可能会在未来招致严厉的处罚、索赔诉讼或对公司声誉的伤害。

对于可能存在环保问题的目标公司(如工业或工程类企业),PE 会委托独立的专业环境调查评估机构执行环境尽职调查(Environmental Due Diligence,EDD)。环境尽职调查起源于 20 世纪 80 年代,现在已成为多数收购交易的必经环节。最初,环境尽职调查的注意力集中于对土壤和地下水的现实的或潜在的因污染而导致的责任。经过 20 多年的发展,环境尽职调查的内容变得比较广泛。对目标公司的环境尽职调查的内容包括:

- 调查目标公司的经营活动适用的有关安全、环保以及污染物排放的所有法律标准要求,包括大气、噪音和水污染等方面的国家或地方标准。
- 调查目标公司是否取得政府部门签发的环保许可证、特许证和其他授权文件,包括环境影响评价报告或环境评价证书、关于选址及环境影响的相关批准文件、排污许可证、关于污染处置设施的批复、危险废物排放和处置许可证等。当目标公司的生产、经营过程涉及危险品时,调查目标公司是否获得关于使用、存储、运输与分销危险物品(如危险化学品)的批准书、登记证和许可证等。
- 调查目标公司与关联公司是否存在违反环保法律、法规、规定、标准或要求的情况及受到的处罚。
- 调查目标公司的环境规划,包括过去环保方面的经营费用和预算。
- 调查目标公司污染排放与治理的详细情况,以及最近3年支付排污费的收据或正式发票。
- 对目标公司和关联公司的设施所作的水、空气、噪音或土壤的取样或检测的报告。
- 其他,如健康与安全评估(Evaluation of Health & Safety)、生产过程中有毒物质对员工健康影响评估、产品责任评估等。例如,玩具安全评估。

如果环境尽职调查发现目标公司已经或可能造成环境污染,如因化学品渗漏而可能造成对地下水源的污染,则PE会要求目标公司在收购之前将该等污染或污染隐患彻底治理,或由PE出资治理但相应降低收购价格以抵偿治理费用。

6.6 其他调查

6.6.1 运营尽职调查

对目标公司的运营尽职调查通常由PE的项目小组执行。PE实施目标公司运营尽职调查的内容包括:

- 通过现场参观及与目标公司高层管理人员会议,获得第一手信息并发现企业运营中的问题;
- 通过市场调查及同业比较了解目标公司的市场地位;
- 通过与目标公司管理层的多次沟通,增进相互信任并深入了解其能力与愿景。

6.6.2 管理层尽职调查

PE是否信任目标公司的管理层在很大程度上决定了PE的收购决策(包括是

否收购及收购后的人力资源整合决策)。这种信任表现在两个方面:一是对管理层职业操守的信任,二是对管理层经营能力的信任。在与目标公司的管理层充分沟通后,PE可能会告知目标公司关键管理人员即将进行的管理层尽职调查(或称管理层背景调查)。一般情况下,目标公司的管理层不会强烈反对这类出于商业目的的调查。

PE通过委托专业的背景调查公司,或通过拜访目标公司的客户或供应商,或询问关键管理人员前任职单位的同事等途径,获得对目标公司的主要股东、董事和公司高层管理人员的声誉与能力的外部评价。此外,PE还需要酌情了解:

- 收购后管理层的聘用合同是否继续有效;
- 管理层、董事和主要股东是否涉及未决诉讼;
- 收购是否会导致合同终止、失去主要客户及雇员辞职等不利事件。

6.6.3 技术尽职调查

当目标公司强调其核心竞争力来自于其具有知识产权的核心技术时,PE会委托专业机构或业内专家来进行技术尽职调查。技术尽职调查的内容包括:

- 目标公司的主要技术、技术装备情况;
- 目标公司技术的生命周期与开发新技术的方法;
- 目标公司技术来源及依赖程度;
- 专利的授权与被授权;
- 知识产权保护;
- 技术合作与技术研发条件;
- 技术研发费用;
- 技术研发成果;
- 新技术产品化的能力与业绩;
- 国内竞争对手与国外竞争对手的技术情况;
- 政府对公司技术及技术创新的支持情况;
- 新技术研发计划,等等。

附录6.1 财务与税务尽职调查文件清单样本

财务与税务尽职调查文件清单

说明：

1. "目标公司"=拟定交易中的目标公司和其联营公司；

2. 请准备我们要求的相关资料,并在正确的栏目中(如:"完成","仍在收集","不相关/没有")画钩以注明文件的准备情况；

3. 请把准备好的资料标上相对应的编码(例如,1.1、1.2)并按顺序放入文件夹；

4. 这份所需资料清单并不是完全详尽的,在获取以下所需资料的基础上我们可能要求另外的资料。

编号	所需资料	请参考附表	完成	仍在收集	不相关或没有
A	财务尽职调查				
1	公司背景				
1.1	营业执照				
1.2	企业章程				
1.3	验资报告				
1.4	股东/管理层/董事会决议				
1.5	目标公司组织结构图,并注明各独立法人公司、所占股权百分比及成立地点				
1.6	请指出其他未在集团组织结构图显示的集团单位,比如合营合作公司、投资方、关联方等				
2	财务资料(近三年,至上个月末)				
2.1	财务报表(内部报表及经审计报告,如有)的复印件				
2.2	季度现金流量表				

续表

编号	所需资料	请参考附表	完成	仍在收集	不相关或没有
3	关联交易（近三年，至上个月末）				
3.1	关联方的身份及所有与关联方账户的余额				
3.2	所有重大关联交易的详情，包括交易性质和金额				
3.3	请详述贵公司与关联公司的转让定价政策				
3.4	请提供管理层报酬明细				
4	销售收入（近三年，至上个月末）				
4.1	请详述销售确认、销售回扣和销售折扣的政策与批准程序				
4.2	销售收入年度末或期间末截止确认的政策				
4.3	按主要产品类别和主要客户进行的平均销售单价分析				
4.4	按金额和销售数量进行的销售收入分析				
4.5	按客户进行的销售收入和毛利分析				
4.6	按主要产品类别进行的销售收入和毛利分析				
4.7	月度销售收入报表				
4.8	近三年（至上个月末）合同金额较大客户的销售合同复印件				
5	生产成本结构（近三年，至上个月末）				
5.1	按主要产品划分的销售成本组成的分析，如：原材料成本及包装成本、人工成本、直接和间接制造费用、固定和变动成本				
5.2	按品种列示的主要原材料现行单价和市场价格趋势				
5.3	近三年（至上个月末）合同金额较大供应商的采购合同复印件				
5.4	近三年（至上个月末）按采购额统计的十大供货商清单，列明采购数量和金额				

续表

编号	所需资料	请参考附表	完成	仍在收集	不相关或没有
6	其他收入/费用(近三年,至上个月末)				
6.1	管理费用明细				
6.2	销售费用明细				
6.3	财务费用明细				
6.4	其他营业收入及支出的明细				
6.5	营业外收入及支出的明细				
7	贷款及债务(近三年,至上个月末)				
7.1	贷款和借债的合同复印件				
7.2	银行贷款额度,包括已用额度和可用额度				
8	应收账款(近三年,至上个月末)				
8.1	应收账款的账龄分析(可按当期,1~3个月、3~6个月、6~9个月、9~12个月、1~2年、超过2年分类)				
8.2	坏账准备计提政策的详细资料				
8.3	请详述投资目标对客户的信用授予、发票开具及款项回笼的程序详情				
9	应付账款(近三年,至上个月末)				
9.1	应付账款的账龄分析(可按当期,1~3个月、3~6个月、6~9个月、9~12个月、1~2年、超过2年分类)				
9.2	与主要供货商(包括关联方)签订的合约,重点指出信用条款/限额、折扣、付款条款以及对主要供应商的依赖性				
10	存货(近三年,至上个月末)				
10.1	按产成品、原材料、在产品、促销物料、包装物、在途物品及其他项目进行的分析				

续表

编号	所需资料	请参考附表	完成	仍在收集	不相关或没有
10.2	存货的账龄分析(可按当期,1~3个月,3~6个月,6~9个月,9~12个月,1~2年,超过2年分类)				
10.3	存货跌价准备计提政策的详细资料				
10.4	呆滞损坏存货的详情(包括数量及金额)				
11	其他应收款、定金及预付款(近三年,至上个月末)				
11.1	其他应收款的明细				
11.2	定金及预付款的明细				
12	其他应付款和预提费用(近三年,至上个月末)				
12.1	其他应付款和预提费用按类别进行的分析				
13	固定资产(近三年,至上个月末)				
13.1	所有固定资产的清单。提供每个固定资产项目的购买日期、投产日期、可使用年限、原始成本、每年折旧额、累计折旧及残值				
13.2	按类别进行的成本及累计折旧的分析				
13.3	请详述固定资产跌价准备的会计政策				
13.4	每年新增和报废的固定资产清单				
13.5	重大固定资产的所有权证明及相关文件				
13.6	近三年(至上个月末)闲置或非核心资产清单				
14	土地使用权(近三年,至上个月末)				
14.1	土地使用权证和租赁合同复印件(包括年租金、付款方式和续约权)				
15	人力资源(近三年,至上个月末)				
15.1	工资、主要社会福利、养老金以及相关员工福利政策的详情				
16	或有负债/承诺事项				
16.1	与主要客户和供应商(包括关联方)签订的合约				

6 尽职调查

续表

编号	所需资料	请参考附表	完成	仍在收集	不相关或没有
16.2	详述尚未结清的债务(包括与关联方)的交易性质和金额				
16.3	详述奖金和激励政策,并提供近三年(至上月末)的奖金明细				
16.4	详述所有根据国家规定的员工福利计划,包括这方面尚未履行的责任				
16.5	详述资本支出的承诺(包括支出性质、金额、合约双方、付款方式和时限),指出其承诺是否已获批准并已签订合同,或已获批准但尚未签订合同				
16.6	对外提供的担保及获得的担保明细				
16.7	现有或可能发生的或有负债及诉讼的明细。提供所有已签订合同的承诺和担保的详情,包括没有在近期报表中反映的,指出其支出性质、金额、合约双方、付款方式和时限,指出其支出是否已签订合同				
16.8	所有用作抵押用途的资产/收入,包括固定资产及其他资产、股息及管理费				
B	税务尽职调查				
1	一般资料				
1.1	验资报告				
1.2	有关股权、投资总额等变更的申请书及批复				
1.3	国税局和地税局颁发的税务登记证				
1.4	增值税一般纳税人"确认专章"的税务登记证副本				
1.5	出口企业退税登记证				
1.6	国家外管局颁发的外汇登记证				
1.7	由当地税务机关发出的税务通知,包括有关税项及纳税基础、免税、减税等税收优惠及特别税务处理等				
1.8	任何税务纷争的描述				

续表

编号	所需资料	请参考附表	完成	仍在收集	不相关或没有
1.9	外币兑换法规的遵守情况				
2	增值税(近三年,至上个月末)				
2.1	增值税月份及年度申报表和有关的完税证				
2.2	近三年(至上个月末)的"应交增值税"明细科目				
2.3	因向本地企业或进出口公司采购而收取的增值税专用发票以用于证明增值税月份申报表中的进项税额				
2.4	有关出口退税的文件				
3	企业所得税(近三年,至上个月末)				
3.1	年度所得税申报表及完税凭证				
3.2	企业年度亏损弥补情况表				
3.3	由税务机关发出以确认企业能享受税务优惠的通知书				
3.4	企业与关联企业业务往来情况年度申报表				
4	个人所得税(近三年,至上个月末)				
4.1	外籍雇员的个人所得税月份申报表和中方人员的扣缴个人所得税报告表,有关的完税凭证和工资所得资料				
5	其他资料(近三年,至上个月末)				
5.1	其他申报表和有关的完税证包括营业税、房产税和印花税				
5.2	总结近三年(至上个月末)目标公司上交税款情况				

附录6.2 法律尽职调查文件与资料清单样本

法律尽职调查文件与资料清单

_____("PE")就其与_____或其关联法人(下称"买方")收购_____公司(下称"公司")的资产及业务和_____先生(下称"股东")在公司中的股权(下称"本交易"),要求公司和股东提供下列文件与资料。

以下所列是关于公司及其资产和业务各方面的问题和文件。请书面回答这些问题,并提供所要求的文件及其任何修订的复印件。如果某一问题或文件不适用于公司的情况,或某一文件公司没有,请在书面答复中说明。

1 公司及总体资料

1.1 问题

1. 请指出并简要说明公司的每个股东,包括股东的组织形式、股东在公司中的权益以及股东向公司的出资方式。

2. 请指出并简要说明公司及其现有的和即将设立的子公司、合营公司、分支机构、生产厂、联络处及销售处(总称为"关联公司")。就每个子公司而言,请说明它的组织形式、公司在该子公司中的权益、公司对该子公司的出资方式以及这些实体在其批准文件和营业执照中所载的完整法定名称。

3. 请指出公司和每个关联公司的行政主管部门。

4. 请提供公司现任董事和监事列表,列明其姓名、年龄、学历、工作经验以及现任职。

1.2 文件

1. 公司和关联公司的现有组织结构图。

2. 公司:可行性研究报告、项目申请报告、公司股东之间的合营合同及其他合同或协议、章程、批准证书、营业执照、验资报告、出资证明书、股票以及有关政府部门颁发的所有批准文件/批准证书和注册文件。

3. 每个股东:营业执照、公司章程、关于股东向公司出资的合同或协议、股东作为一方的与公司有关的其他合同或协议、与公司或股东在公司中的权益有关的股东决议和董事会决议,以及股东和公司或关联公司之间关于资产或债务转让的合同、协议及其他文件。

4. 每个关联公司：可行性研究报告、项目申请报告、关联公司的股东之间的合营合同及其他合同或协议、章程、批准证书、营业执照、验资报告、出资证明书、股票以及有关政府部门颁发的所有批准文件/批准证书和注册文件。

5. 与公司和每个关联公司的经营活动相关的其他批准文件和许可证照，例如进口或出口许可证、生产许可证、经营许可证、技术标准证书、产品注册证/批准证书、产品或服务的质量证书、先进技术企业证书、高新技术企业证书、软件企业证书等等。

6. 公司和每个关联公司的董事会和股东会的所有会议记录和决议。

7. 关于公司或关联公司的资产评估报告，包括评估机构；如果是国有资产，还包括相关国有资产管理部门颁发的核准和备案文件的详细内容。

2 业务经营信息

2.1 问题

1. 请说明公司和每一关联公司的业务，包括：

- 公司和每一关联公司业务的总体性质；
- 就公司和每一关联公司的业务前景而言，说明不为公众所知的可能影响其盈利能力的特殊业务因素或风险；
- 说明公司和每一关联公司有关其产品的订单接受、登记、检查、监督下的记录、质检、储存和发货的管理制度；
- 说明公司或任一关联公司在其中从事业务或设立机构(例如子公司、分支机构、办事处等)的所有国家和中国的所有省市，以及其目前从事的或者计划将来从事的业务活动种类；
- 涉及公司或某一关联公司的任何限制性做法和安排(无论是否具有法律约束力)的详情，例如通过约定价格或供应的条款和条件，对经销商、客户或供应商设置限制，或者与竞争对手串通定价或条件等手段来操纵或限制竞争，或者滥用市场支配地位的安排。

2. 请说明公司和每一关联公司的产品，包括：

- 公司和每一关联公司的主要产品以及公司和每一关联公司的国内销售和出口销售详情，包括主要产品最近三年的销售和利润状况列表；
- 根据自由贸易协议进口的所有主要产品列表，包括有关自由贸易协议下每

— 主要产品的税号和适用的原产地规则；
- 存货管理规则程序的详情。

3. 请说明公司和每一关联公司的客户情况，包括：

- 公司和每一关联公司的主要客户（即过去三年中每年在公司的或该关联公司的总营业额中所占比例均超过5%的客户）列表，载明：
  — 其购买的产品和服务；
  — 过去三年中购买量的人民币/美元金额。

4. 请说明公司和每一关联公司的经销情况，包括有关以下内容的列表：

- 公司或每一关联公司参与销售和经销的办事处的数量和位置；
- 按业务列出销售和经销中的关键雇员的姓名。

5. 请说明公司和每一关联公司的供应情况，包括公司和每一关联公司的主要供应商（即过去三年中每年在公司的或该关联公司的货物或服务总供应量中所占比例均超过5%的供应商）一份列表，载明：

- 过去三年中供应的货物或服务，以及其人民币/美元金额；
- 公司或任何关联公司是否在某种货物或服务上依赖任何一个供应商，如果是，请说明原因。

2.2 文件

1. 适用于公司和每一关联公司的产品的国家标准和行业标准的复印件。
2. 过去三年内有关公司或任何关联公司业务性质所发生的任何变化的书面资料。
3. 所有主要产品的价格清单。
4. 所有现行的产品销售宣传资料（宣传手册、产品名录和其他广告材料）。
5. 过去三年内主要产品退货和召回以及产品保证项下的权利主张的有关情况，以及相关往来函件的复印件。
6. 目前的未完成订单记录以及过去三年的对比资料。

3 设备、机械和其他有形资产

3.1 问题

1. 如果公司或关联公司对公司或关联公司的经营活动中所使用的任何设备、

机械、车辆、附着物以及家具没有所有权,请指出这些物品的所有者,说明公司和关联公司如何取得这些物品的使用权,并提供相关合同及其他文件。

3.2 文件

1. 公司或关联公司所拥有、租赁或使用的账面价值超过5 000元人民币的设备、机械、车辆、附着物以及家具的清单。对每项物品,请提供以下文件:

- 购买合同、订货单和发票;
- 租赁合同;
- 维修保养记录;
- 进口记录(包括报关单,政府评估和检验报告)。

2. 应收账款清单。

3. 库存清单,按原材料、正在生产的产品和制成品列明,标明数量和位置。

4 土地与建筑物

4.1 问题

1. 请说明公司和每个关联公司所拥有或使用的土地使用权的详细情况,以及公司和每个关联公司所拥有或使用的建筑物或其他建筑设施(现有的或在建的)的详细情况:

- 土地和建筑物的位置和面积的详细情况;
- 土地使用权取得方式(出让、划拨、转让或租赁);
- 如果公司或关联公司不是土地使用权人或建筑物所有权人,请指出使用权人或所有权人,说明公司或关联公司如何取得土地或建筑物的使用权,并提供相关合同及其他文件。

2. 请详细说明公司和每个关联公司所拥有或使用的建筑物或其他建筑设施所在地区和区域的城市规划情况。

3. 请说明涉及公司和每个关联公司所拥有或使用的建筑物或其他建筑设施的税费以及公用设施收费(例如电费、水费、污水处理费等)的详细情况。

4.2 文件

1. 土地使用权证及其他土地使用权批准文件;

2. 土地使用权出让合同;

3. 土地出让金的缴付凭证或免交土地出让金的证明;

4. 土地使用权转让合同；
5. 土地使用合同；
6. 土地使用权租赁合同；
7. 工厂/建筑物租赁合同；
8. 工厂/建筑物所有权证；
9. 因公司和每个关联公司违反(如有)法律规定的关于其拥有或使用的土地、建筑物或其他建筑设施的责任和义务，由有关政府部门发布的通知、命令或指示；
10. 建设用地规划许可证；
11. 建设用地批准书；
12. 建设工程规划许可证；
13. 建设设计/规划审核批准文件；
14. 建设工程施工许可证(建设工程开工证)；
15. 工程安全质量验收许可证；
16. 竣工验收许可证。

5 知识产权以及技术

5.1 问题

1. 请列出并说明公司和每个关联公司所享有或使用的中国境内或境外的专利、商标、版权、商业秘密、域名、软件、专有技术和其他知识产权，包括以上权利的申请权。

2. 请说明公司和每个关联公司提出的，或他人对公司和每个关联公司提出的，与上述知识产权有关的侵权索赔的具体情况。

3. 可能影响公司或关联公司现有或未来计划生产的产品在中国或其他国家销售的、他人的专利或专利申请权的具体情况(包括针对公司或关联公司提出的，或可能提出的知识产权侵权索赔)。

5.2 文件

1. 知识产权的所有权或使用权证明，包括注册登记证书、申请文件，以及公司或关联公司作为许可方或被许可方的许可和分许可协议。

2. 公司或关联公司作为一方的技术许可或转让协议及与这些协议有关的其他资料。

3. 公司或关联公司作为一方,关于研发或创造知识产权的所有协议或其他安排(包括公司或关联公司与其各自员工或承包人订立的委托创作协议,或关于激励员工发明创造的奖金或奖励机制等)。

4. 公司和每个关联公司同每位技术和工程人员所签署的所有协议。

5. 公司或关联公司作为一方的保密协议,包括与员工的保密协议。

6. 公司和每个关联公司所有研究或开发项目的资料,以及所有相关文件和协议。

7. 与公司产品、技术及其他知识产权有关的研究报告或分析报告,可行性研究报告。

6 保险

6.1 问题

1. 请说明是否有保险理赔尚未提出或虽提出但尚未理赔的情况。

2. 请说明公司或每个关联公司所遭受的可理赔损失,以及依照保单作出相应补偿的情况。

6.2 文件

1. 公司和每个关联公司所持有的所有保险证明。

2. 有关退保注销,或在保单终止或届满时未予续保的有关通知或函电。

7 诉讼等

7.1 问题

1. 请说明公司或关联公司作为原告或被告的所有法律程序或索赔(民事、刑事、行政或仲裁),包括正在进行的以及据公司所知可能提起的法律程序,以及已经提起的和据公司所知可能提起的索赔。

- 请具体列明法律程序或索赔中的对方当事人、争议的主题事项、涉及的金额以及目前的现况。
- 请单独说明有关产品保证及产品责任的法律程序或索赔。
- 请分别说明针对公司或某一关联公司进行的贸易救济调查(例如涉及公司或某一关联公司的主要产品或原料的反倾销、反补贴或保障调查)的详情。

2. 请说明公司或关联公司作为一方,已作出裁决或得到解决的所有法律程序或索赔(民事、刑事、行政或仲裁)。

3. 请说明在过去五年内针对公司或任何关联公司所进行的所有调查,以及公司或任何关联公司收到的所有警告,包括过去五年内因违反国家或地方法律、法规而应付或已付的任何罚款的日期和金额,以及相关往来函件的复印件。

4. 请说明关于公司或关联公司所生产或销售产品的故障、缺陷、瑕疵的索赔、报告、投诉的详细情况。

7.2 文件

1. 与上述法律程序和索赔有关的判决书、仲裁裁决书或法院执行令、和解协议以及其他相关文件。

2. 关于公司或关联公司所生产或销售产品的报告或投诉的相关文件。

8 环保问题

8.1 问题

1. 请列出公司和每个关联公司的经营活动所适用的有关安全、环保以及污染物排放的所有法律标准和要求,包括大气、噪音和水污染等方面的国家或地方标准。

2. 请说明任何政府部门对向公司和每个关联公司签发环保许可证、特许证和其他授权文件或公司和每个关联公司继续持有环保许可证、特许证和其他授权文件所作的查验或研究的结果。

3. 请说明公司和关联公司为遵照相关法律、法规的环保要求所采取的措施。

4. 请说明公司和每个关联公司过去或现在违反环保法律、法规、规定、标准或要求的情况。

5. 请说明因公司和每个关联公司未能遵守有关环保法律、法规、规定、标准或要求而缴纳的所有罚款、受到的处罚,或作出的经营上的强制性变更。

6. 请说明公司和每个关联公司的环境规划,包括过去三年环保方面的经营费用和预算。

8.2 文件

1. 政府部门颁发的公司及关联公司的环保许可证、特许证和其他证书,包括环境影响评价报告或环境评价证书,危险废物排放和处置许可证等。

2. 关于对公司和每个关联公司的设施所作的水、空气、噪音或土壤的取样或检测的报告。

9 合同(协议)

9.1 文件

请提供公司和每个关联公司的下列文件(包括由公司或关联公司直接签订的合同和代理人以公司或关联公司的名义签订的合同):

1. 中国境内和境外的供应商、分销商、代理商和顾客/客户清单。

2. 标准合同文本(例如标准销售协议、订货单、折扣和信用条款、租赁和其他协议)。

3. 销售商供货协议,以及与现有的或拟订立的销售商融资/信用条款有关的文件。

4. 销售或购买协议。

5. 过去三年收到的订货单和出具的发票。

6. 与分销商和销售代理商的协议。

7. 公司或关联公司为任何个人或实体的债务或责任提供担保的担保文件。

8. 他人或实体为公司或关联公司的债务或责任提供担保的担保文件。

9. 动产租赁协议,包括电脑、复印机或其他动产的租赁协议。

10. 广告协议。

11. 与关联人士或实体(董事、经理和股东,或其各自的关联公司)的协议。

12. 服务协议和咨询协议。

13. 建筑协议和安装协议。

14. 公用设施协议。

15. 运输协议和其他物流协议。

16. 其他与公司或关联公司的业务相关的,对买方关于是否继续进行本交易的决定可能产生实质影响的协议。

10 公司政策

10.1 文件

1. 公司和每个关联公司的内部行为准则,以及与工厂、研究中心、子公司、分支机构、联络处或销售处及其他经营机构的运作相关的公司规章。

2. 公司和每个关联公司的产品保证书。

3. 公司和每个关联公司所采用的适用于分销商、代理商和服务/维修中心的资格证明或与之相关的标准。

11 担保物权
11.1 文件

1. 公司或关联公司的任何财产作为担保物或其他担保方式的担保文件(抵押、质押、留置等)。

2. 与上述担保文件有关的登记证及其他文件。

12 银行、贷款以及外汇交易
12.1 问题

请详细说明有关公司和每个关联公司的银行安排：

- 位于中国境内和境外的银行的名称和地址；
- 现有账户及其授权签字人的具体情况；
- 信用额度、透支或类似的银行信贷措施；
- 外国银行账户以及中国政府对该账户的批准。

12.2 文件

1. 国家外汇管理局颁发的关于外汇账户(包括经常项目和资本项目)的开户通知。

2. 公司或关联公司作为一方的，以外币计价的融资、贷款、信贷、抵押及担保合同和相关文件。

3. 公司和每个关联公司所承担的外债和对外所作的担保的批准和登记。

4. 公司或关联公司作为一方，以人民币计价的融资、贷款、信贷、抵押及担保合同，以及相关文件。

5. 公司和每个关联公司的外汇登记证。

13 劳动与人事
13.1 问题

1. 请详细说明公司和关联公司的员工(包括中国员工和外籍员工)的情况，包括：

- 公司和关联公司的管理结构；
- 工会，以及公司或关联公司与工会作出的所有安排(包括集体劳动合同)；
- 公司和关联公司的关键雇员(含资深管理人员、管理人员和非管理人员)名单，及其现行职责的说明；

- 全体员工的姓名、年龄、职位、报酬及资历；
- 社会保险和福利；
- 激励机制，例如奖金、利润分红和股票期权；
- 退休职工人数，需付养老金的金额和职工退休养老金的安排；
- 职工的贷款或担保；
- 过去、现在和将要发生的职工向公司或关联公司提出的劳动申诉或诉讼或仲裁的情况。

2. 请详细说明公司或关联公司同意支付给任何前雇员（或其近亲属或被抚/赡养人）的报酬、冗余或其他款项，在每一情况中详细说明如下事项：

- 雇员姓名（中外文）；
- 近亲属或被抚/赡养人的姓名；
- 支付原因；
- 有关支付的其他情况；
- 是否有关于支付的书面协议；
- 应支付总额；
- 迄今已支付总额。

3. 请提供关于公司及关联公司的工会或类似雇员代表机构（例如代表员工的劳动委员会）的信息和书面说明，包括：

- 成立日期；
- 工会或类似雇员代表机构的主席、副主席或类似人员的姓名和报酬；
- 工会会员的数目和姓名；
- 过去三年中的停工或其他雇员行动。

4. 请书面确认公司及关联公司已经收到了全部中国籍雇员的人事档案、档案存放地点和档案未收到的雇员的名单。

13.2 文件

1. 公司或关联公司与其各自员工的标准劳动合同。
2. 公司和每个关联公司的员工手册及所有规章，例如安全或卫生规章。
3. 集体劳动合同（如有）。
4. 与每一关键雇员的劳动合同。

5. 公司和每个关联公司与个别雇员之间签订的除劳动合同之外的所有合同和协议，包括：

- 不竞争和不招揽协议；
- 保密协议；
- 培训协议；
- 与住房有关的协议；
- 派遣协议；
- 其他类似协议。

6. 所有独立承包商、顾问、代理、公司间派遣或服务协议，包括公司和每个关联公司与当地劳动服务公司之间签订的有关提供员工或工资相关服务的服务协议（包括办理社会保险缴费和代扣代缴税款）。

7. 证明公司和每个关联公司已履行其社会保险、住房公积金、退休养老金和其他社会福利方面的义务的文书。

14 杂项

14.1 文件

1. 贵方认为对公司或关联公司业务的任何部分或本交易的任何方面相当重要的，或买方在决定是否继续进行本交易时应考虑的其他文件及资料。

2. 公司和每个关联公司在不同业务领域的主要竞争对手名单。

3. 公司和每个关联公司的任何预算、预测和业务计划。

4. 公司和每个关联公司的任何新闻公告。

5. 与公司或关联公司拟上市有关的重要文件，包括与中介机构的协议、咨询协议、意向书、谅解备忘录、招股书或股票发售通告草案以及政府批准和许可等。

7 估值

7.1 估值概述

7.1.1 估值与交易价格

估值(Valuation),或称价值评估,是潜在交易者计算其愿意接受的、关于交易标的与货币数量之对价关系(即价格)的过程。潜在交易者,包括特定交易标的的所有可能的买方和卖方。在本节中,交易标的仅指可明确界定产权并且可以合法转让的特定数量的股权或资产。

长久以来,人们对估值的主要误解,或许在于对所谓的"科学的内在价值"或"唯一的公平价值"的探求。"精确地估值"是一个伪命题。教科书中谈到的估值方法是建立在一系列假定条件基础上的,例如在财务模型中预先设定未来若干年内企业提供的产品或服务的价格与数量,尽管这些条件常常不被满足甚至至今尚不被使用各种估值方法的人们所认知。

如果一个企业特定的股权或资产对于所有的潜在交易者来说具有唯一的价值,那还有进行交易的必要吗?假设交易费用为零,人们为什么要用一个价值去交换另一个相同的价值呢?如果交易费用大于零,人们就不会劳心费力地用一个价值交换另一个相同的价值并承担交易费用,那为什么人类的交易活动没有绝迹呢?

对这个问题的逻辑推断是:只有当买方对交易标的的估值(用最高意愿买价代表)高于卖方对交易标的的估值(用最低意愿售价代表)时,才有可能进行交易。这就意味着,价值是"主观的",即交易标的之价值依赖于评价者。例如,某一块奶酪,对甲来说可能是臭不可闻、白送都不要,更别说付钱买了;但同一块奶酪,对乙来说却可能是珍馐美味、甘之如饴,愿出高价购得。再如,某些古玩收藏家可能费尽心机、用千金购得一块元代官窑的破碎的瓷片,而不懂收藏的人们却会嗤之以鼻、弃之如敝屣。简单说,价值反映了彼时彼境评价者愿意最多付出多少货币来获得交易标的,或者,价值反映了彼时彼境评价者愿意最少获取多少货币来转让交易标的。

既然无法"科学地"估值,那么估值的意义何在呢?

一种看法认为,估值为潜在买方出价/潜在卖方报价提供底线。通常,估值由每个潜在交易者根据自己的评价体系独自完成。在正常情况下,潜在买方对交易标的的估值结果可以表为"若某些条件成立,则标的价值 $\leq B$(或'标的价值不超过 B')",即他不会以超过 B 的价格购买;潜在卖方对交易标的之估值结果可以表述为"若某些条件成立,则标的价值 $\geq S$(或'标的价值不低于 S')",即他不会以低于 S 的价格出售。

在特殊的情况下,如国有产权的转让,可能会以低于评估价值的价格成交。此时,需要综合考量在转让失败的情况下,继续保有国有资产的成本(如企业持续亏损、工资福利拖欠、银行债务负担等)、再次评估的费用、再次挂牌交易的费用、相关人员的时间成本、资产盘活的社会影响等因素。这种情况的存在说明了评估价值既不是交易价格,也不是最低售价。

估值的另一个作用是防止收购交易双方避税。特别是在资产交易的情况下,卖方做低交易价格并从买方那里以其他方式获得补偿可以降低各项税费。中国政府要求卖方提供合格资产评估机构出具的资产评估报告,在某种程度上限制了避税行为。

对于潜在买方来说,当然付的钱越少越好;对于潜在卖方来说,则卖价越高越好。潜在买方与潜在卖方讨价还价的博弈结果有两种可能——达成一致/合作(成交),或者,没有达成一致/不合作(不成交)。交易成功的前提是交易双方达成一致的交易条件,而交易价格是最重要的条件之一。

如果交易成功,则必有" $B \geq$ 交易价格 $\geq S$ "或"交易价格一定会落在买方出价上限和卖方报价下限之间,并且前者高于后者"。在买方看来,这笔交易很划算,他本来可以接受更高的价格 B,但现在节省了" $B-$ 交易价格"的货币资金,他对交易结果满意;在卖方看来,这笔交易也很划算,他本来可以接受更低的价格 S,现在则多收获了"交易价格－S"的货币资金,他对交易结果也满意。由此可见,自由交易(欺骗除外)是双赢的,并非此消彼长,不存在一方之多得必为另一方之贬损的情况。用经济学的话语可以表述为"自由交易增进财富",即在不增加总产出的情况下,自由交易可以"凭空创造"出财富,这正是市场的神奇魅力之一。

除估值结果外,买卖双方还要独立考虑更多因素以最终达成交易价格,例如:

- 交易条件,如对价形式(现金或股票等)、支付时间、支付方式(一次或分期)等。
- 为完成交易而发生的各项费用,如律师费、尽职调查费用、差旅费、投入的人力等。
- 交易结构的潜在影响,如资产交易中卖方面临的税负问题,或如股权交易中买方可能面对的事后事项,例如员工安置方案或国企员工身分置换、或有负债问题等。
- 政策的连续性与政策变化的可预见性,如行业准入政策和外资鼓励/限制政策等的变化。
- 对风险的判断。价格与风险是必须同时考虑的因素。例如,对或有负债、应收账款等实现可能性的判断,对政策变动的判断等。
- 替代关系,如是否存在交易标的之替代物及其价格。
- 机会成本,即如果不做这笔交易或做其他交易,将会如何。

交易方式也会影响交易价格,如拍卖、招投标、集合竞价等方式,与一对一谈判形成的价格可能会有所不同。

市场范围也会影响交易价格,如国际市场、地区市场或街边市场等形成的交易价格可能会不同。

交易目的不同也会影响交易价格。如果卖方,例如国有资产所有者,在转让国有产权时,既要考虑经济利益又要考虑社会效益和政治影响,则其对买方资质就会作出限制,从而可能拒绝了潜在竞争性买家的更高价格。如果买方,如产业资本,在收购企业时,既要考虑获得新市场的进入渠道又要考虑到削弱、甚至消灭潜在竞争对手,则其出价可能会高于其他类型的买家。

一些流传已久的对PE基金的偏见可能源于一些影视文学作品或公共媒体对PE蓄意的丑化,例如将PE描述为贪婪的财富掠夺者或门口的野蛮人等。在这种语境中,人们认为PE的收购活动中或者充斥着阴谋和狡诈,或者趁火打劫,总之,

PE 是通过不良手段损害卖方利益获得"不公平"的极低收购价格从而转手倒卖赚取暴利。此类见解的荒谬之处在于,认为 PE(作为买方)之所得,即为卖方之所失,这就完全忽视了自由交易增进财富、改善双方的境况的事实以及 PE 所从事的价值创造活动。

如果"自由交易增进财富"可以成为共识的话,那么对自由交易的任何限制都将减损财富,从而不利于交易双方。但是在一些特殊的情况下,例如产权边界不清或产权归属于国家或政府等抽象实体而非自然人的情形时,对此类产权交易的限制似乎难以避免。在这些特殊的情况下,估值的程序与方法,甚至交易价格可以由法规来管束。例如,在中国,国有企业国有产权转让的估值、国有商业银行办理抵押贷款时对抵押物(如房产、土地使用权等)的估值,都必须接受各级相关行政部门的管辖。例如,2007 年国资委和财政部联合发布的《关于企业国有产权转让有关事项的通知》中规定,转让企业国有产权的首次挂牌价格不得低于经核准或备案的资产评估结果。经公开征集没有产生意向受让方的,转让方可以根据标的企业情况确定新的挂牌价格并重新公告;如拟确定新的挂牌价格低于资产评估结果的 90%,应当获得相关产权转让批准机构书面同意。

7.1.2 估值的信息基础

获得与交易有关的必要的信息是 PE 基金进行投资决策的前提条件。PE 基金通常的做法是在投资决策之前,通过对目标公司的尽职调查(Due Diligence)来获得所需要的信息。例如,通过对目标公司财务状况的调查,可以了解目标公司过去数年内的盈利能力等信息。信息的连续性、真实性、完整性与及时性对估值有着重要的影响。

然而,交易双方信息不对称的存在使得卖方总比买方更多地了解交易标的的价值。卖方总是有意无意地掩饰瑕疵的存在而夸大于已有利的一面。在有限的时间内,PE 基金必须作出交易决策,因此,PE 基金经常在交易结束之后才发现被收购公司中逐渐暴露出来的问题。令企业主/卖方保留部分股份、在合同中规定某些保护条款或安排特别的交易价款支付方式,对 PE 基金的投资可以提供一定程度的保护。尽管如此,收购仍是高风险的投资活动。

风险是难以量化的。对风险的判断有时依赖 PE 基金团队的经验和直觉,这种判断会最终体现在对目标企业的估值上。对于同样的净利润,有些企业主会按照股票市场同业公司的市盈率给出乐观的估值,但PE的估值却要保守得多。那些经历过股市暴跌而损失惨重的投资者、经历过政策变动导致生意重大挫折的经营者或许能更深刻地体会PE基金的这种谨慎的道理所在。毕竟,投资一个企业是投资一项生意,而且这是一项长期投资,这与按即期市价买卖快速消费品有着太多的不同。

7.1.3 估值方法综述

从技术角度看,企业估值有三种基本角度:着眼于历史、着眼于现在或着眼于未来。着眼于历史投入的是基于资产的评估方法,着眼于现在的是基于市场的评估方法,着眼于未来净收入的是基于盈利能力的评估方法。

基于资产的估值方法是将企业总资产分解为各自独立的、有参考价格的小块资产,根据参考价格评估小块资产的价值,再将各小块资产的价值简单加总,最后再加上一个资产溢价就得到了企业价值。对并购交易而言,一些显而易见的矛盾是:

- 资产估值的时点与资产(或股权)交割的时点是不一致的,半年左右的时间间隔在收购交易中司空见惯。在严厉的通货膨胀环境下或在资产价格急剧波动时期,估值与交割时间差的存在可能会严重影响交易的成功。
- 经营性资产具有一定程度的专用性,例如炼钢炉通常不能直接用来生产轮胎。资产专用性的存在降低了资产的流动性,提高了退出的成本。在收购交易中,以低流动性的资产交换高流动性的现金,卖方的资产估价应该减去流动性溢价以贴补买方的流动性损失,而不是再增加资产溢价。
- 资产包式的转让类似批发,应该在零售价加总的基础上给一个折扣,而不是溢价。

基于市场的估值方法,即选择同行企业——基准企业——的市场定价来估算目标企业价值的方法。它的假设前提包括:

- 存在一个活跃的企业股权交易市场,这样才能获得一个有参考价值的市价;
- 存在一个决定企业市场价值的关键变量,如净利润;
- 市场价值与关键变量的比值,如市盈率,对于同行中的各个企业是基本一致的。

至于怎样定义同行、怎样选择基准企业,是由具有资质的专业人士判断的。确定相同行业也许并不困难,但确定基准企业却并不容易。每个企业的情况都不尽相同,例如企业家的进取心、领导者的能力、竞争能力、研发能力、在细分市场地位、客户关系、企业规模以及财务表现等方面,都或多或少存在差异。即使勉强选择了基准企业,目标企业估值仍要根据其与基准企业的差异进行多方面调整,也因此这种估值方法具有较大的随意性,所以在实际估值实践中极少被单独采用。

基于盈利能力的估值方法考虑企业未来业务的价值。持续经营的企业除拥有各类资产外,还必须有组织、人员、制度、渠道、品牌、客户、战略等等。企业并不只是各项资产的简单堆积,而是活的有机体。按照这种随意性更大的估值方法,企业的价值既然取决于未来,则本来就不存在事先可以预知的精确答案。

7.2 基于资产的估值方法

7.2.1 账面价值法(历史成本法)

公司资产负债的净值即为公司的账面价值,它反映了资产未折现的历史成本,是基于会计准则决定的净值。但是若要评估目标公司的真正价值,还必须对资产负债表的各个项目作出必要的调整。

例如对资产项目的调整,应注意公司应收账款可能发生的坏账损失、公司外贸业务的汇兑损失、公司有价证券的市值是否低于账面价值、固定资产的折旧方法是否合理,尤其是在无形资产方面,有关专利权、商标权和商誉的评估弹性很大。

对负债项目的调整,应审查是否有未入账的负债,如职工退休金、预提费用、期权等,注意是否有担保事项、未决诉讼等或有负债及尚未核定的税金等。

在对目标公司的资产负债评估后,并购双方即可针对这些项目逐项协商,得出双方都可以接受的公司价值。

7.2.2 重置成本法

完全重置成本(即重置全价)是指在现时条件下重新购置一项全新状态的资产所需要的全部成本。重置成本法(Replacement Cost)是用待评估资产的重置全价减去其各种贬值后的差额作为该项资产价值的评估方法,计算公式如下:

待评估资产价值 = 重置全价 − 综合贬值　　　　　　　　　　　　　　(7.1)

或待评估资产价值 = 重置全价 × 综合成新率　　　　　　　　　　　　(7.2)

综合贬值包括有形损耗(物质的)和无形损耗(技术的)等。

从技术角度看,重置成本法的主观因素较大。例如,对某项设备综合成新率的判定,是根据设计使用年限与剩余使用年限的关系,或是根据剩余折旧年限与残值规定,或是根据感官判断? 毕竟影响设备成新率的因素很多,如日常维护保养的频次与费用、设备工况等。有些设备,如轿车,即使是刚买来的新车在二手市场也只能以八折销售,以新车价格计入总估值会带来很大的分歧。此外,参考价格的选定无法排除交易条件的影响。如是等等。

7.3　基于市场的估值方法

基于市场的估值方法被称为市场比较法。其基本做法是:

(1) 寻找一个影响企业价值的关键变量,如净利润。

(2) 通过市场调查,选择一个或一组与评估对象类似的基准企业作为价格参照物,计算基准企业的市值与关键变量的比值(一组基准企业可以采用多个比值的中位数、均值等),如市盈率。

(3) 用目标企业的关键变量乘以(2)中得到的平均值,计算目标企业的评估价值。

应用市场比较法的假设前提是企业同质、资产同质以及存在成熟而交易活跃的股权市场。

基于资产的估值方法和基于市场的估值方法容易引起买卖双方关于交易价格的分歧。毕竟,PE基金关心的是企业的盈利能力决定的投资回报,而不是未来资产价值的增值空间。

7.4 基于收益的估值方法

2005年4月,中国资产评估协会《企业价值评估指导意见》开始实施,明确将收益法而非成本法、市场法列为企业价值评估的首选。2006年2月,财政部颁布2006年版《企业会计准则》,区分和采用了"历史成本"、"重置成本"、"可变现净值"、"现值"、"公允价值"等计价概念。其中的"现值"指未来净现金流的折现,与收益法评估契合。

7.4.1 DCF法

DCF(Discounted Cash Flow)法,即现金流量折现法,通常是企业价值评估的首选方法。

DCF法的操作步骤是:

第一步:确定预测期间,也就是需要确定预测基期、详细预测期(T年)和后续期。详细预测期通常在5年左右,极少有超过10年的。后续期是指企业进入稳定状态的时期,它的显著标志是:企业的销售增长率约等于宏观经济名义增长率,企业的边际资本回报率约等于边际资本成本。

第二步:确定资本成本,即折现率。资本成本应当是当前的或者是预期的资本成本,因为资本成本的主要用途是决策。而决策是面向未来的,是未来增量现金流量的边际成本,而不是已经筹集资金的历史成本。

第三步:确定预测期的现金流量,即详细预测期T年内各年的现金流量。它是通过预测T年内各期的利润表、资产负债表和现金流量表获得的。

第四步:确定后续期现金流量增长率。企业在稳定状态下,可以根据销售增长率来确定现金流量增长率。

第五步:用折现率将预测各期(包括后续期)的现金流量折现后加总。

DCF法公式:

企业当前价值
  =预测期价值+后续期价值

$$= \sum [FCFE_t/(1+r)^t] + FCEE_{(T+1)}(r-g) \qquad (7.3)$$

其中,

$\sum$:求和符号(在公式7.3中,t 从第1年至第 T 年);

$FCFEt$:预测期的第 t 期现金流量;

$FCEE_{(T+1)}$:后续期现金流量;

r:折现率(根据情况可取相应的资本成本 K 或加权平均资本成本 WACC);

g:后续期现金流量增长率;

T:预测期年限。

企业现金流量

=息税折旧摊销前收益(EBITDA) – 所得税 – 资本性支出 – 营运资本净增加

(7.4)

贴现率 = 无风险利率 + 经营风险溢价 + 财务风险溢价。贴现率综合考虑了企业未来业务发展、资本结构和潜在风险等诸多方面的因素。其中的风险因素可能是对于某一公司、某一具体行业,或某一具体的细分市场的特定的风险。概括地讲,贴现率反映了某一行业特定的资金成本。DCF 模型中不同状况的现金流对应不同的风险水平,这样对贴现率的要求也不同。换言之,公司的经营风险和财务风险越大,投资人要求的报酬率就会越高,公司的资本成本也就越高。

税率在 DCF 法中是一个较为复杂的变量,因为各国的税收制度都十分的复杂,没有简单的比例可以应用,并且,税率经常会发生调整,不同性质的企业在不同的时期有着不同的税率,相互之间的可比性也较低。另外,企业对税的处理各有各的做法,并且会根据不同的时期采取合理的避税方法。

确定第 T 年企业的终值(V_T)与确定企业当前价值是同样的命题。可以假设 V_T 与企业当前价值相等。

作为对 DCF 法的改进,将 DCF 法与场景分析结合,分别估算理想、正常与恶劣经营状况下的 DCF 值,并赋予每种情况以权重,加权计算 DCF 值。

适用 DCF 法评估企业价值的情况是:

- 企业预测期和后续期的现金流量是正的;
- 将来一段时间内的现金流量和风险能可靠地估计;
- 可以根据风险得出现金流的贴现率。

7.4.2 DCF法在中国应用的局限

DCF法在理论上是相对完美的,但在中国的应用中存在局限。

实践中,贴现率通常由无风险利率与风险溢价之和构成。在中国,因为利率管制而不存在市场化的利率形成机制,因而无风险利率的选择成为估值中首先面对的问题。

由于高储蓄率传统的存在,在中国长期执行低真实利率的政策成为可能。很多中国评估师以名义一年定期存款利率作为无风险利率。在长期通胀预期下,这一利率明显是低估的。

在中国的评估实践中,DCF法通常用于对某项盈利性资产进行评估,尔后将各项资产评估价值加总得到企业价值,本质上仍然是基于资产的估值方法。受特定的商业文化影响,中国企业中普遍存在闲置资产的现象,如土地储备、未投入使用的房屋建筑、闲置的机器设备等。这些非生产性的资产对企业的盈利能力没有贡献,而且流动性差。

"Garbage in, garbage out"(垃圾入,垃圾出)。现金流预测与贴现率假设的质量对DCF法是十分重要的。困难在于,对现金流与贴现率的预测是很主观的。资产评估师们也常常通过调整现金流与贴现率的数值来人为调整对企业的估值以满足那些向他们付费的客户的意愿。

7.5 EBITDA 倍数法

EBITDA(Earning before Interest, Tax, Depreciation and Amortization,息税折旧摊销前收益)是一个财务数据,该数据排除了复杂的财务杠杆和税收政策的影响,综合反映管理团队经营业绩与企业现金流贡献能力。

7.5.1 EBITDA倍数法公式

企业估值 = EBITDA × 经验倍数   (7.5)

经验倍数的选择综合反映了评估者对企业未来盈利能力的信心与风险判断。

经验倍数通常依据对下列因素的综合判断而形成：

- 以往类似交易的估价；
- 企业外部环境的稳定性，如市场化程度、政策的稳定性、宏观经济周期等因素；
- 可以选择的退出途径，如拟实施IPO的公司估值可以参考市场上可类比公司的市盈率等指标；
- 对投资回报的要求，等等。

7.5.2 PE基金对EBITDA回报率的要求

PE只对EBITDA/销售额（或主营业务收入）高的企业感兴趣。通常，EBITDA/销售额超过20%的企业才有可能成为PE的合作伙伴。盈利能力过低的企业无法满足投资基金的回报率要求。另一方面，较低的盈利能力将增大企业在面临市场不利变化时陷入亏损与现金短缺状态的可能性。

7.5.3 资本性支出与流动资金

企业经常面对是否增加投资扩大产能从而提高产出、扩大市场份额的选择。要实现产出的增长，通常不仅需要资本性支出，如购买设备、新建厂房等，还需要增加流动资金，如购买更多的原材料、支持更高的库存、支付更多的销售费用，等等。

企业未来的资本性支出与流动资金需求的增加会对企业未来的现金流形成压力。因而，控制资本支出的目的，一方面是要保证新增产能是有效产能，另一方面也要保证企业的自由现金流为正。

7.5.4 净利润：衡量公司业绩的陷阱

有两个因素影响了运用净利润（Net Profit, or Net Income）衡量公司业绩的准确性：税收与财务杠杆（或资本结构）。

税收法律在执行层面通常被赋予一定的弹性。当同行企业处于不同的地区，或同行企业具有不同的产权性质时，这些企业很可能面临不同的企业所得税政策。在中国,注册在经济开发区内的企业或外资企业有可能被给予税收优惠政策。企业所得税优惠政策的存在会降低同行企业盈利能力的可比较性。此外,当地方政府给予企业地方所得税部分返还政策变动时,对企业净利润的预期也变得不稳定从而不可靠。

财务杠杆对企业价值的影响也是不确定的。当边际资本的净收入为正时,财务杠杆可以提高投资回报率(ROI);相反,则降低投资回报率。当存在企业所得税时,由于利息费用是在税前抵扣,企业债务具有"税盾效应",从权益(股东权益和债权人权益)角度看,财务杠杆增加了企业价值。

此外,企业的其他业务收入、重组收益、股票债券等的投资收益等短期因素对当期企业的净利润影响也很大。更有甚者,企业可以通过操纵虚假销售、收入提前入账、关联交易等来改善当期的净利润。(当然,EBITDA 方法同样也会面临这些问题。PE 基金希望通过财务尽职调查发现这些问题,并调整财务报表以恢复企业正常经营业绩的本来面目。)

如上所述,净利润并不总能准确地反映管理团队经营企业的真实能力。经常被人们用于对上市公司进行估值的市盈率法(市盈率 = 每股价格/每股净利润)就是如此。

7.6 案例分析

7.6.1 案例1:或有负债对估价的影响——担保的案例

1. 案例背景

- 某集团公司(母公司)为子公司 A 的 1 亿元人民币贷款提供担保。子公司 A 的资产评估价值为 100 万元,负债评估为 1.2 亿元。
- 按照中国现行的资产评估办法,在集团公司的资产评估中,子公司 A 的净资产值计为 0,并入母公司的评估价值中。

2. 案例分析

由于母公司为子公司 A 提供了贷款担保,当子公司 A 无法偿还到期贷款时(这也是实际的情况),母公司(担保方)要代其偿还银行贷款 1 亿元。即使子公

A 宣告破产,母公司的还款责任也不能豁免。但按照现行资产评估办法,该项或有负债无法体现在母公司的资产评估价值中。显然,这样的评估价值无法得到意向收购方的认可。

7.6.2 案例2:应收账款对估价的影响

1. 案例背景

- 某集团公司(母公司)旗下销售公司(子公司B)账面记录2年及3年以上的应收账款约2 000 000元人民币。资产评估中将相应的坏账准备计为0。
- 集团公司(母公司)旗下房地产公司(子公司C)账面记录3年以上其他应收款总计92 000 000元人民币,涉及债务方的情况特殊(均是政府部门或公立学校)。资产评估中将相应的坏账准备计为0。

2. 案例分析

按照美国的会计准则,账龄1年以上的应收账款应按账面价值的100%计提坏账准备。但中国现行的资产评估办法对应收账款的坏账准备计提比例较低。特别是在上述案例中,超过1年乃至3年以上的应收账款仍作为流动资产按照账面价值的100%计入资产评估价值中。显然,这样的评估价值对PE基金来说是无法接受的。

7.6.3 案例3:重置成本法对房屋建筑物价值的评估

1. 案例背景

- 本案例中,某集团公司拥有的房屋建筑物价值评估中采用的重置成本法。

重置成本法的评估价值 = 重置全价 × 综合成新率
重置全价 = 土地取得费 + 土地开发费 + 建安工程造价 + 前期及其他工程费 + 资金成本

- 土地取得费包括土地转让费或者拆迁安置费和应向国家缴纳的出让金、契税和市政设施配套费等费用
- 建安工程造价 = 土建工程造价 + 装饰工程造价 + 安装工程造价(给排水、消防、暖通等)
- 土地开发费(基础设施配套费) = (建安工程造价 + 土地取得费) × 额定费率

- 前期及其他工程费用＝建安工程造价×额定费率
- 资金成本＝(建安工程造价＋前期及其他工程费)×贷款利率×建造期÷2
  　　　　＋(土地取得费＋前期及其他工程费)×贷款利率×开发期

综合成新率＝完好分值率×60%＋理论成新率×40%
- 理论成新率＝(1－已使用年限÷耐用年限)×100%

- 集团拥有的物业的综合成新率评估(建筑物部分)。

物业名称	建成年份	理论年限	已使用年	理论成新率	综合成新率
酒店1	1997	45.33	8.50	81%	86%
商城1	1997	45.33	8.50	81%	86%
楼宇1	1999	46.58	6.75	86%	88%
大厦1	1993	52.00	12.50	74%	78%
酒店2	1992	52.83	13.50	74%	85%
厂房1	1995	50.00	10.50	79%	80%

- 集团拥有的物业的重置单价评估(建筑物部分)。

物业名称	土建工程重置单位造价(人民币元)	装饰工程重置单位造价(人民币元)
酒店1	1 000	1 300
商城1	1 100	1 800
大厦1	2 200	1 800
楼宇1	900	400
酒店2	900	300
厂房1	1 200	600

- 建筑物平摊地价评估(土地部分)：集团拥有的某大厦建筑面积62 500平方米，总用地面积4 052平方米(6.078亩)。评估中采用行业平均的每平方米建筑面积所分摊的土地取得费，即600元/平方米，来计算该处物业的土地取得费。

2. 案例分析

- 综合成新率高估。根据行业统计数据，目前中国境内建筑物的使用年限平均为30年左右，远低于理论使用年限(50～70年)，这表明建筑物的实际成新率应低于理论成新率。但在本案例中，物业的综合成新率普遍高于理论成新率，据称其依据是视觉判断。

- 统一的成新率高估了装修物与安装物的价值。根据经验，装修物与安装物的服役年限大大低于建筑物主体的服役年限，即前者的折旧年限远低于后者。而本案例中，评估中采用统一的综合成新率，等于对两者采用统一的折旧年限。特别是酒店业的经营特性，决定其通常在5年左右要进行全面的重新装修。评估报告大大高估了装修物与安装物的实际价值。下表列出了被评估物业的装饰工程价值，读者可以自行判断装饰工程重置价值是否高估。

物业名称	建成年份	已使用年	综合成新率	装饰工程重置总造价（元）
酒店1	1997	8.50	86%	58 000 000.00
商城1	1997	8.50	86%	9 500 000.00
楼宇1	1999	6.75	88%	2 400 000.00
大厦1	1993	12.50	78%	3 000 000.00
酒店2	1992	13.50	85%	3 800 000.00
厂房1	1995	10.50	80%	2 000 000.00

- 重置单位造价取值偏高。以五星级的酒店1的土建工程重置单位造价（1 000元）、三星级的酒店2的装饰工程重置单位造价（300元）为基准，通过比较可以发现多处重置单位造价偏高的情况。
- 平均分摊地价高估。集团拥有的某大厦建筑面积62 500平方米，总用地面积4 052平方米（6.078亩），则容积率为15.4（＝62 500/4 052）。评估中采用的600元/平方米的单位建筑面积的土地取得费是按照行业平均容积率（2～6）计算的，以此用于高容积率（15.4）的大厦明显高估。由此可以计算单位土地取得成本远高于实际市场价格：

每亩土地取得成本 ＝（单位建筑面积的土地取得费×总建筑面积）/总用地亩数
　　　　　　　　＝（600×62 500）/（4 052/666.67）
　　　　　　　　＝6 169 823.54（元/亩）

7.6.4 案例4：收益法对建筑物价值的评估

1. 案例背景

- 2006年，某公司拥有的商业物业(四星级酒店)价值评估中采用的收益法。

> 收益法是指通过估算评估对象未来预期收益并折算成现值，借以确定评估对象价值的一种方法。即运用适当的资本化率，将未来的纯收益折算为现值。
>
> 收益法公式：
>
> $$P = \frac{a}{r}\left[1 - \frac{1}{(1+r)^n}\right]$$
>
> 式中：P 为估价对象价格；a 为估价对象年纯收益；r 为估价对象还原利率(折现率)；n 为收益年限。

- 评估基准日一年期定期存款利率为2.25%，故无风险报酬率取2.25%；风险投资补偿取5.95%，则折现率取8.2%（$r = 8.2\% = 2.25\% + 5.95\%$）。
- 收益年限考虑到土地出让合法年限最高为40年，该酒店大厦于2005年取得土地使用权，收益年限综合确定为38.5年。

2. 案例分析

理论上，折现率是一个预期收益率，反映了投资者对投资回报率的期望。在实践中，某些资产评估案例中采用了无风险收益率与风险补偿之和来代替预期收益率。

在本案例中，评估中无风险报酬率取值为一年期定期存款利率2.25%，该取值偏小，原因在于：

- 忽视了真实的无风险收益率与名义利率的差别。名义上的2.25%并没有考虑到通货膨胀的影响。该项资产评估是在2006年做出的，PE基金在当时就认定在人民币基础货币发行总量持续多年较快增长的背景下，中长期的通货膨胀将难以避免，从而2.25%的名义利率可能意味着真实利率是负值。随后中国经济发展的现实证实了PE基金在当时的判断是正确的。
- 由于中国的利率形成机制尚未完全市场化，一年期的存款利率并不能代表真实的市场无风险报酬预期水平。忽视了短期投资与长期投资的差别,用一年期的利率来衡量长期投资的无风险报酬是不合适的。
- 实践中,运用 DCF 法估值时,收益年限通常不超过 5 年,而本案例中采用 38.5 年的收益年限,不但预测的准确性大大降低,并且这种做法有悖业内常规。

附录　PE投资的"奶牛理论"

PE 的投资理念	饲养奶牛的理念
看重企业的持续盈利能力与增长潜力	看重奶牛能持续性的产出高质量的牛奶和产奶量提高的潜力
不主张拆分企业获利	不主张杀死奶牛而卖牛皮、牛肉和牛骨
致力于收购后企业的价值增加过程	为得到高质量的牛奶,需要提供适当的饲料、牛棚以及照料
严格控制资本性投资及流动资金投入	不需要豪华装修的牛棚,不需要"美味珍馐",不需要频繁的医疗服务
边际收益高于边际成本	出售第 N 头奶牛所产牛奶的收入高于饲养第 N 头奶牛的费用
退出时企业终值高于买入价格	奶牛的出售价格高于最初的购买价格
购之于僻壤,售之于都会(Buy on main street, sell on the Wall Street)	

8 交易结构

8.1 交易结构概述

在收购交易中,交易结构(Deal Structure)是指由买卖双方以合同条款的形式所确定的、协调与实现交易双方最终利益关系的一系列安排。

交易结构通常包括收购方式(资产/股权)、支付方式(现金/股权互换)与时间、交易组织方式(离岸与境内、企业的法律组织形式、内部控制方式、股权结构)、融资结构、风险分配与控制、退出机制等方面的安排。条款清单中通常包含了交易结构的基本内容,但并不是全部。达成交易结构的共识是买卖双方谈判协商中最重要、最费时的阶段之一。

在一个典型的跨国收购交易中,除买方与卖方之外,还涉及一个第三方——政府——买卖双方的政府,以及在某些情况下某(几)个自由港所在地的政府。政府的税收政策、贸易政策,以及在某些情况下存在的利率政策、外汇(管制)政策、行业准入政策、对跨国收购的行政审批政策、有关国有资产转让的政策等方面的政策及其变动,对跨国收购的交易成本和交易风险都有着重要的影响。

跨国投资的东道国与母国的法律环境与政策环境约束了跨国收购交易能否实现以及以何种方式实现。设计交易结构的首要目的,是在不违反法律法规的前提下,选择一种法律安排,以尽可能地满足交易双方的意愿,在交易双方之间平衡并降低交易成本和交易风险,最终实现收购交易。设计交易结构的另一个目的,是以某种法律框架确定未来交易双方在被收购企业中的地位、权利和责任,进而在某种程度上确定了企业未来发展方向的决定权的归属。

没有两个完全相同的企业,也没有两个完全相同的收购交易。但在安排交易结构的时候,仍须遵循一些通用的基本原则,例如**平衡原则**。安排复杂的交易结构的目的之一是为了降低交易风险,但过于复杂的交易结构本身却可能带来新的交易风险并提高交易成本,因而需要在结构的复杂程度、交易风险与交易成本之间取得某种微妙的平衡。交易双方的利益并不总是一致的,因而在交易双方的权利、义务与风险承担方面也需要取得平衡。

卖方通常只关注交易价格而忽视整体交易结构的重要性。事实上,正确设计交易结构与价格谈判同样重要。不恰当的交易结构可能严重损害交易双方的利益。一个有趣的现象是关于价格与交易条件的关系:有利的价格往往意味着不利的交易条件。如果卖方希望获得较高的价格,那么他们可能不得不接受一些较不利的交易条件,诸如以一定贴现率提供卖方融资、"对赌条款"、长期培训条款、保证与担保条款等。相反,如果买方希望以较低的价格成交,则他们可能需要准备大量的现金以进行交割。少数收购交易会出现一边倒的情况。为交易双方提供一个双赢的安排是交易协商的基调。

擅长设计交易结构的专家对保障交易双方实现最大利益甚有帮助。对于跨国收购而言,专家的帮助尤为重要。这些专家通常包括熟悉投资东道国、母国与相关第三国(地区)的法律与税收环境的律师和会计师。

一个"好"的交易结构应该:

- 满足交易各方的目的;
- 平衡交易各方之间的风险与收益关系;
- 简单而透明。在律师的帮助下,以尽可能少的条款涵盖各方可能关心或涉及的各种情况,并适用于交易各方;
- 适应投资东道国(被收购公司所在国)的法律与税收环境;
- 提供灵活的退出方式。

设计好的交易结构不仅需要专业技术,更需要谈判沟通艺术。在现阶段,中国的企业家们并不都了解交易结构的重要性,因此,在中国开展业务的 PE 团队需要具备足够的耐心和技巧帮助其未来的合作伙伴理解和接受某些重要的安排。税收问题与风险问题是交易结构设计时重点讨论的问题。

1. 税收问题

税法是复杂的,在某种程度上又是多变的。但一些普遍的税收问题仍需考虑。一个显而易见问题是关于税收优惠。例如,东道国对外商投资企业适用的优惠企业所得税率、对鼓励行业(例如煤矸石发电)适用的优惠企业所得税率与增值税率、对鼓励开发地区(例如西部地区)适用的优惠企业所得税率和对高新技术企业的企业所得税优惠,等等。

更进一步的考虑将包括一切在跨国收购交易中与交易后可能影响交易双方财务状况的税收问题,例如资本利得税率、东道国的预提税率、不同国家/地区间的不同所得税率、契税与印花税等。

设计交易结构要考虑复杂的因素。一般来说,对交易一方较为便利的交易结构对交易另一方就是较不便利的,这种不便利常常集中体现在税收和风险承担方面。资产收购对买方来说是较便利的,既可以降低收购后的风险(例如承担或有负债的风险),也可以通过计提折旧获得"税盾"的利益。资产收购对卖方而言是较不便利的,因为他可能面临着双重纳税的地位,既要在即期为出售企业资产的利得缴纳企业所得税,还要在将来为权益变现(例如出售部分/全部股权或取得分红)时产生的利得缴纳个人所得税。股权收购对卖方来说是较便利的,卖方只需就股权出售时产生的利得缴纳所得税。股权收购对买方而言是较不便利的,既承担了收购后的风险(例如或有负债的风险),同时,如果采用权益法进行收购后的会计处理,将无法获得税收上的益处。总之,一个给定的交易结构对收购双方的税收和风险承担的影响往往是冲突的,这种不一致性的存在就产生了谈判的必要。买方和卖方需要理解不同的交易结构在税后的财务结果。尽量减少税收或推迟纳税是交易结构安排与协商的最重要内容之一(见附录8.1)。

2. 风险问题

跨国收购交易的风险包括两个基本的方面:一类是与收购交易本身有关的风险,另一类是收购交易后与企业运营有关的风险。就PE的收购交易而言,还包括退出的风险。

与收购交易本身有关的风险包括但不限于:卖方陈述是否真实,其他投资者是否被允许参与竞争性报价,交割条件是否完成(如获得政府的批准),等等。

交易后的风险包括但不限于:或有负债、潜在诉讼及税务问题等能否爆发,整合能否成功,关键人员会否外流,关键技术会否外泄,PE会否丧失对企业的实际控制力(例如,原管理层能否支持PE的战略调整、是否有新的引资计划),预期的收入增长能否实现,能否顺利退出,等等。

在每一个项目的决策过程和收购过程中,稳健型的PE花在考虑风险上的时间要远远多于花在考虑投资收益上的时间。交易结构的复杂程度往往体现了交易所面临的风险范围与强弱程度。

8.2 资产交易与股权交易

尽管笼统地讲，PE收购的对象是目标公司，但交易标的具体是目标公司的股权还是资产，却需要仔细地权衡与比较。两种交易方式会给交易双方带来不同的税收与财务影响。

8.2.1 资产交易

资产交易是就目标公司经认定的资产范围进行的交易。资产交易涉及的前期工作包括：

- 核定交易的范围，即哪些资产构成交易标的。被交易的资产要具有产权的完整性，同时要考虑标的资产与目标公司正常运营的关联程度。交易双方会就交易资产范围进行谈判，存货、应收账款、固定资产（特别是其中的闲置资产）、无形资产（包括专利权、专有技术和市场网络）等通常会成为谈判的焦点。
- 标的资产核查与盘点。交易双方将共同核查、盘点交易范围所涉及的各项标的资产的实际数量与状态。
- 标的资产的价值重估。

资产交易的突出优点是PE可以获得"无瑕疵"或"干净"的优质经营性资产，解除了在标的资产上设置的任何抵押权限，屏蔽了与目标公司关联的潜在的债务、税务等风险，从而可以集中精力于价值创造过程。

资产交易的不利一面主要体现在卖方将重复缴纳所得税——目标公司出售资产所取得的收入在公司层面就账面增值部分缴纳企业所得税、企业主在公司收益分配后取得的所得要缴纳个人所得税。而且，在累进税率情况下，因为收入集中在某一时段，往往适用较高的税率。

资产交易可能面临的另一个问题是行业准入问题。从事某些特殊行业的企业需要具备特殊的经营资质，例如，从政府主管部门获得批准或获得特别的认证。

PE需要注册新的公司以完成目标公司标的资产收购,而新公司通常不能直接继承原企业已经获得的经营资质。

资产交易还可能涉及员工、客户或合同问题。PE作为资产收购方不能直接继承原企业的劳动合同、客户关系或销售合同。另外,收购方与原企业的经销商或代理商、供应商的关系也需要重新建立。

8.2.2 股权交易

股权交易是以目标公司的股权(原有的或新增的)为标的的交易活动。在交易之后目标公司继续存在,股东名册发生变更。股权交易有两种基本类型:一种是出让,即原企业股东出让部分或全部股权给PE以实现部分或全部退出;另一种是增资,即原企业股东不退出,PE投资获得相应的新增加的股份。

股权交易有利的一面是卖方避免了重复纳税——原企业股东只就出让股份获得的收益缴纳个人所得税。在支付方式上,股权交易还可以被安排成股票互换——PE为交易而设立的控股公司(名义买方)以自身股票支付收购对价,则卖方通过持有买方股票可以延迟纳税,即只有在出售买方股票时才需要纳税。

股权交易不利的一面是买方(即PE)需要承担原企业潜在的债务(如产品责任债务)、税务以及诉讼等风险。通常,买方会要求卖方就某些可能的潜在事项作出承诺,即由卖方承担某些或有事件的全部后果;或者设计特殊的支付方式,即将一定额度的收购价款存放在某个特殊托管账户内——由交易双方共管,在收购后的一定时期内获得买方许可后卖方分批提取。当然,这些安排需要符合东道国的法律规定。表8.1列举了股权交易与资产交易在税收与风险方面的特点。

表8.1 两种收购方式比较(假设现金交易)

	卖方		买方	
	税收方面	风险方面	税收方面	风险方面
股权交易	个人所得税20% 印花税1‰	将债务转移给买方	印花税1‰	承担公司所有债务包括账面债务和或有负债
资产交易	企业所得税25% 个人所得税20% 营业税5% 印花税0.3‰ 土地增值税(若有)	承担债务	契税3%~5% 印花税0.3‰ 其他资产增值税17%	通常不承担债务

8.2.3 组合方式

组合方式是综合运用股权交易与资产交易来完成收购活动,以有效利用两种交易方式各自的优点并剔除缺点。组合方式的主要步骤是:

第一步,卖方注册新公司,并将目标公司标的资产以较低的公允溢价转移到新公司,该项资产交易卖方公司只需承担较低的企业所得税。由卖方注册新公司,则获得经营资质的风险由卖方承担。此时,新公司是"干净"的,即不存在隐性债务或诉讼风险。

第二步,买方或买方的控股公司以股权交易方式并以双方合意的价格(正常情况下,比卖方资产转让价格更高的价格)收购卖方注册的新公司。

8.2.4 特殊的投资安排

在某些特殊的情况下,PE 也会有选择地以非控股方式投资于目标公司。非控股投资(Minority Investment)通常发生在目标公司展现了高速成长前景而业主不愿意放弃控股权的情形。PE 在非控股的情况下会采用一些特殊的方式安排投资,以下略述一二。

1. 对赌协议

对赌协议,又称估值调整机制(Valuation Adjustment Mechanism,VAM),是投资方(即 PE)与融资方(即目标公司股东)对于企业未来经营绩效的不确定性"暂不争议",而是在投/融资协议中约定:未来根据运营的实际绩效调整企业的估值,从而重新划定双方的股权比例。

通常的做法是:PE 旗下的投资公司以参股的方式进入目标公司,或者 PE 与融资方以合资方式(Joint Venture,JV)成立控股公司,并由控股公司 100% 控股目标公司。融资方持有增资扩股后的目标公司或其控股公司的大部分股份,并继续负责目标公司的经营管理。PE 在投资协议中规定一个目标业绩值(例如,企业盈利目标、销售额目标等)。

融资方未来在企业中的权益取决于其在规定的时间内能否完成目标业绩。如果在规定的时间内达不到目标业绩,则 PE 将无偿或以极低代价(相对于 PE 初始投资时的价格)取得融资方在目标公司或其控股公司中的部分股权——相当于融资方卖出了一份看跌期权，PE买入了一份看跌期权；如果在规定的时间内达到甚至超过目标业绩，则融资方在目标公司或其控股公司中的股权比例不会发生非意愿的减少，而且还有可能获得投资方的股权奖励——相当于融资方购入了一份看涨期权，PE卖出了一份看涨期权。

在对赌协议的约束下，融资方只有在尽力提高企业业绩的情况下才能保证自身在企业中的利益，因此这种制度安排体现了激励相容原则。

2. 可转换优先股（Convertible Preferred Stock）

PE旗下的投资公司参股目标公司或与融资方以合资方式成立控股公司，并由控股公司100%控股目标公司。融资方持有增资扩股后目标公司或控股公司的大部分股份，并继续负责目标公司的经营管理。

PE旗下的投资公司取得目标公司或控股公司的可转换优先股——可以转换为普通股的优先股。优先股赋予PE一些特权，这些特权通常是普通股股东所不能享有的。例如，在协议期限内（例如，IPO之前），PE将获得按出资额的固定百分比计算的固定利率收益，这种收益将优先于普通股东的红利分配；PE将参与优先股利分配后剩余利润的分配（但通常会设置一个上限）；在控股公司破产清算时，获得相对于普通股股东的优先受偿权；等等。

优先股与普通股的估价是一致的。当控股公司的股票发行上市时，优先股可按事先约定的比例转换为普通股。可转换优先股是PE常用的对成长型公司的非控股投资方式。

3. 股东贷款

在某些特殊的案例中，例如在下文介绍的"中中外"结构中，如果境内独资或合资公司以一揽子合同形式控制目标公司，则PE的资金是通过向目标公司股东提供贷款的方式提供给目标公司的。这种贷款需要经由境内银行的转贷款来实现，从而获得境内法律的保护。

在某些案例中，PE的资金不是一次性投入目标公司的，而是分设了几个投资阶段，在每个投资阶段目标公司需要完成一定的前提条件（例如达到某个收入指标或EBITDA指标）才能获得该阶段的投资金额。因为每次新增资本金需要变更注册资本，而投资总额超过一定数额将需要更高一级外经贸主管部门的审批，为避免繁琐的手续和获准时间的不确定性，保证投资顺畅，PE也会选择以股东贷款的方式向目标公司注入资金。

8.3 支付方式

收购交易中,买方获得卖方的全部或部分的资产或股权,需要支付对价。在卖方接受的前提下,买方可以采用任何支付方式。常见的支付方式主要是现金支付或股票支付。

8.3.1 现金支付

现金支付(Cash Sale)是指 PE 以现金形式收购目标公司股权或资产。按照支付速度不同,现金支付分为一次性支付与分期支付。

现金支付的优点在于:操作简单,卖方明确出售股权或资产的收入,卖方能尽快获得流动性,PE 可以在交易的其他条件上获得优惠条件。

现金支付的缺点在于:卖方取得收益面临即时缴税问题。

与一般的战略投资者不同,PE 收购更多地采用现金支付方式。这一方面决定于 PE 业务的性质,另一方面因为 PE 可以灵活地运用杠杆收购。

8.3.2 股权支付

股权支付是指买方(或控股公司)以自身股权支付给目标公司股东以按一定比例换取目标公司股权从而完成收购。

股权支付的优点是:

- 不需要大量现金,买方现金支出压力小。
- 分散估价风险。由于信息不对称,买方很难事先发现目标公司内部存在的全部问题,采用股权支付,卖方的权益体现为控股公司股权,则估价风险由买方与卖方共同承担。
- 延期纳税。对目标公司股东而言,股权支付方式可推迟收益时间,享受延期纳税的好处。例如,美国国内税收准则(Internal Revenue Code,IRC)规定,一项并购如果满足被并企业股东所有权的持续性(即在被并企业股东所收到的补偿中,至少有50%是由主并企业所发行的有表决权的股份)及另外两个条件(一是并购动机是商业性质而非仅为税收目的,二是并购成立后被并企业必须以某种可辨认的形式持续经营),那么被并企业股东毋须为这笔收购交易中形成的资本利得纳税。

股权支付的缺点是卖方不能立刻获得流动性,而买方的股权被稀释。

大多数收购交易通常不会单独采用股权支付方式,而是采用组合方式,即在全部交易对价中,部分用现金方式支付,部分用股权方式支付。这有利于交易双方以灵活的方式进行现金管理。

PE 利用股权支付方式的情形可能发生在后续投资(Add-on Acquisition)阶段。此时,PE 已经完成平台投资,可以利用平台公司或控股公司的股权交换被收购企业的股权。

中国《关于外国投资者并购境内企业的规定(2006)》中对股权支付方式作出了原则性的规定。

除"现金+股权"支付组合外,还可以采用"部分现金+部分其他工具"的组合支付方法。

8.3.3 付息本票

付息本票是卖方向买方提供的信用便利。在这种方式下,买方支付收购对价 20%~50% 的现金,余额以向卖方签发 1~3 个月到期的本票方式支付。

本票的签发人(买方)就是本票的付款人。买方会向卖方支付融资期内的利息,并提供卖方要求的抵押物。

如果买方经营不善、业务迅速下滑,买方将不能按时偿还余款,而卖方届时也难以收回相同价值的企业。

PE 可能在后续投资阶段选择这种支付方式。

8.3.4 聘用协议或咨询协议

PE 有时会采用部分现金加上一份聘用协议或咨询协议(Employment Agreement or Consulting Agreement)的方式完成收购,即在现金之外,新企业与原企业主签订个人聘用协议或咨询协议。根据聘用或咨询协议的总金额,PE 将相应减少现金支付的数额。

采用聘用协议或咨询协议的主要目的,是保证在 PE 收购后企业能够持续稳健运营。另一个好处是,原企业主可以部分推迟缴纳所得税并适用较低的税率。

8.4 交易组织方式

通常,PE 会为某个特定的项目设立一家项目投资公司(特殊目的公司),并由后者来完成投资。此后,PE 旗下的项目投资公司,或更一般的情形,由项目投资公司与目标公司企业主及管理层一道,在投资东道国的境外设立一家离岸控股公司。离岸控股公司将成为跨国收购的主体。

8.4.1 离岸控股公司

通常,离岸控股公司设立在某个自由港,如开曼群岛(Cayman Islands)、英属维京群岛(British Virginal Islands, BVI)、巴拿马、毛里求斯、百慕大、香港等。自由港对资本出入境没有限制,公司税及个人所得税税率水平较低。一般情况下,投资东道国与自由港、自由港与投资母国之间存在双边税收协议,对预提税率有着明确的规定。

设立离岸控股公司的目的之一是合法避税。以选择在香港地区设立离岸控股公司并由其投资中国内地企业为例。目前,中国政府对香港居民因在内地从事投资等经济活动而取得的股息(Dividend)、利息(Interest)和特许权使用费(Royalty Fee)收入给予较比其他国家或地区的居民更为优惠的预提税政策。此外,香港行政区政府对于香港居民来自境外的收入免征所得税。这些政策使得在香港设立离岸控股公司在税收上较为有利。设立离岸控股公司的另一个目的是安排退出方式。为避免东道国(中国)繁琐的审批程序与严厉的外汇管制所带来的潜在风险,PE 通常选择在自由港设立离岸公司,并计划将离岸控股公司上市。自由港当地的公司法、税法与计划中的 IPO 市场所在地法律相近,从而更容易为拟上市地区的公众投资者所接受。

在一些特殊的安排下,由独立的第三方设立离岸控股公司并将股权转让给买方;或者,由卖方选择独立第三方以代持股方式设立离岸控股公司,并将控股公司的股权转让给买方。这样的安排是为了避免关联方交易的质疑或者规避某些管制政策。

8.4.2 多层次的控股结构

典型的 PE 在中国的收购交易会安排多层次的控股结构。例如：

- 由 PE 在 BVI 设立项目投资公司（100% 控股）；
- 由项目投资公司（或与企业主及管理层一道）在 Cayman 设立离岸控股公司，Cayman 离岸控股公司将成为未来上市的主体；
- 由离岸控股公司在香港设立次级离岸控股公司；
- 由香港离岸控股公司在中国境内设立外资独资企业或合资企业（Joint Venture, JV）；
- 由境内独资或合资企业完成对目标公司资产或股权的收购，或者以一揽子合同的方式实现对目标公司收益的要求权。

设计多层次的、复杂的控股结构会增加一部分交易成本，但也会为 PE 带来便利——降低从收购到退出的整个交易流程的风险。例如，在"Cayman 公司-香港公司-境内公司"的结构设计中，不是由 Cayman 公司直接投资于中国境内，主要考虑到未来 Cayman 公司可能会投资更多的项目，某一个投资项目的失利不会严重影响到 Cayman 公司整体的业绩，从而尽力保证 Cayman 公司上市计划的实现。再如，在"香港公司-境内独资/合资公司-目标公司"（即"中中外"结构）的结构设计中，主要考虑到规避行业进入壁垒或者规避行业潜规则对收购的潜在影响。

8.4.3 典型的交易组织方式

资产交易

1. 境内资产转让

- 由 PE 在 BVI 设立离岸控股公司 AAA 公司（图 8.1）。AAA 公司是为了便于未来实施退出计划而设立的。
- 由 AAA 公司在香港设立 AA 公司。中国政府对香港企业投资内地在预提税率及其他发面有优惠政策。
- 由 AA 公司在境内设立 A 公司（外商独资企业）。A 公司经营范围与目标公司（a 公司）主营业务相同。

8 交易结构 | 295

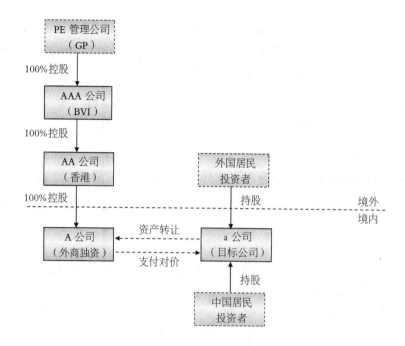

图 8.1 资产收购——境内转让的交易结构

- 由 A 公司收购 a 公司资产,并向 a 公司支付对价。提醒读者注意,在资产交易中,a 公司的中国居民投资者和/或外国居民①投资者不能直接得到转

---

① 1. 中国境内外国法人居民身份的认定

对与公司、企业相关的其他经济组织判断其是否为对方国家法人居民,税务机关可暂凭其办理税务登记时所填报的企业总机构或实际管理机构,以及办理工商登记时由该企业的所在国的有关当局出具的法人资格证书(副本)等进行判定。不能提出有效证明的,不得享受税收协定的优惠待遇。

2. 中国境内外国自然人居民身份的确定

对于在中国境内从事工作、提供劳务的外籍人员是否属于缔约国另一方居民,中国税务机关可分别根据不同情况加以处理:

第一,由该纳税人自报其在对方国家的住所或居所,受雇或从事业务的情况及其所负的纳税义务,并相应交验其本人的身份证明、护照和派其来华的公司(企业)等单位所出具的证明材料。税务可暂予承认,然后再根据具体情况进行有选择、有重点的查证核实。

第二,对个别情况不明,或来自第三国或本身为第三国人,税务机关无从判定,而该纳税人又请求享受税收协定待遇的,必须要求其提供所在国税务当局出具的负有居民纳税义务的证明材料。无法提出证据的,不得享受税收协定的优惠待遇。

第三,对同时为缔约国双方居民的个人,缔约国双方都要对该个人的境内外所得进行征税时,该个人应将其职业、住所或居所,及其在对方国家所负纳税义务的详细情况报送税务机关,以便由缔约国双方税务当局根据协定协商解决。

让价款,而只能从 a 公司的利润分配中获得收入。这就产生了重复纳税的问题:a 公司需就资产转让中超过资产账面价值的增值部分缴纳企业所得税;投资者需就其从公司分红所得缴纳个人所得税。

资产交易的优点在于新公司(A 公司)无须承担目标公司(a 公司)的债务,或有负债和潜在诉讼等风险。

2. 境内合资

- 由 PE 在 BVI 设立 AAA 公司并由后者在香港设立 AA 公司(图 8.2)。

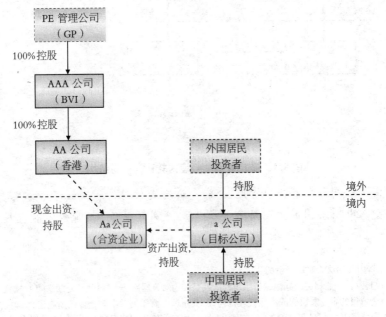

图 8.2　资产交易——境内合资的交易结构

- 由香港 AA 公司与 a 公司在境内设立中外合资企业 Aa 公司。其中,a 公司以资产(经评估)出资,AA 公司以现金出资。
- 与资产收购相比,合资方式不涉及资产转让中的各项税收。但同时,在合资情况下,a 公司的中国居民和/或外国居民投资者都无法直接从该项交易(即合资)中获得收入。
- 合资的方式可用于增资的项目。

3. **境内合资后收购**

- 首先由AA公司与a公司的投资者/管理层一道在境内成立合资企业Aa公司（图8.3）。

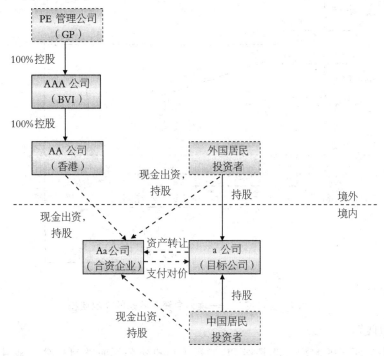

图8.3 资产交易——境内合资后收购的交易结构

- 由Aa公司收购a公司的目标资产。
- 与单纯境内收购相比，境内收购后合资的方式可以将a公司创始人、管理层及其他投资者留在新公司（Aa公司）中，有利于保证新公司持续稳健运营。

4. **境外合资后收购**

- 首先由PE、目标公司（a公司）的投资者在境外（如BVI）合资成立AAA公司（图8.4）。其余收购流程与境内收购相同。
- 境外合资便于未来实施退出计划。但自2006年中国六部委联合发布"10号文"后，中国居民在境外投资/设立特殊目的公司并收购境内企业需要严格的审批程序,从而使得这一结构设计在近年来难以实现。

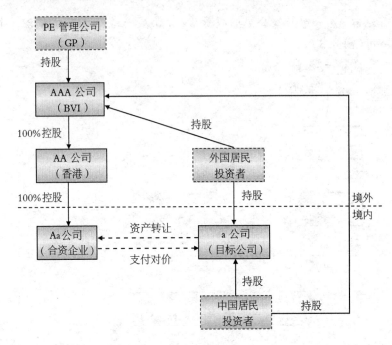

图 8.4　资产交易——境外合资后收购的交易结构

股权收购

本小节所指的股权收购是指 PE 通过项目投资公司收购目标公司或其控股公司的 100% 的股权或绝大多数股权,从而可以实现控股公司对目标公司的会计报表的合并。股权收购方式可以是认购目标公司增发的股份(增资扩股),也可以是收购目标公司原股东的股份。

1. "境内-境内"结构

- 由 a 公司所有者成立 ab 公司,并完成 a 公司资产向 ab 公司的转让。ab 公司的设立是为了屏蔽 a 公司的或有负债或潜在诉讼等风险。该项内部资产交易可以设置较低的资产溢价以减少税收。
- 由 A 公司完成对 ab 公司的股权收购,并向 ab 公司的投资者支付股权转让对价(图 8.5)。
- 也可以由 AA 公司完成对 ab 公司的股权收购,并向后者的投资者支付股权转让对价,即"境内-境外"结构。

- 也可以由AA公司或A公司直接收购a公司的股权。但这种交易结构导致巨大的潜在风险，PE需要在收购协议中设计特别的条款以免除或应对交易后a公司未来的责任，例如由于a公司对外担保而导致的或有负债等事项。

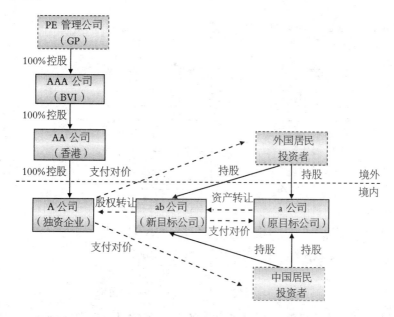

图8.5 股权收购——"境内-境内"结构

2. 股权收购："境外-境外"结构

- 由a公司或ab公司的所有者建立离岸控股公司——香港aa公司，由aa公司100%控股ab公司（图8.6）。中国居民投资者将受到中国相关政府部门的对外投资政策的约束，例如"10号文"、"75号文"的约束等。
- 在香港完成aa公司向AA公司股权转让交易。此交易受香港特别行政区法律管辖。
- 也可以将aa公司设立在其他离岸中心，或也可以由aa公司与AAA公司完成境外股权转让交易。

少数股权投资

少数股权投资（Investment in Minority Interest）是指PE对目标公司或其控股公司的投资只获得了少数股权，不能实现对目标公司的控股，从而也不能由PE旗下

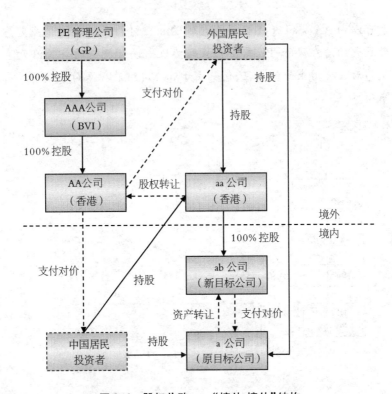

图8.6 股权收购——"境外-境外"结构

的投资公司实现对目标公司的财务报表的合并。此时,PE要想获得退出通道需要目标公司其他股东(特别是控股股东)的配合或一致行动,因而在交易结构或法律框架上需要作特别的安排。在本小节中,主要介绍计划以IPO方式退出的交易结构。为简单起见,假设境内目标公司完全由中国居民(企业创始人和/或与管理层)控股。

1. "红筹"结构

"红筹"结构(Red Chip Structure)是指境内企业创始人(或控制人)等以个人名义在境外设立离岸公司,并由该离岸公司收购境内经营实体公司股权,从而实现对境内经营实体公司的财务报表的合并。境内经营实体公司变更为外商投资企业,而离岸控股公司成为未来上市的主体。技术上,"红筹"结构的挑战在于:如何完成跨境股权转让以及如何为该等股权转让筹集资金。

- 由中国居民在境外设立AAA公司及AA公司(如图8.7所示)——在"10号文"中被视为特殊目的公司。AAA公司是计划中未来上市的主体。

- 由 AA 公司与境内目标公司 a 公司完成股权互换,或者由 AA 公司以现金收购 a 公司。
- PE 通过增资扩股方式进入 AAA 公司,实现少数股权投资。
- 也可以由中国居民投资者与 PE 先设立 AAA 公司并完成境内公司的股权收购。
- 2006 年"10 号文"的出台使得这一交易结构在目前难以实现。

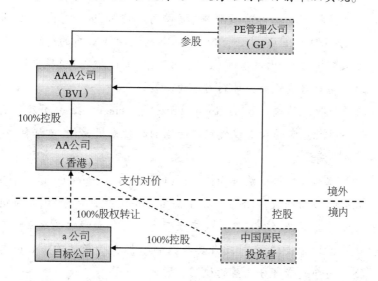

图 8.7 "红筹"结构

2. "中中外"结构

"中中外"结构(参见图 8.8)最初是为了规避某些行业准入限制而设计的,"10 号文"的出台使得这一交易结构重新被 PE 所关注。

- 由 PE 与目标公司所有者(或创始人)共同设立离岸控股公司(AAA 公司);或先由目标公司所有者(或创始人)在境外成立 AAA 公司,再由 PE 认购 AAA 公司增发的股份。目标公司所有者(或创始人)持有 AAA 公司的普通股并拥有控股权,PE 的项目投资公司持有 AAA 公司的可转换优先股。
- 由离岸控股公司(AAA 公司)在香港设立 AA 公司,并由香港 AA 公司在中国境内设立外商独资企业 A 公司。A 公司是一家服务型公司,提供咨询、技术支持等服务。

- A 公司与目标公司（a 公司）及目标公司股东签订一揽子协议，以实现对目标公司业务的控制及收入和利润的转移。典型的协议包括（不一定都需要）：
  — 技术支持协议（Technical Support Agreement）、技术许可协议（Billing Technology License Agreement）、战略咨询服务协议（Strategic Consulting Service Agreement）和商标许可协议：A 公司向 a 公司及其子公司提供垄断性技术支持和咨询服务、提供商标许可，a 公司向 A 公司支付费用，从而实现 a 公司大部分的收入与利润向 A 公司的转移。
  — 股东贷款协议：由 A 公司向 a 公司股东（实际控制人）提供银行转贷款，以帮助后者实现商业计划书中的发展计划。
  — 投票权代理协议（Voting Rights Proxy Agreement）：a 公司及其股东授权 A 公司所指定的人全权代理行使他们的股东投票权，包括任命董事、高管人员等。
  — 垄断性购买协议或购买期权协议（Call Option Agreement）。事先没有 A 公司的书面确认，a 公司及其子公司不得进行任何分红，不得进行任何可能对其资产、债务、产权或者经营有重大负面影响的交易。而且在法律许可的时候，A 公司或者其指派的人拥有垄断性购买 a 公司及其子公司全部或者部分权益的权利。
  — 财务支持协议（Financing Support Agreement）。由于购买期权协议，A 公司同意在 a 公司需要的时候给予财务支持（或者通过其指定的附属公司给予），并承诺在 a 公司因亏损无力偿还时，免予追索。
  — 权益抵押协议（Equity Pledge Agreement）。a 公司股东（实际控制人）将其在 AAA 公司的权益抵押给 PE，并约定当 a 公司的经营状况不佳，从而经营业绩无法达到"对赌协议"中设定的目标值时，a 公司股东在 AAA 公司的股权将转让给 PE。
  — 保障协议（Indemnifications Agreement）。当因履行上述协议相关义务致使 a 公司及其股东遭受法律或者经济责任时，A 公司将给予 a 公司必要的支持，给予其股东相应补偿。
- 通过一揽子协议安排，AAA 公司可以实际控制 a 公司，并取得 a 公司的全部或者绝大部分收入和利润，将 a 公司变为 AAA 公司的可变利益实体

（Various Interests Entity，VIE，系美国会计准则术语），实现海外控股公司（AAA公司）对境内企业（a公司）财务报表的有效合并。因此，这一结构也被称为"VIE"结构（见附录8.3）。AAA公司则成为商务计划书中未来上市的主体。

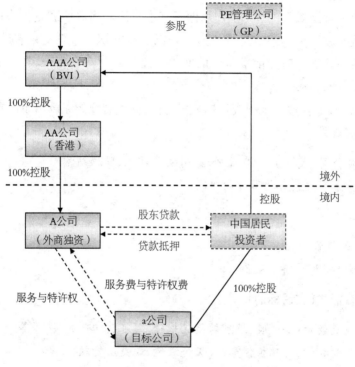

图8.8 "中中外"结构

8.5 法律结构——收购所需的法律文件

本节将向读者介绍PE的收购活动中涉及的主要法律文件。交易双方需要在律师的帮助下来准备和/或签署各项法律文件，包括但不限于：保密协议，投资意向书（Letter of Intent, LOI）或条款清单（Term Sheet），买卖/收购协议（Sales & Purchase Agreement/ Acquisition Agreement）或增资协议（Subscription Agreement），注册权协议（Registration Rights Agreement），股东协议（Shareholders Agreement），退出权协议(Exit Rights Agreement)、雇员协议(Employee Agreement)、非竞争协议(Non-Compete Agreement),等等。

8.5.1 条款清单

本书第二章已对条款清单的作用做了基本介绍。当尽职调查完成后,潜在交易双方须就条款清单的细节进行协商谈判以达成共识。条款清单有助于律师清楚那些需要在计划的时点前准备好的文件。律师必须清楚由谁、在什么时点前、提供哪些文件的初稿。

下面以 PE 非控股方式投资目标公司为例,向读者介绍条款清单的常见内容。

1. 融资背景

- 融资公司(卖方)名称、注册地、司法管辖权、股权结构
- 本轮融资之前各轮融资的概况

2. 估价

- PE 的投资金额
- 投资后 PE 获得的股份

3. 融资形式(交易标的)

- 股权及数量:普通股,或可转换优先股,或可赎回优先股,等等
- 债务及数量:可转换债券,或优先级债,或夹层贷款,等等

4. 交易买方

买方可以是单独的买方自身或其独立的子公司等。独立的子公司有利于买方为交易融资和隔离风险。

5. 支付方式

- 现金,和/或
- 买方股票(或同等保证),限于买方是上市公司,和/或
- 其他可被双方接受的方式

6. 投资的前提条件

目标公司必须在特定日期或特定事件前完成某些条件才能获得 PE 的投资。

例如,在某日之前目标公司的销售收入或 EBITDA 等业绩指标必须达到或超过某个预定值。

7. 尾款

尾款通常被用来处理可能导致债务的偶发事件,如未决诉讼、资产要求权或政府调查等。尾款还可以用来补偿来自某个主要客户的实际收入与卖方承诺收入的缺口,或用于备抵时间较长的应收账款。尾款还可以与聘用协议一道用于保证某个重要雇员(该雇员是收购后企业的股东)的忠诚度。

8. 反稀释(Anti-Dilution)条款和棘轮(Ratchet Wheel)条款

若目标公司进行再融资,则 PE 在本轮投资获得的股权将被稀释。特别是当企业经营不好而不得不以更低的作价进行融资时,PE 在前期的投资便可能贬值。此时,PE 会要求附加棘轮条款。

棘轮有全棘轮和加权棘轮之分。在全棘轮的情况下,PE 过去投入的资金所换取的股份全部按新的最低价格重新计算。加权棘轮是以所有股权(股票)的加权平均价格重新计算 PE 和原企业主的股份。

例如,第一轮(Round 1)融资,PE 以每股 1 元的价格投资 10 万元,PE 与企业主各获得 10 万股(50%)。一段时间后,企业经营不善,计划第二轮(Round 2)融资,以每股 0.1 元的价格增发 1 万股,再次融资 1 000 元。

如果用全棘轮方法计算,第二次融资后,PE 拥有企业股份 100 万股(=10 万元/每股 0.1 元),企业主占 10 万股,新投资者占 1 万股。企业总股数增至 111 万股(111 = 100 + 10 + 1)。

如果用加权棘轮法计算,融资价格为每股 0.918 元[= (100 000 + 1 000)元/(100 000 + 10 000)股],则 PE 拥有 10.89 万股(=10 万元/每股 0.918 元),企业主拥有 10 万股,新发行 1 万股,企业总股数为 21.89 万股(=10.89 + 10 + 1)。

9. 雇佣协议

- 确保在交易结束后目标公司的关键知识产权和技术不会随着人员的流失而丧失。
- 禁止竞价条款:收购合同中通常列明严厉的禁止竞价条款,禁止那些可能分享公司出售价款的员工与买方竞价。
- 限制同业竞争条款:原公司股东在离开后的一定时期内不得从事竞争性业务。

- 知识产权保护。
- 对价的尾款:原公司创始人/重要股东在新公司继续工作的,买方仅在其在一定期限内(通常3年)尽职后才支付尾款。
- 补偿条款:对原公司创始人/重要股东的激励计划。

10. 预计尽职调查所需的时间
11. 被投资公司对 PE 的赔偿保证
12. 董事会席位和投票权
13. 保护性条款

保护性条款(或称一票否决权)适用情况包括:改变优先股的权益,优先股股数的增减,新一轮融资增发股票,公司回购普通股,公司章程修改,公司债务的增加,分红计划,公司并购重组,出让控股权和出售公司全部或大部分资产,董事会席位变化,增发普通股。

14. 期权计划
15. 知情权,主要是经营报告和预算报告
16. 退出权(Exit Rights)和清算优先权

公司股票上市,及上市后上述条款的适用性;或者上市不成功后的回购保证及作价。

17. 排他性条款

签订条款清单后,在一定的时间段内,被投资公司不得同其他的潜在投资者接触和洽谈投资意向,也不得向第三方出售目标公司,例如员工持股计划。

18. 退出补偿

在排他期限内,任何一方需就其单方面退出而造成的对方损失给予补偿,例如尽职调查费用和文件制作费用等。

19. 律师和审计费用的分担办法
20. 保密责任
21. 适用法律

PE 会在尽职调查后与目标公司就条款清单的内容反复磋商、不断修订。条款清单的内容最后将反映在正式的法律文件中。

8.5.2 增资协议

最常见的增资协议形式是股权认购协议（Share Subscription Agreement），通常包含下列条款：

（1）PE认购目标公司新发行股权的承诺，这些股权的形式包括普通股、优先股等。在交易结束时或前提条件完成后PE需要履行认购承诺。

（2）目标公司的陈述与保证。目标公司保证已完整地披露了与其组织及业务有关的真实的信息。

（3）PE作为目标公司股权认购者的陈述与保证。

（4）对目标公司的肯定性限制条款与否定性限制条款（Affirmative and Negative Covenants）。肯定性限制是要求目标公司必须做什么，否定性限制是要求目标公司不能做什么。如果目标公司违背限制条款，将会导致PE要求目标公司就损害进行赔偿或其他结果（例如，降低目标公司在董事会的地位）。限制条款的内容包括但不限于：

- 限制举债
- 限制兼并与收购
- 限制改变主营业务
- 限制内部交易
- 限制改变对关键管理人员的补偿方案
- 确保知情权（获得财务报表权、董事会参加权、监察权，等）

（5）PE履行出资义务的条件，典型的如其他投资法律文件的签署、交付与执行。

（6）特别条款。

（7）综合条款（通常是标准化的法律条款）。

有时，增资协议中的某些条款，例如积极的和消极的限制条款、董事会参加权等，可以不包含在增资协议中，而反映在"投资者权利协议"等法律文件中。

8.5.3 股东协议

股东协议通常是 PE（或投资者）、未退出的目标公司原股东、新获得股份的管理人员等之间的协议。股东协议的内容会因目标公司的不同、交易方式的不同、投资者的不同而不同，但仍会包括某些典型的条款，例如：

- 限制转让条款。在一定时期内任何股东不得转让其所持有的被投资公司股份，或未经董事会允许任何股东不得转让其所持有的被投资公司股份。
- 优先权(Rights of First Refusal)，即按照同样条件优先购买其他股东转让的股权的权利。
- 关于董事会或其他事项的投票表决协议。
- 共同出售权(Co-Sale Rights)。在企业主与关键的管理人员计划出售股份时，PE 有权要求参与该笔交易；PE 计划出售股份时，有权要求企业主与管理层参与该笔交易。
- 当企业主或关键管理人员不幸去世，或关键管理人员聘任期满时，其他股东将按照合理的价格购买他们所持有的公司股份。

8.5.4 注册权协议

退出战略是 PE 在投资前必须认真考虑的事情。对于计划在美国证券市场退出的投资项目，通过首次公开发行(IPO)和首次上市(Initial Listing)只是完成了部分工作，PE 及其他的股东们必须将其所持有的股票在 IPO 之后在证券交易委员会(Securities and Exchange Commission, SEC)进行注册，尔后才能向公众投资者转让。因此，有权要求被投资公司完成 SEC 注册是 PE 在美国证券市场退出计划的不可或缺的要求——该项权利被称为要求注册权(Demand Registration Right)。

注册权不是法律的硬性规定。如果 PE 拥有了控股公司（计划 IPO 的公司）的大部分股权，则 PE 可以通过董事会决议要求公司（管理层）执行注册任务。但如果 PE 以非控股方式投资于目标公司，不能主导董事会决议，则就需要在"注册权协议"中由目标公司（实际上是关键管理人员）或控股股东赋予 PE 等投资者以注册权（有时在"投资者权利协议"中赋予投资者以注册权）。通常，在注册权协议中规定，在公司在美国证券市场 IPO 之后的锁定期(Lock-up Period)结束后（一般为

6个月),注册权开始生效。

公司管理层并不必然喜欢公司在美国上市。美国上市公司需要面对大量的规章制度的约束和履行信息披露等繁重的义务,从而影响管理层的时间分配和公司的运营成本。而不合时宜的上市行动常常会令控股股东感觉不安,因为这将可能损坏公司的名誉并影响到公司未来的融资能力。

8.5.5 其他法律文件

1. 雇佣协议
2. 非竞争协议
3. 发明与保密协议
4. PE在中国收购企业需要向商务部提交审批的文件

- 股东(大会)决议:被收购公司股东同意外资收购;
- 收购后设立外商投资企业申请书;
- 收购后外商投资企业合同、章程;
- 股权或资产购买协议,或增资协议;
- 被收购公司最近年度财务审计报告;
- 投资者的身份证明文件或开业证明、资信证明文件;
- 被收购境内公司所投资企业的情况说明、营业执照(副本);
- 被收购境内公司职工安置计划;
- 被收购境内公司的债权债务处置协议;
- 涉及过度集中事项的报告(反垄断审查与听证会);
- 收购后所设外商投资企业的经营范围、规模、土地使用权的取得涉及其他相关部门许可的有关许可文件;
- 其他。

8.6 融资结构

简单说,融资结构是指在PE的一项收购活动中,其自有资金与债务融资额的关系,用公式表示即"自有资金+债务融资额=收购总价款"。当 PE 的收购资金中既包括自有资金也包括债务融资,该项收购可以被称为杠杆收购(Leveraged Buyout, LBOs)。

8.6.1 杠杆收购

1. 杠杆收购的特点

债务融资是杠杆收购的主要资金来源。在典型的杠杆收购中,债务融资额占收购资金总额的 70%~80%。PE 可以利用如此高的财务杠杆比率取决于两个客观条件:一方面有发达的金融市场可以为 PE 提供多样化的债务工具选择,二是有大量的社会闲置资本。

多数时候,因杠杆收购而产生的债务是以目标公司的资产或股权为抵押,并以目标公司的经营现金流来偿还的。这也是 PE 高度重视目标公司的 EBITDA 的原因之一。

在杠杆收购中,通常 PE 会得到目标公司管理层的支持,PE 也希望管理层在收购完成后持有一部分目标公司的股份,这将激励管理层努力经营目标公司。事实上,很多杠杆收购都是在管理层收购(Management Buy-out, MBO)的情形下发生的。

2. 杠杆收购的一般程序

- PE 就目标公司形成初步的投资意向;
- PE 成立"特殊目的公司-控股公司"结构,作为收购目标公司的操作平台;
- PE 基金与银行等金融机构商洽,由后者为控股公司提供过桥贷款(Bridge Loan)、发行债券等便利;
- PE 掌控的控股公司以自有资金和过桥贷款资金完成对目标公司的股权收购。目标公司管理层可能获得一部分控股公司的股份;
- 在管理层帮助下,迅速剥离目标公司非主营业务,将获得的现金用于清偿部分过桥贷款本息;
- 在银行等金融机构的帮助下,发行高收益债券(High Yield Bond),将获得资金用于清偿剩余过桥贷款本息;
- 以目标公司的经营现金流支付债券利息/本息;

- PE 退出控股公司。

3. 杠杆收购的融资结构

- 优先债权,约占收购资金的 50%~60%,由银行提供给控股公司,平均期限为 3~4 年;
- 普通债权,约占收购资金的 20%~30%,资金提供者获得由控股公司发行的普通债券、可转换债券等,平均期限为 5~8 年;
- 自有资金(股权资本),约占收购资金的 20%~30%,PE 与目标公司管理层获得控股公司的普通股股票(其中,管理层股份 5%~10%)。
- 典型的杠杆收购的融资结构如表 8.2 所示。

表 8.2 典型的杠杆收购的融资结构

资金提供方式	占收购资金比例	资金成本	其他融资条件	可能的资金来源
优先级债权	50%~60%	7%~10%	偿还期:3~5 年 资金额/EBITDA=2.0~3.0 自由现金流/利息=2.0	商业银行 贷款公司 保险公司
普通债权	20%~30%	10%~20%	偿还期:5~8 年; 资金额/EBITDA=1.0~2.0	公开市场 保险公司 夹层基金
股权资本	20%~30%	25%~40%	退出策略:4~6 年投资期	管理层 LBO 基金

4. 杠杆收购的一般条件

- 目标公司具有很好的盈利潜力和创造大量现金流的潜力;
- 目标公司负债率很低;
- 目标公司自身因管理能力较弱或其他限制因素而不完全具备实现期望盈利水平与创造大量现金流的条件;
- PE 的经验全球资源使其具备了获得目标公司所需发展条件的能力;
- PE 与目标公司的管理层就企业未来的发展前景达成共识;
- PE 历史上的成功以及与投资银行界的良好合作关系使得债务融资成为可能;
- 发达的资本市场;
- 资本市场资金充裕,资金成本低(贷款利率低);

- 完备的法规体系与严格的执法。

5. 杠杆收购的作用

- 对管理层：借鸡生蛋，实现 MBO；
- 对 PE 基金：以小博大，锁定风险，放大投资收益；获取管理费、成功费等；
- 对过桥资金债权人：获得高利率；
- 对中介机构：获得成功费；
- 对律师会计师：获得佣金；
- 对目标公司：价值创造，改善现金流；
- 对债券持有人：获得高利率；
- 对国家财政：交易带来的税收；因企业业绩改善而在长期内获得更多税收。

杠杆收购后，目标公司的负债率大幅度上升。负债的积极效果主要包括：(1)税盾作用，即利息支付发生在公司所得税前，减少了公司税支出；(2)提高权益回报率(ROE)；(3)激励管理层持续改善经营。

高负债率是一把"双刃剑"。对所有者而言，它会加速盈利也会加速亏损(ROE 与 ROA 的关系)。过高的负债率会产生还款压力，目标公司的经营现金流将被用来偿还债务利息与本金，从而没有更多的资金投入到新产品研发、营销渠道扩展、先进设备采购等提升目标公司竞争力的努力之中。

8.6.2 影响财务杠杆应用的因素

资本市场资金充裕程度或资金价格(利率)是影响杠杆利用水平的最主要因素。图 8.9、图 8.10 反映了美国在 1999~2006 年间市场信心与 PE 运用财务杠杆的情况。

2001 年，美国 PE 基金规模与交易规模基本持平，表明财务杠杆比例较低；债务/EBITDA 降至最低(3.5)，表明债权人趋于保守，不愿提供更多贷款。因为 2001 年资本市场资金面偏紧，利率较高。

2006 年，美国 PE 基金规模远低于交易规模，表明财务杠杆比例较高；债务/EBITDA 升至最高(5.1)，表明债权人趋于积极，愿提供更多贷款。因为 2006 年全球资本市场资金宽裕，利率较低。

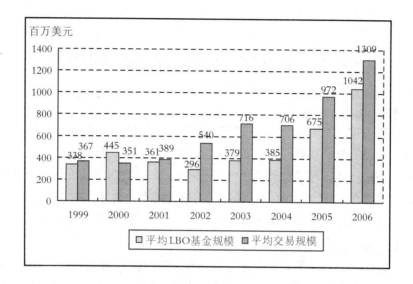

图 8.9 美国 1999～2006 年间平均 LBO 基金规模与交易规模

数据来源：Thomson Financial。

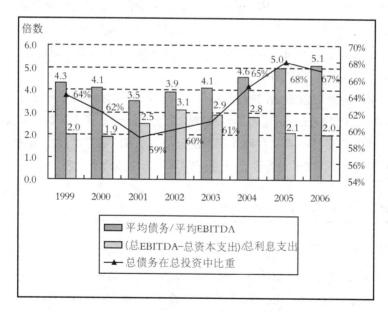

图 8.10 美国 1999～2006 年间 LBO 交易中债务利用情况

数据来源：Standard & Poor's。

8.7 其他影响交易结构的问题

8.7.1 账务处理问题

跨国收购的交易双方时常会面对企业会计准则和记账方法的差异。财务会计处理方法的差异会导致财务会计报表的不同,并影响到交易价格和由交易导致的税收。中国自 2007 年 1 月 1 日起正式实施新的企业会计准则与审计准则体系。该法规体系向国际财务报告体系方向跨进了一大步,但在两个方面仍存在很大差距。以下试以中美会计准则的差异为例。

收入确认方法。中国企业在开具销售发票时确认销售收入,而美国企业在产品发出时确认销售收入。销售收入确认方法的不同,将影响到利润表和资产负债表,也将影响到增值税与所得税的缴纳,进而影响到对企业盈利能力的判断。

应收账款处理方法。中国企业按应收账款总额的3‰计提坏账备抵。美国企业对 3 个月未收回的应收账款计提坏账备抵,1 年以上应收账款100%计提坏账备抵。坏账备抵方法的不同,影响到资产负债表左列(资产项目)和损益表费用项,进而影响对公司价值的判断。

因为财务会计处理方法的差异,境外的投资者将难以理解投资东道国的企业(被收购企业)的财务信息,这将影响被收购企业在海外直接上市以实现退出的方案选择。当收购交易双方就会计处理方法分歧巨大时,双方需要重新考虑交易标的范围和交易方式,以尽量排除会计处理差异的影响进而促成交易。

8.7.2 行业准入问题

产业政策中对 PE 影响最大的是行业准入政策。例如:

- 在中国,国家发展和改革委员会("发改委")、商务部制定的《外商投资产业指导目录》中,按产业对外资的政策分为三类:鼓励类、限制类和禁止类。
- 某些行业虽未禁止外资进入,但对新进入者会有资质要求,这些资质条件往往是 PE 不直接具备的。如工商总局与商务部联合发布的《外商投资广告企业管理规定》第十条规定:"投资方应是经营广告业务为主的企业;投资方应成立并运营三年以上。"如果PE此前没有投资过广告行业,则无法自然满足三年从业的要求。

- 中国国务院国有资产监督管理委员会("国资委")主任在发布《关于推进国有资本调整和国有企业重组的指导意见(2006)》时指出,根据国资委的最新部署,国有经济应对关系国家安全和国民经济命脉的重要行业和关键领域保持绝对控制力,包括军工、电网电力、石油石化、电信、煤炭、民航、航运等七大行业。
- 由建设部、商务部和发改委等六个部委联合发布的《关于规范房地产市场外资准入和管理的意见(2006)》("171号文")核心内容包括:规范外商投资房地产市场准入,加强外商投资企业房地产开发经营管理,严格境外机构和个人购房管理三部分。
- 国家发改委工业司发布的《国务院关于加快振兴装备制造业的若干意见(2006)》中要求:大型重点骨干装备制造企业控股权向外资转让时,应征求国务院有关部门的意见。

行业准入政策对PE投资的交易结构的影响体现在:

- 有形或无形的外资限制政策的存在,使得PE在中国以参股形式投资比以控股形式投资更容易实现。这导致很多PE投资中国的案例都是IPO前一轮融资(Pre-IPO Financing)。如果被投资公司计划在中国股票市场上市,则需要公司性质变更为股份有限公司。一般情况下,在中国设立有限责任公司大概需要2~6周时间,而设立股份有限公司大概需要8~12周时间。通常,PE更倾向于被投资公司(PE与企业控制人的合资公司)采用有限责任公司形式设立,以便尽快结束交易,而待上市前再变更为股份有限公司。
- 为规避行业准入限制,"中中外"结构受到PE的重视。
- 当PE的收购对象为企业集团时,通常会遇到集团内的某些业务是限制甚至禁止外商投资的情形。在这种情况下,需要在收购前先由被收购企业剥离那些外资受限的业务。这并不总是容易实现的,完成剥离需要时间,特别是当被收购对象为国有企业的时候,还需要调整资产评估报告。所有剥离与调整必须在有限的时间内完成,因为资产评估报告的有效期是1年。

- 因为交易费用(例如尽职调查费用、律师费、人工费、差旅费等)的存在,PE更倾向于规模较大的收购(或投资)交易。但PE在中国的收购(或投资)交易规模较小①。原因在于中国境内大型企业主要是国有或国有控股企业(或企业集团),而外资(包括PE)投资这些企业受到有形的或无形的限制,PE更多投资于规模较小的民营企业。较小的投资规模使得PE仅以资本金而不利用财务杠杆完成投资,因为安排债务融资需要额外的交易费用,而且较小的贷款规模不容易找到贷款提供者。此外,在较小的交易规模下,对目标公司的成长性要求较高,这往往意味着PE投资的风险也较高。PE需要设计特别的交易结构以降低自身投资风险,例如"对赌协议"及优先股的安排等。

8.7.3 优先股的问题

尽管中国的公司法律并没有禁止优先股的安排,但是在实践中尚没有先例。PE需要安排目标公司的境外控股结构以便PE可以认购境外控股公司增发的优先股。

8.7.4 红筹上市的问题

2006年8月,中国商务部等六部委联合下发了《关于外国投资者并购境内企业的规定》(即"10号文"),明确规定利用特殊目的公司在境外上市(即俗称的"小红筹"上市)必须经过六部委的同意和审批。

根据"10号文"第四十二条规定,境内公司在境外设立特殊目的公司,应向商务部申请办理审批手续。获得中国企业境外投资批准证书后,设立人或控制人应向所在地外汇管理机关申请办理相应的境外投资外汇登记手续。

"10号文"中"特殊目的公司"系指中国境内公司或自然人为实现以其实际拥有的境内公司权益在境外上市而直接或间接控制的境外公司。

---

① 清科研究中心的数据显示,2008年6月PE/VC在中国共投资23个项目,投资额在1亿美元以上的项目1个,投资额在4 000万美元到1亿美元之间的项目1个,投资额在2 000万美元到4 000万美元之间的项目3个,其余项目投资规模均在2 000万美元以下。数据来源见 http://www.zero2ipo.com.cn/2008/7/2/2008726947.html。

"10号文"的出台大大加大了境外上市的成本、时间和不确定性。PE在中国投资常用的红筹结构难以实现,因而PE不得不考虑安排更为复杂的交易结构以满足退出和法律的共同要求。自"10号文"公布以来直至目前,尚未有任何一家中国境内公司按照"10号文"的规定实现境外上市的报道。

8.7.5 财务杠杆的问题

中国法律及政府政策对金融行业进行严格的管制。外资PE在中国普遍采用杠杆收购方式的金融环境尚不具备。

例如,《贷款通则(1996)》第二十条第三款规定:(借款人)"不得用贷款从事股本权益性投资,国家另有规定的除外"。这意味着PE在中国的收购活动不能得到银行贷款的支持。

关于公司债券,中国现行的《公司法》、《证券法》和《企业债券管理条例》就公司债的发债审批程序等问题虽已有规定,但实践中审批过程的透明度较低,结果难以预测,且为收购目的发行高收益债券因受利率管制而不可行。

太平洋联合集团(Pacific Alliance Group,PAG)以1.225亿美元的对价,收购中国知名童车及儿童用品生产制造商——江苏好孩子集团——67.5%的股权,被称为"中国杠杆收购第一案"。

2008年12月,中国银监会颁发《商业银行并购贷款风险管理指引》,打破了1996年央行颁布的《贷款通则》有关禁止借款人利用贷款进行股本权益性投资的规定,允许境内企业在并购业务中使用银行贷款用于支付并购交易价款。在试行阶段,贷款的对象还仅限于中信、首创这样的大型国企。这一举措预示着金融监管部门思路的巨大转变,从仅仅关注企业的"历史",转变到关注企业发展的"未来"。

附录8.1 控股公司与所得税抵免的例子

为了避免国际双重征税,各国都制定了对来源于国外已纳税所得在本国纳税时的抵免办法。境外缴纳的所得税款在境内计算抵免时,不是"实报实销",而是要受到限额的控制。

抵免税款限额=境外所得×国内的所得税率

换言之,在境外所得税率高于国内所得税率的情况下,多缴纳的这一部分外国所得税不予抵免。

假设一家总部位于甲国的 A 公司分别在乙国、丙国和丁国设立了三家子公司。在 2010 年,母公司 A 和三个子公司各自获取所得 100 万美元。各国所得税率如下:甲国为 30%,乙国为 45%,丙国为 40%,丁国为 5%。假定三家子公司的所有利润都以股息形式支付给母公司,并暂忽略预提所得税的存在。则集团实际税率如下:

(单位:万美元)	乙国	丙国	丁国	甲国母公司A	跨国集团总计
(1) 来源地所在国的利润	100	100	100	100	400
(2) 来源地所在国所得税率	45%	40%	5%	30%	
(3) 来源地所在国应纳所得税额=(1)×(2)	45	40	5	30	
(4) 按30%计算的甲国所得税=(1)×30%	30	30	30	30	
(5) 允许抵免的税额	30	30	5		
(6) 应补缴甲国的税额=(4)−(5)	0	0	25		25
(7) 税额合计=(3)+(6)	45	40	30	30	145
跨国集团实际税率=(7)/(1)					36.25%

按上述计算分析,因为补税,丁国的低税优势消失,在乙国和丙国缴纳的税款没有完全被抵免。集团实际负担的税率是 36.25%,比 A 公司在甲国的税率 30% 高出 6.25%。

为了使集团所缴纳的税款得到尽可能充分地抵免,可以考虑建立一个控股公司,来集中各个子公司的所得,然后再汇到A公司的账上。在本例中,可以考虑将控股公司设在巴哈马(所得税可以忽略)。在巴哈马设立控股公司后跨国集团的税收负担情况如下。

(单位:万美元)	巴哈马控股公司			甲国母公司A	跨国集团总计
	乙国	丙国	丁国		
(1) 公司的利润		300		100	400
(2) 来源地所在国的利润	100	100	100	100	
(3) 来源地所在国所得税税率	45%	40%	5%	30%	
(4) 应纳所得税税额		90		30	
(5) 按30%计算的甲国所得税 = (1)×30%		90		30	
(6) 允许抵免的税额		90			
(7) 应补缴甲国的税额 = (5) - (6)		0		0	
(8) 税额合计 = (4) + (7)					120
跨国集团实际税率 = (8)/(1)					30.00%

在本案例中,因为巴哈马是低税国,所以可以忽略所得税的存在,而将三个子公司的财务成果视作巴哈马控股公司的成果。由于充分利用了所有可能的税收抵免,跨国集团公司的实际负担所得税率与母公司所在国的所得税率保持了一致。

本例没有考虑投资东道国预提税政策、双边税收协定变动等可能带来的复杂影响。在实践中,投资东道国预提税、双边税收协议的变动对"税务规划"起到至关重要的作用。"税务规划"应由税务专家处理。

附录8.2 尚德控股公司的交易结构[①]

尚德控股公司(注册地Cayman)是中国境内第一家在美国纽约证券交易所成功上市的非国有企业。

1. 第一阶段:成立无锡尚德公司

2001年1月,施正荣先生(澳籍华人)全资所有的PSS公司(Power Solar System Pty., Ltd.)和境内几家国有企业(江苏小天鹅集团、无锡国联信托投资公司、无锡高新技术投资公司、无锡水星集团、无锡市创业投资公司、无锡山禾集团等国企)共同组建无锡尚德公司(Suntech China),其中PSS持有无锡尚德公司25%股权,后增至31.389%。

2. 第二阶段:第一轮融资

2005年1月,施正荣先生和百万电力公司(Million Power,注册于BVI)共同在维京群岛设立尚德BVI公司(Power Solar System Co., Ltd. 即Suntech BVI),施正荣先生控股60%。

施正荣先生与百万电力公司合作的原因在于,施先生收购其他股东在无锡尚德公司的股权需要资金,而David Zhang等(百万电力公司股东)人同意为其提供过桥贷款,双方于尚德BVI公司成立前的2005年1月签订了一份《过桥贷款协议》。

根据《过桥贷款协议》,David Zhang等人通过百万电力公司向尚德BVI公司提供6 700万港元的过桥贷款,作为尚德BVI公司收购无锡尚德公司其余股权的保证金之用。协议约定,百万电力公司对尚德BVI公司的债权可以转换成在尚德BVI公司的股权。转换比例分为两步:第一步,当尚德BVI公司收购无锡尚德公司全部剩余股权后(68.611%),百万电力公司在尚德BVI公司的股权比例为40%不变。该贷款在会计处理上记为百万电力公司对尚德BVI公司的股本出资。第二步,当尚德BVI公司从施先生所控制的PSS手中收购无锡尚德公司其余

[①] 本案例由作者根据公开信息整理而成,仅为说明交易结构是如何设计的,并不构成对案例中相关企业与人士的任何评价。受到资料来源限制,内容或有不准确的地方,敬请读者与内容相关者谅解。

31.389%的股份后,也即尚德BVI公司100%控股无锡尚德公司后,百万电力公司持有尚德BVI的25%,施先生持有75%。

3. 第三阶段:第二轮融资

2005年5月,尚德BVI公司引进高盛、龙科等股权投资基金的投资。在《股权认购协议中》中规定,股权投资基金以8 000万美元认购尚德BVI公司27.8%股权(A系列优先股)。融资后,施先生持有尚德BVI公司46.8%股权(普通股),百万电力公司持有25.4%股权(普通股)。

尚德BVI公司通过向股权投资基金发行A系列优先股所得到的8 000万美元投资将主要用于无锡尚德公司的股权结构重组(收购其余股份)。股权投资基金为了保障自己的权利,要求A系列优先股必须享有下列优先权:

- 优先分红权。每股优先股每年可收取红利为初始发行价格的5%,而普通股只有在A系列优先股股利支付后才有权获得分红。
- 转换权。在被投资公司IPO后,每股A系列优先股可自动转换为一股普通股,被投资公司需保证IPO前的公司估值不低于5亿美元,公司通过IPO募集的资金不低于1亿美元。
- 赎回权。如果发行A系列优先股满37个月,或者不低于2/3的优先股股东要求公司赎回全部已发行的优先股,则A系列优先股股东可以在任何时候要求赎回。在赎回任意A系列优先股的时候,公司的赎回价应为初始发行价的115%。
- 清算优先权。如果公司发生清算、解散、业务终止,A系列优先股享有优先权,优于公司普通股股东接受公司资产或盈余资金的分配,接受金额为A系列优先股初始发行价的115%加上截至清算日全部已宣布未分配红利。如果全部资产不足A系列优先股初始发行价的115%,则全部资产按比例在A系列优先股东之间分配。
- "对赌协议"。A系列优先股转换成普通股的转股比例将根据尚德BVI公司的业绩进行调整。协议中约定,在尚德BVI公司截至2005年末经会计师事务所审计的、按照美国GAAP会计准则进行编制的合并财务报表中,合并税后净利润不得低于 4 500 万美元。如果低于 4 500 万美元,则转股比例(每股 A 系列优先股/普通股数量)将被乘以一个乘数——公司的新估值与原估值之比,其中新估值的数值应当是 2005 年实际的净利润乘以 6。

随后,尚德 BVI 公司开始完成对无锡尚德公司的股权结构重组:

- 尚德 BVI 公司从江苏小天鹅集团、无锡山禾集团、无锡市创业投资公司和无锡 Keda 风险投资公司手中收购无锡尚德公司 36.435% 的股权;从无锡高新技术投资公司手中收购无锡尚德公司 7.917% 的股权。
- 由 David Dong 所控制的一家于 BVI 注册、于上海办公的欧肯资本公司(Eucken Capital)从无锡国联信托投资公司和无锡水星集团手中收购无锡尚德公司 24.259% 的股权。
- 尚德 BVI 公司从 David Dong 手中收购欧肯资本公司 100% 的股权。
- 尚德 BVI 公司从施正荣手中收购 PSS 的 100% 股权(PSS 拥有无锡尚德公司 31.389% 股权)。
- 百万电力公司向一些自然人和机构转让部分尚德 BVI 公司股份。

4. 第四阶段:上市准备

开曼群岛的法律环境最符合美国上市要求,因此开曼公司是最理想的上市主体。在上市主承销商瑞士信贷第一波士顿和摩根士丹利的安排下,2005 年 8 月,由施正荣先生全资控制的壳公司 D&M Technologies 在开曼群岛注册尚德控股公司(Suntech Cayman)。之后,尚德控股公司与尚德 BVI 公司全体 16 位股东进行股权置换。股权互换后,尚德控股公司持有尚德 BVI 公司 100% 股份,而尚德 BVI 公司的全体股东拥有尚德控股公司 100% 的股权。尚德控股公司完全复制了尚德 BVI 公司的股权结构。尚德控股公司作为最终控股公司于 2005 年 12 月 14 日在美国纽约证券交易所上市。

需要说明的是,因为无锡尚德公司所涉及的太阳能电力开发行业属于国家鼓励外资投资行业,因此,无锡尚德公司进行海外上市法律重组相对而言较为简便。

图 8.11、图 8.12 分别分无锡尚德公司重组前后的股权结构。

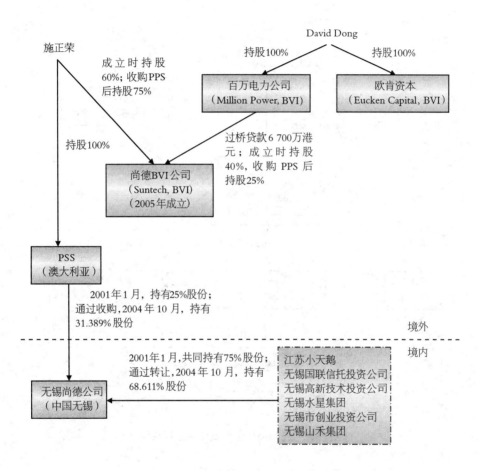

图 8.11 无锡尚德公司重组前股权结构

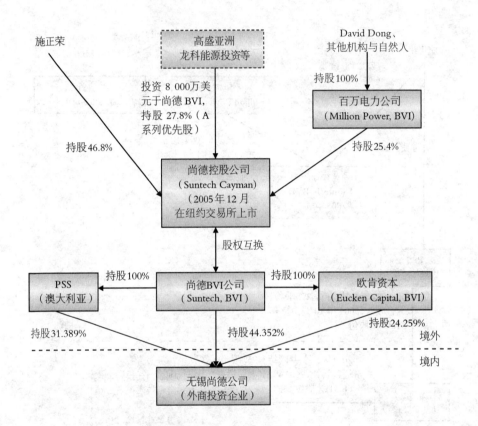

图 8.12 无锡尚德公司重组后股权结构

附录 8.3 VIE 结构

2011年5月,闹得沸沸扬扬的"马云支付宝事件"揭开了 VIE(Variable Interest Entities,可变利益实体)结构神秘的面纱。中国境内的 VIE 结构,又称协议控制结构,是指境外注册的实体通过签订协议而非股权控制的方式,直接或间接掌控位于中国境内的业务实体,进而成为境内实体的实际收益人和资产控制人,但是境外注册的实体又与境内业务的运营实体相分离的控制结构。这里的中国境内的业务实体就称为境外实体的"可变利益实体"。

VIE 是在安然事件后由 FASB(Financial Accounting Standard Board,财务会计准则委员会)定义的。在美国,VIE 和 SPV(Special Purpose Vehicle,特殊目的实体)是一类结构,只是叫法不同。

中国境内的 VIE 结构随着"10号文"的出台而逐渐火热。其实早在2000年,新浪上市时所创造的"新浪模式"与 VIE 模式可谓有异曲同工之妙,都是以协议的方式控制境内实体利润或者资产。因此,新浪模式被业内视为 VIE 模式在中国应用的鼻祖。

经历了前两次赴美上市热潮后,伴随着互联网行业在1990年代后期的迅速兴起,第三批中国企业赴美上市。互联网企业的一个重要特点是,在初创时期,这些企业凭借着自身良好的商业模式与运作以及独有的专利技术可以建立起市场壁垒。但是脆弱的初始资金链条始终是一道难以逾越的鸿沟。因此,能否成功融资成为每家互联网企业发展的关键。在互联网行业,速度就是一切。"红筹上市—股权支付"虽然是当时的通行做法,但是这需要诸多的登记审批手续,使得红筹上市的企业要面临较高的等待风险。如何减少审批步骤而迅速融资成功,便成了投资者们需要想方设法解决的一道难题。

1. 新浪模式

1993年,根据中国当时相关的电信管理条例规定:禁止外商介入电信运营和电信增值服务。当时信息产业部的政策性指导意见是,外商可以提供技术服务,但是不能提供网络信息内容服务(Internet Content Provider,"ICP")。这个规定也就意味着众多新兴的互联网企业难以获得海外投资者的资金支持。为了解决资金难题,当时的互联网企业只有两种现实的融资方式:国内主板上市(国内的创业板于2009年10月23日成立),或者是海外上市融资。

作为全球新兴行业，互联网企业起步时很难盈利，自有资金又十分有限，这就使得众多新兴的企业无法跨过国内主板市场的门槛，而"重披露、轻审批"的美国资本市场在经历了两批中国概念股热潮以后也就顺理成章地成为中国互联网企业上市的重点目标市场。与此同时，一种新的由红筹上市而引申出的VIE模式被首次提出。

新浪所采取的VIE结构实际上可以被视为红筹模式的一种衍生。外国投资者省去股权置换或者资产置换的步骤，而直接变成更简洁的协议约束控制的方式来直接或间接控制境内企业的资金与利润。一方面，由于外国投资者不拥有任何股权而规避了上文提到的电信管理条例；另一方面，通过协议直接或间接控制利润也可以满足在美国资本市场对于上市公司收入与利润的要求。

香港利方投资有限公司成立于1993年3月。同年，香港利方和四通集团的下属公司北京四通电子技术有限责任公司以合资形式组建了北京四通利方信息技术有限责任公司（简称"四通利方"）。在四通利方的控股结构中，香港利方占97.29%，北京四通电子占2.71%。1997年，四通利方国际有限公司在开曼群岛注册成立。1999年3月，四通利方国际有限公司并购北美的华渊网，然后更名为新浪公司，也就是日后的上市主体。

新浪由于原股东结构中存在外资控股人，所以需要进行重组。新浪将ICP业务与资产从原来的母体四通利方中剥离出来，于1997年成立新的100%内资公司——北京新浪互联信息服务有限公司（简称为"新浪互联信息"），注册资本金为100万元，王志东和汪廷分别拥有70%和30%的股权。新浪互联信息拥有信息产业部批准的ICP、新闻及BBS许可等执照。同时，北京新浪互动广告（简称为"新浪广告"）注册成立。此后，四通利方和新浪广告签订咨询合作协议，新浪广告和新浪互联信息签订广告空间购买协议，四通利方和新浪互联信息签订了转让设备、技术协议。这样，新浪广告和新浪互联信息通过正常运营产生的利润最终流入四通利方。由于四通利方实际上被境外实体所控制，这样，新浪在合理规避监管的同时也实现了利润转移。最终，在英属维京群岛注册的新浪公司成功上市。

2. 红筹模式之殇

事实上，在2000年以前，中国民营企业主要都是采取红筹上市的方法去海外融资上市。1999年7月1日生效的《证券法》，则在第29条中明确指出：境内企业直接或者间接到境外发行证券或者将其证券在境外上市交易，必须经国务院证券监督管理机构批准。

然而,在"新浪结构"于2000年4月13日成功上市以后,2000年6月,中国证监会发布了《关于涉及境内权益的境外公司在境外发行股票和上市有关问题的通知》(即"72号文"),文中规定"对将境内资产通过收购、换股、划转或其他方式转移到境外非中资公司或非中资控股上市公司进行股票发行或上市的,应当由中国律师出具法律意见,并由证监会出具《无异议函》"。

这意味着自2000年6月后,要想红筹上市,必须要获得证监会的《无异议函》。而证监会"无异议函"的监管核心在于,调查境外公司的股东是否曾经拥有过内地身份,以及调查境外公司的出资来源和境外股权的形成过程。这样,在不断增加的烦琐的审批程序面前,很多企业并不能顺利地获得证监会的《无异议函》。"72号文"的出台也间接地关闭了中国民营企业继续采取原先的"红筹方式"通往海外资本道路的大门。

国际方面,由于2001年的安然事件,SPE(Special Purpose Entity)模式在美国逐渐浮出水面。为此,2003年1月,FASB(美国财务会计准则委员会)发布了关于会计报表合并的最终意见"Consolidation of Variable Interest Entities, an Interpretation of ARB 51"。其后续专门设计的一系列VIE会计准则,允许在美上市的公司合并其在各国国内协议控制的企业报表。这实际上帮助解决了困扰中国公司在美国上市的财报难题。

2003年6月,证监会取消了上述的"72号文",将监管只保留了对企业法人直接海外上市的资格进行审核,而没有再将红筹上市模式列入监管之中。这也在一定程度上再度刺激了国内企业的海外上市,使之于2003年至2005年之间形成第四次浪潮。

2004年8月18日,商务部国际贸易经济合作研究院发布专题报告《中国与离岸金融中心跨境资本流动问题研究》,文中指出"离岸金融中心"为腐败分子、不良商人提供了侵吞国有资产和公众财产的途径,推动了资本外逃规模的进一步膨胀,便利了公司欺诈和转嫁了金融风险,这些都不利于监管部门监管。这份报告引起了国务院的注意,温家宝总理分别给时任央行行长周小川和中国银监会主席刘明康作了批示,黄菊副总理则批示给前国家外汇管理局局长郭树清和中国证监会主席尚福林,要求金融管理部门尽快洽商提出解决办法。这份报告本意是防止国有资产流失,但是在客观上却使得通过离岸中心上市的企业被暗示应该加强监管。

2005年1月24日,国家外汇管理局出台"11号文",4月21日出台"29号文",目的是维护国际收支平衡,确保跨境资本合规有序流动。然而,这两道条例却实际上封堵了境内企业通过"红筹模式"海外上市的道路。2005年末,国家外汇管理局又颁布"75号文",即《关于境内居民通过境外特殊目的公司境外融资及返程投资外汇管理有关问题的通知》,彻底废除了此前的"11号文"和"29号文",使得"红筹上市"得以重新开启。

红筹模式命运多舛。2006年9月8日,商务部、国资委、证监会、外管局、国家税务总局、国家工商总局6部门联合发布了《关于外国投资者并购境内企业的规定》,即"10号文"。与2003年废除的"72号文"相比较,可以发现,"10号文"扩大了海外上市的审查范围,拟海外上市企业至少要获得商务部、外管局和证监会的同时审批。根据"10号文",境内拟上市公司在注册境外公司时需要向外管局登记,而在跨境换股时则面临商务部的不确定性审批。坊间盛传,"10号文"的本意在于保护国有资产,打击资金外逃,但在客观上却阻碍了中国民营企业的正常融资渠道。但这个解释的一个困惑之处在于,为什么一项旨在保护国有资产的政策,却成为长期束缚民营企业发展的桎梏。

3. VIE模式的兴起与软肋

红筹模式的衰落促成了VIE模式的再度兴起。企业通过协议控制,不需要面临换股及其审批的不确定性。同时,由于是外国投资者注册离岸公司,意味着境内企业无需再向外管局登记。此外,境内企业采取签订特定协议获得外部资本,境外注册的上市公司和在境内进行运营业务的实体相分离,这也不需要向证监会报批。VIE模式自此正式兴起。

一个关乎VIE模式命运的悬而未决的问题在于,在新浪采用VIE模式时,既没有得到中国政府的同意认可,也没有被否定。正是由于中国政府在VIE模式"合法性"问题上一直没有明确的表态,使得这一模式实际潜藏着相当大的法律风险。

如果VIE模式被认定为违法,那么采用VIE模式的所有境内企业,将会被认定为不具备按境内企业申请各种牌照的资格。这就会严重影响企业的经营性活动,将企业置于非法经营的法律困境。

而VIE一旦被否定,协议也将不再具备法律效力,这也会使得公司在海外市场上市的股票由于利益链条断裂而一文不值,海外投资者将蒙受巨大损失,接连不断的索赔案件也会接踵而至。

这也就是VIE模式所蕴含的潜在威胁。

据不完全统计,自2000年开始,通过VIE结构实现海外上市的(以纽约证券交易所和纳斯达克为主)、在国内拿到外汇(主要是美元)融资的互联网企业,总数近250家,几乎全部都采用了VIE结构。这些公司在美国资本市场总体市值近7 000多亿美元!VIE一旦被否定,后果将不堪设想!

附录8.4 "10号文"解读

2006年8月8日，由中华人民共和国商务部、国务院国有资产监督管理委员会、国家税务总局、国家工商行政管理总局、中国证券监督管理委员会、国家外汇管理局联合公布了《关于外国投资者并购境内企业的规定》。在"10号文"的六十一条规定中，影响较大的包括：

【第十一条】境内公司、企业或自然人以其在境外合法设立或控制的公司名义并购与其有关联关系的境内的公司，应报商务部审批。当事人不得以外商投资企业境内投资或其他方式规避前述要求。

解读

第十一条之前半部分声明了商务部的审查权限，境外与境内有关联关系的公司无论采取换股还是现金收购，都将纳入商务部的审批职责。在后半句中，先是否定了外商投资企业境内投资的方式，然后，在对于如何定义"其他方式"却没有做出解释，这就很难让市场形成统一意见。所以，如何规避"其他方式"的审批，也就成了"10号文"时代各个企业和财务顾问所需面对的首要问题和争议焦点所在。

【第二十九条】外国投资者以股权并购境内公司所涉及的境内外公司的股权，应符合以下条件：（一）股东合法持有并依法可以转让；（二）无所有权争议且没有设定质押及任何其他权利限制；（三）境外公司的股权应在境外公开合法证券交易市场（柜台交易市场除外）挂牌交易；（四）境外公司的股权最近1年交易价格稳定。前款第（三）、（四）项不适用于本章第三节所规定的特殊目的公司。

解读

第二十九条（三）明确指出了柜台交易市场除外，也就意味着民企通过先登录OTCBB然后用股权支付对价的反向收购谋求上市的方式在"10号文"的规定中被明令禁止。企业如果想借壳上市则只能以现金支付，而在现金支付中产生的省级商务部门审批间接地加大了民营企业海外上市的时间成本，买壳上市的便捷性不再拥有。

【第三十二条】外国投资者以股权并购境内公司应报送商务部审批，境内公司除报送本规定第三章所要求的文件外，另须报送以下文件：（一）境内公司最近一年股权变动和重大资产变动情况的说明;(二)并购顾问报告;(三)所涉及的境内外公司及其股东的开业证明或身份证明文件;(四)境外公司的股东持股情况说明和持有境外公司5%以上股权的股东名录;(五)境外公司的章程和对外担保的情况说明;(六)境外公司最近年度经审计的财务报告和最近半年的股票交易情况报告。

【第四十四条】特殊目的公司以股权并购境内公司的,境内公司除向商务部报送本规定第三十二条所要求的文件外,另须报送以下文件:(一)设立特殊目的公司时的境外投资开办企业批准文件和证书;(二)特殊目的公司境外投资外汇登记表;(三)特殊目的公司最终控制人的身份证明文件或开业证明、章程;(四)特殊目的公司境外上市商业计划书;(五)并购顾问就特殊目的公司未来境外上市的股票发行价格所作的评估报告。

如果以持有特殊目的公司权益的境外公司作为境外上市主体,境内公司还须报送以下文件:(一)该境外公司的开业证明和章程;(二)特殊目的公司与该境外公司之间就被并购的境内公司股权所作的交易安排和折价方法的详细说明。

【第四十五条】商务部对本规定第四十四条所规定的文件初审同意的,出具原则批复函,境内公司凭该批复函向国务院证券监督管理机构报送申请上市的文件。国务院证券监督管理机构于20个工作日内决定是否核准。境内公司获得核准后,向商务部申领批准证书。商务部向其颁发加注"境外特殊目的公司持股,自营业执照颁发之日起1年内有效"字样的批准证书。

并购导致特殊目的公司股权等事项变更的,持有特殊目的公司股权的境内公司或自然人,凭加注的外商投资企业批准证书,向商务部就特殊目的公司相关事项办理境外投资开办企业变更核准手续,并向所在地外汇管理机关申请办理境外投资外汇登记变更。

解读

第四十五条则规定了特殊目的公司(即"SPV")的境外上市属于证监会的审查范畴。同时,文件在商务部、证监会(在其他条例中还包括了外管局与工商局)的来回办理可以看出审批程序的繁琐、时间跨度之长和颁发执照的有效期之短。上文中的"1年内有效"指:如果特殊目的公司在1年内没有完成境外上市,商务部的批文在1年后将自动失效,企业需要重新办理整个审批流程。

综上所述，在实际操作中"10号文"使企业境外上市面临多重困难。自2006年9月8日"10号文"正式生效开始，几乎没有一家民营企业被批准放行。甚至"红筹上市"的第一步，即设立特殊目的实体，在全国范围内都鲜有批复的案例。

9 PE 的投资项目管理与价值创造

9.1 综 述

对 PE 而言,收购交易的结束是价值创造过程的开始。事实上,对创造价值的思考与执行贯穿整个收购过程、整合过程与经营过程。在这一意义上,收购过程本身也是创造价值的过程。

在收购完成之后,PE 会着手对被收购企业进行内部整合。通常,PE 会通过改组被收购企业的董事会、委任新的首席执行官(Chief Executive Officer, CEO)和首席财务官(Chief Financial Officer, CFO)来获得对该企业的实际控制权。在整合实施阶段,PE 会组建一个项目协调小组来负责整合工作。协调小组包括三方面成员:PE 委任的到被收购企业主持工作的高层管理人员,部分被收购企业中原高层管理人员,富有经验的 PE 团队成员。项目协调小组直接向 PE 项目负责人汇报,定期(如周例会制度)或不定期地召集会议,组织、策划和领导整合的全部运作,发现、研究和解决整合进程中的重要问题。

在内部整合(一般需要 1~2 年时间)完成后的运营阶段,PE 会带领企业持续改善管理、提高效率,进行行业内资源整合,提高企业竞争力和经营业绩,从而持续增加企业价值。

PE 深入参与投资项目(即被收购企业)的经营管理在很大程度上是由于 PE 是以控股方式完成收购的。这就要求 PE 的项目团队成员中必须包括谙熟企业运营管理的专家——他们通常在一个或数个企业从事过多年的实际管理工作,并积累了丰富的发现问题与解决问题的实战经验。富有企业管理经验的专家在投资项目的判断与收购后的整合运营中将发挥不可替代的作用。他们的管理经验与知识、对提高企业价值的专注以及战略远见对被收购企业原管理团队的经营管理能力是十分有益的补充。此外,一个成熟的职业经理人市场将为 PE 选择合适的 CEO 人选并派驻被收购企业提供便利。

PE 参与投资项目(主要指被收购企业)的运营管理是全方位的:从最初的财务控制与组织结构调整,到逐渐推进的人力资源整合、流程再造、优化供应链管理、改善质量体系等运营方面,乃至行业内整合。正是通过持续不断的努力,PE 才得以实现被收购企业的价值增值。

9.2 财务控制

财务控制是企业管理活动中最为重要的环节之一。PE 在收购目标公司后居于公司控股地位,有权任命最高经营管理者(CEO)和委派财务总监(CFO),在征得少数股东认同后共同管理公司。通过委派关键管理人员,PE 获得了对被收购公司重大财务事项的审批权和对业务的控制权,不仅涉及利润的分享,还涉及产品线的调整和产销等的控制。

实施严格的财务控制必将"动了某些人的奶酪",因此要拿捏轻重缓急的分寸,以避免导致公司业务收入的大幅下滑和客户的大量流失。协调 PE 与原业主及其管理团队的利益关系是整合的重要任务,包括管理层持股(通常已反映在交易结构中)等方案可以在一定程度上帮助企业顺利度过内部利益调整阶段。

9.2.1 为什么需要财务控制

现代公司制企业中,所有权和经营权分离,产生了所有者(股东)、决策者(董事会)、执行者(经理人或管理层)之间的委托代理关系。在所有者、决策者和管理层之间存在着信息不对称问题。企业经营管理人员通常比所有者和决策者更充分地了解企业日常运作的信息。由此,产生了经营管理人员可能利用其掌握的更多信息与职位权力为自己谋求私利的道德风险,例如过度的在职消费现象、国企管理人员的"59 岁现象"、吃回扣现象等。此外,管理层在企业投资、融资、运营等方面的决策中也可能存在着过于保守或过于激进的情况,诚如经济学家哈耶克所说:不拿自己的财产冒险,要么冒险不足,要么冒险过度。

所有者需要通过企业的内部与外部控制来约束和控制经营管理人员的行为，从而保证企业发展目标的实现和保护自身利益。企业的内部控制主要包括会计控制和管理控制。管理控制包括组织控制、经营控制、财务控制、内部审计、人力资源控制等。财务控制从属于管理控制，是连接会计控制和管理控制的重要结合点。财务控制表现为一系列的财务制度和约束机制。

财务控制的作用在于：

- 保证管理层作出决策所依据的财务会计信息的真实性、准确性；
- 避免管理层因"头脑发热"而作出的非理性决策；
- 财务制度的程序化控制和规范化操作也可以抑制经理人的"自违规"、"超法规"现象；
- 由内部控制链中的内部审计进行再把关，从内部再一次制约管理层的操作失误和个别管理人员的恶意违规。

根据我们在中国的实践经验，PE强化对被收购企业的财务控制还有其他重点方面的考虑：

- 确保收购后企业的各项经营活动与财务活动符合法律法规的规定，杜绝原企业可能涉嫌的偷漏税款、拖欠职工福利费或商业贿赂等问题；
- 遏制管理层过度的在职消费；
- 将企业经营状况与财务结果及时反馈给PE。

9.2.2 财务控制的战略层面与组织层面

1. 战略层面

企业对未来的总体设计和发展规划构成企业的发展战略，是其商业计划书的重要内容之一。企业的各类经济活动都不能偏离企业的发展战略，其财务战略必须统一于企业既定的发展战略中，须将全局观念、长远观念、整体观念等体现在财务管理的各个环节和方面中。

2. 组织层面

内部财务控制需要组织保障，即通过组织结构、组织分工、责任制度等方面的安排得以实施。财务组织结构是指企业内部财务结构如何设置、设置多少岗位以及各岗位之间如何衔接等。企业应根据自身的经营规模、内部条件和财务战略，选择与公司治理结构相适应的财务组织结构。

财务组织结构的设计原则:

- 保证均衡性,以确保控制与覆盖的全面性。
- 处理好财务控制中财权集中和分散的关系,达到集权、分权与控制的统一。

财务组织分工的原则:

- 分工的专业化。要明确各科室的职能和岗位职责,使其协调运转。责任制度是以明确责任、检查和考核责任履行情况为主要内容的,其具体形式有财务责任制和各财务岗位责任制。
- 不相容职务的分离。一个人不能兼任同一部门财务活动中的不同职务。单位的经济活动通常划分为五个步骤:授权、签发、核准、执行和记录。如果上述每一步骤由相对独立的人员或部门实施,就能够保证不相容职务的分离,便于财务控制作用的发挥。
- 避免由某个科室或某个人自始至终包办、处理一项经济业务的全过程或其中的几个重要环节,而应由几个相对独立的人员或科室分别完成。
- 建立自动检查和协调系统。

9.2.3 财务控制的执行层面

财务控制是程序控制,即公司所有业务和财务活动都必须按既定程序办理。就方法论而言,财务控制主要表现为授权控制、预算控制和审计控制。

1. 授权控制

授权(批准)控制是指对单位内部部门或职员处理经济业务的权限控制,即由某部门或职员在某项活动发生之前,按照既定的程序对其正确性、合理性、合法性加以审核,并确定是否让其发生而进行的控制。此外,还需要在被收购企业内部建立必要的检查制度,以保证经授权后所处理的经济业务的工作质量。

授权控制是一种事前控制,通过授权通知书来明确授权事项,对于授权范围内的行为应给予充分的信任,对授权之外的则不予认可。

授权控制中必须注意授权的层次性和程序问题,即公司应根据经济活动的重要性和金额的大小确定不同的授权批准层次,保证各管理层之间的权责对等。公司应规定每一类经济业务的审批程序,不得越级、违规审批。

授权的方式可分为一般授权和特别授权。在财务控制中,通过一般授权由管理层及其他各级管理人员即可组织实施的项目有:一般费用开支、内部资金往来调剂、信用限额内的销售、存货出入库、签订限额内的购销合同等。对于公司重大的财务事项,其权限一般在股东大会或董事会,如由管理层执行,则必须经过特别授权。例如,对外担保事项、重大经济合同或协议、收购或出售大额资产等。

PE经常会发现被收购企业在某些授权方面的混乱或不严格情况。在一个案例中,原企业对销售人员签单金额没有任何限制,这常常导致订单数量超过企业正常生产能力、外包部件无法及时供货、员工频繁加班而工资成本上升、采购量过大而流动资金不足等问题。在另一个案例中,原企业对公司印章缺乏严格的管理制度,为便于签单,普通销售人员几乎人手一章(销售章)。某些员工在董事会与总经理不知情的情况下对其他企业的银行贷款提供第三方担保并在担保协议上加盖公司印章,最终引发了一连串赔偿问题。因此,规范与严格授权控制是PE在收购后必须立刻完成的工作。

2. 预算控制

预算控制是按照一定的标准和方法,对企业一定时期的生产经营和财务活动作出的事前计划和安排,包括筹资、融资、采购、生产、销售、投资、管理等经营活动的全过程,并予以细化和层层落实的过程。

预算应看作企业的法规,一旦确定,任何人都必须执行,不得任意变动。如果因为外界环境的变化而必须调整预算时,也必须经过原定机构(如公司董事会议)的批准,而不能由某些(领导)人任意变动,从而保证预算的硬约束。

PE经常发现在中国有很多企业的财务预算制定得很随意,而且缺乏严格的执行和对执行情况的反馈与评价。这种对财务预算不严肃的态度造成了预算年年编、但对企业运营没有任何实质影响的现象。

PE在收购企业后,一般要求被收购企业在财年结束(如12月31日)前的两三个月(如9月份)开始做预算。财务预算会牵扯到公司的很多部门,包括销售、研发、制造、供应链、质量监控等等,所有方面都需要一个严格的、符合内在逻辑的预算。这些预算是要有严格依据的,不是"拍脑袋"决定的。一旦预算制定出来,在每个月的财务讨论会上要根据这些指标对执行结果进行评判——比较去年同期的数字、预算的数字与今年本期执行的实际数字。预算控制是很有挑战的课题。预算与实际执行结果多少会有差异。但如果差异过大,超过了可以接受的程度,则相关管理人员的能力就要受到置疑——一个合格的业内人士应该对其从事的业务有较好的理解与把握。预算控制的规范与严格是一个辛苦的过程,只有持续努力才能达到效果。

3. 审计控制

审计控制主要是指内部审计,即在一个组织内部对各种经营活动与控制系统进行独立评价,以确定既定政策的程序是否贯彻、建立的标准是否有利于资源的合理利用以及单位的目标是否达到。内部审计的内容十分广泛,一般包括内部财务审计和内部经营管理审计。内部审计对会计资料的监督、审查,不仅是财务控制的有效手段,也是保证会计资料真实、完整的重要措施。

按财务控制的对象划分,财务控制具体包括实物资产控制、成本控制、风险控制等方面。

1. 实物资产控制

实物资产控制主要包括限制接近控制和定期清查控制两种。限制接近控制是控制对实物资产及与实物资产有关的文件的接触,例如现金、银行存款、有价证券和存货等,除出纳人员和仓库保管人员外,其他人员则限制接触,以保证资产的安全。定期清查控制是指定期进行实物资产清查,保证实物资产实有数量与账面记载相符,如账实不符,应查明原因,及时处理。

在一个案例中,某 PE 收购了南方某省的某电机厂。该厂的一种重要原材料叫漆包线(即铜线外覆绝缘材料)。管理人员在统计的时候,经常发现出库量减去产品消耗量的数值与废料的数值差距较大。调查后发现,某车间工人与厂外废品回收人员串通,将未经使用的铜线藏在废料下面拉出厂外卖掉。工厂的门卫由于疏忽也未能仔细检查,从而频繁出现工厂物资失窃现象。当然,这种"监守自盗"的情况在民营企业中并不常见,但对于某些重要的材料的确需要采取特别的手段以防盗窃。例如,对于贵重金属需要在加工车间中辟出专区,建造封闭的库房保管,并每日测量、核对出入库的重量或数量。

2. 成本控制

成本控制分粗放型成本控制和集约型成本控制。粗放型成本控制是从原材料采购到产品的最终售出进行控制的方法,具体包括原材料采购成本控制、材料使用成本控制和产品销售成本控制三个方面。集约型成本控制是指通过改善生产技术和/或通过改善产品工艺以降低成本。

制造成本与产品质量并不是完全对立的,很多成本的下降可以通过流程再造、减少厂内物流、降低废品/次品率来实现。在一些案例中,特别是在制造型国有企业中,经常可以遇到不该发生的成本的现象。有些不必要的成本的发生是出于特殊企业环境的原因:因为前人是这么做的,所以我也这么做,没有人问为什么要这么做,也没有人愿意冒风险做出改善的努力。

例如,某个机械制造厂,其生产流程与车间布局基本保持数十年前初建时的格局。当需要扩大产能时,就简单地建造新车间,增加生产线。当一车间的空间不够用时(事实上并没有有效利用,半成品随地码放,占据大量空间),就建造二车间,而在二车间加工的工件需要再返回一车间进入下一道工序。没有人想过该流程是否合理、是否有流程优化的可能。从原材料进厂到产品出厂,物料在厂区内的无效的运输距离每天累计就有数百吨公里。频繁的搬运也容易导致某些精密加工件的损毁。例如,一些加工精度高达数 μ 的曲轴在没有防护措施的情况下随地码放,因为磕碰与摩擦造精度下降,达不到工艺标准。更令人遗憾的是,直到产品完成组装、进入检测阶段后才发现是废品,而此时已组装了数台整机。这样就白白浪费了高精度加工设备损耗与技术工人的大量工时。直到 PE 进入,通过流程再造、员工培训与严格执行操作规范才部分解决了上述问题。

3. 风险控制

风险控制就是尽可能地防止和避免出现不利于企业经营目标实现的各种不确定性。在这些风险控制中经营风险和财务风险的控制极为重要。经营风险是指因生产经营方面的原因给企业持续经营带来的不确定性。财务风险主要表现为企业现金流不充足而导致的经营困境。

在中国,PE 发现很多目标公司都缺乏风险控制意识。国内企业往往受到巨大的竞争压力,盲目满足客户的要求,放松了对风险的控制,结果很容易陷入经营危机。在一个案例中,PE 收购的某电机厂的客户集中度过高,一个制冷电器客户占其 40% 以上的销售额。该客户常年占用供应商资金,依靠供应商的资金进行周转,有些供应商被其常年占用数千万资金,苦不堪言。PE 在收购后,在电机厂实施了 ERP(Enterprise Resource Planning,企业资源计划)系统。电机厂与制冷电器客户协商,经双方同意后,ERP 系统对制冷电器客户设置了 500 万元的信用额度(即电机厂对该客户的应收账款总额不超过 500 万元)。后来,电机厂对该客户的应收账款达到了额度,系统自动锁定不能再对其进行赊销。该客户的总经理亲自打来电话,严词要求电机厂立即发货,否则将取消未来的合作关系。电机厂 CEO 感到十分为难,毕竟损失该客户会大大减少公司的销售收入。对此,PE 的意见是:只要制冷电器客户付钱就继续发货,不付钱的客户不是真正的客户。风险控制就是要求决策者在关键时刻坚持既定的原则,作出正确的决定。PE 做过一个可变成本的分析,实际上电机厂是赔钱在做制冷电器客户的生意:对该客户的销售对利润没有贡献,但在抵消可变成本后可以分摊部分固定成本。从长期来看,电机厂一定要退出该类产品生产的行业。最后,电机厂放弃了该制冷电器客户,并转产利润率较高的新产品,在克服了短暂的销售收入下降的困难之后获得了良好的经营业绩。事后证明,PE 当时的决定是正确的。那家制冷电器制造商不久即卷入了挪用上市公司资金的丑闻并陷入财务困境。

9.3 整合人力资源

企业是一个组织,是一个由各种生产要素按照某种方式组织起来、通过提供产品或服务来创造价值的有机体。在企业这个有机体中,最积极、最有创造力的生产要素是人,最复杂、最有流动性的生产要素也是人。企业间的竞争在一定程度上是人力资源的竞争,尤其是管理人员、技术人员和熟练工人。如何尽快稳定被收购公司员工情绪、稳定员工队伍、整合人力资源从而保障企业生产经营正常运作,是 PE 完成收购之后所要解决的首要课题。PE 收购后的人力资源整合(Human Resource Integration,HRI)工作应以被收购企业的发展战略为导向,并采用最为经济的手段实施。有效的人力资源整合并不一定保证收购的成功,但无效的人力资源整合几乎必然导致收购的失败。

9.3.1 初期整合,平稳过渡

在 PE(实际上是 PE 为收购而成立的项目公司)完成收购后,被收购企业的员工,特别是部分管理人员很容易产生一定程度的失落感或挫折感,并可能对 PE 的整合工作产生敌意。在中国,创业一代的企业家与管理层对企业有着难以割舍的感情。他们通常会感情用事地认为收购别人的企业是"英雄"、被别人收购就是"狗熊",从而抹杀了兼并收购活动本身的经济意义。在这样的商业环境中进行收购与整合,PE 及其向被收购公司派遣的高层管理者必须具备高度的耐心和高超的领导艺术才能妥善处理人员稳定问题。

PE 需要与被收购企业的原管理团队密切合作。尽管 PE 任命了新企业的 CEO 及 CFO,但并不能也不应该完全取代原管理团队在被收购企业中的作用,特别是在整合阶段。原管理团队的优秀执行力是企业良好发展的重要保障,也是 PE 收购该企业的基本条件之一。

有原管理人员参加并负重要使命的项目协调小组是保障被收购企业在整合阶段稳健运营的领导机构。对核心人才,包括中高层管理人员、掌握关键技术的人才以及骨干销售人员,项目协调小组必须尽力挽留,这是人力资源整合的工作重点。为留住核心人才,新企业(被 PE 收购之后的企业)需要从合同、激励和精神三方面着手:

- 新企业要尽快与核心人才签订劳动合同,用合同条款的形式将企业对核心人才的各种承诺固定下来,从而使其打消顾虑,对未来有充分的信心。劳动合同中通常包括"非竞争条款",即规定核心人才在一定时期内不得在离开新企业后直接投奔新企业的竞争对手。
- 新企业要为核心人才提供合理的薪酬体系,形式上包括现金工资、各种奖励以及股权或期权。原则上,要使核心人才对新企业提供的总薪酬的期望值高于原企业的报酬。
- 精神层面的影响有时会超过物质层面的影响。新企业需要尊重核心人才,包括容纳他们的价值观念,引导原管理人员的经营理念与新企业的发展战略一致,以及重用人才,为他们提供可以继续施展才能的平台。

PE 任命的新企业的高层管理人员需要具有很强的管理能力和协调能力,能在短时间内取得各方面的信任。项目协调小组要通过灵活的形式与被收购企业员工沟通、交流,让员工清楚整个收购的大致情形,如收购的起因、目的、股权的变化、未来的发展方向等。在充分沟通并了解被收购企业的人力资源状况后,新企业(及项目协调小组)应尽早出台调整被收购企业的原有员工的全面政策,对计划留用的员工要尽快安排具体岗位,对计划辞退的员工要按照法律政策的相关规定作好劳资清结和补偿工作(还需要符合存续劳动合同及收购协议中的约定)。一般来说,如果 PE 能提供更好的雇佣条件,被收购企业的员工是愿意留任的。原管理人员应对新企业员工的聘用有更多的发言权,因为他们更清楚哪些岗位是必要的、哪些员工是称职的。

9.3.2 持续改进，全面提升

实现平稳的过渡后，新企业的管理层就要着手全面提升企业人力资源。在内部，一方面整顿纪律，加强宣传，振奋士气，使每个员工理解企业的发展目标和自己的使命，保持良好的精神面貌；另一方面加强技术培训，组织学习讨论，提高员工岗位技能，鼓励创新，奖励先进。实践中，这些传统的方法被证明是有效的，也更容易为员工所接受。

新企业也会根据实施发展计划的需要在行业内招聘优秀的车间管理、技术、设计、策划和销售等人才，促进人才在行业内的有效流动。当然，人才招聘必须符合法律规定，受原有劳动合同约束或容易引起知识产权纠纷的情况应当避免。

新的分配方案、新的管理经营理念的接受需要一个过程。总会有不适应新环境、新规则的员工离开，甚至包括原企业的高层管理人员，但更多的员工会接受新的分配方案并逐渐适应新的管理风格，在新企业中贡献其才智与力量。

9.3.3 人力资源整合所面临的主要挑战

人力资源整合的成败是关乎 PE 收购成败全局的战略性行动，用"牵一发而动全身"来形容之并不为过。人力资源整合也是 PE 收购企业后全部整合活动中最具有挑战性的部分。收购后组建的新企业的管理层既要把握既定的原则、坚定地实施人力资源整合计划，不为一时的困扰所迟滞，又要掌握一定的灵活性，果断处理某些突发事件，保证企业的正常运营和良好的社会关系。

1. 企业文化差异

人力资源整合的最大阻碍在于企业文化差异。经过多年发展的企业往往具有其独特的特质，如由创业者确定的企业独特的使命、原管理团队的管理风格与经营理念、特殊市场环境下形成的特殊操作手段，以及更深层次的涉及价值观、社会关系等独特的企业文化内涵。

外资 PE 在收购中国本土企业后，最大的挑战在于如何有效地改造企业文化内涵，以使新企业适应新的发展战略和市场竞争格局。在一些欧美 PE 收购目标公司的案例中，PE 任命了欧美籍的、不懂中文的 CEO 或 CFO，这给整合工作带来了很多困难。语言不通、价值观不同带来了沟通障碍,新CEO或CFO更是急于贯彻新的管理理念和各项改革措施,这往往会导致与原管理团队的激烈冲突。新规则的推行"举步维艰",老规则也被弃之一旁,被收购企业将陷入混乱与纷争,流言无法制止,人心浮动,正常生产都难以保障。

在一个后续性收购的案例中,PE帮助其旗下的一个跨国集团公司(B公司)以控股方式收购了中国华东地区的一个民营企业(A企业)。A企业在其创始人(即企业主)及管理团队的带领下,经过十余年的发展,在汽车零部件制造业已获得一席之地。A企业在收购前是B公司的一个供应商,通过长期的业务往来已建立了良好的合作与信任关系。在PE的协调下,A企业的企业主同意将控制权转让给B公司,该笔交易采用资产收购方式,最后新注册了一家中外合资企业。随即B公司总部派遣CEO和CFO到任,他们都是美国人。因为语言沟通障碍和经营理念的差异,CEO、CFO与原管理团队成员之间不断产生摩擦,并逐渐形成了严重的对立。

A企业的厂址位于城市远郊。在厂区里建了一幢职工宿舍楼,中方管理人员(包括创始人本人及其家属)基本都长年住在该宿舍楼。创始人深知创业的艰辛,因此他虽然身家数亿,但衣食仍相当俭朴,乃至他出差下榻的"168酒店"的服务生惊叹他是唯一一个开着宝马车而住经济型酒店的客人。而由于饮食习惯、生活区与工作区分开等习惯的差异,来自美国的CEO与CFO只能选择住在城市中心的五星级酒店。中方管理人员的"勤俭持家"与外籍管理人员的"奢侈铺张"形成了鲜明的反差。这本是东西方在商业文化与生活习惯(主要是饮食)等方面的差异,但却令A企业创始人与其他中方高层管理人员十分不快——毕竟他们在合资企业中还有股份,因而CEO与CFO的开销中也有一部分是花他们的钱。

合资企业的CEO与CFO对中方管理人员的许多做法也很不认同。他们直来直去的表达方式以及生硬的翻译令中方管理人员难以接受。例如,CEO认为按照正确的做法应该用干净的机油来清洗模具,用过的油应"扔掉",而中方管理人员为了节省开支却坚持重复使用机油清洗模具,并且声称过去数年中一直采用这种清洗方法,并没有发生什么问题。事有凑巧,模具后来真的出了问题,报废了。重新开新模具费用很高,而且也拖延了生产计划的完成。CEO气愤地指责中方管理人员说:"我不是告诉你这样做会发生问题么?现在模具毁掉了,开模的钱比你省了10年的油钱都多"。中方管理人员被"老外"这么一顿训斥真是又委屈又"窝火",从此中外方管理人员积怨日深。

为了缓和矛盾,B 公司撤换了派驻 A 企业的 CEO 与 CFO。这次,他们选择了一个中国人(国内名校商学院的本科、美国著名商学院的 MBA),拟由其出任 CEO。遗憾的是,这位新的 CEO 似乎并没有理解为什么总公司会委任他做 CEO,而且他似乎也不懂得如何与本国的企业家打交道。在盛大的欢迎仪式及高调出场之后,他出人意料地来到生产车间并对工人们说:"你们要知道,现在企业是美国人控股,你们不能再听他们的(指中方高层管理人员),都要听我的。"还不到一分钟,这句话就被传到中方高层管理人员耳中。可以想见,中方管理人员的反应会有多么强烈。这位拟议中的 CEO 此后就被工厂门卫拒之门外,他再也没能踏进厂区半步。

"生意好做,伙计难搭"。在经历了一年多的痛苦的磨合之后,B 公司最终不得不放弃了与 A 企业的合作。这似乎验证了那句经典的调侃:被合资前景迷惑的人比被爱情迷惑的人清醒得还晚。

2. 利益关系调整

人力资源整合的另一个困难在于利益关系调整。PE 经常面对因职权范围调整、激励方案改变或聘用关系存废等带来的诸多挑战。

一种有代表性的情况是原企业的既得利益者——或者说旧规则下的既得利益者,例如在市场"潜规则"下有机会获得"灰色收入"的员工(通常都有一定的职权,典型的如采购人员),会在新企业的规范运作和职位调整后失去既得利益。他们可能会挑动不明真相的员工阻扰新规则的推行,某些时候,这种破坏力是巨大的。新企业可能会失去某些重要的客户,企业的社会形象和社会关系也可能受到不好的影响。

在一个案例中,PE 全资收购了中国某省一家机械制造厂。该厂的前身是一家国有企业,在行业内有"黄埔军校"之称——业内很多"重量级"人士都曾在该厂工作或学习培训。PE 在收购之后委派了新的 CEO 与 CFO,部分原国企的前高管顿感大权失落、威风不再,并逐渐心生不满。彼时正好有一些原企业伤残职工没有领得生活补助,少数前高管就鼓动那些伤残职工上访并到企业闹事。

事实上,根据股权转让协议,包括伤残职工在内的非在岗人员在 PE 收购前已由地方政府完全接管,股权转让金额的一部分将用于安置这些前职工。PE 已经以现金方式全额支付了转让价款,只是因为原国企的所有者之间尚未就转让价款分配方案形成共识,致使地方政府没有拿到资金去补偿包括伤残人员在内的有关职工。原国企的前高管是了解这些情况的,他们非但没有向不明真相的群众解释事情原委,反而含沙射影地挑唆一番。

CEO面对那些被激怒的前伤残职工,只能耐心地解释:你们应该向政府部门申请补偿。但伤残职工坚持认为他们是"在这里受伤致残,这儿就该对我们的生活负责,我们只认识这里(指工厂)。"个别伤残职工甚至做出了怀揣汽油瓶,扬言在工厂里自焚的过激举动。好在CEO临危不乱,他耐心地劝说:"按照公司规定,我没有权利在未经得董事会同意的情况下用公司的钱来救济大家。但我可以个人的名义号召企业现任领导为大家捐款,以解燃眉之急。大家的情况我很同情,会及时向有关部门反映,请大家保重身体,珍爱生命。"这场风波才暂时得以平息。

上述案例在读者看来可能有些极端,但事实上这只是PE在收购后因人事调整引发的诸多矛盾中很普通的一种现象。特别是,那些手握订单的采购人员与掌握重要客户资源的销售代表们,如果不能洁身自爱,频繁违反公司政策,就将成为公司下一步裁减的目标。但裁减关键人员可能导致公司的供应链突然中断、重要客户关系流失等危机事件。PE时常面对坚持原则与维持稳定之间的两难选择,有些时候也不得不以暂时的忍让换取长期的发展。

另一种有代表性的情况是原企业职工去留与安置问题。人员流动本来是市场经济下正常的生产要素流动形式,企业可以自主聘请其所需要的员工,员工也可以自主选择其所服务的企业。但在中国城市普遍存在就业压力的情况下,裁减雇员是一个很敏感的话题。特别是在PE收购国有企业的案例中,通常都会涉及原企业所有者(地方政府)对保障就业的特殊要求。例如,政府要求新企业与原企业90%以上的员工(在岗的或在册的)签署不少于2~3年的劳动合同,且此后每年裁减雇员(如有必要)的数量不能超过在岗人员的5%,等等。如果PE在收购后在裁员与补偿等问题上考虑不周,很容易引发群体性事件并产生不良的社会影响。不论企业主是否有过错,从中国的劳动法立法精神及劳动纠纷判决案例来看,雇员通常都被视为弱势群体而得到法官的同情与支持。

在一个案例中,PE以资产收购方式收购了某省一个电机厂。该厂的前身是国有企业,始建于1960年代,在经历了连年亏损后于1997年进行改制,由原管理层买断产权变为民营企业。根据当时国企改制的相关政策,国企职工在身份置换后将会获得一笔补偿金(在有些地方的操作中也称为"买断工龄")。因为国企的财务困境和地方政府财力不足，国企职工身份置换的补偿金通常由出售企业国有资产所得资金中划拨支付。在当时的很多案例中，地方政府急于"甩包袱"，就将企业国有资产估价后扣除补偿金的部分作为交易价格，以解决潜在收购者（很多时候是原国企管理层）资金不足的困难从而促成交易。作为条件，改制后的民营企业必须继续雇用全部职工，并在辞退职工时一次性支付身份置换补偿金。

现在很多人责难当时地方政府"贱卖了"国有资产，其实他们并不了解全面的情况。当时，国有企业负债率很高，70%以上的负债率司空见惯，国有企业普遍背上了沉重的债务包袱，而且陷入了"三角债"的怪圈。很多国企不但还不上银行贷款利息，连职工工资都不能正常发放。相当多的国企的总资产在扣除银行负债后的净资产都是负值。国企没钱就找"婆婆（政府）"要，政府就要求银行继续提供贷款，导致银行坏账积累得越来越多。最终，在20世纪90年代中后期出现了国有经济整体性亏损、银行坏账达到"天文数字"的危险局面。在银行商业化改革后，地方政府也无法帮助不符合贷款条件的国企取得资金，如果人们想象一下因为企业破产可能带来的经营性资产闲置或损毁、银行贷款坏账以及国企职工安置难等问题，就不难理解为什么地方政府大都倾向于尽快促成经营困难的国有企业资产转让了。

PE收购的这家电机制造商保留了太多的国企特征。人还是那些人，产品还是那些产品，只是通过产权转换激发了管理层的干劲。产权变化固然释放了那些曾经被压抑的生产力，但并不能解决管理混乱、冗员较多、产品线单一、客户集中度高、设备落后等诸多问题。特别是该企业继承了原国企的一千多名职工，其职工总数是同行相似规模企业职工数的三倍多。裁减冗员是PE收购后必须完成的任务。按照当时的市场状况和企业未来发展需要，新企业与半数左右原职工签署了新的劳动合同，并通过人才市场引进了一些管理、技术人才。其余半数原职工与原企业的劳动合同被解除，原企业按劳动合同对这些职工进行了补偿并一次性给付了国企职工身份置换补偿金。

正当PE着手组建新管理团队、强化内部控制时，一件意外事件打乱了新企业的正常生产秩序。那些与新企业签署了劳动合同的职工突然集体罢工，并围堵了工厂大门与管理人员的办公室。随后CEO了解到，这些职工看到那些被辞退的职工获得了身份置换补偿金，而他们虽保留了工作机会却没有获得补偿金而感到不安和不平衡。CEO向职工们解释：新企业有责任按照国家法律与劳动合同保障职工利益,但职工的身份置换补偿金应该向原企业(卖方)索取——就如被解聘的那些职工一样,新企业没有义务代为支付;罢工事件是不当行为,不但严重违反了劳动合同,而且给新企业造成了直接经济损失。当时香港报纸把这件事称为"搏炒",就是拼搏着要被"炒掉"。此事后来在地方政府的帮助下得以解决。虽然PE的收购活动与新企业在此事件上没有过错且是直接受害者,但事件本身还是对新企业造成了不良的社会影响。这个案例反映了人事问题的复杂性和敏感性。

9.4 运营支持

在帮助被收购企业完善运营管理、提升核心竞争力方面,PE更多地是从战略、组织和执行等层面入手的。

9.4.1 调整发展战略

对企业而言,发展战略是指企业根据自身所面临的外部环境和自身的优势,对企业未来的发展方向所进行的自主选择和自我规划。发展战略是PE在收购之前就已经在思考的问题。PE会首先关注行业的总体发展趋势与竞争格局、被收购企业目前的市场地位和潜在的后续性收购目标,进而了解企业现行的管理制度与运行机制、现有管理团队的发展愿景与管理理念、核心管理成员的行业影响力与个性特征。

在收购完成后,PE会与管理团队一道详细规划企业的发展战略,包括市场定位、长远目标与阶段性目标,并通过调整组织机构设置和组建新管理团队来保证战略计划的实施。为保证被收购企业发展战略的可操作性,还需要将发展战略分解到各个战略业务单位层次,例如对产品开发、采购、物流、制造和销售部门设定战略目标,根据筛选出来的最佳工作方式制定市场营销组合、价值链和组织管理的具体工作计划,这个过程通常也是收购协同效应的一个量化过程。

在一个案例中,目标公司是一家华东地区的白酒生产企业。这家企业生产全国著名品牌的白酒,并曾拥有辉煌的发展历史。PE的调查发现,该企业品牌管理混乱。在同一品牌下,既生产中高档白酒,也大量生产低端白酒,并提出"农村包围城市"的口号,将市场开发重心偏向农村地区。PE认为该企业的品牌价值没有得到充分体现,其发展战略应调整为:提升品牌形象(核心竞争力),将著名品牌定位在中高端白酒;将市场开发重心调整到消费能力较高的城镇地区;以该企业为平台整合中原地区过剩的白酒产能,并与川酒、贵酒形成"三足鼎立"的竞争格局。当然,品牌的重塑与渠道的开发需要巨额资金的投入,而在这方面 PE 可以提供帮助。尽管该项交易因为各种原因没有实现,但读者仍可从该案例中体会两种发展战略的不同之处与实施的条件。

9.4.2 调整组织结构

一个企业适用怎样的组织结构是一个见仁见智的课题。收购完成后,一般 PE 会尽快制定决策机制、决策程序,确保权责明确;在一到两周内任命公司高级管理层(如 CEO 和 CFO),并在随后数月内选定中级管理层,以保证各级组织机构顺利调整。那些不参与价值创造过程的机构将被裁减掉,过多的机构层次将被"扁平化",部门权限与汇报/通报关系将被理顺。新组织机构的设置与原组织机构的裁并只有一个目的:保证企业能以更有效率、更稳健的方式运行,从而保证企业发展战略的实施。

组织结构调整往往会涉及人事关系及权力范围的调整。因此,这一过程中最大的挑战来自于原企业管理团队,特别是当被收购企业原核心领导人过于强势、任人唯亲之时。在中国,绝大多数民营企业及部分国有企业中都程度不同地存在领导人强势的现象,重要部门的负责人大都是该领导人的亲信。整合这样的企业的确比较麻烦,摩擦与利益冲突很难避免。来自被收购公司外部的高层管理人员,要争取在较短时间内取得原管理团队中重要成员的支持,以保证各项新政策、调整方案和新举措的推行。

9.4.3 调整激励机制

激励机制(Incentives)是对符合组织目标的行为所给予的肯定性评价与奖励的制度。PE 在收购目标公司之后通常会考虑给予管理层股权激励或业绩分享等计划,以此来稳定管理团队并激励他们为创造更多的企业价值而努力工作。

PE 在调查目标公司时发现很多企业过多地强调了惩罚性政策。PE 认为惩罚是必要的,惩罚有助于避免犯同样的错误,但惩罚并不能保证做正确的事情。奖励性的培训、晋升与适当的提高薪酬福利有助于鼓励职工通过学习、培训来提高技能并承担更多的责任。当多数职工认为新企业(收购后的企业)不仅为他们提供就业机会,而且在帮助他们提高自身价值时,他们就更容易在情感上认可新企业的价值标准和管理理念,从而在工作中自觉地服从新规则。

对于采购人员与销售人员的激励政策较为复杂,要与预算制度、生产计划等因素相结合。例如,衡量采购人员业绩,不仅要比较本年度采购成本、上年度采购成本与预算,还要考虑供货及时性、供货质量、付款条件等方面是否有所改善。再如,衡量销售人员业绩,不仅要考虑获得订单的数量是否增长,还要考虑供货期与生产计划的匹配、付款条件、客户信用、实际收款期限、折扣政策等方面是否发生有利于公司的变化。由于企业内部各部门间需要协同作业,某个成员所取得的成绩也有他人的贡献,因此对某些业绩突出的成员的高幅度奖励有可能引致其他部门或同部门不同成员的强烈不满。是采用激进的激励政策、还是采用保守的激励政策,将取决于决策者的经营理念和其对形势的判断。

9.4.4 业务层面支持

PE通常会利用其遍布全球的资源与渠道支持被收购企业或投资项目实施其发展战略。这些PE在业务层面对投资项目的支持择概要介绍如下。

1. 技术支持

特别是对于后续性收购而言,PE会利用已有的平台性投资的技术资源来帮助被收购企业引起新技术、调整产品线和培训技术人员。PE也会为被收购企业购买更先进、效率更高的设备提供资金支持。

在一个案例中,PE收购了某省一个电机厂。当时行业标准规定了Y系列交流电机的详细的外形尺寸、轴长等数据,所有电机厂家生产出来的产品几乎是一模一样的。因此,中国的电机行业是一个产品高度同质化、过度竞争的行业。PE在收购之后,首先调整了产品线,通过生产差异化产品来避免陷入"价格战"的泥潭。PE旗下在美国有一家生产电机的工厂,PE就将其美国公司的产品制造技术引进中国的企业。首先引进的是专供高尔夫球车的电机,随后引进的是用于地板抛光机的电机。这两个产品在当时的中国是新产品,也不是标准化的设计。电机最重要的技术指标是效率,即将电能转化为动能的效率。转换效率高并符合客户要求的设计才能有产品竞争力。例如用于高尔夫球车的直流电机就要求噪音低、震动小,因为高尔夫运动讲究礼仪,比较忌讳发出声音。

在另一个案例中,PE 收购了机械零部件制造企业。当时该企业的主要产品是为摩托车制造商提供配件,其客户是日本的著名摩托车制造商。PE 收购后,为了改变该企业产品线过窄、客户集中度较高的状况,从 PE 旗下的美国汽车部件制造商那里引进了先进的生产工艺,并为被收购企业的铝压铸汽车部件产品开辟了海外销售渠道。

2. 销售支持

PE 会利用其在海外的广泛渠道帮助被收购企业开辟产品海外市场。特别是在中国进行的后续性收购或绿地投资(Greenfield Investment),基本都是为 PE 旗下的跨国公司在中国寻找制造基地,被收购企业的产品多数都销往海外市场。

PE 也会帮助被收购企业开辟国内市场。一种方式是将先进的产品或特种用途的产品与应用技术引进国内市场,另一种方式是将先进的营销理念与方法用于国内市场开发。

在一个案例中,PE 在上海投资建设一个塑料管厂,该厂生产用于保护光缆的塑料套管。这项投资是绿地投资(即新建工厂),PE 将其在美国的产品工艺引进中国,当时中国还没有这个产品的生产技术,也没有应用。

从 20 世纪 90 年代开始,中国在基础设施建设方面投入较大,典型的就是高速公路和国家通讯主干线建设。现在这些基础设施都发挥了巨大的作用,帮助中国在国际制造业领域获得了重要的地位。1995 年 PE 在上海的项目建成后,中国正在建设光缆通讯主干线项目。国家规定高速公路上至少布置三根管线:一个是 SOS 电话系统,一个是显示牌系统,一个是收费系统,除此以外可以考虑通讯系统。PE 的项目团队希望可以帮助企业开辟国内市场,考虑到该产品在性能上的竞争优势(国内没有其他厂家生产)和需求价格弹性不敏感(管道铺设长度是一定的,降价并不能带来销售量的显著提高),就需要从客户角度考虑产品应用的价值。只有制造商与用户的"双赢"才能为产品开创广阔的市场。

PE 引进的产品和技术为光缆铺设安装带来了一次革命。在此之前,国内铺设光缆是用一种"军民共建"的方式:让士兵排成一列很长的队伍去挖沟,再把光缆放进去,然后回填。这样做最大的问题是费时费力,而且重复劳动。对国内电信业有所关注读者都知道中国的电信业发展很快,用户数量每年都是成倍的增长。由于一根光缆同时能够承载的通话量有一个上限,超过这个数值就需要重新开沟、铺设新的光缆。在国外的做法是：开沟以后先放进去一根保护管，然后把光缆放在管子里面，同时在沟里还放几根备用的管子。这些管子虽然暂时闲置，但当在用光缆满负荷后，可以在备用的管子里放入光缆来增加通载量。

在埋好的保护管里放入光缆可以通过设置"人井"实现，即沿着光缆套管铺设线路每隔数十米/数百米设置一个井（井口有封盖），在安装光缆时人进入井中拖动预置的绳索牵动光缆。在城市中因为街道曲折，这种办法是较有效的。但是在长距离上（如高速公路沿线）铺设光缆，如果仍用这种方法，一是费时，二是效率低，三是成本高。PE 在引进塑料套管生产技术的同时，也引进了长距离光缆铺设技术：沿高速公路铺设套管，每两公里设置一个接头，在铺设光缆的时候，通过高压气使光缆浮动在管壁中前进并在两公里后从另一接头处露出头来。如果用"接力"的方法，在四个接头（三段管线）处同时操作，一下子就可以铺设 6 公里。PE 为此专门在黑龙江省做过试验，一辆卡车、五六名工人加上专用设备，一天可以铺设二十多公里，这在当时是令人惊异的高效率。

当年引进的这项技术对中国国家光缆主干线的建设贡献很大，在山东省境内的高速公路光缆干线就主要采用了这项产品和技术。PE 的项目负责人为此付出了很大的努力，上至说服当年邮电部的领导，下至培训现场施工人员，乃至提供适合国情的包装运输解决方案。

最初塑料套管是缠绕在一个木制的辊上运输的。一辊套管有数公里长，数百公斤重。一次，上海工厂方面接到广东用户的投诉说套管未经安装就断裂了。现场调查发现，买方施工人员在将套管辊卸下时没有专门的工具，直接从卡车货箱上推下，套管辊落地时直接碰撞地面，造成底部接触面断裂和套管破碎。理论上讲这个问题是施工方责任，无论是用叉车或垫板卸货都不至于将辊和套管损坏。但考虑到实际应用的工况是野外作业，PE 决定由工厂更换包装物，将木制辊变成可拆卸的钢管焊制的辊，这样在卸货时即使直接坠地也不会损坏套管。这种从用户角度考虑、为用户提供解决方案的理念在当时的国内市场是很少见的。

3. 其他支持

PE 可以帮助被收购企业与地方政府及业内专家建立具有独特价值的沟通渠道。特别是拥有外商投资者身份的 PE 通常会得到地方政府的欢迎。在一个案例中，PE 帮助被收购企业的所在地政府在美国成功召开了投资招商会，为地方政府引荐了其他美国投资机构和大型工商企业，帮助政府官员与美国企业家沟通并介绍当地的投资环境。这些工作直接促进了当地政府的招商引资工作并促进了当地就业和人才结构的提高。此后,地方政府打消了对PE投资的种种疑虑,积极支持被收购企业(中外合资)在当地扩大生产规模和引进人才(为人才及其家属提供户口办理及子女就学等便利)。

在收购完成后,PE会着手帮助被收购企业建设ERP系统,以对企业加强内部控制、协调各部门间业务和决策等方面提供支持。

除上述方面外,PE还会帮助企业改善供应链管理(例如,参与被收购企业的采购订单、供应合同、租赁协议、装备采购的谈判)和客户关系管理(例如,帮助企业认识到谁是客户,如果20%的客户提供80%的利润,则应将企业资源集中在20%的客户上)、完善质量体系、优化/再造流程等,这些内容将在本章接下来的小节中继续介绍。

9.5 流程再造

最古老的流程思想可以追溯到泰罗的科学管理。泰罗首先倡导对工作流程进行系统的分析,这种思想成为工业工程的主要思想。在工业工程领域,制造工作被分为转换、制造、装配和测试四种活动。生产流程设计是对原材料加工、零件加工、分装和总装活动在整个车间内的组织和物流工程的设计。生产流程关注的焦点是流程中某一个职能的某一项活动,流程的分析和设计遵循劳动分工的原则。

流程改善思想起源于质量运动,其先驱是1940年代贝尔实验室的质量专家,他们提出了"质量控制"的概念。这个概念包括对制造产品的生产流程进行严格的分析和控制,其对象是制造流程而不是跨职能的流程。后来"质量控制"概念得到了传播,运用的对象从制造流程扩展到产生质量的产品和服务的所有流程。

1970年代,以日本为先导的全面质量管理更强调流程思考和流程改善。日本的质量专家认为只要把流程管理好了,输出的产品和服务质量自然是好的。全面质量管理追求流程连续的渐进的改善,工作重点放在流程的某一职能范围内,采取对现有流程最少变动的方式来谋取连续的改善,所以采用的方法主要是流程图、流程统计测量等。尽管如此,全面质量管理已把顾客放在流程运营的焦点,目的在于通过连续的性能改善来满足顾客的需要。全面质量管理是在企业现行流程的框架范围内寻求提高该流程的途径,即以更好的方式做原来的事。

1990年代,迈克·哈默(美)提出业务流程再造,即抛开现有流程,在更大的范围内重建一个最优化的新流程。按照现代的观点,流程再造(Process Re-engineering,PRE)是对企业的业务流程进行根本性的再思考和彻底性的再设计,通过相应的资源结构调整和人力资源调整,使企业在成本、质量、服务和速度等方面获得进一步的改善,从而提高企业运营效率。

流程再造曾经风靡北美企业界,从实际执行的效果看成功率并不高。事实上,无论是科学管理、质量管理,还是后来的流程再造,归根结底都是围绕怎样提高生产效率做文章。特别是流程再造的思想,为管理者提供了一个新的视角,即对已经执行了很久的程序,面对客户需求变化与技术工艺改进的环境,思考它是否还是合理的或适应新的竞争环境的。流程再造是一种通过内部资源重组以便更有效率地满足客户需求的技术手段。

在收购完成后,PE是否会对被收购企业实施流程再造是需要慎重考虑的。一方面从美国企业已有的实施流程再造的案例来看成功率并不高(成功率不超过半数);另一方面PE并不是每个行业的专家,根据自身经验提出的流程再造方案不容易获得被收购企业原管理团队的认可。一种妥协的方案是流程改善或流程优化,它通常是对业务流程作局部性的调整而不是根本性的颠覆与再造。

流程再造或流程优化通常发生在下列情况中:

- 被收购企业的业务流程是在各部门专业分工的基础上自发形成的,没有从战略、组织、人力资源、绩效考核等方面来系统地整合,部分流程是多余的、不经济的,运行效率低;
- 被收购企业的业务流程没有实现标准化;
- 被收购企业没有形成以主业务流程为核心的管理体制;等等。

以联网计算机为基础的信息系统的应用可以对流程再造提供强大的支持。表9.1比较了流程再造前(没有应用信息系统)和流程再造后(应用信息系统)的各部门的工作效率。

表9.1 信息系统支持的流程再造比较

比较项目	流程再造前（无信息系统支持）	流程再造后（信息系统支持）
对客户需求的应变速度	销售员先向销售部经理汇报；销售部经理去找供应部经理了解是否有客户需要的产品、什么时候发货；或者找生产部经理问能否按客户要求的品质、周期交货。	发现潜在客户，销售员通过信息系统实时查询库存信息和配送的时限；如果按订单生产的话，系统会通过供产销能力模型计算，准确回答交货日期。
供产销能力的平衡	局部的信息化形成信息孤岛，销售机构与生产厂不能信息交互，导致生产与市场需求的脱节；生产作业因无系统测量其计划和能力，只能由经验数据提供相关排产计划，使得供应部门以最大限度满足生产需要而大量采购原材料。	客户的需求信息共享给生产和采购部门；销售业务根据客户订单或市场预测结合生产能力下达生产需求信息；生产业务根据市场需求安排生产计划；采购业务根据生产需求与采购批量、周期实施采购作业。
减少对资金的占用	生产车间繁忙；成品库存居高不下；原材料源源不断从供应商处发货；销售合同不能按时结款。	支持企业实现按订单进行生产、按生产计划安排采购计划，以减少非订单的生产和库存，降低流动资金的占用。
财务业务一体化管理	负责物料管理的是物流部门，负责账务管理的是财务部门，手工处理对账是低效的。	在业务发生时，物料变动与资金变动的信息能实时反应在企业的财务账上。

对于现代制造业而言，一个有趣的话题是不存在一个终极解决方案可以普遍适用于每个行业或企业的生产需要。过去的工业制造企业，特别是工业产品甚至消费品的制造商，在某种程度上都采用规模化机械生产（即大工业生产方式）。在这种标准化的生产方式中，制造成本可以被有效地降低，典型地如福特T型车的制造，所有产品只有一种颜色，即黑色。但是在今天，制造业面临的最大挑战来自于终端客户需求的多样化与个性化。例如，手机制造商摩托罗拉所面对的市场环境是手机成为个性化的消费品，甚至是具有时尚特征的产品。有的人喜欢蓝色，有的人喜欢绿色，有的人喜欢粉色，还有人要求在键盘上刻花，这就意味着摩托罗拉要把一个工业化的产品做成个性化、差异化，这怎么做呢？只有手工操作才能满足个性化的需求，但是手工操作的效率、质量和生产规模都没办法提高。再如，一个德国的汽车组装厂，生产用于香港市场的轿车。香港的交通规则要求车辆在道路左侧行驶，因此用于香港的轿车的驾驶坐椅设计在车身右侧。但如果生产线

只能生产右边驾驶的轿车的话,一旦出口地变成中国内地(驾驶在左侧)怎么办?难道再建设一条生产线来满足客户的需求?这就陷入了一个两难的状态——标准化的大工业规模生产与个性化、多样化的需求的矛盾。

现在人们已开始尝试弹性化生产的方法以满足终端客户多样化或个性化的需求。例如,IBM就把它的很多产品实现了模块化。再如某品牌的手机,它的外壳可以换成各种各样的颜色,但其他部分是一样的,这其实只是在最后一道工序(组装外壳)中提供了多样化的选择方案。模块化还有利于外包(Outsourcing)业务的发展,并促成了OEM(Original Equipment Manufacturer,原始设备制造商)业的兴起。弹性化的生产方式既能满足批量化标准化的生产以有效降低生产成本,又能满足不同客户的多样化需求。一个有趣的比较还是来自手机制造业。做木材行业出身的诺基亚在手机制造行业后来居上并雄踞业内销量第一,最重要的原因就是在整机设计方面及时满足了产品个性化的需要。当女性已经把手机当成时尚的一部分并和穿着佩饰相映成趣时,市场反应敏锐的制造商当然不应忽视这一正常的诉求。就技术层面而言,摩托罗拉当之无愧是第一流的,它开发出的很多新技术在两三年后才能被竞争对手所掌握。但对终端需求个性化趋势的反应迟钝使摩托罗拉的市场份额逐渐被竞争对手蚕食,在这种局面下,它才不得不在个性化方面、在生产模块化方面做出一些改善。

比及时满足终端需求更富有进取心的做法是创造新的需求。以苹果公司推出iPod、iPhone、iPad为例。MP3并不是苹果公司的发明,苹果公司在技术上并没有独特的创新。网上下载歌曲是Nebster首创,后来因为侵犯知识产权问题被关闭。因此,网上下载歌曲也不是苹果公司的创新。苹果公司的高明之处就在于它把这两个内容结合起来,而且创造了一个非常时尚的词汇——Ipoder。苹果公司懂得如何去调动资源,把不同的概念整合起来,创造一个新的产品。苹果公司的手机也很独特,曾引领起一阵狂热的追捧。再如制鞋行业,这是一个传统而成熟的行业,从中国的乡镇企业到跨国公司都在生产。但最近有一家叫Crocks的公司生产了一种凉鞋,因使用特殊的塑料材质从而可以灵活地制成不同的颜色并不怕水浸,在设计上采用了一种可以前后转动的带子从而可以作为拖鞋或凉鞋穿着。这种看起来并不见得很漂亮的鞋子卖到了30多美元一双,而且在很多城市风靡一时,成为很多青年男女的时尚选择。这些例子表明传统的行业也可以创新,而创新对业务流程提出了更高的要求。

PE在收购制造型企业后会更多地关注生产流程。在一个案例中,PE收购了一个电机制造商。该厂的电机组装工艺分为五个环节:崁线(把漆包线缠绕在定子或转子上)→制作并安装外壳→动平衡→铸造铝制的端盖→组装。接下来的工序是检测与包装等。

收购时该厂应用的流程是按照工序设计的。比如说接到了一个5 000台电机的订单,该流程采用批量生产,即按照规模分批生产,每1 000台产品是一个批次(编一个批号)。从原料进场开始,第一道工序是1 000台,接下来第二道工序也是1 000台,直到最后组装成品1 000台,是一个连续的生产过程。但是一旦在客户端出现某个问题,则在每个生产环节中都可以看到积压着的1 000台在制品,包括前端的相应数量的原材料。读者们都听说过"客户是上帝"这句话,这意味着客户的要求必须被满足。有时客户会要求更改设计,例如电机上的铝制端盖,客户最初要求在右边,后来想改装在左边。如果仅仅是这类要求,只需要改动其中一道工序,还比较容易满足,至少前端的崁线工艺不用变动。如果客户要求的改变是在最后一道工序上实现,而接到客户通知时已经组装完毕,那么生产出来的产品就可能报废。这还是比较乐观的情况。有些时候,客户会下一个批量的订单,但最后他需要的数量可能少于最初订货的数量,或者对崁线的设计发生了变化,则已经完成崁线的那些在产品就全部报废了。这对于制造商来讲将是一笔很大的成本。该厂的工序车间的排列也不紧凑,有些部件要楼上楼下的搬动,在车间之间的搬运过程中也可能会发生一些碰撞损坏。

PE认为这个流程的设计有很多弊端。在收购了这个公司之后,PE就开始研究怎样从流程设计上进行改造以提高生产效率并灵活适应客户需求的改变。经过分析,企业原有的松散的L形生产布局改变成生产单元组成的紧凑的U形布局,五个工序被局限在一个很小的空间里,从原材料进场开始物料就在一个小的空间里运转。采用生产单元型的布局,一旦发生问题(如质量问题、设计变更等),马上就可以纠正并进行调整。例如,如果出现了上述客户变更要求等情况,即便是从崁线开始就有产品报废,在一个时点上也只有5台报废产品,不会出现原流程中批量生产一下子报废1 000台产品的情况了。新流程在面对市场变化的时候就有了很强的灵活性。特别是面对客户取消订单或者拖延订单的情况,生产单元型的布局可以帮助企业将损失控制在最低的限度。新的布局对场地的利用率也提高了。根据实地统计,在原有布局中厂房和设备占地面积达到250平方米,而新的布局厂房与设备占地面积总计不到50平方米。在一开始PE提出流程再造方案时，被收购企业的管理团队（原班人马）不能接受，他们毕竟在行业中奋斗了几十年，难道"外行"的PE比他们还高明？后来在PE的建议下先做一个小规模的试验，PE与管理团队一起跟踪这个新的流程，比较一下过去的状况与流程再造后的状况。实测结果用数字说服了管理团队支持PE的流程再造方案。

与原有流程相比，新流程面临的最大挑战是对员工的技能要求提高了。在新的布局下，如果第二单元或第三单元的员工某天生病了，但是其他单元的员工又不能接替起工作，那么这个生产链条就会中断。因此采用新流程就需要对员工进行再培训，而且每个单元的员工的技能都需要拓展，即进行交叉技能培训，每个单元的员工都需要具备多种技能。

当然，生产单元型布局并不能适用于所有的工厂，例如对于炼钢厂来说就不能把炼钢炉移动一下并将冷轧、热轧合并到一处。每种布局方法都有它适用的领域。

9.6 完善质量体系

产品或服务的质量可以被定义成符合标准的程度，这个标准可以是比较主观的客户满意，也可以是量化的技术指标或参数。一个成熟的企业都有自己的质量体系，即为实施质量管理所需要的组织结构、程序、过程和资源。质量体系将所有影响质量的因素（如技术、人员、管理、供应商等）都采取有效的方法进行控制，从而减少、消除特别是预防不合格的产品或服务的发生。质量管理，包括质量控制、质量保证、质量方针、质量策划和质量改进等概念，是通过质量体系运作的。

"质量是产品的生命"。产品之所以被生产出来，就是它可以帮助客户解决某个特定的问题。如果客户应用了某种有质量缺陷的产品不但不能解决问题，反而可能产生更多的问题。例如，某个药品制造商如果采购了某个供应商的不合格的中间体（产品），则其药品非但不能治病救人反而可能会害人性命。

早期的质量管理仅限于质量检验，仅能对产品的质量实行事后把关。PE在中国经常遇到一些供应商介绍其产品是经过百分之一百全检的产品。但正如威廉·戴明（美）所说：质量是生产出来的，不是检验出来的。最好的情况是根本不需要检验,在线过程控制得好,生产出来的产品就根本不需要检验。检验不是一个创造利润的过程,而是一个成本发生过程,检验过程中花费的人员工时与设备损耗都是成本。此外,质量检验只能剔除次品和废品,并不能提高产品质量。1970年代,日本的田口玄一博士进一步提出了"田口质量"理论,即产品质量首先是设计出来的,其次才是制造出来的,从而将质量控制从制造阶段提前到了设计阶段。

就质量保证体系而言,PE在中国参观过的很多企业都炫耀自己已通过ISO9001等质量体系的认证。但是实地考察其质量管理时经常会发现,那些质量认证证书更多的时候是挂在墙上给客户看的,变成了一个销售工具。当询问操作机台上的操作员们是否明白这个标准是什么意思、怎么操作时,很多人根本就不明白。从过程控制的角度来讲,这些情况就是失控,由此可能导致很多问题。

下文从质量故障原因分析角度通过实例向读者简单介绍PE对质量管理方面的一些见解。图9.1显示了质量故障原因分析的一个典型流程。

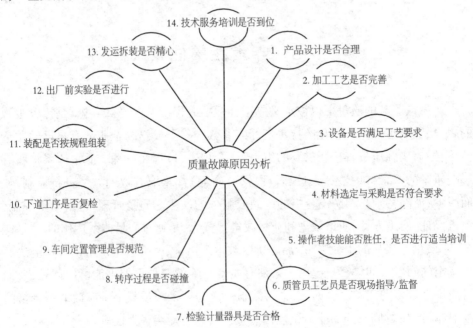

图9.1　质量故障原因分析流程图

1. 产品设计是否合理

如果产品出现质量问题,首先 PE 会与管理团队分析、检查设计是否合理。

以高尔夫球车设计为例。世界两大品牌 Easy Go 和 Club Car 的高尔夫球车在中国销售很不成功。难道它们行销全球的产品在中国却碰到了质量问题?其实问题来自于产品的设计。在中国甚至在整个亚洲,打高尔夫球和在美国是有区别的。进口的高尔夫球车不是为了中国市场设计的。中国的高尔夫球场要求打球者下场时必须有球童伴随。为了满足球场内行驶的需要,进口商自行在进口球车的后桥上焊接了一块托板。球车前面坐两个人,其中一人开车,在球车后部的托板上站两个球童并同时放置两个球包。有机械学常识的读者都知道,如果设计球车的时候没有考虑到在后桥承重,那么直接在后桥上焊接一块托板以承载两个球童和两个球包,而且需要上山下坡,最终球车一定会出现故障。这不是制造的问题,这完全是因为设计的时候没有考虑到使用环境。要想将球车应用于中国市场,首先需要更改后桥设计。这在技术层面是不难实现的,只需要设计后桥承重即可。但国外的制造商现在都没有这么做的,因为中国的球车市场容量还没有大到吸引他们愿意付出高昂的成本去改变设计。

有一家中国本土品牌的制造商考虑到了这一点。从实际应用的角度讲,其产品质量比进口品牌还要好(因为解决了客户的特定问题)。遗憾的是,中国球场的管理人员或者其他打高尔夫球的人并不是业内人士,往往迷信国外的品牌。PE 收购的电机厂的一个客户有一次请求 PE 的负责人去球场帮助说服那里的管理人员购买客户的球车。那些管理人员开始时并不相信 PE 对其客户产品的描述。高尔夫球车有四个关键部分,即电机、电池、后桥和控制器。事实上,PE 的客户所用的这四个部件全部是进口高尔夫球车所用的四个供应商所提供的,所以从质量上完全可以媲美进口品牌。最后 PE 的负责人亲自出马,说服了球场的管理人员。这个客户非常感激 PE 的负责人,PE 也为被收购企业(电机厂)争取到了一个大客户,现在这个客户占领了中国高尔夫球车市场 70% 左右的市场份额。

另一个例子是关于易拉罐拉环的设计。时至今日,中国的易拉罐的设计大多是拉开后拉环即断开扔掉,但是这种产品在二十多年前在美国就被禁止了。原因是什么呢?易拉罐装饮料常常是人们在海滩游泳回来时喝的,如果将拉环随手一扔,就可能扎到别人的脚。所以现在美国法规对于易拉罐的设计要求是:拉开以后不断下来,而是留在罐体上。这些设计的小细节可能决定消费者最终会购买哪家的产品。

有一些包装设计是为了保护制造商在法律上的免责。前些年在美国有一个很著名的案例,是关于麦当劳热咖啡包装物设计的一个细节。有一位老妇人从麦当劳购买了一杯热咖啡并放在轿车里专门放杯子的地方。开车后杯子倾倒,热咖啡洒出并烫伤了这位女士。该女士在律师的帮助下状告麦当劳并要求麦当劳赔偿。最后双方庭外和解,麦当劳赔偿了100万美金。现在细心的人们会发现麦当劳的咖啡杯上都有一个免责条款,即"热饮请小心烫伤"。在美国,有一个消费者权益保障的法令非常严格。有些看似根本不需要提醒的内容,制造商一定要提醒客户。例如一种糖的替代品,是粉色的,它里面有味精的成分。在加拿大有一个法规,认为味精可能致癌,因为它是由煤焦油提炼出来的。其实也没有很令人信服的证据可以证明味精可以致癌。但是美国法规就要求制造商声明其产品有味精,可能会致癌。

2. 加工工艺是否完善

在一个案例中,PE收购的一个水表制造商的一份物料清单中涉及260多个零件,其他零件都做好了,就差一个螺丝没有找到合格的供应商。中国的螺丝生产企业基本上是小型的乡镇企业,而且产品是按重量来卖的。如果对产品的强度、韧度等机械性能指标提出较高的要求,就很少有企业的加工工艺能满足要求,特别是热处理方面。PE旗下的水表厂就遇到了这个问题,内地厂商的螺丝质量达不到技术要求,安装时用力稍大就会折断,而如果不用力安装则又不能紧固。最后PE帮助企业在台湾地区找到了一家合格供应商,但对方要求10万个螺丝起订。还好PE旗下的水表厂对该螺丝的用量较大,否则将会面临一个尴尬的境地。

3. 检测计量器具是否合格

无论做什么产品,首先量具必须准确,否则无法产品的尺寸符合公差的规定。PE会帮助被收购企业与客户洽谈,要求客户在其提供的图纸上标明哪里是关键的部位,在这个部位的尺寸是不可以超标的,一旦超标就退件。但一个常见的情况是,即使客户返回的检验报告证实产品都在公差范围之内,也可能无法完成成品组装。有机械学常识的读者都知道,即使全部部件都控制在公差范围之内,也可能组装不成功。这是累积公差造成的。例如某个部件偏上公差,另一个部件偏下公差,结果在组装时可能就会组装不起来。这个问题怎么解决呢?这就需要使用CPK的概念,这是数理统计的概念。客户发来的检验报告如果全部是偏下差,那么经过统计得出一个CPK的值,要求都在1.33以上,低于1.33则退件,这个工作需要由客户来做。

4. 材料是否符合设计要求

以矿泉水瓶为例。很多国内产品的瓶盖常常需要费很大的力气才能拧开,而且往往在拧开后拉扯不断。这个问题其实是设计和材料上的问题。从客户需求角度看,瓶盖的设计首先需要满足一定的压力条件,不能自行断开,其次要能够在不费力的情况下拧开。这样的标准本不难满足,但大概是因为回收塑料的利用导致这个问题的出现。相反的例子是喜力啤酒(瓶装)的瓶盖,它的设计是用手可以轻松打开的,如果不用手开启,瓶盖也不会自行跳起。比较起来,中国的多数瓶装啤酒产品都需要额外的开瓶器,这给消费带来了麻烦。很多华人在美国唐人街买酱油,自然会想到中国出口过来的产品比较正宗,但是购买中国出产的酱油最大的麻烦就是瓶盖打不开。对于美国消费者来说只能对中国生产的酱油望而却步。

5. 出厂前检验

PE投资在上海的一家企业有一次需要为客户演示其产品(塑料管子)的性能,准备用一台10个Pa的空气压缩机做测试。一家美国的上市公司在空气压缩机行业做得比较出色,PE就帮助旗下企业向该公司采购了一台压缩机。压缩机被拉到工厂后开始充气以备实验。在电源接通的一刹那,只听一声巨响,整个压缩机背后的一堵墙被不明物体击穿了。初步的调查认为是空压机的安全阀或者装反了或者没有装好。这是一起严重的事故,很可能导致人员伤亡,从情况判断那家美国公司在出厂前没有进行产品检验。

6. 技术培训是否到位

前文介绍过的光缆套管卸货的案例也可以从客户使用培训的角度来说明。如果销售部门事先对客户的相关人员做了培训,告知其如何正确地卸车,就可以避免产品损毁情况的发生。

9.7 改善供应链管理

供应链的概念出现于1980年代,因早期成功地应用于惠普公司、IBM公司等全球化制造企业而逐渐进入人们的视野。供应链并没有一个统一的定义,中国内地对供应链的理解基本还停留在制造企业实现采购功能的内部过程的层面。按照现代的理解,供应链是一种围绕核心企业的网络关系,其内涵和外延比采购要广泛得多,但主要部分仍是采购过程。

制造企业的供应链管理的内容包括对供应与需求、原材料与零部件采购、制造与装配、仓储与存货跟踪、订单录入与管理、分销,以及向顾客交货等全程的管理。现代供应链管理的思想强调了制造企业与其供应商之间存在着一定程度的利益一致性,即通过加强产业链上下游企业间的协作来优化和改进企业间的购销活动及物流活动,从而在供应的成本、灵活性与及时性等方面获得供应链的整体竞争优势,最终最大程度地满足客户的需求。

供应商可以帮助制造企业生产出高质量的产品。西方有一句谚语叫"Garbage in, Garbage out",如果用于解释企业的采购活动对产品质量的重要性则可以意译为:采购劣等料,绝无好产品。因此 PE 通常会在收购完成后帮助被收购企业选择合格的供应商。

在战略层面上,PE 会帮助被收购企业分析并决定哪些零部件(特别是关键零部件)的供应由企业内部制造或选择外包;以及在选择外包方式下,需要进一步决定是与单一的供应商还是与多家供应商保持经常性采购关系。这就需要全面比较与平衡不同的供应方式下供应的及时性与可持续性、质量的可靠性、总成本等方面的重要程度。就外包方式而言,选择多家供应商可能给企业提供选择的灵活性和更可靠的供应保障,但是每多选择一个供应商就会相应增加企业开发供应商的成本。制造企业选择合格供应商的周期较长,要经历目标搜索、电话调查、生产现场参观、订货谈判、样品生产与检验合格、多次小批量订货等过程,最终才能确定大批量采购。此外,同一个零部件选择多个供应商也降低了单批采购数量,每个供应商都需要开发模具、调整生产线与人员配置,在达不到量产的情况下无法有效地降低生产成本,从而也会增加企业的采购成本。PE 在中国收购的制造企业多数都缺乏供应商管理的战略思考,因此,PE 通常需要花费很多精力帮助被收购企业改善供应链管理工作。

在操作层面上,PE 有时也会参与被收购企业的采购订单、供应合同、租赁协议、装备采购等谈判活动。PE 利用其旗下投资组合公司的技术、信息与供应商网络的能力,可以帮助被收购企业获得比其自身谈判更为有利的交易条件。

在制度层面上,PE 还会帮助被收购企业建立高效采购体系的长效机制,其中最重要的内容是优化采购决策平台与完善采购管控制度。

1. 优化采购决策平台

优化被收购企业采购决策平台的内容包括：

- 建立采购费用的研究机制；
- 部署一个跨部门的物料采购团队；
- 建立对供应市场和采购寻源进行分析的机制，分析的内容包括对于所要采购的物料及其（潜在的）供应商的选择、评估、谈判（包括改变需求）和确认的过程；
- 建立标准化的采购询价流程；等等。

2. 完善采购管控制度

好的发展战略需要周密的计划和坚定的执行。从战略到流程再到组织结构，最终是信息化的手段，对采购的管理和控制是一件相当复杂的工作。因为管控采购涉及的范围十分广阔，涉及的形式多种多样，控制什么、如何控制（包括方法与程度）以及如何评估控制的结果都是很有挑战性的课题。

PE帮助被收购企业完善采购管控制度包括三个层面的内容：

- 制定采购战略，明确企业内部合理的集分权采购组织结构；
- 根据采购组织及管控模式确定适宜的采购岗位，制定清楚明确的岗位说明书和采购职责描述；
- 根据公司发展战略和阶段性目标，设立采购组织和个人的绩效考核指标体系，同时对如何获取和保持采购技能制定战略计划并付诸行动。

需要强调的是，采购的主体是人，因此对采购人员的管理十分重要。合格的采购员侃价能力一定较强，但侃价能力强的采购员不一定是合格的采购员。采购部门最容易受到商业腐败因素的影响。俗话说"常在河边走，哪有不湿鞋"，从职业角色来看，完全没有腐败问题的采购人员并不多见。对于手中常年掌握着大笔采购资金的采购员来说，"回扣"是一个很大的诱惑，就算他自己不向供应商索要，供应商也会主动送上门来。那么怎么监控呢？除了制定规范的采购决策流程外（事前防范），PE还会向被收购企业的采购人员强调遵守基本的职业操守是原则问题。违反原则的行为一经发现，则严惩不贷。

PE在上海投资的一个制造企业曾聘任过一位采购经理，有较为出色的专业技能,为人也踏实勤勉。但在一年春节期间,他违反公司政策参与供应商的宴请并接受了供应商派发的红包。PE 的负责人(当时兼任上海项目的负责人)后来知晓了此事,虽然十分为之痛惜,但还是坚决执行了公司规定将其解聘。对于公司一些高管人员的"下不为例"的建议,PE 的负责人强调了遵守规定的重要性以及放松对采购人员的监控可能对公司造成的损失。如果采购员因为收受红包而通过弄虚作假、瞒天过海的手段蒙混过质检人员而购入了不合格的原材料或零部件,则可能导致公司产品质量不合格进而失去客户的严重后果。某国内知名制药企业的某个药品就是因为使用了某个采购员购买的含有毒化学成分的原料药而致病人死亡,从而使该企业陷入了空前的信任危机。

PE 积极主张对采购人员进行物质奖励,"又要让马儿跑,又不给马儿吃草"是行不通的。被收购企业将按照采购计划为采购人员设计详细的、标准化和量化的关键业绩指标(Key Performance Indicators,KPI),并据此进行绩效考核,进而决定奖励幅度。

在一个案例中,PE 收购了位于中国东部某省的一家国有机械制造企业。以下是收购后该企业的管理团队在 PE 的指导下总结的采购管理中存在的一些问题,包括:

- 没有建立供应商管理体系;
- 采购组织机构设置不合理,采购人员岗位责任设计混乱,采购员只知道购买,不知道为什么购买;
- 没有降低成本的计划和跟踪控制的程序;
- 缺乏货款应付程序标准,供应商主动性大,没有严格按合同条款执行;
- 没有对供应商产品的质量指标跟踪系统,外购件质量合格率低,造成很大的浪费和过长的生产准备时间,且存在整体质量问题;
- 采购过程不规范;
- 没有明确的库存目标,库存失控;等等。

总结完成后,PE 开始着手帮助该企业完善采购管理,主要工作内容包括:

- 引进和建立供应商管理体系,从供应商选择、评估、准入、激励、淘汰,到合同、保密、知识产权、库存管理,建立起了一整套的管理体系;
- 调整采购组织机构,建立扁平化程序控制组织机构;

- 通过召开供应商会议来减少采购成本;
- 通过延长付款期来改善公司的现金流量;
- 实施供应商质量指标跟踪管理体系,建立相关的质量数据记录库,实施供应商质量跟踪考核;
- 建立供应商操作手册,加强守则培训,签署并确认相关的协议文件;
- 采取供应商预库存方式,降低库存储备资金;等等。

10 退出

10.1 退出是PE收购交易的最后环节

在多数情况下，PE基金投资于非上市公司（Private Company）的股权。PE收回初始投资本金以及获得投资回报的途径有两个：一是作为股东从被收购公司每年的盈利中获得分红，二是将其持有的被收购公司的股份出售。后一种方式即称为退出（Exit）。

PE基金的退出对被投资公司而言不是末日，而是再一次开始。在理想的情况下，PE基金帮助被投资公司实现了后者在商业计划书中制定的发展战略，完成了行业内的整合，公司的竞争力和市场地位也已被提高到一个更高的水平。被投资公司进入了稳定成长期（即"学习曲线"的平滑阶段），以可以预期的较低而稳定的速度继续增长，且保持着充盈的现金流。这意味着PE基金"功成身退"的时机已经到来。

退出是由PE基金的运行机制与投资策略决定的。"有限合伙人协议"为每个PE基金设定了存续期，在一定时间段内，基金管理机构（通常为GP）必须将投资于被收购公司的股权全部出让以满足兑现要求。此外，当被投资公司进入稳定成长期后，公司业绩的增长速度稳定但较低，继续持有投资已不能满足PE基金对高增长率的要求。这类"现金牛"（Cash Cow）型的公司更适合那些喜欢风险低但回报稳定的投资者，而不再是PE基金追寻的投资目标。

从收购交易伊始，PE基金就在考虑退出问题，这种努力集中反映在交易结构的设计中。因为非上市公司股权的流动性差，PE基金必须预先安排退出方式。

退出是PE运行机制设计中重要的一环。完美的退出为PE基金的收购画上成功的句号。要获得理想的退出结果,基金需要平衡自身利益、被投资公司管理层及员工的利益以及股权受让人的利益之间的关系。此外,基金还需要根据对市场状况的综合判断,灵活地选择退出时机与退出方式,力争实现投资收益的最大化。

常见的PE退出策略包括:

- 出售(Trade Sale),即被其他公司(主要是战略投资者)合并(Merger)或收购(Acquisition);
- 第二次收购(Secondary Buy-out Transaction),即将被收购公司股份转让给其他PE基金或机构投资者;
- 首次公开发行(Initial Public Offer,IPO),即被收购公司在履行必要的程序后向公众发行股票;
- 清算(Liquidation),即破产清算。

在几种退出策略中,出售是PE采用较多的方式。表10.1介绍了美国PE在2001~2010年间投资退出方式(不包括破产清算)的历史数据。

表10.1 美国PE投资的退出方式(2001~2010)

退出方式	2001	2002	2003	2004	2005	2006	2007	2008	2009	2010
出售	103	115	123	214	232	270	338	257	177	287
占比	74.1%	67.6%	58.9%	56.9%	54.0%	53.1%	55.8%	67.3%	70.8%	59.5%
第二次收购	14	31	60	100	128	165	193	110	44	138
占比	10.1%	18.2%	28.7%	26.6%	29.8%	32.5%	31.8%	28.8%	17.6%	28.6%
IPO	22	24	26	62	70	73	75	15	29	57
占比	15.8%	14.1%	12.4%	16.5%	16.3%	14.4%	12.4%	3.9%	11.6%	11.8%
交易总数	139	170	209	376	430	508	606	382	250	482

资料来源:The Pitchbook Private Equity Decade Reports (2001-2010)。

外资PE基金投资中国企业通常会设计复杂的交易结构,理论上其可选择的退出策略集如表10.2所示。现实中比较理想的退出方式是以离岸控股公司股权的出售或IPO上市为主(用"√"号表示)。

表 10.2　外资 PE 在中国投资理论上的退出策略集

		离岸公司 （控股公司）	境内公司 （合资/独资）	境内公司 （目标公司）
IPO 上市	境外证券市场	√		
	境内证券市场			
出售	股权	√		
	资产			
第二次收购	股权			
	资产			
破产清算				

10.2　退出的前期安排

成功的退出主要依赖于被收购公司在 PE 基金的帮助下，获得预期的成长和更好的经营业绩，从而 PE 基金得以在退出时获得满意的投资回报，但这并不能降低缜密的退出安排的重要性。PE 基金在交易结构的设计和收购的法律文件中已对日后的退出做出了前期安排。

10.2.1　交易结构中的退出安排

PE 在中国境内的投资项目通常会有离岸控股公司的结构设计，且多数时候会考虑两层离岸控股结构。例如，在 Cayman 注册离岸控股公司，并由后者在香港等离岸中心设立次级离岸控股结构。

离岸公司设立地点的选择既要考虑税收问题（包括投资东道国对离岸地的预提税、离岸地的公司税/个人所得税及对投资母国的预提税、投资母国的个人所得税等），也要考虑法律环境问题。Cayman 是英美法系地区，其公司法和会计制度容易为英美国家的投资者所接受，因而计划在美国证券市场 IPO 方式退出的项目经常会选择在 Cayman 成立离岸控股公司。

通常，PE 基金在完成平台性收购后会帮助企业在行业内进行整合，即进行扩展性收购。由 Cayman 公司另外成立次级离岸控股公司进行后续收购，可以帮助

PE基金的收购活动中在一定程度上规避东道国的反垄断调查,隔离业绩不佳的被收购公司对集团整体业绩的不利影响,并为未来的上市计划提供合并或拆分的便利选择。

目前,境内外资独资或外资控股的合资公司在中国资本市场实现IPO退出尚缺乏充分的先例,难度较大。此外,对境内外资并购及IPO等事宜的行政审批效率与审批结果的可预见性、对资本项下的外汇管制是PE基金选择在中国境内退出时所必须面对的挑战。因此,PE在中国的投资通常会安排境外退出方式。完成离岸控股公司的股权转让、变更登记、对价支付等事宜,往往不需要繁琐的行政审批手续,具有可预见性,操作也灵活方便。

对比在欧美等国家的收购,PE基金在中国更多地采用了资产收购、合约控制或类似的安排。中国的市场经济起步较晚,情况较为特殊,导致很多企业在发展过程中或多或少都存在着不合规操作的情况。目标公司存在经营或法律方面的瑕疵将会影响到PE基金未来的退出计划,特别是全球各主要证券交易所都会对企业上市资质进行严格的审查。资产收购或类似的安排可以将目标公司的潜在的运营风险与离岸控股公司有效地隔离,这是PE基金选择资产收购方式的最主要的原因。

在PE以非控股方式投资目标公司的案例中,通常PE会选择持有离岸控股公司的优先股。如果目标公司经营不成功并最终导致破产清算,优先股会赋予PE基金以优先清偿权,尽管清算是很不理想的退出方式。

10.2.2 法律文件中的退出安排

对于PE基金非控股而管理团队成员持股或控股的情况,因为成功的退出要求管理团队的支持与参与,以及为了避免PE基金与管理团队在未来潜在的意见不一,在最初的投资法律文件中都包含一些条款以保证PE基金能按其意愿方式退出。这些条款包括:

- 要求其他股东(主要是原企业主与管理团队成员)与PE基金合作以尽快获得退出通道(有时该条款会更详细地列明目标公司在特定日期之前尽力实现IPO)。
- 注册权协议或投资者权利协议(参见第8章)。

- 当投资者选择出售(Trade Sale)方式退出时,不需要(向管理层等)提供有关出售交易的保证与陈述。
- 限制转让条款:限制管理团队在未经PE基金事先同意的情况下向第三方转让任何数量的股权,以避免部分出售公司的情况发生而改变在最初交易时确定的股权比例。
- 流动性与出售优先权条款:PE基金拥有在公司清理后产生的资金或出售公司得到资金的优先清偿权,以确保投资者在上述资金在其余股东间进行分配之前获得一定的收益率。
- 卖断权(Drag Along Right)条款:PE基金有权要求被投资公司的其他所有股东(主要是指大股东)和自己一起向第三方转让股份,从而保证被投资公司100%的股权可以按相同条件同时转让。大股东必须按照投资者与第三方达成的转让价格和条件与第三方进行股权交易。

10.2.3 关于退出战略的前期思考

PE基金管理人通常希望在投资的初始阶段就已经对退出策略有了清晰的构想。有些GP认为至少存在三个以上的潜在买家才能使他们相信以出售方式退出是可行的。如果GP认为IPO方式值得考虑,则他们需要评估目标公司能否独立地持续经营下去(即自生能力——不需要PE额外的投入,企业依靠自身的经营与积累可以实现生存和发展)。

在做出是否退出(上市变为公众公司或将股权转让给其他公司)或保持企业独立经营的决定时,PE基金、目标公司的管理层和董事会需要考虑下列战略因素[1]:

- 某种退出战略会在怎样的程度上适应公司最初在商业计划书中制定的目标?毕竟,一个公司的生存能力不应该受到股东退出方式的影响而大打折扣。
- 在选择某种退出方式时,公司是以一种强势姿态还是弱势姿态出现?市场环境是否造成了一种趋势,即企业可以通过IPO或兼并收购以获得远远超

---

[1] Liang, Jim and Florence, Tony, *Private Equity Exit Alternatives*, Morgan Stanley, November 2003.

过原企业的经营规模？抑或市场环境恶化从而使得被其他公司收购是保证企业生存的一种选择？

- 寻求某种退出方式背后的财务动机是什么？一个成功的退出战略需要平衡一对矛盾——即企业发展对更多资金的需求，与早期投资者在投资数年后需要通过分红来获得流动性的矛盾。
- 在整个退出过程中能否保持公司的良好管理？执行一项退出战略，特别是IPO过程，通常需要花费大量的时间与金钱。公司是否拥有充足的资金去实现这一退出计划？公司的管理层与董事会是否具备足够的能力和资格来统领这一过程？
- 资本市场的情况如何？资本市场是不稳定的，一个成功的退出战略很大程度上依赖于上市时机的选择。在资本市场不利的情况下，IPO的成本将会很高。
- 公司的组织体系与控制体系如何？在实施一项退出战略之前，公司通常需要经历一次严格的尽职调查以确保公司所有的组织体系与控制体系在健康良性运转。公司是否已做好准备接受关于公司管理与运营状况的监督？
- 什么决定能够保证股东利益的最大化？PE基金、管理层与董事会需要评估最佳的退出时机——是否继续努力提高公司竞争力从而在未来获得更高的价格，还是现在就是最佳的退出时机？

10.3 首次公开发行

10.3.1 IPO方式对被收购公司的利与弊

1. IPO方式有利的方面

- 获得增长的机会：公司在IPO之后可以面向大量的投资者进行融资，从而为公司的增长计划提供资金。
- 增加透明度：公司在IPO之后会受到媒体与分析师们的关注，公司自身与其投资计划将变得更透明。
- 获利能力：如果IPO后的公司在长期运营中获得成功，则公司的创始人、早期投资者与PE基金可以获得相当丰厚的回报。

- 获得流动性的机会：IPO 为公司的投资者提供了一个活跃的股票流通市场，投资者可以变现他们的股票。尽管早期的投资者会面对锁定期（Lock-up Period）的约束，但他们通常会在锁定期后获得巨大的投资收益。
- 吸引人才：IPO 使得公司提供的多种股权激励方案更具有吸引力，从而有利于聘请与留住重要的人才。

2. IPO 方式不利的方面

- 花费大量的时间与金钱：为准备 IPO，管理层要花费大量的时间来准备各类文件、配合尽职调查过程以及参加冗长的会议。公司也要为律师、会计师、承销商和其他顾问在 IPO 过程中的贡献而支付高昂的费用。表 10.3 为读者提供了在纳斯达克（NASDAQ）股票市场 IPO 的费用估计——IPO 总费用超过融资总额的 8%。

表 10.3 IPO 上市的费用估计（纳斯达克股票市场） （单位：美元）

募资总额	25 000 000	50 000 000
总股票数	5 880 000 股	5 880 000 股
项目	费用估计	费用估计
美国证券交易委员会费用	9 914	19 828
纳斯达克交易所费用	3 375	6 250
制版与印刷费	100 000	100 000
会计师事务所费用与开支	160 000	160 000
律师费用与开支	200 000	200 000
蓝天费	25 000	25 000
杂项费	34 200	34 200
纳斯达克登陆费	63 725	63 725
纳斯达克年费	11 960	11 960
过户代理与注册费	5 000	5 000
总　计	2 363 174	4 125 963

资料来源：NASDAQ Website, Going Public Manual.

- 更多的监督：在 IPO 之后，公司必须按照监管机构的要求制备数不清的文件，并披露有关董事会与管理层的信息。伴随着透明度的提高，公司将面对针对财务信息与管理层作为进行密集监管的压力。
- 持续的信息披露要求：上市公司被要求通过报纸和其他监管机构要求的形式披露关于公司业务的全面信息，他们需要准备年报、季报及其他融资文件。
- 控制力下降：在 IPO 之后，公司的创始人与早期投资者们将失去他们对公司业务的相当部分的控制力。某些公司行为，例如增发新股票、收购行动或安排雇员持股计划等，都需要获得股东的批准。
- 依赖资本市场状况：IPO 的成败在很大程度上取决于资本市场状况。

10.3.2　PE 在中国投资项目的 IPO 方式

理论上讲，如表 10.2 所示，PE 在中国投资的项目可以有多种退出方式。以 IPO 方式为例，存在着"离岸公司/境内公司—境外 IPO/境内 IPO"的六种组合选择。但实践中，以离岸控股公司在境外 IPO 方式最为可行。

PE 是以常规的收购方式（即获得多数股权）还是以少数情况下的参股方式（即获得少数股权）投资中国境内企业，在很大程度上影响着交易结构的设计以便保证 PE 可以选择 IPO 方式退出。除非 100% 控股目标公司，PE 基金必须考虑目标公司的其他股东（企业创始人与管理层）如何实现其在目标公司中的权益。在某些情况下，这并不是一件简单的事情。

下面我们以"PE→离岸控股公司→境内独资/合资公司→目标公司（境内）"的典型交易结构为例来讨论 PE 基金在中国投资项目的 IPO 退出方式。

PE 间接控股目标公司的情形

1. 离岸控股公司在境外资本市场 IPO

通常，PE 基金通过 100% 控股的离岸公司实现对中国境内目标公司的收购（股权收购或资产收购）。一般情况下，离岸控股公司直接或间接持有境内目标公司的多数股权，而企业创业者及管理层持有少数股权（这是为了保证企业经营的稳定和激励管理层）。离岸公司实现对境内企业财务报表的合并。PE 基金可以选择将离岸控股公司上市。离岸控股公司的上市申请可以为多数国家的证券交易所所接受,如香港联合交易所、纽约证券交易所等。

PE 选择离岸控股公司在海外资本市场 IPO 方式的好处在于:

- 离岸结构便于操作而无须中国政府部门的批准,而该等审批在时间和结果方面具有极大的不确定性;
- 如果股票的流动性较高,则可以选择有利时机出售股票。

PE 选择离岸控股公司在海外资本市场 IPO 方式的局限性表现为:

- 有锁定期规定,不能一次完全退出;
- 上市费用高;
- 能否获得理想的股票出售价格取决于资本市场环境;
- 在 PE 基金控股的情况下,大股东卖出股票可能会削弱公众投资者对公司未来发展前景的信心,PE 基金可能面对获得较高的股票出售价格与投资者信心不足的矛盾。

对于目标公司中拥有少数股权的股东,可以在最初的收购协议中约定:当离岸控股公司计划上市时,由离岸公司按照协议价格收购其他股东在目标公司中的全部股权,当然这个价格需要对其他股东有足够的吸引力。

另外一种理想的交易结构设计是,离岸控股公司直接或间接拥有目标公司 100% 的股权,而 PE 基金和创业者及管理层共同持有离岸控股公司的股份。但是,这样的交易结构涉及"特殊目的公司"问题从而受到六部委"10 号文"和外管局"75 号文"的约束,自 2006 年末以来在可操作性上受到制约。

2. 境内外资企业在海外资本市场 IPO

理论上,由离岸控股公司在中国设立并控股的外商投资企业(独资或合资)在重组设立股份有限公司后,经国务院证券监管部门批准,可以直接申请发行境外上市外资股和在境外证券交易所上市①。中国境内的股份有限公司申请境外上市主要有发行 H 股、N 股、S 股和 L 股等。

外商投资的股份有限公司申请境外上市中和上市后,可以通过两种方式退出

---

① 就外商投资企业而言,根据中国证监会 1999 年发布的《关于企业申请境外上市有关问题的通知》和《境内企业申请到香港创业板上市审批与监管指引》的相关规定,外商投资企业经过重组后以外商投资的股份有限公司形式申请到境外主板或创业板上市并没有法律障碍。

在该股份公司的投资,即在股份发行的时候发售一部分现有股份和公司上市后向其他投资者转让所持有的公司股份。该等出售或转让须遵守交易所当地的有关法律和交易所上市规则的规定并履行相关的法律程序。

PE选择将境内企业在海外资本市场IPO方式的困难在于:

- 需要中国证券监管、外汇管理局等部门的审批,面临不确定性;
- 缺少成功的先例;
- 因为公司所在地与拟上市地的法律环境、会计制度的不同,很难为公众投资者所接受,从而发行能否成功将面临巨大挑战。

事实上,当设计了离岸控股公司结构时,这种IPO方案就显得没有必要了。只不过,在六部委"10号文"的约束下,如果企业创业者与管理层难以出现在离岸控股公司的股东名册中时,至少在理论上该种方案存在可行性。

3. 境内外资企业在境内资本市场IPO

理论上,由离岸控股公司在中国设立并控股的外商投资企业(独资或合资)在重组设立股份有限公司后,可以申请在中国境内发行上市,包括在上海证券交易所或深圳证券交易所发行A股或B股并上市。

(1) 关于发行B股上市

发行上市前属于中外合资企业的B股公司在中国境内已经较多,并且就非上市外资股上市流通问题,中国证监会等部门先后于2000年、2001年和2002年发出了三份《通知》。根据这些《通知》中的规定,凡发行上市前属于中外合资企业的B股公司,应就非上市外资股上市流通的问题征求原中外合资企业审批部门的意见,在获得原审批部门同意后,向中国证监会报送非上市外资股上市流通的申请方案;经中国证监会核准,B股公司外资发起人股,自公司成立之日起3年后,可以在B股市场上流通;外资非发起人股可以直接在B股市场上流通。

例如,2001年2月20日,经中国证监会批准和深交所的安排,由大中华有限公司持有的43,357,248股小天鹅(2418)B股开始上市流通;另外,晨鸣纸业(2488)董事会审议通过了26,709,591股由英国广华(寿光)投资有限公司持有的境外法人股上市流通的议案,也获得中国证监会批准实施。

(2) 关于发行A股上市

中国政府已表示支持致力于在中国境内进行长期业务发展、运作规范、信誉良好、业绩优良的外商企业进入证券市场。

中国证监会与当时的外经贸部于2001年11月联合发布了《关于上市公司涉及外商投资有关问题的若干意见》，对境内外商投资企业发行上市A股作出了规定。根据该文件的规定，符合产业政策及上市要求的外商投资股份有限公司可以在境内发行A股；外企上市后，其外资股占总股本比例不低于10%。例如，荣事达三洋8,500万股A股的发行。

PE基金间接参股目标公司的情形

1. PE基金间接参股离岸控股公司

这种交易结构可能出现在两种情况中：一种是目标公司的企业主及/或与管理层已安排好离岸控股结构（在六部委"10号文"发布后难以做到）；另一种是"中中外"结构（即以一揽子协议方式控制目标公司）。在这种结构中，PE通常会与企业主及管理层签署"投资者权利协议"，协议中要求后者与PE基金一道努力实现离岸控股公司的IPO上市。

2. PE间接参股境内公司

这种交易结构通常只会出现在目标公司或其控股公司已为其在中国境内证券市场的IPO计划做好充分准备的情况，业内称之为"Pre-IPO"项目（即上市之前的最后一轮融资）。一般情况下只有PE基金对目标公司的IPO计划有重要帮助的条件下才有可能获得这类投资机会。只要在境内IPO成功并度过锁定期，PE基金即可以通过出售股票的方式退出。

以上两种情况都不乏案例，如蒙牛、西北矿业、中国银行、中国工商银行等公司的上市背后都有PE基金的身影。

PE基金运用IPO方式时须考虑的其他重要问题

IPO本身并不是退出。只有PE基金出售了其持有的上市公司的股票时才称为退出。由于投资银行承销上市时都会要求投资者（包括PE基金）签署一份锁定协议，严格规定投资者在上市之后一个特定时间段之后才可以交易该上市公司的股票（因为上市之后立刻卖出股票对上市公司价值而言是负面消息），PE基金并不能在IPO之后立即实现退出。

任何IPO前被投资公司的资本结构的重组，对PE及其他股东在公司中的法律地位都有影响。特别是，投资者在投资协议中努力争取的权利、保护与控制条款将与公司的上市状况产生矛盾。上市后在一段时间内上市公司要持续地披露市场风险，在该时间段内PE先前在认购股份协议中拥有的权利和保护条款将不再有效，这成为IPO退出方式中最为不利的一条。

投资者（包括PE）被要求提供给上市承销商的担保与保证的程度。如果投资者是外部融资者并在事实上不负责管理被投资公司的业务，则投资者被要求仅对其自身的信息真实性提供保证。

10.4 出　售

日益提高的IPO成本、公司整合与改善业绩的需要促使出售方式成为PE退出的主要选择。

如果目标公司（即被PE基金收购的公司）不具备独立的生存发展能力的话，指望通过被其他公司收购而实现退出的想法通常是行不通的。被收购公司必须努力使自己更具有吸引力，例如快速增长的业绩、广泛的分销渠道、强大的研发能力等等。良好的增长前景会为公司赢得有利的出让条件。

10.4.1 出售方式对被收购公司的利与弊

1. 出售方式的有利方面

- 对于公司而言，被其他企业合并或收购通常可以为其带来更多的资源并获得更好的发展机会。例如，收购者可以为其提供更多的成长资本、更大的销售渠道或更广泛的客户关系。
- 当公司被其他公司收购时，前期投资者（如PE基金）可以很快将其投资本金与收益变现，尽管估价可能低于IPO方式，但通常会比后者更快地实现退出且在时机的选择上有更大的弹性。

2. 出售方式的不利方面

- 丧失控制权。对于公司管理层而言，被其他公司并购通常意味着丧失了控制权。在被兼并的情形下，被兼并公司当前的管理层可能会被解雇，或与兼并方的管理层混编在一起，结果完全取决于交易的条件。
- 关闭或减员。在兼并或收购之后，留存下来的企业会尽力实现并购的协同效应。协同效应通常来自于削减那些在收购后看来不再必要的、重复的、浪费的开销及项目，这往往意味着某些生产基地的关闭和裁减雇员。

10.4.2 出售前的准备

PE 出售目标公司（此处指 PE 基金已经投资的公司）的计划需要得到公司管理层的配合。在考虑被其他公司合并或收购的时候，PE 与目标公司的管理层需要重视下列问题：

1. 谁是潜在的收购者？

PE 与公司的管理层要花些时间确认被投资公司的优势与劣势，并与潜在的收购者进行比较。特别需要了解的是收购者可能为目标公司提供哪些帮助、这些帮助会给公司带来哪些利益，以及收购背后的动机是什么。收购者的一般动机如下：

- 战略动机：目标公司拥有收购者渴望的某项技术或服务，而收购者无法通过自身的努力开发此项技术或服务；
- 防御动机：目标公司给收购者带来了太大的竞争压力或蚕食了收购者太多的市场份额；
- 财务动机：收购者收购目标公司后可以增强自身的财务报表；
- 增长动机：收购后获得目标公司的资金、发达的分销渠道和专业人才以支持收购者的未来增长。

2. 收购会对目标公司的业务造成哪些影响？

收购会否增强目标公司的核心竞争力？收购者会否为目标公司带来最好的扩张机会以及获得更多的市场份额？目标公司的管理层是否做好了准备在必要时放弃对公司的控制权？

3. 收购会对目标公司的管理层与其他员工带来哪些影响？

收购后留住关键的管理人员与专业人才至关重要。有关公司被收购的传闻出现时，目标公司的员工会变得焦虑不安，特别是那些关于削减规模与裁员的谣言。

4. 出售对 PE 回报率的影响。

相对于 IPO，出售方式可以令 PE 更快地实现退出。但是买方也很谨慎，他们会寻找更多的收购目标并加以比较。竞争性卖方的出现会导致交易价格降低从而影响到 PE 的投资回报率。

10.4.3　PE 在中国投资项目的出售方式

1. 离岸控股公司股权转让

通常，PE 通过离岸控股公司间接持有在中国境内的外商投资企业的股权。当 PE 决定退出在外商投资企业中的投资时，一般无须出让境内的外商投资企业的股权和取得中国有关主管部门的批准①，而只需将离岸控股公司的股权出售给其他投资者。这种股权交易称为"离岸交易"（Offshore Transactions）。在上述股权交易安排下，发生股权变更的是外商投资企业的股东——离岸控股公司，而非外商投资企业本身，所以只适用离岸控股公司所在司法区的法律和接受该司法区的监管部门的管辖。

转让离岸控股公司股权方式的优点在于：

- 对 PE 而言，可以实现全部的、迅速的退出。PE 与为数不多的买方谈判使得交易相对简单、过程迅速且容易控制。
- 便于通过税务筹划推迟或规避公司所得税。

PE 运用出售方式时需要考虑的关键问题是：

- 管理团队可能反对 PE 出售公司的行动。他们通常会关心业主关系的变化会对他们在未来公司中的地位的影响。
- 争取在股权转让协议中"干净地退出"而不再承担责任。
- 在与买方谈判中，避免形成过于严格的限制性条款（例如，非竞争条款），即限制 PE 未来继续投资于该行业。

---

① 最近的一些案例表明，在一些大型交易中，间接转让股权可能需要通过中国政府的反垄断审查。

2. 境内外资企业股权转让

PE可以通过直接出售其所间接持有的境内外商投资企业的股权而退出在中国的投资。股权交易的买方，可以是其他境外投资者，也可以是国内的投资者。

对于外商投资企业的股权转让，中国境内的中外合资企业、中外合作企业和外商投资企业的相关法律、法规都有明确的规定，在履行相应的审批和变更登记程序后即可完成股权转让。

例如，对于中外合资企业的股权转让，合资一方向第三者转让其全部或者部分股权的，须经合资他方同意，并报审批机构批准，向登记管理机构办理变更登记手续；合资一方转让其全部或者部分股权时，合资他方有优先购买权；合资一方向第三者转让股权的条件，不得比向合资他方转让的条件优惠，否则转让无效。

中国境内已有很多外商出让股权的案例。例如，中国农药行业的第一家外商投资企业——中外合资"天津罗素·优克福农药有限公司"的外方投资者原为罗素公司，后来由艾格福公司收购了罗素公司在"天津罗素·优克福农药有限公司"中的股权而变更为"艾格福（中国）有限公司"，2002年其外方股权又被德国拜耳公司所收购。

10.5 第二次收购

第二次收购（Secondary Buyout）是由另一家PE与新一代管理层收购公司的股份。第二次收购可以按照传统的管理层收购那样设计多种交易结构，但对PE来说有些关键问题尚需考虑。特别是，在第二次收购中存在着矛盾：作为卖方的PE"干净退出、不留后患"的愿望，和作为买方的PE为了保护其投资而要求卖方提供强有力的保证与担保的愿望。图10.1是第二次收购的流程。

解决该矛盾的方法包括：

- 收购方（即买方）仅要求提供管理团队的保证。在此情形下，保证的要求更多是出于信息披露的目的而不是提供一种法律上的追索方法。
- 管理团队的保证金额超过他们卖出公司股份所得的金额，超出部分由专业的保险商提供保险。

在中国境内现行的外商投资法律制度下，由于禁止国内的自然人作为中方的

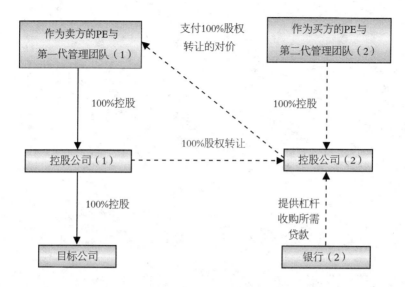

图 10.1 第二次收购

合营者参与外商投资企业的设立,所以如果由公司的管理层成员直接收购外方合营者的全部或部分股权,将涉嫌违反法律规定[①]。但如果公司的管理层通过先设立一家投资性公司(壳公司)来受让外方合营者的股权,将会避开现有的法律障碍。

实践中还存在其他的退出方式,例如近来在美国出现的荷兰式拍卖(Dutch Auction),著名的搜索引擎商 Google 公司的 IPO 即采用荷兰式拍卖。此外,如果投资失败,PE 就需要以"壮士断腕"般的勇气果断退出,甚至破产清算目标公司。很多时候,关闭一家公司比设立一家公司还要繁琐,因此,PE 一定会尽力避免这样的麻烦。

---

① 《中外合资经营企业法(2001年修订)》第一条"中华人民共和国为了扩大国际经济合作和技术交流,允许外国公司、企业和其他经济组织或个人(以下简称外国合营者),按照平等互利的原则,经中国政府批准,在中华人民共和国境内,同中国的公司、企业或其他经济组织(以下简称中国合营者)共同举办合营企业。"该条文列举了三种境内主体可以成为合营企业的中方主体,但不包括自然人。

新近的变化包括:

2009年7月3日,中华人民共和国商务部办公厅出具商办资函(2009)173号《商务部办公厅关于答复浙江向日葵光能科技股份有限公司向境内管理层人员增发股份问题的函》,批复:"现行外商投资企业法律法规和规章对已设立的外商投资股份公司向境内自然人定向增发股份无禁止性规定"。

2010年5月1日,上海市工商行政管理局、上海市浦东新区人民政府联合发布《境内自然人在浦东新区投资设立中外合资、中外合作经营企业试行办法》。

图书在版编目(CIP)数据

股权投资基金运作——PE 价值创造的流程/叶有明著. —2 版.
—上海:复旦大学出版社,2012.3(2022.2 重印)
ISBN 978-7-309-08733-8

Ⅰ. 股… Ⅱ. 叶… Ⅲ. ①股份有限公司-融资-研究-中国②基金-投资-研究-中国
Ⅳ. ①F279.246②F832.51

中国版本图书馆 CIP 数据核字(2012)第 024978 号

股权投资基金运作——PE 价值创造的流程(第 2 版)
叶有明　著
责任编辑/王联合

复旦大学出版社有限公司出版发行
上海市国权路 579 号　邮编:200433
网址:fupnet@fudanpress.com　http://www.fudanpress.com
门市零售:86-21-65102580　团体订购:86-21-65104505
出版部电话:86-21-65642845
江苏句容市排印厂

开本 787×960　1/16　印张 25.5　字数 411 千
2022 年 2 月第 2 版第 10 次印刷
印数 66 301—68 400

ISBN 978-7-309-08733-8/F・1804
定价:48.00 元

如有印装质量问题,请向复旦大学出版社有限公司出版部调换。
版权所有　侵权必究